KITCHENS

ゲイリー・アラン・ファイン

キッチン

レストランの文化誌

藤澤美枝子／小池久恵／谷林眞理子訳

法政大学出版局刊 HOSEI UNIVERSITY PRESS

THE CULTURE OF RESTAURANT WORK

Gary Alan Fine
KITCHENS
The Culture of Restaurant Work

Japanese translation published by arrangement
with University of California Press
through The English Agency (Japan) Ltd.

日本語版によせて

わたしはこの序文を書きながら心から満足の念を感じております。一冊の本を完成することは、何かを成し遂げたという気持ちにさせてくれるものですが、だれかがその仕事を翻訳して出版する価値があると気づいてくれることほど、その著者にとって名誉なことはほかにないでしょう。だれかが著者の世界――その世界は翻訳者の熱意のこもった仕事なしでは成立しないのです――をさらに広げるために、お金と時間を使ってくれるということなのですから。

翻訳というもの全体についてこれは言えることですが、翻訳のために得られるものもあれば、失われるものもあります。わたしのこの本は、アメリカ中西部のレストランの厨房の民族誌学的研究です。わたしは観察対象となったコックたちの会話や日常行動（例えば、彼らの隠語、俗語、ユーモア、皮肉、罵詈雑言など）を詳細にとらえようとしました。この特殊な世界における言葉を他の国の言語に置きかえるのは困難なことですが、また同時にこれは、言語の障壁を越えてその外にいる人々を啓蒙しようという意欲的な試みでもあるのです。これらの勇気ある人々、熟達した翻訳者たちはわたしの言葉の意味を拡大し、今回は、日本の文化によって、わたしの言葉を一層豊かにしてくれます。しかし、どうしても避けがたいことですが、その本質、微妙な差異（いつもそうとは限りませんが）をとらえようとするために、ときとして多少の意訳もやむを得ないでしょう。

わたしは本書が日本語に翻訳されることを、個人的な理由と学究的な理由のふたつの点から、とりわけ喜んでおります。個人的な理由としては、わたしの長男のタッドが今年大学に入学し、東アジア研究を副専攻科目にする予定だということです。息子は九歳から日本語を勉強しており、八年生の時には京都、大阪、広島に三週間ほど滞在しました。彼の語学力ではまだ本書を翻訳するどころか、翻訳されたものを読むのも無理でしょう。しかし、数年後には、彼が東京で父親の著書を買うことができるだろうと考えると、わたしは大変喜ばしく思います。

しかしながら、わたし自身の喜びのほうが父親としての喜びよりはるかに大きいことはいうまでもありません。わたしは本書が、日本の読者にとって有益な刺激を与えるものとなるよう願っております。日本のレストランはアメリカのレストランと比較すると、その構造や理念において大きく異なっているようです。寿司は素材の新鮮さが第一ですが、わたしが観察したレストランでは、このような考え方はあまり顕著ではありませんでした。フグ料理はプロとしてのシェフ（板前）を信頼することに重きがおかれていますが、これもまたアメリカのレストランではみいだすのが困難な事柄です。みずからの命を、顧客より低所得で働くレストランの裏方たちの手に委ねようと思うアメリカ人は、おそらくごく少ないことでしょう。

日本人研究者や日本料理を常食とする人々は、わたしの研究にはアジア的な視点が欠けていると必ず指摘なさることでしょう。アメリカ人がエスニック料理と呼んでいるものに関しては、わたしの研究は詳細にも正確にも触れていません。わたしは、日本料理、イタリア料理、インド料理、メキシコ料理、中華料理、エチオピア料理などのレストランの研究はしませんでした。それらの研究が多くの点で、わたしの分析を一段と興味深いものにしたとは思いますが、時間と体力の限界からそれは果たせませんでした。アメリカ人がフランス料理のレストランを、その文化の中心性のゆえにエスニックレストランとは呼ばず、その他をそう呼んでいるのも興味深いことです。フランス料理は、オート・キュイジーヌ（高級料理）のレストラン、または国際的に名の通ったレストランで食べることになっているからなのでしょう。ドイツ料理やイタリア料理のレストランは典型的なエスニック料理のレストランと呼ばれていますが、これには、人種という問題が存在していることは明らかです。これに関連した研究として、わたしはジョージア大学のシュン・ルーと共に「エスニック料理の社会構造」と題する論文を一九九五年度の『ソシオロジカル・クォータリー』誌に発表しました。これは、南部ジョージア州の小都市アセンズの中華料理店の裏側を扱ったものです。わたしたちが疑問をもったのは次の点でした。すなわち、この店の客のアメリカ人たちに正統的な外国料理を味わっていると信じさせながら、この外国料理を彼らの味覚に合うようにどうやって変化させたのかということでした。その際にレストランの経営者やスタッフにはどのようなバランスが求められるのでしょうか。同様の疑問は、アメリカに来た日本人に対しても、また日本を訪れたアメリカ人観光客にも向けられることでしょう。

本書はレストランの社会生活に関する最終的な結論としてでなく、客、コック、経営者、社会学者の間で交わされた会話の一片として読んでいただきたいのです。この本が、アメリカのレストラン生活の味わいを多少なりとも伝えることができるよう願っております。

一九九九年七月　ノース・カロライナ州レイク・ジュナラスカにて

ゲイリー・アラン・ファイン

序

エロティシズムは情熱の最も激しい形だが、ガストロノミーは情熱の最も拡大された形である。……このふたつとも身体と物質の配置と結合から成り立っているが、愛は配置の数が限られ、その喜びは一瞬であることが多いのに対し、ガストロソフィー（美食哲学）では、配置の数は無限であり、その喜びは集中に向かうのではなく、増殖し、味覚と香りによって拡大していく。

オクタビオ・パス［一九一四―　、メキシコの詩人・批評家・外交官］

わたしたちは皆ジェンダーによる役割という陥穽にはまっている。新婚当時、わたしも妻も大学院生だったが、家事は妻が担当していた。やがてふたりとも「本当の仕事」に就くと、妻はわたしももっと家庭内の責任を果たすべきだと言い始めた。わたしは、家事を分担している他の多くの男性と同じように、一番自由がきき、創造性に富み、個人としての満足感を与えてくれる仕事を選んだ。つまり、料理を習うことにしたのだった。あらゆる家事の雑用の中で、調理が一番わずらわしくないように思えたのだ。しかし、これが事実だとしても、動機づけとしては不十分だった。わたしは厨房で時間を「無為に過ごす」のを避けるための原則が必要だった。その原則とは、わたしにとって働くことがすなわち余暇であるのと同様、生活を仕事にしてしまうということだった。芸術に関心のある社会学者として、わたしは調理を習うことができ、また民族誌学的に未調査だった集団として、プロのコックの観察も行なうことができた。わたしは頭をうまく使って家事をプロの仕事に変容させた。自分で作った料理を食べてみてうれしくなるほど、わたしの調理の腕はあがった。調理を習い始めた頃のガスレンジの前の暑く苛酷な夜のことを考えると、これは大進歩だった。最終的にわたしは、プロのコックといっしょに働いても、それほど笑い者にもならず、絶望的だとみなされない程度まで調理を習得した。その時点で、わたしは自宅の台所からレストラン産業という「現実の世界」へ大きな一歩を踏みだしたのだ。わたしはプロのコックをどのように教育するのか調査してみようと決意した。そして州の北東部のツインシティーズの職業訓練所で、調理の授業を観察してもよいとの許可をもらった。学校側はわたしを受け入れたばかりでなく、歓迎さえしてくれた。わたしはほぼ毎日のようにあるクラスに通い、初級レベルのコックが習得すべき技術をかなり身につけた。そしてまたこの商売のこつといったものにも精通するようになった。わたしは職業上の美学の発展という理論をさらに推し進めた。

これらの学校での経験がわたしをレストランの厨房へと向かわせた。わたしは丁重に、期待をこめて迎えいれられた。そして相互作用と解釈社会学に基づいた、組織の文化と構造を探索できる場所に出入りさせてもらえることになった。わたしのインフォーマント（被調査者）は、厨房の壁の外側の人々が自分たちの労働状態を理解しておらず、また自分たちの技術も評価せず、体験しているプレッシャーや問題についても正しい認識をもっていないと固く信じていた。彼らは、世間の人々が自分たちを、ならず者同然の酔っ払いで騒々しい連中と思っていると信じていた。コックの大半が、公平な判断をする外部の学者が自分たちについて真実を語ってくれるだろう、あるいは少なくとも、自分たちの労働状況を体験してくれるだろうとわたしの調査を喜んでいた。

大学社会という厨房では、真実はひとつもないということが広く認められている。わたしの観点はわたし独自のものだが、たとえわたしがコックたち全員の考えを反映することはできないとしても、彼らが概ね納得できるような一連の真実を提示したいと願っている。わたしはポール・ストーラー（一九八九）のように、仕事の感覚に関する状況を把握したいと望んでおり、ストーラーの著作のタイトルを借りれば「民族誌学的な事物の味わい」をはるか遠くのニジェールのソンガイではなく、ミネソタのコックたちの中で規定したいと願っている。

職業訓練所（理事会の役員たちのあらゆるものを専門化したいという願望を反映して、今は「技術専門校」という名称になっているのだが）での観察により、わたしは次のようなことを知った。つまり、単純労働者階級出身の子弟たちが、それまで接したことのない文化資本（「味覚」）という知識を要求される仕事にどのように社会参加していくか、ということである。だが、これらのデータの仕上げは労働市場だった。すなわち、これらの若者たちが産業組織（レストラン産業）に実際勤めたらどうなるか、ということだった。四軒のレストランでの観察はこの問題を突き止めることになった。各レストランにおいて一カ月間わたしは観察し、ノートをとり、質問し、また求められれば豆の筋をとったり、ジャガイモを洗ったり、ちょっとした雑用をしたりした。わたしは調理をしたことはなかったが、ときどき手伝うこと位はできた。補遺で述べているように、それぞれのレストランでの観察を完全にしたものは、徹底的なインタビューだった。「美学的分野」に関していえば、わたしはコックが上機嫌で目の前に置いてくれる料理を食べた。この料理は、コックの腕前を見せるため、彼の共同体におけるわたしの役割を賞賛するため、そしてまた、彼らの厚意をわたしが受けざるを得ない状態におくことで、彼らに対するわたしの批判を封じるためだったようだ。観察に費やした一カ月の間にわたしの体重は約一〇ポンド増えた。一カ月間の観察の合い間に二カ月の休みを置くことで、その間にデータの検証を行ない、具体化を次第にすすめることができた。ほかの人々が夢みているような調査計画を選んだ学者は、職業的な根深い嫉妬に直面しなければならない。これらの象牙の塔の批判者たちは、厨房での長時間の労働や汗や汚れを忘れている。わたしはその仕事に挑戦したのだ。

この調査を完成するにあたり、わたしが話したり食事したり出会ったときに温かい友情を与えてくれたり、自分たちの考え、意見、批判をきかせてくれた社会学者たち、友人たちが大きな助けとなった。ハワード・S・ベッカー、ハロルド・バーシェディ、チャールズ・ボスク、テリー・クラーク、ジョージ・デッキー、ロバート・フォークナー、プリシラ・ファーガソン、ウィリアム・フィンレイ、ジョセフ・ガラスキヴッツ、ウェンディィ・グリスワルド、ジェイ・ガブリウム、ハンス・ヘイファーカンプ、ジャネット・ハリス、マーク・ホーガン、ロリー・ホリフィールド、トマス・フッド、シェリル・クリーマン、マイケル・マッコール、リチャード・ミッチェル、ハーベイ・モロッチ、リチャード・ピーターソン、チャールズ・スティーブンス、ロバート・サットン、ドリス・トーブ、リチャード・トーブ、グラハム・トムリンソン、ジョン・ヤングに特に謝意を表したい。また、ハーバード大学、ペンシルバニア大学、シカゴ大学、ジョージア大学、エモリー大学におけるセミナーでの同学の士に対し、厳しいご指摘をいただいたことに感謝したい。パム・チェイスとキャシー・レイターは本書に引用されているインタビューを原稿にする際に手伝ってくれた。H・ダニエルズ、グロリア・デウルフ、クララ・ローズラーにはわたしがワープロを打てるようになるまで、原稿のタイプを手伝ってもらった。行動科学専門研究センターには、わたしが本書を完成できる環境を与えて下さったことに対し、また合衆国科学財団には、SBR—9022192の認可による資金援助をいただいたことに対し、謝意を表したい。妻と息子のタッドとピーターには、時々わたしの作った料理を食べてくれたことに心から感謝したい。

また本書の出版にあたり、快く多大なご協力を下さったカリフォルニア大学出版局のナオミ・シュナイダーとその同僚の方々に深い感謝の念を表したい。

ここには名前をあげなかったが、わたしが、その生活や厨房に侵入することを快く許して下さった方々に特に謝辞を送りたい。その人々の労働のほんの一部、職場の雰囲気の一端でも何とかとらえることができたらと心から願うものである。

目　次

序論

子供の頃に食べた美味なるものへの愛情こそ愛国主義と言わずして何であろう。
林語堂［一八九五―一九七六、中国の作家・文献学者、一九三六年以降アメリカ在住］

食物はわたしたちの人間性をあらわにする。マドレーヌにまつわる思い出を語るマルセル・プルースト［一八七一―一九二二、フランスの小説家］や、あばら肉の盛られた皿に目をみはったカルヴァン・トリリン［『ニューヨーカー』、『ネイション』誌のフードライター］のように、わたしたちは食事と深く関わりあっている。アイデンティティと消費が結びつくことによって、食物は共同体が創られる際の中心的役割を与えられ、わたしたちは、公的なアイデンティティのイメージを伝えるのに食事を利用している（Bourdieu 1984; MacClancy 1992）。三度の食事は、家族や（De Vault 1991）他の社会システムの中で、中心となる習慣である。食物を作り提供して利益を得る組織の存在は、資本主義の産業社会に関するきわめて重要な点を明らかにしている。工場、鋳造所、病院においてと同様、レストラン――接客産業――の発展は、過去二世紀における西欧の経済的変化と関係がある。レストランはいたるところにあり、わたしたちは頻繁にそこを利用することから、レストランは自由市場資本主義、生産ライン、消費経済、そして組織間リンケージを象徴的に表わすと考えられる。食物の生産、提供、消費は、中心的社会構築物——組織、資源、公共事業機関、共同体、レトリック、ジェンダー、ステータス——の核を成すものである。

だが、レストランにはそうした潜在的な魅力があるにもかかわらず、今まで社会学的に研究されることはほとんどなかった（例外はWhyte 1946；Gross 1958；Hannon and Freeman 1989参照）。コックも、わたしたちの毎日の生活に、間接的ながらたえず関わりがある存在だが、職業社会学では研究対象に取り上げられない労働者である。

この仕事環境の特徴をとらえたいと望む一方で、わたしには同様に顕著な理論的な目的がある。わたしは組織的な社会学を提示したいのだ。それは相互作用的かつ文化的な関心に基づきながらも、組織の現実と、組織外の環境という同様に一貫した現実を、公平に扱うものである。アラン・ウルフ（1991）は、わたしの世代の組織的民族誌学者を「新制度主義者」と名づけた（Dimaggio and Powell 1991参照）。新制度主義者は、制度理論の一般化と抽象化の裏側を探り、制度が実際にどのように働いているかを研究する。わたしがウルフのこの語を初めて聞いたとき、その名称こそが本書執筆の動機となった。民族誌学の手法を用いて、わたしは、厨房の扉の背後で働く人々のありのままの経験をそのままとどめながら、組織に関する文献の特徴を説明する見解を提示するつもりだ（例：Scott 1992）。相互作用的アプローチは、組織やシステムの制約を避ける必要はなく、経済学を語ることもできる。わたしは過去二〇年において、解釈的研究の基本的指針を受け入れながら、しばしば構造社会学者に残されてきた問題に直面してきた(2)。本書は、組織社会学のいくつかの特色を探求し、今後の研究になんらかの基本を提供するものである。

わたしの分析のもととなるのは、交渉による秩序のパースペクティヴ、つまり三〇年ほど前にアンセルム・シュトラウス〔一九一六―　、アメリカの社会学者、社会心理学者〕と、彼のシカゴ大学の同僚、ドナルド・ロイやハワード・ベッカー〔一九二六―　、アメリカの社会学者、シカゴ学派の旗手〕によって開拓された、組織を相互理解するあのアプローチである（Colomy and Brown 1995）。シュトラウスの精神病院の研究（Strauss et al. 1963；Strauss et al. 1964）は今や古典であり、その後の調査プロジェクトに貢献している（例：Corbin and Strauss 1993）。このアプローチを、単一の職場を越えて範囲を拡大し、最も詳細に扱っているのがシュトラウスの『ネゴシエーション』（1978）であり、この中で彼は組織と構造的な交渉の理論を展開している。[3] シュトラウスは作業の道筋をつける際の外的な力と社会的抑制の影響を強調せず、また詳細な事例をひとつもあげていないが、彼の理論は、組織に関するいかなる相互作用的調査にも応用できる根拠を与えてくれる。さらに彼は組織内の融通性とこの融通性がもたらされる条件を苦労して説明している。他の学者たちも交渉による秩序のパースペクティヴを拡大し（Maines 1977；Fine 1984）、それをさまざまな経験領域において調査し（Farberman 1975；Denzin 1977；Kleinman 1982；Levy 1982；Lynxwiler, Shover, and Clelland 1983；Hosticka 1979；Mesler 1989参照）、交渉が組織的および制度的環境領域にどのように浸透するかを例証している。交渉による秩序のアプローチは、ミクロとマクロの説明を結びつけようとする理論装置のひとつである。それは、相互作用が構造からいかにして生まれ、さらには相互作用がいかにして構造化されるか（Busch 1980, 1982）、相互作用の結果がどのようにパターン化され、社会構造を作りあげるか（Fine 1991；Sewell 1992参照）を理解させてくれる。アーヴィング・ゴフマン〔一九二二―八二、カナダ出身のアメリカの社会学者、心理学者〕はこう述べている。

この世は舞台ではない——確かに劇場などではないのだ（劇場を経営しようが飛行機工場を経営しようが、車を駐車する場所やコートを預ける場所は必要であるし、本来あるべきものだ。さらには盗難に備えて保険も掛けておいたほうがいいだろう）。「状況の定義」はほとんど常に見つけられるものだが、社会がこの定義を作るとは言われても、その状況にある者が定義付けるわけではない。ただ状況が彼らにとってどうあるべきかを正しく評価し、それに応じて行動するだけである。実のところ、わたしたちは、暮らしの中で従うべきあらゆる取り決めの側面を個人的に交渉しているのだが、ひとたび交渉されるやあたかも問題は常に解決済みであるかのように機械的に継続している。（Goffman 1974, pp. 1–2）

ゴフマンが指摘するように、たとえ周辺事項に関する交渉でも、人々が注意を払うべき必然的現実は存在する。人々は状況を定義できるが、これらの定義には因果関係がある。というのは、組織、生態学、経済学、権威のヒエラルキーにはこうした特徴があるからだ。相互作用論者にとって無視できないミクロの交渉は、冷酷な覆い隠すような現実によって組織されている。ある人間とその置かれた立場を理解するには、その人間の「自由な」行動と、これらの行動が起こるさらに大きな環境とを相互に考慮しなければならない。アンソニー・ギデンズ［一九三六—　、イギリスの社会学者］はこう言及している（1984, p. xxvi；Collins 1981 参照）。「『ミクロ』と『マクロ』の対立は、共に存在する文脈の中で、相互作用が広い時空の距離化システムの中でいかに構造的に示されているか——言い換えれば、そのようなシステムは時空の大きな区分にどのように及んでいるかに関して語るとき、最もよく再概念化される」。いくつかの批評仮説は、交渉による秩序のパースペクティヴの発展を強く支えている。第一に、この見解ではあらゆる社会的秩序が交渉による秩序である。つまり交渉のない組織を想像することは不可能である。あらゆる組織は行為者からなり、わたしたちが行為者の行為に注目しないときでさえ、彼らは構造上の結果を覆したり支えたりすることができる。第二に、個々の交渉は組織の構造と組織が機能する分野によって決定する。交渉は力とコミュニケーションの方針に従い、パターン化されるものであり、無作為のものではない。第三に、交渉には時間的制約があり、時間を越えて再生され、修正され、再構成される。修正は予告なしに起こる場合がある。とはいえ、組織構造や生態学における変化を調べれば、修正自体はしばしば予測できるのかもしれない。交渉は歴史的に見て偶然のものである。第四に、組織の構造変化には交渉による秩序の修正が必要である。言い換えれば、組織の構造と交渉による秩序というミクロ政治学は、密接な因果関係がある（Herzfeld 1992）。シュトラウスはこう書いている。「交渉による秩序は、いかなるときも、協約、理解、契約、その他実際の取り決めによって最近得られたものすべてに加えて、組織の規則や方針の総体的結果として理解されうる。これらは、組織のすべてのレベルでの取り決め、すなわち派閥や連合の取り決めを含み、明白なものだけでなく隠れたものをも含んでいる」(1978, p. 2)。この説明は交渉の歴史的偶然性を述べるものではないが、こうした理解にいたる過程とその結果がどのようなものであるかは、きわめて重要である。仕事の発話と周期に関するシュトラウスのその後の研究（1991）は、時間性を交渉のプロセスに取り入れようとしている。

「交渉の枠組み」では、二つの明白な問題が重要である。㈠組織、経済、環境の制約は、日常の作業で労働者の選択や行動にどのように影響するか——「生活世界」は制約によっていかなる影響を受けるか（Fine 1991）。構造は厨房の仕事――この職業における日常的経験――にどのように影響するか。㈡あらゆる職業は「質」の生産に対する関心とどのように関わっているか、そしてこれらの美的基準は実際にどのように交渉されているか。第六章で述べるように、芸術はすべからく労働であり、労働はすべからく芸術である。行動と制約――他の社会学の現場では媒体と構造の問題と呼ばれるもの――の間には微妙なバランスがある（例：Dawe 1978 ; Archer 1988 ; Fine 1922a）。個々のテーマを論じる前に、レストランの歴史に関するわたしの分析をまとめておこう。

レストランと料理の発展

レストランというものが存在しないなら、作り出されなければならない。
なぜならレストランは、基本的な活力、食という単純な行為をして、
それを文明的儀式に変えるものだからだ――
歓待と想像力と満足感と
優雅さと温かさを兼ね備えた儀式に。

ジョー・バウム〔ニューヨークのレストラン業界に君臨した著名なレストラン経営者、マネージャー〕

美食学は優れた血筋、いわば人類の政治史や経済史と同じ長さの歴史をもっているが、必ずしも十分に証拠付けされていない。「文明社会」において、食物は長きにわたり家庭外で「専門家」の手によって

作られてきた（Mennell, Murcott, and Otterloo 1992）[4]。古代ギリシア人は料理を芸術と記しているし（Bowden 1975, p. 2）、中国人もほぼ同じ時期に「料理法」に関心をもっていたと指摘する学者もおり（Anderson and Anderson 1988 ; Chang 1977 ; Tiger 1985）、さらに他の学者たちによれば、その後唐朝の時代（紀元六一八―九〇七）に最初の「本格的な」レストランが始まった（Ackerman 1990, p.133）。ローマ時代と中世初期の盛大な宴会はよく知られている（Mennell 1985 ; Elias 1978 ; Wheaton 1983）。中世までには調理本が書かれ、路上で食物が大衆に売られ、王侯貴族の屋敷の厨房にはお抱えシェフがいた。タイユヴァン［?―一三九五頃、フランスの料理人。最初期の料理書を執筆］のような中世のシェフは宮廷社会で名声を広めていた[5]。彼らは芸術家ほどにはみなされていないにせよ、それでも職人よりは上に位置づけられていた。

調理は、いつの時代も、どの国においても同等の地位を与えられていたのではなく（"Cook's Interview : Anne Willan" 1985, p. 19 ; "Cook's Interview : Richard Olney" 1986, p. 22）、フランスや中国（そしてある学者によれば、イタリア）は「真に」美的な料理、または宮廷料理を確立したとみなされている。イギリス料理とフランス料理は実質上異なり、たいていはイギリスのほうが劣る（例：Charpentier and Sparkes 1934, p. 131）――数世紀にわたり存在してきた違い（Mennell 1985, pp. 102-33）――とよく言われてきたが、それが国民性、階級構造、民族国家の地理的構造、農産物、天候によるものなのか、あるいは他の要因によるのかは、論争の主題となっている。しかしながら、フランス料理はヨーロッパで常に第一の地位にあるとみなされてきたのではない。一六世紀にはイタリア料理がその地位にあった。フランス料理がその評判を高めたのは、カトリーヌ・ド・メディシスがフランス王アンリ二世と一五三三年に結婚したことによる。彼女は王妃として、高名なイタリア人コックを何人か随行させ、こうした新移民によってフランス料理が確立されたのである（Bowden 1975, p. 6)。

　政治の動向と経済への関心は、ちょうどそれらが他の移入とも関連しているように、料理方法の移入にも寄与している。フランス革命は、何人かのフランス人宮廷シェフがイングランドへ移住するという予期せぬ結果をもたらした（Bowden 1975, p. 8)。ヴェトナム戦争の終結は、ヴェトナム人コックをアメリカに移住させ、都会のレストラン業界に新風を吹き込むことになった。同様に、新たに中国人がアメリカに移住した結果、レストランの隆盛がもたらされた（Epstein 1993, p. 50)。事実アメリカのレストラン業界は、第三世界からの移民によって恩恵をこうむり、料理、コック、厨房で働く多くの最低賃金労働者がもたらされてきたのだ。移住は北部、東部のみならず、西部にも広がった。アメリカ料理が洗練され（トップシェフの給料も）高まるとともに、フランスの税金の高さが、フランス人シェフをしてアメリカの厨房で働かせることになった。

　宮廷料理は中世後期とルネサンスまでには十分に確立されたが、西欧の客たちが近代的であると認めるようなレストランが現れたのは、数世紀後のことであった。宿屋、ティーハウス、コーヒーハウス、仕出し屋、キャバレー、居酒屋は、ずっと以前から代金を取って食物を出し（Brennan 1988)、食事を大衆に提供してきたが、パリに最初の「レストラン」ができたのは一七六五年であった（Willan 1977, p.85)。調理した食事を出すという点では、これらのレストランはそれ以前の店よりもっと専門化し、顧客関係におけるステータスの必要性をはっきりと意識していた（Clark 1975, p. 37)[6]。

　フランス革命の余波として、宮廷料理が衰退するにつれて、レストランの数が増え、その重要性も増していった。フランス革命以前は、パリで営業しているレストランは三〇軒以下であったが、およそ三〇年後には三〇〇〇軒のレストランがパリに点在した（Clark 1975, p. 37）。これらの店はグラン・キュイジーヌ［フランス宮廷で生まれた高級料理］を出したが、経済的に恵まれた人たちが食する料理であった。パリと他の町のレストランは、都市部への人口流入の恩恵を受けた。レストランは政治や社会の変化に直接対応して作られたわけではないが、これらの変化がレストランの発展をうながしたのだ。ここ二〇〇年で、レストランは金持ちの休息所から中流階級の要塞へと変化してきた。レストランは、美学、ステータス、娯楽の要求すべてを満たすものである――もっともこれらの要求が満たされる方法は状況によって変化してきている。

ロンドン初のレストランは一七九八年にでき（Bowden 1975, p. 19）、一八三一年にはニューヨークに、おそらく初の完全なアメリカンレストランであり、初めてフランス人シェフを置いた神々しい店とされる「デルモニコズ」がオープンした。以来一九世紀を通して、「デルモニコズ」という名前はアメリカのオート・キュイジーヌ［高級料理の意味：フランス古典料理］の縮図であった（Root and de Rochemont 1976, pp. 321–22）。

農業革命、都市部における大衆給餌の渇望、そして専用コックを雇わずともステータスの高い環境で質の高い食事を取りたいという要求の結果、レストランが普及していった（Symons 1983, p. 39）。このように、象徴的な項目が、レストラン産業を促進する上で、経済学の構造と融合する。特にここ二〇年、西欧におけるポスト産業社会の繁栄は、新しいレストランに豊かで好適な環境を提供してきた。この繁栄は、世界市場の変化の原因であり結果でもある。世界中からいつでも食材を客が払える価格で獲得できることによって、調理の可能性は増加している（Zukin 1991, p. 209）。

ジェーン・スターンとマイケル・スターン（1991, pp. 133-37）は、一九四一年ニューヨークに「ル・パヴィロン」〔一九三九年ニューヨーク万博フランス館のレストランを模した、本格的フレンチレストランの先がけ。七二年閉店〕がオープンしたとき、オート・キュイジーヌ志向が生まれたとしている。このレストランのオープンには、伝統的なアメリカの食物を軽蔑することによってコスモポリタンを気取った知識階級が、またある部分では、名声ある品々を求める市場の拡大が作用していた。一九五〇年代までに、「ル・パヴィロン」をまねた店が全国にでき、オープンから二〇年もするとこの店は流行遅れとみなされてしまった（Levenstein 1988, pp. 206-7参照）。オート・キュイジーヌの流行は、アリス・ウォーターズ〔一九四四―　、現代アメリカで最も影響力をもつシェフの一人にして経営者、指導者〕が一九七一年バークレー〔カリフォルニア州サンフランシスコ東部の都市〕にオープンしたアメリカ的なものに刺激された店「シェ・パニーズ」に例証されるように、一九七〇年代の料理ブームへと続いていった（Levenstein 1993, pp. 214-15）。料理評論家クレイグ・クレイボーン〔一九二〇―　、ニューヨーク・タイムズ紙の著名な料理欄担当記者〕（1982, p. 146）は、料理は人々の考え方の変化とともに繁栄していったと指摘し、「一〇年二〇年前には、よく考えてからでないとチキンや牛肉の赤ワイン煮を食べに小さなフランス風ビストロへさえ行けなかったような、何百、何千という人々が、今では、ヌーベル・キュイジーヌ〔一九七〇年代に古典料理に反発して生まれた新しい料理法〕とか伝統的な料理を味わうために、比較的贅沢なスタイルのレストランへ行くことが経済的に可能だと思っている」。環境保護や世界主義的なイデオロギーの成長とともに、ヌーベル・キュイジーヌを提供するレストランは、六〇年代急進派の人々が年を取り、文化的エスタブリッシュメントに加わったこととイデオロギー的に矛盾しなくなった（例：Waters 1990）。実際「シェ・パニーズ」はアリス・ウォーターズがバークレーの急進派たちに出していた自家製料理が発展してオープンしたレストランであった（Belasco 1989, p. 94）。バークレーのレストラン業界は、食べるものがその人となりを表わし、料理が政治哲学、つまり、食事が「現在と過去、個人と社会、私的家政と世界経済、味覚と権力を結びつける『食力学』である」という金言を意識している（Belasco 1989, p. 5）。バークレーのレストラン文化は「グルメ・ゲットー」の縮図であった。

しかし、新しいスタイルのレストランが発展する際、イデオロギー的文化的問題の重要性が強調されるとしても、経済的効果が度外視されてはならない。指摘したように、食料品の国際市場は、輸送手段、農業、マーケティング、冷蔵技術の変化とともに発展した。さらにいえば、消費の一形態としてのグルメ食品市場の発展は、多くの都市形態を変えてきた高級化の一部であり（Zukin 1991, p. 202）、グルメは文化的地域に住んでいるのだ。この高級化は、レストランの顧客ベースのみならず、労働ベースにも影響する。なぜなら、給仕人の多くは都市に見られる芸術的「下部構造」の出身だからだ（Zukin 1991, p. 206）。レストランの固定費用も影響を受ける。例えば、流行の先端をゆくステータス重視の料理体験を客に提供しようとする店主ら企業家によって、都市の不毛地域が再開発されるときがそれである。過去二〇年に次々とさまざまな料理が流行したことから（例えばケイジャン料理、タイ料理、エチオピア料理、テキサス・メキシコ料理）、レストラン業界は芸術の世界同様、時代の流行を受けやすいという指摘もある。料理のアヴァンギャルドは食《は》み続けるのである。

だが、中流階級や労働者階級の客に食事を提供する大多数のレストランを無視して、レストラン産業の頂点を強調する見解は、いかなるものであれ当てにはならない。レストランの多くは、全国的なチェーン店ではなく、ただ家で食べるものとはささやかながら異なる食事を提供する地元の小さな店である。他の市場ニッチ［潜在需要に対応する小規模ながら収益可能性の高い分野・場所］はアメリカ化した「エスニック」料理――主として中華、イタリア、メキシコ料理――を提供する。エスニックレストランの中には、特定の民族である同胞の客と、それ以外の客向けに二種類のメニューがあるところもある（Epstein 1993, p. 54）。レストランにおいては、都市の交通システムと結びついた一九二〇年代の「ホワイト・タワーズ」［ロンドンの地下鉄トッテナム・コート・ロード駅近くにあるギリシア料理専門店］から（Hirshorn and Izenour 1979）、幹線道路の拡張によってできた一九五〇年代の郊外のファーストフードの店や、最近都会の飛び地や郊外のモールなどに見られる家族向けのテーマをもったレストラン・チェーンまで（Finkelstein 1989）、チェーン店の成長が経済的に最も重要である。

経済学とレストランの仕事

厨房を社会的な世界と理解するためには、制度をもった環境として厨房をとらえなければならない。この制度は、客に食事を調理して出すという点に関係する、アメリカ経済の産業区分から成る。すなわち「レストラン産業」（Hughes 1971, p. 298）[7]、「接客業」の一部（Olesen 1992）である。レストランは、自由市場経済システムに不可欠なシンボルである。南部では人種差別撤廃をめぐる初期の争いの多くが簡易食堂で起こったが、これは偶然ではなかった。食事をする場所は、アメリカ資本主義における容易に利用できる公的な闘いの場であったからだ。実際、レストランは自由市場の資本主義と深く結びついているので、社会主義国家は客に出す食事の質のひどさでたちまち知られるようになる。社会主義の国が計画経済から移行し始めると、レストラン産業は、企業家による市場経済の発展が注目される最初の闘いの場のひとつとなる。ソヴィエトのペレストロイカの初期の段階では、モスクワに出現した小さな私営のレストランの質が西側ジャーナリストたちを驚かせた。アメリカにおいては、国家の決定が絶大なものになりうる。一九三一年にジャーナリストのジュリアン・ストリートが「美食のホロコースト」(Levenstein 1988, p. 183) と呼んだように、合衆国の禁酒法の制定は、食事を出す数多くの店を破壊してしまったと言われた。実際のところ、禁酒法は公共の食事を破壊したというより変えたのであり、豪華なレストランで供する裕福な男性向けのフランス料理はこの国に普及せず、そうしたレストランの代わりに、女性や家族向けに食事を出すもっとつつましい「アメリカ的な」レストランができることになった。

レストラン同士の競争は、ある点では、真の自由市場システムの理想型を表わしている。そのシステムの内部では市場に参入する資本の障壁は比較的薄く、多数の企業家が競い合い、消費者が比較的プレッシャーを感じることなく選択できる。純粋な自由市場システムでは (例えばコストのみが消費選択を決定するような)、製品には十分な代用があり、あらゆる食物が交換可能である。明らかにこれは、価格や利便性とは別に、製品の差別化を売り物にしようとつとめるレストラン産業には当てはまらない。レストランはコストだけでなく文化的な意味においても差別化しようと奮闘している。そのような差別化の可能性が数多くのニッチをもった競争の激しい市場を作りあげるのだ。

レストラン産業の中で最も有名な団体は全米レストラン協会であり、国内の同業者団体が結合し、二五万軒以上のレストランを代表している。他にも数多くのレストランが営業しているが、規模が小さすぎるか、あるいはこの巨大な団体に属していないかである。例えば、シカゴには、食事を出す店が八〇〇〇軒ある。簡易食堂やファーストフードの店は除くとしても、たいていの大都市圏では数百軒のレストランが繁盛している。一九八七年の国勢調査資料によると、食事を出す三三万の店では、およそ六〇〇万の労働者を雇い、給与総額三六〇億ドル、売り上げ総額およそ一五〇〇億ドルであった（*Statistical Abstracts 1990*, p. 769）。レストラン産業は一六歳から一九歳の若者を最も数多く雇っている。全米レストラン協会は、食物の売り上げが一九八二年の合衆国国民総生産の約五％に匹敵すると概算している。一九七七年には、レストランは、小売り施設全体で消費された金額の八・八％に及んだ（Zelinsky 1985, p. 53）。ある典型的な一日を取り上げると、レストラン産業で七七〇〇万の客との取引があり、全家族の七八％が食事を出す商業施設で定期的に食事をしていると報告している。この巨大産業は、多数の小さな店を含み、各店が大企業のネットワーク（食品製造業者と供給者）と密接に結びついている。

ある見方をすれば、これらの店はどこも互いに競い合っているが、別の視点からすれば必ずしもそうとは言えない。市場ニッチや区分を選び、市場内部の異なる地域から顧客を引きつけているレストランもある。レストランは、客が店へ足を運ぶ距離の点でそれぞれ異なる。地元のレストラン（例えば、チェーン店であるファミリーレストラン、地元のカフェ、食堂）は、その近くに住み買い物をする――狭い行動範囲の――顧客ベースを持っている。わたしが家族とシンプルなメキシコ料理を食べたいとかカフェで食事をしたいときには、家から一、二マイル以内のレストランか、その時たまたまいる場所に近いレストランを選ぶ。こうしたレストランはどこも同じであるとわかっているので――たいした質の違いはないので大きなコスト（お金や、燃料や、時間）をかけたくはない――車を駆って町を出ることはない。だが、飲茶やオート・キュイジーヌのレストランに行きたいときは、遠くまで出かけて行くだろう。それらの料理から連想されるユニークな質のせいで、これらのレストランは他の店では代用できないからだ。レストランが交換可能であればあるほど、顧客を引きつける距離はより短くなる。(8) 代用可能であることは、（チェーンそのものが他のチェーンと異なるものであるなら）ひとつの広告でチェーン店全体を広告できるのでコストが効果的であるため、チェーン店の強みであるし、また小さな町のレストランのように、競争相手が少ないレストランにとっても強みとなる。しかし、あるレストランを顧客に選ばせるとき、もしその選択により大きなコストがかかりそうな場合は、不利に働くことになる。あるフランス料理のレストランが、他のすべてのフランス料理のレストランと「ほぼ同質」に見えるとき、そのレストランに経済的な成功は望めない。レストランの組織的生態は、複雑で動的なものであるが、外的条件の影響が簡単にわかるので、どの産業よりも、組織生命への生態的適応がどのようなものになるかを例証しやすい（Hannon and Freeman 1989 参照）。

レストランは、市場への参入が比較的容易である（開店コストが低く、制度的な障害も少ない）ので、自由市場資本主義の格好のモデルを提供する。「いっちょうレストランでもやってみるか」という幻想はほぼ実行可能である（例：Miller 1978）。成功しているレストランは、最初の一年間に見込まれる損失をカバーするのに十分な予備資本をもっているだろうが、他の産業区分に比べて、レストラン産業は資本集約的ではない。加えて、破産法の変更によって、閉店コストはあまりかからない。レストランは寿命が短く、一年以内に閉店する店が二〇％、五年以内に閉店する店が半分を占めるとも言われている。

レストラン経営は、潜在的な利益を越えて文化的な価値をもっている（Miller 1978）。レストランの経営者であることは、文化資本〔フランスの社会学者ブルデューの用語。個人や集団が社会的活動の場においてもつ文化的知識や言語能力など〕や企業精神をもつ人々にアピールする。レストラン経営は、経営者であるという特権だけでなく、経営者が共同体の中で得られる象徴的なステータスの基盤を与えるのだ。ほとんどの産業の企業経営者や小規模事業主とは異なり、レストランの経営者は、他のレストランと差別化することによって、美的にも個人的にも主張することができる。(9) レストラン業界に参入する多くの者にとって、特に流行に敏感な中流階級上層の客を見込む店の経営者にとって、自分の美的ヴィジョンが実現する満足感と結びつく、ステータスや、支配する魅力は、収入とおなじく重要である。次に挙げる例は、レストラン・ビジネスへの参入を決意した劇的な例である。

〔ヒラリー〕ジェームズ博士〔精神分析家〕はいつもおいしい食物に関心をもっていて、まだ医学生のころ、料理が上手だと友人たちの間で有名であった。医師の資格を得て開業した後、彼はロンドンのレストラン業界に満足できないことがわかった。彼は食事もサービスも、汚れた燕尾服を着た給仕人も気に入らなかったし、レストランに行きたいとき客が正装しなければならないのも嫌だった。彼は、くだけた雰囲気でとてもおいしい食事を出す、フランス南部の小さなレストランをひいきにするようになり、友人たちの熱心な勧めもあって、自分でレストランを開くことに決めた。

（Bowden 1975, p. 85, p. 123 参照）(10)

その人の文化的な地位、美的表現の要求、支援する友人たちといった共同体の存在――それぞれが、こうした決定に寄与している。レストランの経営者が、優先事項として経済的動機をもつ一方で、金持ちのレストラン経営者と話したり、一般紙の記事などを読むと、たいてい彼らは美的関心をもっていることにわたしは気づいた。レストラン産業の経済的組織は、文化的報酬のために事業を行なうことを可能にしている。

この経済的現実が、調理という日常的行為――厨房はいかに体験されるか、そしてその体験が活動中にどのように表わされるのか――を理解する背景を提供している。コックやシェフにとって仕事は何を意味するのか。この職業構造から生まれる難題にコックはどのように対処しているのか。コックは、厨房での労働の不愉快な要素を和らげる一方で、経営者と客のあからさまなそして暗黙の要求に対応しながら、労働時間をどのように組み立てているのか。この問題――媒体と構造の相互作用――は、最初の五つの章で扱う。わたしの論じ方は、厨房内の仕事をミクロ社会的に調査することから始め、次第により大きな社会経済学的関心へと焦点を拡大するものだ。職業を研究する際に、その職業がはめ込まれている構造の点から、わたしは「逆さま」に論じる――地元の需要に根ざした行動選択を述べてから、組織や経済におけるこの職業の地位を論じるのである。仕事のリズムが仕事場の構造を作り、また仕事場の構造によってリズムが作られる。ある仕事が体験される現実は、その仕事のパターン化された質、すなわち、分、時間、日、週単位で期待される仕事の内容を知ることから成る。

第一章では、コックに課せられた要求、厨房内の分業を決める交渉も含めて、コックの行動における交渉を検討する。厨房の仕事は仲間内でどのようになされるのか。厨房の仕事の要求から、どのようにして、手抜き、トリック、近似、汚れ仕事が生まれるのか。この章でわたしは、彼らがどのようなきっかけでこの職業に就いたかを、さらにはこの仕事の利点と不利な点を調べる。

第二章では、厨房内の時間の使い方と、仕事日の時間的構造から生じるプレッシャーを論じる。コックは調理台で働いているときに、どのようにしてベルクソン〔一八五九―一九四一、フランスの哲学者〕流の「持続」（*durée*）の概念を体験するのか。調理という仕事は、ひとつの料理を作るというミクロのリズムと、一日の作業時間という長いリズムの両方の点で、他の職業よりもっと時間に縛られている。第三章では厨房の構造的現実に焦点を当てる。ここでは、それ自体は調理の一部ではないが、厨房の環境に寄与している要素を中心に論じる。調理する際に厨房設備の果たす役割は何か。厨房空間は完成した料理にどのような制約を与え、あるいは貢献するのか。これらの論点を強調することが、レストランは労働共同体であるという現実なのである。第四章では、従業員にとってレストランという共同体は何を意味するのか説明する。レストランという共同体と、その一部を成す人々の表現的な行動は、低賃金だとか、汚れ仕事だとか、感謝されない仕事と外部の人にみなされている職業に、従業員たちをどのようにつなぎとめているのか。表現文化や組織文化の発展はコックの仕事にどう影響するのか。職業の表現的な要素は道具的な要求とどう結びつくのか。第五章では、レストランとコックの仕事を経済構造の中に位置づけることを試みる。レストランの制度上の制約とこの職業の産業的構成要素は、作ることのできる料理、またこれから作られる料理にどのように影響するのか。レストランの経済学は、厨房の仕事にどのような影響を与え、さらに、組織内の他の行為者たち（例えば支配人、顧客、給仕人）は、調理にどのような影響を与えるのだろうか。

美的生産

レストラン産業は料理を作りサービスを提供する以上のものを含んでいる。レストランの食物は、すべての食物同様、美的、感覚的次元をもち、生産者と客の両方からそうしたものとして評価される。わたしは一般原則として、すべての製品とサービスは美的次元をもつことを論じるが、この次元は「美的」レトリックが存在する組織において最も明らかで自己指示的である。料理を作る美学と、その背後にある美的理論は、写真やインテリア・デザインのそれほどには入念でないかもしれない（そして明らかに美術ほど手の込んだものではない）が、レストランの従業員は料理の感覚的な質に気を使っている。

大きな産業に占めるレストランの位置や、料理が感覚的な質の面で評価されるという明白な意識が、レストランをして、従業員に影響を与える緊張を調査する格好のリサーチの場にしている。マクロの制約を相互作用と結びつけながら、わたしは、美的選択が、ひとつの手段を提供しているのだと思う。それによって、文化的分析が組織的、経済的現実を知らせたり知らされたりしているのだ。

わたしの分析の中心は、仕事の美的性質と美的定義であり、これはたくさんみられる社会科学的ディスコースへの関心の中でも珍しいものである。調理は人間の感覚、すなわち視覚、嗅覚、触覚、そして味覚と一体化している。音は食物においてそれほど明白なものではないが、ジュージューと音をたてるステーキ、ボウル一杯の「ライス・クリスピー」、リンゴやセロリの茎をかじる音には、ある程度の聴覚的な楽しみが咀嚼と結びついている（Vickers and Christensen 1980）。食物は、おそらく恋愛の「技法」を除いて、他のどの芸術形態よりも感覚的次元を含んでいる。この美的豊かさが、料理の選択における多大な余地、料理の形式的美学の発展を妨げてきた要因とも言える多様性、すなわち食の理論を可能にするのである。

組織的な見方をすれば、コックは客に何を出すかという点で妥協しなければならない。厨房ではすべての料理が経済的あるいは道徳的に存在するわけではない。わたしは「芸術」のイデオロギー分析を拡大し、美学の実際面の仕事に注意を向けたい。論じられる美的交渉の形態は、すべての職業に当てはまる特色である。すべての——少なくともほとんどの——職業が、仕事の実践における美的かつ感覚的な質を意識している。だがすべての仕事において、その職業の境界外の人々や職業内部の慣習が、正当な仕事の実践に制限を与えている。美術においては、この制限は柔軟で、説明されていないと同時に、イデオロギー的攻撃的なものである。制限などない——芸術はおのずと定義する——というのは幻想である。流れ作業のような他の職業では、制限は、たとえ不快でも正当なものであり、労働者が不平を言ってこれらの制約をのがれようとしても、制限は仕事の一部とみなされ、あからさまに疑問視されることはまずない。コックは一連の美的作業に携わる人々から成る連続体の中間に属するので、その結果として、コックに焦点を当てることによって、仕事場の自由と制約の役割を詳述できよう。

特に第六章では、この美的制約の形態を調査する。レストランでは、コックは、客の嗜好という基準や、時間的制約、そして、レストラン産業の経済学によって、彼らに課された要求を意識しなければならない。これらの特色は、これから作られるものを制限する。どの制限も、より大きな世界の構造的、歴史的次元と結びついており、コックの不平は、レストランの構造条件や大衆の嗜好に対する反応である。第七章は、厨房における美的ディスコースの発展とその限界に関心を向けている。料理の問題を議論するには役に立たない言語を使って、コックは互いに味覚についてどのように意思疎通をはかるのか。料理の詩学は実際にどのように展開されるのか。

わたしは本書を、専門外の読者に理解できるように書いた。特殊用語や専門用語はできる限り削除してある。さらに、各章は理論的な議論を扱っているが、第八章の結論で、組織、相互作用、時間、感情、経済学、美学という核となる社会学的概念に照らして、わたしの民族誌的な結論を提示することにつとめた。同時にこれらの概念は、組織の存在と社会構造をまじめに取り扱う相互作用社会学を概説するものである。社会学的議論は各章に必要であるが、本書のほとんどが研究者と同じく一般の読者にもわかりやすいものにしたい。さらに本書は、研究者と教育者だけでなく、調理する側と食べる側の理解にも貢献することを願っている。

この研究は、ツインシティーズ［ミネソタ州のミネアポリスとセント・ポールの二都市］にあるタイプの異なる四軒のレストランにおける、関係者の観察と徹底的なインタビューをもとにしている。各レストランでわたしは厨房の観察に一カ月、レストランの全営業時間の間、各レストランにおいて合計およそ五〇から七五時間を費やしている。各レストランで、常勤のコック全員にインタビューした。合計三〇回インタビューし、各回およそ九〇分、中には三時間に及ぶインタビューもある。巻末の補遺に、一連の方法論的問題とともに、これらのレストランの立地を詳しく記しておいた。

四軒のレストランは、ツインシティーズにおけるプロの料理環境の範囲を表わしている。これら四軒のレストランが、食事を出すすべての店の代表的サンプルであると言うのではない。明らかに違う。これらの店は、ステータスの点ではミネソタのレストラン業界では上位に位置するが、「ファミリー」、「ファーストフード」、「エスニック料理」のレストランではない。

一、「ラ・ポム・ド・テール」は、オート・キュイジーヌのフランス料理レストランである。だれに聞いても、アッパー・ミッドウェスト地区における最高にして最も革新的な店のひとつである。

二、「アウルズ・ネスト」はコンチネンタルスタイルのレストランであり、鮮魚の質で最も知られている。主たる顧客はビジネスマンであり、このレストランは「ホリデー・アウォード」を数多く受賞している。

三、「スタンズ・ステーキハウス」は家族経営のステーキハウスである。近隣の、中流階級地区では特によく知られているが、レストランの質で知られているのではない。牛肉の品質で都市部の賞を受賞したことがある。

四、「ツインシティーズ・ブレイクモア・ホテル」は、ホテルチェーンであり、料理の質では評価されていない。ホテルは近代的で、特にビジネスマンの旅行者を顧客にしている。このホテルは宴会も受け持ち、コーヒーショップと食堂がある。

これらのレストランは、収容客数が——混雑する週末の夜を例にとれば、「スタンズ・ステーキハウス」の五〇〇人から、「ラ・ポム・ド・テール」の五〇人まで——さまざまであるが、どのレストランも五人から一〇人のコックを雇い、そのうち通常三人から四人が同時に厨房で働いている。

読者に役立ついくつかの問題は、本書ではごく軽く扱われているだけだ。コックの技術や美的志向の違いがこれらのレストランを区別しているが、本書におけるわたしの目的は、これらのレストラン間の類似性——全体としてコックという職業に一般化されるような共通の習慣——を探ることだからである。わたしはこれらのレストランを区別する要素を重視するのでもなければ、特異性を持つレストランの代表として各レストランを用いるのでもない。四つのケースを一般化したいのである。「ラ・ポム・ド・テール」のコックは「スタンズ・ステーキハウス」のコックよりも明らかに強い美的志向をもっているが、わたしの興味は、各レストランのコックが料理の美的感覚をどのようにして作るかである。そしてこの理由から、わたしはひとつの論拠において各厨房からのディスコースを結合させることが可能であると思う。またこれらのレストランの構造的類似性はカテゴリーの差異をしのぐと思われるので、わたしは組織の差異を比較したり対照したりはしていない。

第二階層の都市圏で働くコックを調査することによって、もっと自意識的な美的力学が起こる文化の中心的都市（例えば、ニューヨーク、サンフランシスコ、ニューオーリンズ）のエリートシェフを対象にしたサンプルとは異なるサンプルが提供できよう。これらのコックが社会学的に興味深いのは、彼らがエリートの芸術家ではないからだ。調理を芸術ではなく産業労働と結びつけてとらえる専門学校で教育を受けるので、彼らは、ハビトゥス［フランスの社会学者ブルデューの概念で、社会過程の中で身についた態度］として、嗜好をはっきりと表現せず、料理生産のあいまいな分類を生み出す結果になる（Bourdieu 1984, pp. 170-73）。たとえそうでも、彼らもまた料理の美学について語るという事実は、美的ディスコースが仕事の行為に何らかの影響を及ぼすことを示している。エリートシェフを調査すれば、きっと違った結果になるであろう。

最後になるが、本書では、客がこれらのレストランをどう考えているかは扱っていない。わたしは食事をする側ではなく、調理する側に興味があるのだ。しかしこの点に関して、給仕人はコックの生活に影響を及ぼすという理由から、給仕人の生活は取り上げている。これらの論題——そして他の多くの論題——は、他の研究者が関心を寄せることだろう。

本書では、レストラン産業は、きわめてさまざまな経済領域の代用物の立場にある。どの組織も特有のものであることは明らかである。だが、特異性も含めたすべてのもの、レストランとその厨房が、外的環境の要求によって相互作用の秩序に影響を与える場、すなわちミクロ社会学が構造分析と出会う場、を提供しているのだ。

第一章　厨房の生活

天はわたしたちにおいしい肉を遣わし、悪魔はコックを遣わす。
デイヴィッド・ギャリック［一七一七―七九、イギリスの俳優・劇作家］

一日はゆっくりと始まる。涼しい夏の朝にだれもいないきれいな厨房に入ると、これから激しい竜巻のような仕事が待っているとはほとんど感じられない。食堂へのドアと裏口のドアが開いたままのときは、部屋にエアコンも窓もないことは、ほとんど問題にならない。ゆっくりと従業員がランチの準備に現れる。昼のコックのメルは九時頃にやってくる。メーテル・ド・テル（接客主任）はその少し後にやってくる。数名のバスボーイ（下働き）は食堂の準備のために早く来ている。その後、パントリー係、もう一人のコック、雑用係（ポットマン）、六人の給仕人、そしてバーテンが現れる。経営者のフィルと、ヘッドシェフのポールはランチの少し前にやってくる。

メルは、ランチ用の十分な材料があるかチェックすることから始める。彼とポールは、スペシャル料理に何を出すかすでに決めている。スペシャル料理はブールブラン・ソース［バター、エシャロット、白ワインなどで作るソース］をかけたアイヴォリー・サーモンなので、メルは魚が新鮮であるかをチェックする。二日間じっくりととろ火で煮たビーフ・ストックの味見をし、野菜の切れっ端を軽く放りなげる。パントリー係のデニスは、届いたばかりのアスパラガスを洗ってから、ジャガイモとニンジンの皮をむき、次に卵を茹でるように言われる。野菜が床に落ちても、どうということはない。これから茹でるのだから。メルとデニスは一度仕上げれば保存できるものをすべて用意する。目標は最初の注文が入る一一時半までに用意すること。一一時一〇分に、配達業者が明日使うスズキを届けると、チノパンツに格子縞のワークシャツというカジュアルな服装のポールが、魚を調べ、受け取りのサインをする。この配達会社には問題があった。地元のチームスター〔全米トラック運転手組合〕との間にトラブルがあって、最近ロースのステーキの代わりにテンダーロイン・ステーキをもってきたりしたのだ。しかし今日のスズキは新鮮で上物だ。その日の午後遅く、魚はディナー用におろして切り身にされる。正午少し前、第二コックのジョンが現れる。レストランが労働コストを抑えるためと、ランチには多くの客が見込めないために、彼はいつもより遅めに来るように言われていた。

ベテランの給仕人ジェリは、一一時四五分頃メルに最初の注文票を手渡す。普通注文されたものは二〇分ほどで出来上がるが、メルの調理に目を光らせるライバル・シェフがいないので、彼は手早く料理し、注文の品は正午少し前に出来上がる。ポールはブールブラン・ソースを指で味見しオーケーを出す。ジェリの客に出されるまで、料理は数分間カウンターの上に置かれている。少しずつテンポ（と気温）が上がり、メルとジョンはすぐに状況が手に負えなくなっていることに気づく——おそらく町の中心で何かの大会でもあるのか、だれもが外食する気になったのか、理由は何であれ、厨房は注文票であふれかえっている。つまり本物のランチ・ラッシュというわけだ。ある瞬間など二〇ほども注文が待っていた。ステーキがガス台に落ちたが、拭いて皿に戻される。状況があまりに壮絶なので、ポールは懸命に協力する。どうせ出勤簿にサインし働くつもりでいたのだ。給仕人が注文を間違えたので、コックが別の料理を大急ぎで用意しなければならないときには、どなり声と鍋のぶつかりあう音が響きわたる。ジョンは野菜を料理し、メルは魚を料理する。給仕人がへまを罵倒されてからでないと、料理は完成しない。厨房はこの日に出されたおびただしい数のサーモンとロンドン・ブロイル［牛わき腹肉のステーキ］のせいで、熱にうだり、くすぶり、油まみれだ。楽園は地獄になった。それも共同の地獄に。やがて一時一〇分に注文がやみ、一時半までには三つの注文を残すだけとなる。コックはランチ・タイムを生き延びた。経営者はぶらつき回り、ポールに声をかけからかう。同時に三人のコックがおよそ九〇分間に一二〇人を越える客に料理を出したのだ。給仕人はたっぷりチップを稼いだが、それは国税庁には報告されない。

ここで力学が変化する。二時までにはメルは帰ってゴルフのラウンドに出る。二人の晩の当番コック、ブルースとラリーが四時には現れる。ポールは出勤簿にサインし、それからその日の朝届いたスズキを切り分け、ジョンはディナーの準備を始め、野菜の下ごしらえをし、ストックを煮詰めてビーフ・グレーズ［牛肉のゼリー寄せ］を作り、貯蔵室をチェックする。バーテンのエディが冷蔵室近くのホールで煙草をこっそり吸っているときや、ラリーが、軽い知的障害のある雑用係のレイの飲み物に酒をたらすとからかっているときには、ここでの生活も気楽なものだ。厨房のドア近くにたむろして残っている数人の給仕人は、彼らのロマンティックな生活について厨房のスタッフとジョークを言いあい、受け取ったチップについて彼らをからかっている。

五時半になると従業員は今夜のディナーについて考え始める。今日は金曜日で、レストランには大きなパーティの予約がいくつか入っている。ポールはジョンに、およそ百人の客の準備をするから残業してくれと頼む。六時の時点ではだれも大した仕事があるとは思わないが、七時になってもレストランはほぼ空の状態で、コックは立ち話をしている。突然メーテル・ド・テルのロイが厨房に入ってきて、八人のグループが急にキャンセルし、一〇人のグループは一五分遅れるそうだと悪態をつく。厨房の生活は痛ましい。

仕事が暇なので八時にはジョンは帰される。九時までに三〇人の客しか来ず、これは予測よりはるかに少ない。コックと給仕人はレストランの裏口のドアの外に立って、このような馬鹿騒ぎに巻き込まれることになった彼ら自身の愚かさと客について辛辣な文句を言っている。だれもがいらいらし退屈している。一〇時には夜の厨房の掃除がほぼ終わる。あとひとつの敵との遭遇が待っているだけだ。閉店時間の一一時数分前に、常連客がやってきて料理が出されるのを待っている。ラリーが残り、料理し、鍋をたたき、客の思いやりのなさをブツブツ言っている。希望で始まった一日はフラストレーションで終わる。感情とソースがあふれ出た一日。友情は育ちそして断ち切られた。共同体は生き残った。(フィールド・ノート、「アウルズ・ネスト」からの抜粋)

コックは途方もない難題に直面し、地獄ものどかに思えるような環境で骨折って働く。コックの生活を考えてみよう。コックは、正確に何人の客が見込まれるかわからないまま、客が現れる数時間前から準備しなければならない。準備には融通性をもたせ、予約なしで入れる客や、直前の急な予約にそなえなければならない。彼らはそれから多数の料理を、同時に、また予告なしに、彼らが対処する人々——給仕人とつまるところ客——が不満をもたないだけのスピードで、調理して出さなければならない。コックには何人かの主人がいる。レストランはサービスと生産のユニットであり、それゆえにコックは同時に客と経営者のために働いている（Gross 1958）。コックはサービス産業に従事する人口の中で増加している職業だが（Fuchs 1968）、アメリカの労働人口の中では就業人口が減少している製造業区分に入る。

経済的な興味（必ずしも社会的忠誠心ではないが）を客に抱いている給仕人を、客は自分たちの代理人に立てて、正当な権利として料理を厨房に返し調理のやり直しをさせる。[1] 給仕人はコックに対する権限はもっていないが、彼らはコックが対応すべき要求を出すことができるし、実際に出している。コックと給仕人は異なるプレッシャーを体験している。コックはゆっくりと料理する権限をもちたいと願っているのに対し、給仕人は客を最大限満足させる必要がある。客が彼らの収入の直接の供給源であるからだ。給仕人はチップを分け合わないので、コックは客が最大に満足することの保証には——短期的には——ほとんど投資していない（Paules 1991, p. 108）。

コックを管理する第二の源は経営者である。経営者は客を最大限に満足させる一方でコストを制限したい。結果として、経営者は、できるだけコックの数を減らし、できるだけ働かせ、安い材料を使い、浪費を減らしたい。実際にはこれは、表に出ない労働者をできるかぎり安い労働力でまかなうことを意味する。レストラン産業は、労働ビザのない外国人や知的障害者を雇うことで知られている。

結果としてコックは過大な制約のもとで仕事をし、自主性がないと感じ、職業的不満に陥ることになる。この自主性の欠乏は、厨房内のヒエラルキーによって倍加される。ほとんどのレストランは、他のコックたちを動かす責任をもった、シェフ、つまりコック長を雇う。コックとシェフの違いは歴然とあり、軋轢を生むこともある。この職業区分を越えて、コック（あるいはシェフ）は異なる種類の責任と、程度の異なる権力や自主性をもっている。

この章では、こうした形態の社会的管理を受けているにもかかわらず、コックが彼らの生活をいかにして耐えうるものにしているか、彼らは仕事場の満足と不満をどのように定義しているかを探る。特にわたしは、調理の日常的な基盤、個人の組織、手抜き、トリック、近似、汚れ仕事、コック間で取り決められた分業などが、料理を作るのにどのような影響を及ぼすかを調べる。さらに、コックが肯定的にも否定的にも職業上のステータスとみなしているこれらの要素について述べよう。

レストランの調理の日常的基盤

すべての労働者同様、コックは「何とかやって」いこうと試みる。彼らは楽園を望みはしないが、まずまずの円滑な日常を求めて努力する。だが、日常の仕事には危険がある。調理は難しく退屈なものになりうる（Molstad 1986）。コックは潜在的に抑圧的な環境を、生活ができて、ある程度の満足感が得られる自治区に変えようと望む。形式的な規則と要求は、食事を用意するという現実の行為に比べれば二次的なものである。この問題に関する古典的な記述は、ジョージ・オーウェル〔一九〇三―五〇、イギリスの小説家、随筆家〕『パリ・ロンドン放浪記』（一九三三）の忘れがたい、不穏な描写に見られる。

フランス人のコックはスープに唾を吐く——もちろん自分でそれを飲むつもりでないときにだが——これは、言葉のあやではなく単に事実を述べているのである。コックは芸術家であるが、彼の芸術は清潔なものではない。芸術家であるからして、コックはある程度まで汚いものだ。食物をうまそうに見せるには、汚くとも手当が必要なのだ。例えば、ステーキがヘッドシェフのチェックを受けるために運ばれると、ヘッドシェフはそれをフォークで扱うのではない。彼は指でつまみ、ぽんと落として、皿の回りを親指で拭き、その指を舐めてグレーヴィー・ソースの味見をし、もう一度親指をまわして舐め、それから後ろへ下がって、絵を鑑定する画家のように肉片をじっと見て、それからぽっちゃりしたピンク色の指でいとおしそうに肉を押してみる。どの指も朝のうちに百回は舐めている。満足すると、彼はふきんを取り、皿についた指紋を拭き取り、皿を給仕人に渡す。……例えばパリで肉料理に一〇フラン以上払う場合はいつでも、こんなふうに指でいじられていると確信していい。……例えば客がトーストを注文する。彼は深い地下にある穴蔵で仕事に追われているだれかが、それを用意しなければならない。彼にわかっているのは、きちんと見せなければいけないこと、三分間で仕上げなければならないことだけである。大きな玉の汗が額からトーストに落ちる。何を気を揉むことがあろう。トーストが床にまいてある汚いおがくずの中に落ちてしまった。わざわざ作り直すか。おがくずを拭き落としたほうがずっと速い。階上へ持っていきながらまた落とし、バターを塗った面が下になる。もう一度拭けばいいだけだ。すべてがこんなふうである。

「このトーストは人が食べるものだ。食べられるものにしなければ」などと考えない。

アメリカのレストランは――少なくともわたしが観察したレストランは――これと同じ基準で衛生的な「配慮」がなされているのではない。だが、コックというものは、料理をきちんと作るプロセスにそれほど気を使わずに、見た目をよくしきちんとした味にしたいという気持ちをもっているとした点で、オーウェルは正しい。コックたちは、レストランの構造の現実の中で、すべきことをするのである。

対処する個人の組織

一日を乗り切るのに最も助けになるものは何か、とコックに尋ねれば、コックはしばしば個人の組織――昼夜の仕事を構成するプロジェクトを組織するもの（Strauss 1991, p. 72）――と指摘するだろう。予測できない仕事を数多くあてがわれた従業員は、重要なのは仕事ではなく、その仕事の準備だと思っている。「アウルズ・ネスト」の一人のコックに、仕事の中で何が最もきついと思うか聞いた。「仕事は君でもできるほどやさしい。材料を並べておけば、仕事は簡単だ。一度システムを作れば、難しいことは何もない。何をいつやるのかがわかっているんだから」（フィールド・ノート、「アウルズ・ネスト」）。料理を成功させる決め手は、プロジェクトを分け、注文を正しく知ることである。こうした秩序立てがなければ、出来上がりは悲惨なことになる。調理（とほとんどの仕事）の難しい点は、何を作るかではなく、ひとつひとつの仕事の関係である。「一致団結してると、本当に簡単に思えるよ。……それぞれ違うことを二五ぐらい準備しなければならないときでも、僕にはたいていできる。どう組織するか知っているからね」（インタビュー、「アウルズ・ネスト」）。レストランの厨房観察の第一日目、わたしはこう書いた。「厨房での行動はどれも数秒でこなすべきものだ。まるでコックは二〇台の流れ作業台で――それぞれが違う行為を要する――同時に働いているかのよう。さらにコック同士でめざましい調整が必要である」（フィールド・ノート、「アウルズ・ネスト」）。要は、厳しいプレッシャーのあるとき――たとえいつ何をすべきかの規則がはっきりされなくても――多様な作業を秩序立てることである。各作業に十分な時間が与えられれば比較的問題はないが、非熟練者がすべてをこなすことは不可能に近い。コックは仕事の周期――作業全体――の要求を満たすスピードと順序を調整するだけの経験があるので、ありきたりの仕事のほうが難しい。おそらくコックにとって最大の難題は、作業の流れに遅れたり、流れを見失ったりするときである。仕事の周期には詳細な行動の調整が当然必要になる。集中力をかき乱された者が証明しているように、うまく調整されたシステムもばらばらになりうる。プレッシャーのもとで料理するには、体内的な計画表に注意を払う必要がある。ステーキハウスのコックに、最大の欲求不満について聞いたところ、彼は集中力の重要点を確認する具体例を挙げた。「サワークリームやタルタルソースの作り置きができていないことかな。時間や人手を取り戻さなければいけないというのではなくてね」（フィールド・ノート、「スタンズ・ステーキハウス」）。コックはペースを保つために、休憩時間もプロセスに組み入れて、可能なときはいつでも「先へ進もう」とする。いたまず熱を加えない料理（例えばサラダ、サンドウィッチの付け合わせ、デザート）を作るときはいつでも、コックは実際の注文以上に用意することがある（例：Whyte 1948, p. 3）――後で使うときのために、贅沢に作り置きしておくのである。

この仕事組織を容易に進めるひとつの方法は、客が利用できる選択肢を、ひいては従業員によって必要とされる組織の程度を、制限することである。これはある種、生産高のコントロールであって、質のコントロールではない。仕事のペースをコントロールするためには、レストランはメニューを制限し、料理のさまざまな選択に同じ要素を組み込むことがある（後者はアジア料理の店では一般的である）。広範なメニューのあるレストランは、準備を簡単にしているか、大勢のスタッフがいるかである。同じ品を繰り返し用意するほうが、広い範囲の選択肢を提供するよりも簡単にできる。この業界の仕事場では、融通性はいくらでも拡大することができる。結果として、大人数のグループは、コックにとって嫌な仕事を和らげるために、限られたメニューを与えられるのだ。「七五人の団体が七時半にディナーに現れる予定だ。彼らは二品の選択肢を与えられる。マネージャーのチャールズがわたしに言う。『ぼくらはステーキを平鍋に並べる。ステーキを焼くというより表面に焼き目をつけるんだ。団体客には料理を限定しなきゃいけない。団体客を扱うレストランはどこもこうしてる……。そうすると見栄えがいいんだ』。チャールズは味に違いがあることを認めている」（フィールド・ノート、「スタンズ・ステーキハウス」）。選択の限定が、作業の大きさを効果的にコントロールしている。しかしながらこの制限が、客の間に不満を生じさせることもある。客は好みの選択がメニューの中に見つからなければ、他の店をひいきにするかもしれない。

方法を簡単にする

どの職業にも、仕事を我慢できるものにする、非公式の、内輪の手順がある。すなわち「裏の仕事」と名づけられているテクニックである。従業員がすべきなのは「正式な」仕事にもかかわらず、仕事が実際に完成するなら、仕事の重荷を軽減する他のテクニックが奨励されるのだ。

これらの内輪のテクニックを三つの部類に分けてみよう。㈠近似（approximations）、㈡手抜き（shortusts）、㈢トリック（tricks）である。近似は正式な規則を優先しないテクニックで、従業員は受け入れられる仕事の範囲を選択する自主性をもつことを示している。コックならだれでも選択権をもっており、事実、量や時間の測定はそれほど精密ではないので、近似はない。プロのコックはこれらの近似を必要かつ自然なものとみなしているが、家庭の料理人（と新米のプロ）は、自分の選択の結果に確信がないので近似を避けようとする。手抜きは作業の内容を知る者ならだれでも利用できるテクニックであり、プロ、アマを問わずコックなら潜在的に気づいている選択肢である。これには、調理の規則を曲げたり破ったりはするが、時間と労力を節約する「不適当な」選択をすることも含まれる。トリックは、個人の店あるいは業界全体にかかわらず、この職業では一番知られているもので、サブカルチャーの知識として、この職種の境界内に含まれている。手抜きと違って、これは正式に不適当とするには及ばず、望ましい完成をもたらす、より簡単なテクニックである。

これらの三つのテクニックは最終的な出来上がりをそこなう程度——仕上がった料理の質に影響するかどうか——がそれぞれ異なる。トリックは手抜きほど完成品では目立たない——だから「トリック」と名づけているのだ。近似は、どの程度の近似かによるが、効果があまりないか大いにあるかである。これらの用語はプロのレストランの厨房では同じような意味合いで用いられる。もっとも、この職種の境界内で保持される知識としてのトリックと、だれでもが使える知識としての手抜きの区別はなされていない。

近似

職業の中には精密さを要するものがある。しかしすべての職業が、従業員がつけてもかまわない「はね」("slop")のようなものを持っている。製図工や機械器具を操作する人のような顕微鏡でなければ見えないほどの精密さが必要な職業はほとんどないが、彼らにさえミクロミリ単位の選択がある。近似を許容することは自主性を与えることである。商売用の厨房に入ると、家庭で料理をしている人ならそこに精密さが欠けていることに気づくだろう。「ブレイクモア・ホテル」のヘッドシェフは、概念的な、実務的な知識に重きを置いていることを強調した。

基本のレシピは本に書いてある。実際、学校にいたとき、最終学期までこれがわからなかった。一学期はだれもがこの方法で何でも作れると期待したものだ。ソールズベリー・ステーキ。これで作れるって。二学期になると、違うと言いだし、こう作るんだと新しいレシピを教えられた。三学期にはまた別のレシピを使うと言った。それで考えたものさ、「先生がどうするのか決められもしないなんて、おれたちはどういう教育を受けているんだ」ってね。四学期になってやっと、先生が言おうとしていたのは、三つのレシピ全部を知れば基本が身に付くってことだとわかった。ハンバーガーと野菜が基本なのさ。オレガノでもバジルでもトマトジュースでもトマトペーストでも、どれを使うかは自分が決めるんだってこと。

（インタビュー、「ブレイクモア・ホテル」）

レシピをもっていても、コックはそれを無視し、それを解釈し、それを越えて自分の味を作りあげる。レシピは提案であって命令ではない。といっても家庭で料理する者の多くはレシピ通りに調理する。レストランのコックは違った見方をしている。

バーバラ　レシピを解釈するにはたくさんの常識がいると思うの。

G・A・F（Gary Alan Fine, 筆者）「レシピを解釈する」ってどういう意味？

バーバラ　レシピを読むと何をどう混ぜるか指示が出ているけど、常識では、このレシピなら、中に入っている材料からみて、ゆっくりとやらなきゃいけないって判断することよ。

G・A・F　レシピを超越することかな？

バーバラ　そう。同時に全く同じレシピを作るのを見たことがあるけれど、悲惨なものから素晴らしい出来映えのものまで、結果は五通りだった。その人が、今やっていることに注意を払っているかとか、集中しているかどうか、ある段階でそれがどういう状態になるのかを理解しているかによるのよね。

（インタビュー、「ラ・ポム・ド・テール」）

調理方法は数多くある。問題は料理を確実においしいものにするために、どの調理方法を選ぶかである。ここにおいても知識は記憶や経験から来る。ジョンがメルにクレープのレシピをもっているか聞いたとき、メルは答えた。「ただ材料を混ぜるだけさ」。ジョンはこれだけしか教えられなかったが、ジョンのクレープは上手に出来上がった。

料理がどんな味かをはっきりと思い出すことは難しいので、コックは「勘で」料理する。ほとんどの料理で材料の分量は大ざっぱである。コックは料理を理想水準にするためにレシピ通りに作るものだ、と思っている人は驚くだろうが、これが現実の調理なのだ。大ざっぱに材料を加えることが、時間を節約するだけでなく、コックにさらなる自主性を認めることになる。

おそらく近似を用いる最良の例は、ソースやスープの基本であるストックを作ることであろう。ストックはオート・キュイジーヌの鍵であると言われてきた。偉大なシェフ、エスコフィエ〔一八四六―一九三五、フランス人シェフ。ロンドンのサヴォイホテルやカールトン、リッツなどで活躍〕はこう信じていた。「ストックが料理におけるすべてだ。少なくともおいしい風味豊かな料理においては。ストックなしでは何ひとつできない。ストックが良い味なら、残りの仕事は簡単である。そうでないと、風味に乏しいか平凡な味になってしまい、満足のいく結果など全く期待できない」(Crocker 1945, p. 109)。「アウルズ・ネスト」や「ラ・ポム・ド・テール」のコックは、缶詰のブイヨンや粉末のストックではなく、独自のストックを作っていることを誇りにしているが、これが味の決め手になるにもかかわらず、彼らはレシピ通りには作らない。ストック用のポットに加えられるのは、計画というよりむしろ便利さというものである。

ヘッドシェフのポールはブラウン・グレーヴィー・ソース用のビーフストックを作る。彼が言うには、たいていストックを作るには四八時間かけるのだが、メルが明日ストック用のバットを使うので、一日しかかけられない。……そのあとブルースが卵の白身と殻をバットに落としている。ラリーの説明では、「時にはゴミの缶にもなる」とのこと。ストック用のバットは水道の蛇口の真下に置かれるので、跳ねた水がバットの中に入ってしまう。

（フィールド・ノート、「アウルズ・ネスト」）

G・A・F　厨房の中で、部外者が知ったら最もショックを受けることは何だと思う？
ダイアン　ストックね。ストック用ポットの中がどれほど汚く見えることか。初めてそれを見たとき、ただもうむかついたわ。そうね……素人の人なら「お願いだから捨てて」って思うわね。

（インタビュー、「ラ・ポム・ド・テール」）

ストックとスープは、実際はコックが意識的に決定しているとしても、彼らの選択が勝手気ままに見えるような実例である。わたしたちは自分の仕事を知っており、すべてがうまくゆくだろうし常にうまくいっているという確信をもっているのだろう。月曜日に作られたストックが木曜日のストックと味が違うという事実が、料理の評価に影響することはない——ちょうど車や、外科手術や、カウボーイブーツが、ミクロの違いがあっても検査をパスするように、無知の人間の舌には十分近い味がするのだ。材料が近似であるように、タイミングも同様である（これは第二章で論じる）。「アウルズ・ネスト」では、グラヴラクス（サーモンのマリネ）を料理するとき、必要に応じて二四時間から四八時間かけて魚をマリネにする。

仕事環境において近似は肝要であるので、コックは自分の仕事をミスしても許容されることについてからかって言う。「メルがサラダドレッシングに少量のヴィネガーを注いで、おれにジョークを言うんだ。『いつでも完璧に出来上がる』ってね」（フィールド・ノート、「アウルズ・ネスト」）。多くの食材の素晴らしい点は、何をしようとほとんどの客にとって「同じ」味がすることである。それらは「寛大な」ものなのだ。もちろんこれは、それらが全く同じ味がするという意味ではないが、わたしたちの風味の記憶は精確ではないので、きわめてはっきりとした味でなければ、区別などできない。わたしたちは舌触りについてはもっと敏感だが、味の比較ができる客でさえ不可能なほど不正確な世界にコックはまんまと逃げ込むのだ。確かに客は料理の善し悪し（それに、よりうまい料理とよりまずい料理）の判断をするが、ほとんどの客はコックの専門技術を受け入れ、洗練された味覚とか知識に基づいた味覚などはもっていない。有形の芸術か、あるいは文字や聴覚や視覚の記録で理解されうる他の芸術と区別される、料理のもつ繊細な性格が、他ではありえない不正確さを許容するのである。記憶とは気まぐれな審判である。

コックが寛大な材料を使うかぎりは、ミスをしても柔軟に対処でき、他者に気づかれずにすむ。だから医療ミスで裁判にかけられる麻酔医よりも精神科医のほうが有利なのだ。もっとも麻酔医なら承知しているように、肉体はある程度の量の麻酔用ガスに耐えうるものだが。「プロフェッショナル」――あるいはそう主張する人々――が自身に要求する幻想のひとつは、秘訣を明かさずに、替えのきかない材料で料理することである。仕事をする者にとって批評眼のある観客の前でパフォーマンスをすることはひどく骨の折れることだが、この場合でさえ観客は台本に気づかずに、ミスはドラマの中に書き直されうる（Goffman 1974）。

手抜き

料理するとき、家庭のコックは、レシピのルール以外にも多くの決定を下す（Tomlinson 1986）。ベーコンを揚げてトッピング用にくだくのか、ただ市販の「バック・オーズ」〔ゼネラル・ミルズ社製、大豆から作られたベーコン風味の顆粒〕を加えるのか。ホイップクリームはミキサーで作るのか、それとも缶詰のクリームを使うのか。似たような料理で代用すること〔トレードオフ〕は、プロのコックならではのものだ。有能なコックならこれらのテクニックに気づいているだろうが、出来上がりの効果を考えて、それらのテクニックは使わないかもしれない。手抜きには、手でホイップしたクリームの代わりにインスタントのホイップクリームが使われるときのように、注目に値する効果をもつものもある。他にも、食品を室温でなく電子レンジで解凍するときのように、ささやかながら効果のあるものもある。もちろん感覚的な質の重要な変化は、客観的な事実よりもむしろ、個人の判断と集合的な組み立てから成る。料理の出来映えは客の心に刻み込まれるが、出された料理を出来映えから判断する方法は複雑であり、値段や、店の評判や、客の味覚の洗練度や費やされた精神といったものに左右される。対象物を状況から理解することが、評価には不可欠である（Dickie 1974）。

観客の意識や要求が、許される範囲の手抜きかどうかを決定する。どの職業にも観客がいるが、すべての職業がだれかに評価される。どの仕事領域でも、問題は、質を限定するかどうかではなく、どのように質を限定するかである。顧客が違いに気づかないとしたら、違いが存在するだろうか。コックが「よりうまく」できると知っているという点で差異は存在し、これがコックの職務上の自己評価に影響を与える。しかし、他のプレッシャーがこのトレードオフを必要なあるいは妥当なものにするのかもしれない。サービス産業で働くすべての者同様、コックは少なくとも自分の作品に三種類の観客をもっている。㈠自分自身とその仲間。彼らは適正な労力で適度にかなえられる限りにおいて、サブカルチャーの高い基準を求めて格闘する。㈡経営者。彼らは労働力、材料、諸経費のコストを低く抑えることによって、また客を何度も店に呼ぶことによって、利益を要求する。㈢客。客は彼らが高い質とみなすものを要求するが、その質とは何なのかをおそらく知らず、また特定の市場ニッチの中で「価値あるもの」（低利益）を要求する。

料理の難しい点は、これらの要求のバランスを取ることである。これらは個人的基準ではなく、設定構造と評価する側の専門技術の中に組み込まれた要求である。料理がどのように作られるかは、相互作用に基づく一方で、一連の外的基準と仲間内の基準によっても制限される。

コックは仕事の負担を軽くするために、一時に大量の料理を作り、必要なときにそれをまた温める。マッシュルーム・ムースは半分まで調理しておく。ダイアンが言うように「仕上げるまでに長い時間がかかるの。だから時間を節約するためにこうする」のだ。彼らはまた注文が来てからビーフ・ウェリントン［牛ヒレ肉をフォアグラのパテでおおい、パイ包みにしたもの］を料理するのではなく、必要なときにスライスして再加熱する。
（フィールド・ノート、「ラ・ポム・ド・テール」）

コックは極上あばら肉（プライム・リブ）を、先にある程度まで料理しておいて、熱い焼き汁の中に入れて温めて出す。アルの説明。「最良の料理法ではないけれど、ここでは（肩をすくめて）そういうやり方なのさ」。
（フィールド・ノート、「スタンズ・ステーキハウス」）

またコックは、前の料理の匂いを取るために鍋をざっと拭くだけで、ほとんどの料理を作る。背丈ほどの大きさの冷蔵室のドアが少し開いているのは、一日に何十回となく開けるからである。同様に、すべての料理が同じ温度で料理される。厨房には温度を変えて作れるだけのオーヴンがないからだ。粉をふる必要のある料理は——エビであれ、ホタテであれ、オニオンリングであれ——すべて同じ粉につけられる。コックがそれぞれを調理し分けるに十分なスタッフもエネルギーもない。これらのテクニックは家庭の厨房では行なわれているが、広範な知識を前提としない。多くの客が厨房の裏側の出来事を理想視しているとしても、だれもがこうしたテクニックを選べるのだ。

インスタント食品　価値と出来映えの最もバランスのとれた形は、インスタント食品の使われ方にみられる。理屈では、厨房で働く者も客も、だれもがインスタント食品に異議を唱える。客は料理を一から作ってほしいと望んでいる。そうでなければわざわざ外食するだろうか。同様に、経営者も、店の評価をそこなうようなインスタント食品を出しているなどと世間に知られたくない。コックはインスタント食品を嫌う。インスタント食品は、厨房での彼らの役割を狭め、コックを熟練工から肉体労働者に変えてしまうもの、すなわち料理の脱技能化だからだ。「アウルズ・ネスト」のシェフは、彼の目標はレストランを素晴らしい「手づくりの店（スクラッチ・ハウス）」にし、料理を「スタート〔スクラッチ〕」から作ることだと言った。だがどのレストランもいくつかのインスタント食品を使っている。もっとも、「アウルズ・ネスト」や「ラ・ポム・ド・テール」より、「スタンズ・ステーキハウス」や「ブレイクモア・ホテル」のほうが「より多く」のインスタント食品を使うが、店のスタッフはあまり弁解しない。「ラ・ポム・ド・テール」は例外だが、どのレストランもインスタントのマッシュポテトを出しているし、「ラ・ポム・ド・テール」はシェフが望むように一から作ることができるにせよ、缶詰のトマト製品を使っている。問題は、インスタント食品を使うかどうかではなく、いつ使うかである。どの職業にも手抜きはある。問題なのはどんな種類のものを使い、使うことをどのように言葉で正当化するかである。

インスタントのマッシュポテトはインスタント食品の価値を説明するものだ。「本物の」マッシュポテトを素晴らしいとみなす客はほとんどいないのだから、ジャガイモにはほとんど経済価値はない。だがジャガイモを料理するには大きな労働力がいる。結果として、コックはインスタントのジャガイモの有効性を認めるのである。「シェフの中には『新鮮な野菜しか使わない。新鮮な野菜にこだわる』という者もいる。それは結構。でも他のコックは……冷凍の野菜や缶詰の野菜を使うだろう。質の違いはあるよ……。マッシュポテトだなんて、八〇〇〇トンのジャガイモをゆでてそれをマッシュしろっていうのかい。非現実的だよ。インスタントのほうがずっと簡単さ」（インタビュー、「ブレイクモア・ホテル」）。だが、使えるものには限界がある。あまりにインスタント食品に頼りすぎるコックは、他のコックから軽蔑される。彼は脱技能化を選んでしまったのだ。

あるコックが最近のシェフについて不平を言う。「缶詰なんか使うべきじゃない。冷凍野菜も好きじゃないね……。乾燥のガーリックパウダーでさえ嫌ってたシェフがいたよ。うるさいやつだった。デンヴァーはなんでも缶詰が好きだが……。偽物を使いすぎるね、缶詰を使いすぎるよ。本物の食材を使わなきゃ」。（インタビュー、「ブレイクモア・ホテル」）

ヘッドシェフは、彼がその職に就いたとき、やり方を変えるように主張したことを話してくれた。「おそらく最も大変なのは再訓練すること、見直しをして基本に戻ってやること、手抜きをせずに、できる限り新鮮な素材をたくさん組み入れることだね。良き基本の調理に戻ることさ」。（インタビュー、「アウルズ・ネスト」）

コックはインスタント食品を使いすぎる者に憤慨するが、彼ら自身も使っていることを認めている。いつどこでインスタント食品を使うかは、想定される客の要求を考慮して、ヘッドシェフかマネージャーが定めた方針によって、個人ではなく組織が決定することである。各レストランは、業界全体のルールに従って働くのではなく、独自の調理伝統をもっており、その中でインスタント食品をどう使うかが話し合いで決められてきたのである。

手抜きは必然のものだが、理想的な基準や、この基準と現実との隔たりを、厄介にも思い出させるものである。それらは、理想的な条件であればいったい何が出来上がるかを測るものだ。厨房の時間的空間的制限が、作られる料理の種類を決めるのである。

トリック

すべての労働者同様、コックは、仕事をより楽にしてくれるものの、一般にはあまり知られていないテクニックに頼っている。これらのトリックは性格的にはサブカルチャー的なものである。あるコックが断言する。「コックになるにはある程度の技術がいり、よいコックになるにはものすごい技量がいる。新米が何か作れと言われても……切り方さえわからないだろう。素人が切ってもシェフの切り方じゃない。それに材料の——肉、農産物、必須食料品などの——知識もないだろう」（Schroedl 1972, p. 184）。新米のコックは仕事上の「いつでも使える基本の知識」を身に付ける教育を受けなければならない（Bishop 1979）。やさしいと思える作業が——マッシュポテトやコンソメを作ること——そうでないのと同じく、一見難しく見えるがやさしい作業もある。トマトをバラの形に剝くのは（「トマトローズ」）手が込んでいるように見えるが、わたしのような不器用な社会学者でさえ練習すれば数秒でできることだ。オムレツは人を感嘆させる料理とのことだが、調理するのは簡単である。「昼のコックのデニーは、溶き卵を一方に寄せてからマッシュルームを上にのせて、三〇秒熱して折りたたみ、マッシュルーム・オムレツを作る。指でつついて『理想の』オムレツの形にするんだ」（フィールド・ノート、「ラ・ポム・

ド・テール」）。鍵となる技能は、難しく時間のかかる作業を、質をそこなわずによりやさしいものに変えるテクニックを知っていることである。「ロンは乱切りのオレンジの皮がいる料理を作っている。ヘッドシェフのデンヴァーは、皮を乱切りにするよりオレンジをすりつぶしたほうがいいと説明する。ロンは、そのほうがもっと効率的だとすぐに気づく。デンヴァーは答えて言う、『それで高い給料をもらっているのさ』」（フィールド・ノート、「ブレイクモア・ホテル」）。バターが溶けると、ラップの紙をはがす（フィールド・ノート、「ブレイクモア・ホテル」）。バターを溶かすのに、ラップした棒状のバターを鍋にさっと放る。あるレストランでは、食器洗い洗剤「ドレフト」でパセリを洗う。コックの説明では洗剤がパセリを「パリッ」とさせるのだ（フィールド・ノート、「スタンズ・ステーキハウス」）。客の立場としては、わたしはこの洗い方にショックを受けたが、コックはわたしの反応をおもしろがった。テクニックはシンプルだが、知識の境界線は実在する。すべての職業が外部の者には知られていないトリックをもち、それらが集まって社会化を構成するのである。

トリックの中には客を誤解させるものもある。厄介な問題は、客の注文どおりに肉を料理することである。ビュッフェの場合は、コックは印象操作のテクニックを用いて客の協力をうながす。「デンヴァーはロンに、ビュッフェの客を満足させるテクニックのひとつは、ロースト・ビーフを赤い光で輝かせて、実際よりもっとレアに見せることだ、と言う。客がレアの肉を好まないときは、シェフは切り身を光から遠ざける」（フィールド・ノート、「ブレイクモア・ホテル」）。これらのテクニックは、理論上は料理の味に影響することなく、コックの仕事を楽にするものだ。もちろん客は、期待するものを食べられないかもしれない。しかし、大勢の客にサービスする組織では、特に顧客がその組織とそれほどつながりがなく、従業員とは全く縁故がないようなときには、それが顧客の宿命なのだ。

レストランでは、ステーキにくっきりと焼き目をつけるために、まずグリルで表面を焼き、それから普通のオーヴンで焼くことがある。客の不満も出ないし、このテクニックを日常用いていることからも、ほとんどの客は、肉がグリルで焼かれなかったことに気づいていない。

トリックには面倒を簡単にするためだけでなく、一見取り返しのつかないミスを正す目的もある。仕事にミスはつきものである。縫合ミスをする外科医であれ、誤った引用をする学者であれ、ねじをきちんとつけていない大工であれ、どの職業にもミスがあり、ミスに対処する方法がある（Hughes 1971; Bosk 1979）。コックも避けられないミスに対処するテクニックを身に付けている。コックの熟練度をはかるのは、ミスに対処する能力であり、ミスを避ける能力ではない。以下の例はその典型的なものである。

ポールがハッシュ用料理の卵を揚げていると、卵黄が割れて流れ出た。ポールは急いで鍋をつかみ、くずれた卵をすくって火にかけて固める。卵の片面は裏返して出されることになる。

（フィールド・ノート、「アウルズ・ネスト」）

ハウィがペストリー担当シェフのバーバラに、料理を冷蔵庫に入れようとして彼女のケーキをつぶしてしまったと言うと、バーバラは怒らずにこう言った。「いいのよ。小さめに切り分けるから」

（フィールド・ノート、「ラ・ポム・ド・テール」）

ケーキやタルトを焼くとできる亀裂は、トッピングやホイップクリームでおおい隠されるので、幸いにも客は気づかない（例：McPhee 1979, p. 94）。これは理容師や不動産仲介人には知られているテクニックである。コックは肉や魚の見栄えのいいほうの面を上にして出す——ちょうど写真家が人の横顔をとるとき左右どちらかを選ぶように、どの料理にもチャンスは二回ある。有能なコックは、調理の科学と客の心理というサブカルチャー的知識をうまく用いて、避けられない問題を処理できる。「プロフェッショナル」とは、料理の災難を勝利に変えることだ。(3) オーウェルが認めたように、完成品が判断されるのであり、それを作る厨房でのプロセスが判断されるのではない。

汚れ仕事

舞台裏が表舞台になるとき、従業員は清潔という難題に直面する。生産作業には衛生のための時間はほとんど残されない。多くの生産の作業場同様、厨房は汚れている。自分の家の厨房を見ればこのことがわかるが、家の場合は、個人的なもので、どんな汚れかわかっているし、自分でコントロールできる。レストランの厨房では汚れがどこから来るのかわからない。客としては、レストランの舞台裏は表舞台と同じに、ちりひとつないと信じたい。残念なことに、現実のレストランの厨房は、いくつかのレストランが客を楽しませるために使っているような「客に調理を見せる」キッチンではないのだ。(4)

汚物を扱うのは、エヴェレット・ヒューズ［一八九七—一九八二、アメリカの社会学者。シカゴ学派の伝統を継承］（1971, p. 343）が「汚れ仕事」と呼ぶ古典的な例である。「ある種の汚れ仕事はあらゆる職業にみられる。不測の事態が繰り返されるような状況では、道徳的に少々恥ずべき役割をせずにすむような職業は思い浮かばない」。汚い環境で料理することはアイデンティティにしみをつけることかもしれない。

わたしはコック全員に、厨房の中で一般の人が最もびっくりすることは何かと聞いてみた。大多数が乱雑さと汚れだと答えた。

仕事の内容を知らず、その仕事をする必要もなければ、どんなことに衝撃を受けるかわからないよ。でも、厨房に戻ったら、肉はまな板の上に、魚はシンクに置かれていて、冷蔵庫のドアは開けっ放し、バケツは床に転がっているなんていうときにはぎょっとするだろうな。そんな状態には驚くと思うよ。（インタビュー、「アウルズ・ネスト」）

デンヴァー　厨房で何が起きているか見たら、アメリカ人の五〇％が二度と外食はしないだろうな。

G・A・F　例えば？

デンヴァー　〔宴会用に〕鍋で煮物をしながら、チキンを数時間出したまま放っておくこと。テーブルの上に置いて、他のことをしてると、そのままそこに放っておくことになるのさ……。実際、僕の義弟がこの前の晩ここに来て仰天したんだ。だれかがまな板でチキンをカットしていて、そのまな板を洗わずに置いたって。本当に衛生局につかまっちまうよ。（インタビュー、「ブレイクモア・ホテル」）

この一見率直なコメントは、この汚れが「構造的に」必要ではあるが望ましくないもので、従業員も当惑しているように見える、というヒューズの洞察と同じである。働く者からすれば、汚れを結局は当然とみなさなければならないという点を除いて、価値観は客とそれほど違わない。あるコックははっきりとこう述べている。「きちんと見えるようにしたいと思っても、わかるだろ、忙しすぎてきれいにしていられないのさ」（インタビュー、「ブレイクモア・ホテル」[5]）。表舞台の要求が衛生を制限しているのだ。「給仕人がすばやく給仕したり衛生基準を保つことが難しいと思っても、簡単に隠せる程度の衛生状態だよ。たくさんの例があげられる。洗ってない皿をまた使うとか、刃物類につばをつけてきれいにするとか、陶器や刃物類をぼろぼろの汚れた台布巾で拭くとか、熱さをみるために料理に手で触るとかね」(Mars and Nicod 1984, p. 42)[6]。先に挙げたジョージ・オーウェルの観察は、これらのレストランで食物がどう扱われるかを映すものではない。彼の描く恐るべき「伝統」は、政府の衛生管理と細菌への関心が増加するにつれて、大幅に拭い去られてきている。だが衛生基準を維持しながら効率的に気持ちよく調理するという難題は、必ずしもはっきり認識されていないにせよ、トレードオフの問題である。

　厨房を観察して、わたしは衛生の「問題」——ソースを数時間冷蔵してバクテリアが増殖するままにしておくことから、汚れたタオルで鍋を拭くことや、汗まみれの手で料理に触ることまで——に慣れてしまった。おそらく最も顕著な問題は、料理が「汚れた」ときにどうするかであろう。人がへまをして料理が皿や鍋から落ちる。料理にはお金と時間とエネルギーがかかっている。コックは料理を無駄にしたくない一方で、自分たちが食べるのをためらうようなものを客に出したくない。

「汚れた」料理を捨てるかどうかは、それが完成品か、あるいは「生《なま》の」（形になっていない）状態であるかによる。後者の場合問題は少ない――とりわけ客がそんな不運に気づくことはありえないので、熱を加えれば細菌の心配はないと思われているからだ。「ブルースに冷凍庫からエスカルゴを出すように言ったんだ。エスカルゴがひとつ床に落ちたので、ブルースに『それを使うのかい』と聞いた。ブルースははっきり言ったよ、『もちろんさ。やつらにわかりっこないんだから』」（フィールド・ノート、「アウルズ・ネスト」）。完成した料理が床に落ちたときでさえ、コックはそれほどやかましいことは言わないはずだ――拭いたり熱をまた加えれば問題はなくなるのだから。

ダイアン　〔別のレストランで〕日曜のブランチの仕事をしていたとき、この日はフレンチトーストを出す日で、〔もう一人のコックが〕フレンチトーストを床に落として、それを拾って拭いてお皿に戻したのよ。もう一度作り直す時間がなかったの。

G・A・F　ここでもそんなことがあった？

ダイアン　あっても、たいてい拭くわね。お肉を床に落とす人は大勢いたけど、拾って、シンクで熱湯をかけて鍋に戻せばいいのよ。ほんの一瞬の間にぞっとするものがお肉に入り込むなんて思えないもの。

（インタビュー、「ラ・ポム・ド・テール」）

客は決して知りえないという事実が、コックが最も安易な処理をすることを正当化する。コックにはすべきことがたくさんあり、客が瑕疵《かし》（とか病気）を見つけて、隠れた出来事を突きとめることなどありえない。例えばコック同様に医者も、彼らが原因の医原性疾患が突きとめられないことを知っているのだ。

見せかけの価値以下の衛生基準を受け入れるという感情的な緊張は、料理を床に落としたのを他人が見ていたようなときに起こる、役割距離の必要性に基づいたジョークに暗示されている。

アルがステーキを床に落とし、それをすばやくグリルに戻して両面を温めてから客に出す。彼は仲間のコックにジョークを言う。「ジーン、なんて言ったっけ。床に料理を出したけど、床では食べられない、だっけ。それがプロのやり方さ。あの床に寄生してる細菌にお目にかかりたいものだね」。（フィールド・ノート、「スタンズ・ステーキハウス」）

ブルースがスパゲティ料理を床に落とし、つぶやく。「畜生」。メーテル・ド・テルのロイがからかって言う。「拾って洗えよ。だれにわかるって言うんだ」。実際にそんなことはしないにせよ、この言葉はスタッフの団結を表わしている。（フィールド・ノート、「アウルズ・ネスト」）

料理を床に落とすことはミスであるが、仕事のプレッシャーのせいで決して避けられないミスである。コックは客と価値観を共有しながらも、自分のもてるものを最大限に利用しなければならない。客は手頃な値段の料理をすばやく出してほしいと望んでいるのだから、汚れた料理を出されることにもある部分は責任がある。料理の美的構造を考察する第六章で述べるが、時間的経済的な制約が、出される料理に影響を及ぼすのである。

働く者は、仕事の「実際の仕上がり」を知らない人――知らないふりをする人――ジャーナリストや行政の取締官のようなプロの部外者――との対応に、欲求不満を覚える。厨房では、これは衛生監督官に対するコックの態度に明らかに見て取れる。衛生監督官は不快感のもとであり、まじめに受け取られていない。

わたしはジョンに、数日前店に来た衛生官の報告書について聞いた。ジョンは報告書を読んでいないが、「衛生官はいつも何かしら書くことを見つけるんだ。床に何か落ちてるとか、天井が汚いとか。いつも何か見つけるんだよ」と言う。衛生官は決まっていつもメルの灰皿に文句を言う。規則では煙草は休憩室で吸うことになっているのに、彼は厨房裏の小部屋で吸っているのだ。

（フィールド・ノート、「アウルズ・ネスト」）

デンヴァー　〔衛生監督官の〕言うことには同意できないね。すべてを彼らの言う通りにしたら、全く自分の仕事ができなくなるだろうよ。彼らのセミナーに二つほど出たけれど、彼らの考えには本当にあきれた。あんなんじゃ全く仕事にならない。厨房に入ってきても間違ったことをしていると叫ぶしか能のないやつから、厨房のアドバイスを聞くなんてね。

G・A・F　例えば？

デンヴァー　スパゲティ・ソースさ。冷ますには二インチの深さの鍋に入れろというんだ。ソースを五〇ガロン作るときに二インチの容器がいったい何個いると思う。すごい数だよ。そんなスペースはないね。

（インタビュー、「ブレイクモア・ホテル」）

コックにとっては幸運だが、客にとってはおそらく不運なことに、地方自治体は規則を効果的に守らせていないし、厨房の行為をそれほど抑制していない。賢いレストランなら、いったん言われた通りに変えることに同意し、それから調理スタッフが望むような調理法に戻すだろう。たまにしか現れず、来ても大したことはしないいい自治体のいいかげんな管理構造は、その役割をもっと良心的にとらえ、監督官の地位にもっとお金を出している自治体の場合より、さらにコックに余裕を与えてしまう。改善点や問題点を調べる検査は半年ごとなので、厨房で働く者に彼らがしたいように調理する自由が許される。行政検査は重大関心事であり、行動を監督するものだが、このように、実際にはほとんど効果がない。行政が監視する構造は、他の状況では大目に見られないような活動範囲をも与えてしまうのである。

コックだけでなく行政にとっても、衛生はトレードオフの問題である。おそらく、だれもが厨房は清潔であるべきだと信じているが、特に健康衛生上のさし迫った脅威がない場合は、厨房を清潔に保つには清潔のもつ価値以上にコストがかかる。食品が原因の病気――肝炎やサルモネラ菌による食中毒のような――が突発的に流行することは珍しい。そのような脅威に対する反応は、まれにだが重大な食中毒の発生が公表されて人々を脅えさせたあとにのみ起こる。日常の食中毒は、頻繁に起ころうとも、コックや検査官や記者たちは無視する。それらは外食産業の一部であり、原因が突き止められることはほとんどない。独立した小さな店が閉店に追い込まれるのは、資本主義を奉ずる行政が望むことではない。行政による監視は、病院や原子力発電所や、精錬所や、飼育所や、高校におけるのと同じくゆるやかなもので、外部機関が汚れ仕事に関し理想を強制して守らせるには限界があることを示している。組織は取り締まる側と取り締まられる側の信頼に依存している。この信頼関係はたいていうまくいっているが、そうでないときでさえ、関わりを深めずに監視することは難しいのである。

厨房における分業

すべての職務は集団行動と分業に基づいている（Becker 1974 ; Strauss 1991）。未経験者の目には仕事が混沌として見えるにせよ、大きな厨房のコックもその例外ではない。オート・キュイジーヌのフランス料理レストランについて、ジャーナリスティックに記述した以下の引用は、わたしが観察したレストランの状況とさして違いはない。

プレッシャーは最高潮に達している。機関銃のように注文が入る。白い制服の水兵の一団がハリケーンの中で船を沈没させまいとしているかのようだ。騒音、あちこち行き交う人々、おいしそうな匂いが充満する混乱状態、揚げ物の熱と音、深鍋のカンカンいう音、ナイフで叩き切る音がすべて圧倒的に押し寄せるので目まいがするほどだ。だが、現実には、すべてが正常に進められており、だれもが無駄なく仕事に専念している。下働きはきれいなピンク色のイセエビの殻をすばやくむいている。マイケルは鮮やかな黄色のソースに明るい緑のかたばみを散らしている。アンドレはピーチタルトの型を作っている。ピエール〔ヘッドシェフ〕はすべてに目を配り、何ひとつ見逃さない。彼はいつでもだれからでもどんな仕事をも引き継いでさらにうまく調理できる。そのことをだれもが知っているので、規律の上でも意気の上でも効果を上げているのだ。

(De Groot 1972, p. 246)

これに修正を加えたシステムが、「アウルズ・ネスト」で機能している。ヘッドシェフの説明では「全員が全員のしていることを知っている。一緒に働いているのだから、同じように考えなければならない。三人で一人なんだ。わたしが厨房を歩き回るのは、何か問題があるときか、だれかが助けを呼んだときだけだ。それ以外でも厨房で働いているけどね」(フィールド・ノート、「アウルズ・ネスト」)。この混沌状態は、特にコックたちが同じ一品をともに作っている(例えば、一人が肉を調理し、別の一人が添え物を作り、もう一人が付け合わせを作っているような)ときには、「流れ作業の調和」(Blumer 1969)から成る。

分業の理想型の例は、宴会用の調理である。宴会料理は大勢の客に同時に料理を出すので、地位の上の者が監督し、ぴたりと息の合った組織が要求される。「ブレイクモア・ホテル」のヘッドシェフは、彼がかつて働いていた大きなホテルでの宴会の準備の様子をこう説明した。

わたしは宴会用の厨房にいた。手際のよい準備だったよ……。その晩の当番がやってきて、翌日の朝食と昼食のセットアップをすべてする。それとその晩の食事を作るんだ。朝の当番が来ると、卵は割ってあり、ベーコンは用意されていて、すべてがオーブンに入れたり皿に置くだけになっている。それから晩の当番のためにディナーのセットアップをする。だから彼らがやってくると、野菜は温めるばかりになっているから、残り半分の仕事をすればいいだけなんだ。それらを蒸し器に六分入れてから取り出せば、出来上がりというわけ。ステーキはすべて細かい切れ目を入れてトレーに並べておく(7)。宴会用料理のもうひとつの例は、宴会用にステーキを料理するとき、アラカルト用のあぶり器を使って、それで肉を焼いてしまわず肉に網み目を付けるだけでいいんだ。それを皿にのせて、冷蔵庫に戻す。それから客に出す一五分前にオーブンに入れて仕上げ、取り出すんだ。

（インタビュー、「ブレイクモア・ホテル」）

たとえ調理を料理そのものが媒介するだけの孤立した活動とみなす者がいるとしても、プロの調理では、組織内にはめ込まれた多くの職業同様、特に複雑な料理を出すレストランでは、チームワークと協調が要求される。仕事のチームは、一人で働く者と同じくひとつひとつに分解できるユニットである。

分業は既知事項ではなく、多かれ少なかれ緊張をともなって話し合われるべきものである。もちろん融通がきくほうがいいが、利害が分かれたり、コミュニケーションが不十分なときは、働き手自身と仲間がすべきだと思うことが異なるので、結果として緊張が生じる。

利害関係をもつ共同体における融通性

分業を融通性のあるものにするには、直接的かつ相互の協力を、明白にあるいは暗黙のうちに予測することである。中規模レストランの厨房に分業が存在するとしても、分業は実際に交渉によって協定できるものである。非公式な職業組織に関する数多くの記述に記されているように、労働者は互いの仕事をし、互いにカバーする。彼らはいずれ報いられるとみなしているので、喜んで協力する。厨房でははっきり物が言えるなら、繰り返し話し合う必要はない。なぜなら他人がいずれ助けてくれると暗黙のうちにみなしているからだ。融通性は共に働く者という組織的関係のなかに作られる。協力が求められ、それが容易に得られないときは、驚きと緊張が生じる。協力が得られないなら説明がいる。職務を効果的に進めるには、利害の共同体が想定され、それがネットワークを通して、特別な負債や義務を負わずに、援助がスムーズに行なわれるパターンを作るのである。

スムーズに機能する制度では、従業員は、助けを求めることは当然であり望ましいものでもあるとみなすように教育されている。厨房では、これは仕事のレトリックにおいて明白であるが、他の場所では、相互援助はもっと内密に行なわれよう。「アウルズ・ネスト」のヘッドシェフがコックたちに説明したように、「助けを求めるのを恐れてはならない」。「ひどいことになる前に助けを求める方がいつだってずっと簡単さ」と仲間のコックが相槌を打つ（フィールド・ノート、「アウルズ・ネスト」）。厨房を仕事の共同体であると書いたとき、わたしは次のようにメモした。この助け合いの協力関係は、感謝の言葉と心付け——コックはバーから飲み物をもらい、皿洗い係はステーキを出され、給仕人はおいしいデザートを食べられる——によってなされると。「好意の銀行」はほとんどの職業世界で営業している。

厨房における協力が最もはっきりとわかるのは、コックが仲間を助けるために定期的に無休で残業するという驚くべき事実であろう。昼のコックはしばしば、夜のスタッフの迷惑にならないように、就労時間内に終わらなかった仕事を居残って片付ける。晩のスタッフは、彼らのうち一人にしか——あるいは一人にも——残業手当が出ないとしても、全員が片付け終えるまで、当然のこととして居残る。「ブレイクモア・ホテル」の朝食係のコックは、いつも一時間早く来て割り当てられた仕事をこなす。共同体のノルマは施設の労働コストを軽減するが、このノルマは、経営者側が利益のために仲間意識を意図的に操作していると従業員がみなせば、崩壊しうるものである。

分業の緊張状態

協力しないよりも協力するほうがはるかに多いが（Gross 1958, p. 387）、厨房で働いたことのある者なら、厨房は、調和が永久に続くところではないことを立証できよう。だが、わたしの観察では、感情をあらわにすることはまれであり、常にあることではない。結果として、厨房で感情を爆発させることは、それが起こるときには著しいので、外部の者には印象的に映る。

あるレストランでは、厨房のスタッフ・ミーティングは、話し合いと説明によって、個人の鬱憤を大いにぶちまける場となっている。

コックの構造上の地位は、ラリーの不平に応対したシェフによって明らかにされた。コックのラリーは「おれたちはいつだって何をすべきかわかっていたものさ……。頭にきたよ。おれは作業からはずれた。頭にきたんだ。みんなやることをわかってないんだから」と文句を言った。問題は役割、すなわち「ミドルマン」(「不器用なコック」とか「スウィングコック」として知られる)――他のコックの「バックアップ」(交替要員)――の役割があいまいなことから起こった。ヘッドシェフのポールが、ミドルマンはボイラー・コックやレンジ・コックといかに協調すべきか説明すると、緊張は和らいだ。その晩どのコックも協力してやれることを証明しようと格別の努力をしていた。だれもがわたしにこっそりと、いかにミーティングが有効であったかを明言した。ラリーが説明したように、その晩の終わりには、「おれはずっと気が楽になってずっと自由に感じたよ。ジョン〔彼が悩まされていたコック〕はわかってくれた……。こんなに簡単だなんて笑っちゃうよ。一五分話しただけですべてが変わるんだから。毎晩こうあるべきだね」。(フィールド・ノート、「アウルズ・ネスト」)

要点は、コックは常に協調して働くということではなく――アメリカの厨房に(そしてアメリカ文化のほとんどに〔Stearns 1987〕)協調のイデオロギーが浸透していることだ。[8] アメリカ人は、コックが互いにうまくやれることを、そして、もし怒りから完全な協力ができないとしたら、組織は「機能不全」になり助けが必要になる、と信じている。治療上のモデルは、人間同様組織にも当てはまる。協力は、実際の仕事経験の中心を成すイデオロギー的な信条である。

コックになる

料理の経験的現実を実際の行動として理解するためには、コックやシェフが自分の仕事をどのようにみているか、彼らは大衆の態度をどのように理解しているか、そして彼らはどのようにして厨房の仕事に就いたかを述べる必要がある。職業上のアイデンティティは、仕事の喜びと苦しみ、「他者」である消費者が示すであろう反応と結びついている。

調理は苛酷な要求をされる仕事であり、重労働として経験される。スポーツ選手のように、コックは骨折って「プレイ」しなければならないし、警察官と同じように、病欠の電話をする贅沢はほとんど許されない。小さな組織で働いているコックは、彼らが毎日必要とされる存在であることを知っている。ひどい背中の痛みを訴え、治療が必要なのに調理をし続けているコックもいる（フィールド・ノート、「アウルズ・ネスト」）。コックは何があろうと仕事をしなければならないと、わたしはしばしば聞かされた。

わたしはメルにポールは今日当番かどうか聞いた。彼はその質問に驚いたようで、自分が知るかぎりポールは来ると言い、こう付け加えた。「このビジネスでは病気にはならないんだ。君たちは飲んだりしけ込んだりできる。酔っぱらうにしろしけ込むにしろ、どちらでも決められる。若い頃レキシントンで働いていたときに、病気で休むと電話したことがある。そうしたら次の日にマネージャーに言われたよ。コックはめったに病気にはならないんだってね」。

（フィールド・ノート、「アウルズ・ネスト」）

ポール、ジョン、メルは、ジョンの欠勤についてジョークを言っている。卵を割っているメルにポールはこう言う。「ジョンがやってきたら彼にさせろよ。彼は〔彼らが二人とも働いていたホテルで〕最高の朝食係のコックだったんだ」。これはジョンが欠勤したときのことを言っているのだ。ポールは彼がだれかとしけ込んだときのことを冗談めかして非難している。それからコックたちは、おふくろが目覚し時計のコードにつまずいて抜けてしまったので遅刻するというような、コックが使う言い訳について話す。このジョークの対話は、社交をスムーズにする強い要素を持っている。

（フィールド・ノート、「アウルズ・ネスト」）

こうした事実には、確かに客を狼狽させるものがあろう。客は、コックも頻繁に鼻をすすったり、くしゃみをしたり、疲れはてたり、二日酔いになったり、取り乱したり、血を流したりするのだと知れば、ぞっとするかもしれない。

暗い面

「タフな人間（アイアンマン）」であることを要求されるのに加えて、他にもコックに特徴的な構造上の障害がある。彼らは、時間、プレッシャー、労働条件、個人的な満足感の欠如といった難題に直面している。調理は最近こそ中流の上の階級にあるベビー・ブーマーの子供たちの世代に人気の職業だが、決して一般受けするものにはならないであろう。

時間　いくつかの職業の労働者は客が遊んでいるときに働いている――レストランの従業員もその中に入る。「アウルズ・ネスト」のヘッドシェフが皮肉に言っているように「なんてエキサイティングな土曜の晩の過ごし方なんだ！」（フィールド・ノート、「アウルズ・ネスト」）。コックの中には「長時間労働、週末や休日も出勤……。他のみんなが外で楽しんでいるのに、自分は働かなければならない」のを最も嫌う者もいる（インタビュー、「アウルズ・ネスト」）。他の者が最も嫌がるのは、「自分のことをするのに少し時間が欲しいとき、ここにいなければいけないこと。家族と過ごす時間を取りたい。しなければいけないのにできずにいることがある。地域の行事や、家庭の行事、ＰＴＡの会合や、子供の野球の試合などといったことにもっと関わりたい。たくさんのことを犠牲にしなければならないこと」である（インタビュー、「アウルズ・ネスト」）。

プレッシャー　最も良い状態のときでさえ、調理は穏やかで静かな仕事とは言えない。人を消耗させるプレッシャーのかかる職業である――低賃金で、顧みられず、しかもきつい職業である（第二章参照）。あるコックがこう説明した。「身も心もぼろぼろになるよ。今みたいなことを続けていると、四〇になるまでにお陀仏さ」（インタビュー、「ラ・ポム・ド・テール」）。別のコックは、「四〇になってもふてくされていたくない」から、残りの人生はコックをやらない、と強調した（インタビュー、「アウルズ・ネスト」）。コックは若者の職業なのだ。

労働条件　厨房は暑く、汚く、狭い場所であり、花が生けられたり大きな見晴らし窓があるような広いオフィスではない。時間が経つとこの現実がコックたちに影響を及ぼす。あるコックにとってはフラストレーションの最たるものは合わないユニフォームやヘアネットであり、別の者には匂いである。あるコックがわたしに、料理は「毛穴に入ってくる。家に帰ると子供たちがわたしの匂いをかぎ分けるんだ。大勢の人に『野菜スープの匂いがする』と言われるよ」と言った（フィールド・ノート、「ブレイクモア・ホテル」）。ステーキハウスを出ると、わたしの体はクッキングオイルの匂いがした。別のコックは、レンジやバーナーのところに立っていると熱でむっとするし、汚れや油まみれになると言った。レストランの仕事は、戸外で働くブルーカラーの仕事よりはきれいだが、ある者たちが望むようなホワイトカラーの生活とはほど遠い。

個人的な不満　コックは感謝されていないと感じ、それが漠然とした絶望に変わる。「ブレイクモア・ホテル」のあるコックは、自分の状況を象徴的に言い表わしていると感じたバッジに書かれたモットー「苦痛はやまない」について話した。クビになるのが起こりうる中で最高のことかもしれない、と彼女は冗談を言う。別のコックは「おれの仕事に価値なんかない。無能なやつらばかりだ。ひどい冗談だよ」（インタビュー、「ブレイクモア・ホテル」）。彼女の考えはだれにも共通するものではないが、多くのコックが経験したことのある感情である。

世間の目　コックが自分自身の仕事をどう評価するにせよ、コックは大衆に尊敬されない職業という広く共有される考えに、彼らは対処しなければならない。これはもちろん彼らだけの問題ではない。弁護士のような高給の専門職や、医者のような資格のある職業でさえ、大衆に嘲笑される可能性に対処しなければならない。すべての職業ではないにしろ、ほとんどの職業が、部外者に吟味されるのだ。どの職業も世間の反応に対処するストラテジーを展開している。コックに聞けば、大衆はしばしば矛盾していて、自分たちが望むように尊敬してくれないと言うだろう。酔っぱらいの無知のシェフと芸術家肌のシェフのイメージは皮肉な見方をすれば相反するが、彼らは共存できる。天才と異常者は、明白に分かれるイメージをもちながら、両立しうるのである(9)。

世間はしばしばレストランの厨房を野蛮な場所とみなしている。あるコックは、敬意を払われないという点を特に感じていた。

アル　みんなコックがどう感じるか知るべきだと思うね。コックは人間なのに、コックをロボットのように扱う人もいて、あれやこれやしなければいけない。コックはもっと尊敬されてしかるべきだよ。

G・A・F　もっと尊敬されたら、コックを続けるかな?

アル　おそらくね。わからないけど……。こういう場所で働いていると、大勢の人がいい仕事をしてるねと言うけど、欲しいと思う尊敬だけは得られないんだ。

(インタビュー、「スタンズ・ステーキハウス」)

多くのコックが、彼らの知人たちは、彼らの職歴を「専門職」と言える者、あるいは成功できる者にふさわしいとみなしていない、と感じていた。

G・A・F　コックをしていて一番嫌なことはなんだい？

ラリー　今は、医者みたいに尊敬されていないと思うことかな。だれかが「ああ、彼は医者だよ」と言えば、「それじゃ彼は金を持ってて、いい家に住んで、いい車を持って、すばらしい家族がいて、自家用飛行機や船も持っているんだ」と思うだろう。おれはシェフさ。「きっと彼はみすぼらしいアパートに住んで、結婚もしてない。ただの馬鹿さ」……。部屋の植物は枯らしてしまう。負け犬だな。高校しか出ていない。「職業は？」「コックです」。「本当に？　そうするつもりなの？〔大学には〕進まないのか？」。人に何をしているのかと聞かれて答えたらどうする？」「コックを続けるつもりです」。「調理の専門学校を出たくないときがたびたびある。おれはただこう言うんだ。「わからない。今のところはただこれをしてるけど、そうすれば学校を出られるから」。コックは尊敬される仕事だと思うし、だれに対してもそう言うし、自分の仕事を楽しんでいると言うよ。

（インタビュー、「アウルズ・ネスト」）

このコックは自分の職業に対する矛盾をあらわにしている——最初は自己嫌悪と紙一重のきまり悪さを

語り、次に弁護が混じったプライドを明らかにする。公の人種差別を許容しない社会にいるアフリカ系アメリカ人のように、コックは、自分が他者の目にどう映るか確信がもてずにいる――（差別主義者という）批判を受けた他者は、丁重に出るあまり彼らに無礼な態度を取らないからだ。コックは寛容の背後にあるさまざまな思いをいぶかしんでいる。

明るい面

諸問題のバランスを取るとき、満足感は、厨房の仕事に絶対必要なものである。仕事への対応には、個人的要求やわたしたちが「個性」と呼ぶものが機能している一方、調理のいくつかの構成要素は、雇用の選択や自己満足や他者を喜ばせる潜在能力を含んだ恩恵として、しばしば説明されている。

雇用の選択　一九八〇年代を通して、レストランと接客産業は急速に拡大した。アメリカ人は、特に、中流階級上層で自由に使える収入が増え、有給の労働人口に占める女性の数が増えるにつれて、ますます外食するようになった。この業界に入る段階では、広範な訓練は必要なかったので、門戸は急速に広がり、望む場所で働く機会がコックのために開かれた。あるコックは「いつでも転職できるよ。性格がよくて腕がよければ、別の職場を見つけるのは簡単さ」と言う（フィールド・ノート、「アウルズ・ネスト」）。厨房の仕事はあちこち旅をしたい気持ちを満足させるものだ、と語るコックも何人かいた。彼らは、職場は簡単に見つかるという確信を持って、よりよい条件の職場を探して移動することができる。あるコックの説明では、レストランが何軒も閉店したとしても、仕事は確実に見つかるという。「働く場所を見つけるのにそんなに苦労しなかった。きっと見つかるとわかっていたし、今はミネアポリスのここで働いているんだから。『ラ・ポム・ド・テール』が閉店したとしても、すぐに別の店で仕事をするだろう。ある地域に腰を据えてやっていると、心配ないと思うんだ。求人はいくつかあるし、だれでも食事はするんだからね」（インタビュー、「ラ・ポム・ド・テール」）。転職がしやすいので、コックは働きたい場所を決めることができる。レストランを変えることによって、彼らはこの業界のステータスの階段を上ることができるのだろう。

自己満足　コックはプロデューサーである。彼らは美しく五感に訴える製品を作りあげる。そういうものを作ることができる者なら、「誇りを感じる権利」――自分の完成品を認めること――をもっている。技術は職業上のアイデンティティと関連がある（Grzyb 1990, p. 176）。コックは自分の仕事からアイデンティティを感じ取り、ここから彼らは自分と職業とを結びつけることを学ぶ（Hughes 1971）。このような労働者は組織内で生産し、組織は労働者の適切なアイデンティティについての仮説を――自主性、賃金、恩恵に限度があるにもかかわらず、なぜ彼らは満足感を得るのかという仮説を――生み出そうとしている（Leidner 1993）。多くのコックが、彼らの主たる満足感は客を喜ばせることから生まれると述べている。あるコックの話では「自分はだれかを喜ばせたのだと知ることで、本当の満足感が得られる」（インタビュー、「ブレイクモア・ホテル」）。他のコックたちにとっては、それは自分が定めた「内的基準」に達する料理を作る能力である（インタビュー、「ラ・ポム・ド・テール」）。さらには、食物で何ができるかを知る能力、そして、この職業の門外漢には不可能な状況をコントロールできる能力である。「家に帰ると、家には何も食べるものがない。僕が家に帰ると、材料を見渡してすべて取り出し、本当においしいディナーが作れる。これは面白いよ。彼らはそんなことができるとは思いもしない……。本当にすごいことさ。コックをしてると、何かを為し遂げたように感じるんだ。『調理を客に見せるキッチン』で働いているようにね。ロンなら、一六〇人の客がいて、本当に疲れていたとしても何とかできる。彼は状況をコントロールして、達成感を得ることができたんだ」(インタビュー、「ブレイクモア・ホテル」)。これらの技術をもち大衆にそれを披露することによって、コックは、ときに彼らを軽視する制度上の序列の中で自分が重要な存在である、そして、他の者が夢見るだけのものを実現する、自尊心と尊敬に値する存在である、と自分自身を納得させるのだ。

世間の認知　コックは客と直接接触することはないが、ときには接触があり、しばしばこの関係は給仕人が取り次ぎ、常に意義深い賛辞がコックに伝えられる。多くのコックは、訓練や教育を十分に受けていない若い人間であるから、彼らが「自分の作るものを人が食べているなんてすごい。本当に満足だけれど、八〇ドルも九〇ドルも客が食事に払うこともすごい」と驚くのも理解できる(フィールド・ノート、「アウルズ・ネスト」)。これがほめ言葉——世間の認知——と結びつくと、満足感が完全なものになる。笑顔を見ることは重要だが、笑顔を言葉で表現することもひとしく重要になりうる。「シェフが優秀なフードディレクターにならない理由は、技術者(すなわちシェフ)の立場で自分が直接ほめ言葉を受けたいと思うからだ。背中をたたいて欲しいんだよ。『これは本当にうまいミートローフだよ』と言ってくれる人が必要なんだ。そんなほめ言葉がね……。何かを作る。そうして『あれはすばらしい食事だった』とか、『本当によくやった。すばらしい料理だった。すごいよ』。そのために仕事をしているのさ。お金は必要だし欲しいけれど、ほめ言葉はそれ以上だね」（インタビュー、「ブレイクモア・ホテル」）。労働者は自分の満足感を内面的にも外面的にも判断し、満足を得るには内的にも外的にも、積極的な反応を必要とする。この満足感を得ると、自分は重要で、有能なのだと感じられる。この感じこそが、彼らに厨房での仕事をさらに続けさせるのである

求人と社会化

すべてのコックが、もとは業界の部外者であった。彼らは一般大衆に属していた。若者が働き手である多くの職業について言えるように、最初この業界に入るのは早い時期であり、ほとんどが十代である(10)。この世界に残り、転職しながら職歴を積むか、やめてしまうかのどちらかである。ファーストフード・レストランの成長や、気軽に外食する家族の急増につれて、接客産業は若者を最も雇用する部門となった。簡単にこの業界に入れることから、「プロフェッショナリズム」の欠如が多くの場面で顕著に見られる。

厨房に入る

厨房に至る道はいくつもあるが、わたしのサンプルでは、若者が科学者や政治家や医者になるのを夢見るように、子供の頃シェフにあこがれたと認めた者はほとんどいなかった。料理の腕があり、料理を作

ることを楽しんでいると思う者もいる一方で、就職のきっかけはありふれたことである場合が多い。何人かのインフォーマントは先輩のシェフに教えを受けたが、決して正式な修業はしていない。ヨーロッパの有名なレストランでは下から修業するのが普通である。わたしのサンプルでは、厨房の仕事に就くきっかけは、家族の縁故、社会のネットワーク、関連職業からの昇格、そして偶然のつながりによるものであった。

家族の縁故　多くのヨーロッパ人シェフにとって家族の縁故は重要であり——しばしば父親か祖父母が食堂を経営していたか、あるいは「接客産業」に関わっていた場合が多い（Wechsberg 1980, p. 36; Wechsberg 1975, p. 36; De Groot 1972, p. 244; Kimball 1985）。家族の関わりはわたしのアメリカ人シェフに関するサンプルではそれほどみられなかったが——アメリカでは子供たちは父親のあとを継ぐよう勧められないし、職業にかかわる個人の結びつきは、それほど顕著ではない——中には両親が子供を厨房に進ませた例もいくつかある。これはつまり、子供は両親から料理への愛情を得たということである。

ダイアン　わたしの父はすばらしいコックだったの。

G・A・F　お父さんは君に料理を教えてくれた？

ダイアン　まあね、ただお父さんを見て学んだってことだけど。それに家にはメイドがいたの。南部では黒人のメイドがいるのが習慣だったから。彼女たちが料理を全部したのよ。わたしはそれを見て、パイの焼き方やコラード・キャベツやフライドチキンの作り方を学んだんだと思う。父は屠殺もしたのよ。獲物を捕ってきて、裏庭に持っていって切り開いて、血を抜いていたわ。わたしはただもう魅せられちゃって。すごく興味をもった。とても小さいときに影響を受けたのよね。
（インタビュー、「ラ・ポム・ド・テール」）

家族が働いていたからという理由でこの職業に進んだコックは、ただ一例であった。ダグの祖母は「スタンズ・ステーキハウス」で二〇年間コックをしていて、彼は高校生のときに、このコネを通してバスボーイとして雇われ、後に皿洗い係をへてコックに昇進したのだ。やめてミネソタ大学に入ったあと、彼は自分がコックの仕事を気に入っていることに気づいた。彼はもう一〇年以上「スタンズ・ステーキハウス」で働いており、ついには厨房を監督する役職に就いた（インタビュー、「スタンズ・ステーキハウス」）。親類が料理への興味に影響を及ぼすこともあるが、アメリカ社会の中ではこのつながりは弱くなっている。

社会のネットワーク　未来のコックが実際に職に就く手助けをするのは、家族よりも友人である。マーク・グラノヴェッター［一九四三— 、アメリカの数理社会学者］(1974; Prus and Irini 1980 参照) が指摘するように、職探しでは知人やあまり親しくない関係の者が重要である。これらのつながりは独立した三軒のレストランで最も顕著であるが、おそらくホテルの人事部では、個人的なつながりはそれほど重視しないからであろう。専門学校で指導するシェフのネットワークは、彼らが生徒の能力を保証できるという点において、いく人かの就業者には貴重であることがわかった。「学校に行き始めた頃、しばらく働いてなくて……そのとき先生には〔コネを作るのに〕本当に世話になった。雇い主が電話してきてコックを探していると言うんだ。職業システムの中にいれば職に就けるということだよね」（インタビュー、「アウルズ・ネスト」）。このコックは以前に教わったシェフのいる職場で働くことになり、そこで現在のボスと出会うことになった。

直接の動機を与えるよりも、そのネットワークを通して雇うという点で、親戚も役割を果たしている。「ペストリー・シェフのバーバラに、『ラ・ポム・ド・テール』で働くきっかけを聞いたんだ。彼女の夫が〔前の会社で〕働いていたときに、ここの経営者のブランドンを知ってたんだって。ブランドンは、彼女に調理をやってみたらと勧め、それで彼女は専門学校へ通った。その後レストランのパートタイムの仕事をもらい、やがてフルタイムの職に就いたんだ」（フィールド・ノート、「ラ・ポム・ド・テール」）。新しい従業員を推薦するときには特に、知人が求人の主要な源となる。

昔のルームメイトが「ラ・ポム・ド・テール」でウェイターをしていた。それで彼が（ヘッドシェフの）ティムと面接させてくれたんだよ。（インタビュー、「ラ・ポム・ド・テール」）

ある女性が「プリモス」でウェイトレスをしていて……。彼女が新しい家具を買ったとき、ちょうど僕は引っ越ししようとしていた。それで彼女がこう言ったんだ。「椅子をいらない？」もちろん欲しいと答えた。出かけて行って椅子をもらったとき、彼女が「これから何をして食べていくの」と聞いたんで、僕は「わからない。まだ決めていないんだ。ちょっと休みを取ろうかと思ってる」と言った。彼女は「コックを探している人がいるんだけど」と言って、その人に電話したら、彼が一ダースパックのビールを持ってやってきて、僕らはそこに座って飲んで酔っぱらった。そして彼は僕を雇うと言ったんだ。

（インタビュー、「ブレイクモア・ホテル」）

こうしたネットワークのつながりは、職歴の各段階で起こるし、新入りだけでなくヘッドシェフにとっても価値あることである。

レストラン内での昇進　内部で役職が変わる可能性はレストランによって異なる。どこの厨房でも、被雇用者は彼らの職務形態の中で昇進するが、高級レストランになると、仕事の形態を越えての昇進――例えば皿洗い係がコックになること――はほとんどない[11]。このタイプの昇進は「スタンズ・ステーキハウス」や他のステータスの低いレストランではごく一般的に行なわれていた。

ジョン　一三歳のときに通りの真向かいにある「カントリー・キッチン」で働き始めた。皿洗いとバスボーイだったよ。それから揚げ物のコックになったんだ。

G・A・F　どうやって皿洗いから揚げ物のコックになったんだい？

ジョン　昇進したのとやめた人がいたからさ。僕はいつもそこにいて、いつも観察しては、興味を示したんだと思う。ずっと皿洗いでいたくはなかったし。それに、興味を示せば上にあがっていくこともわかってたんだ。給料もあがるしね。

（インタビュー、「アウルズ・ネスト」）

僕は本当に〔コックに〕なろうと決めていたわけじゃないんだ。ある晩、皿を洗うのと同じくらい簡単に〔料理を〕決めたら、〔ボスが〕僕のところに来てこう言ったんだ。「ティム、君はしっかりやっている。コックになりたくないかい。（時給）二〇セント昇給させよう」。

（インタビュー、「ラ・ポム・ド・テール」）

僕は〔「スタンズ・ステーキハウス」で〕皿洗い係からスタートした。それからスウィング・コックになって、今はきちんとしたコックまでになった……。実際コックになろうと思ってたわけじゃないんだ。ただ仕事を探していたとき、皿洗いの空きがあって、その仕事をもらった。それからコックが二人やめて、後釜に入ったんだよ。

（インタビュー、「スタンズ・ステーキハウス」）

もしコックが交換可能とみなされ、厨房の仕事を観察することで修業を積めるなら、職務は簡単に変えられる。しばしば金銭的な関心が職務交換の動機になるが、とは言え厨房に残る者たちは何かアピールする仕事を見つけなければならない。

偶然のつながり　若者が早い時機に進路を決定することはまれであり、彼らは偶然から、また意図しない機会によって仕事に就くことが多い。編集者などそうした「偶然に就いた職業」の良い例である(Coser, Kadushin, and Powell 1982, pp. 99–101)。出版のキャリアが計画的であることはまれだし、厨房の仕事も同様である。自分の仕事を比較的永久的なものとみなしている編集者やコックは、仕事に「夢中」なのであり、仕事をやめる計画は頭にない。

専門学校を経てコックになった者の中には、慎重に考慮せず、たまたま料理コースを選択した者もいる。

G・A・F　〔学校で〕なぜ料理コースを取ることにしたの？

デンヴァー　家ではそれほど料理をしなかったんだけど、やってみたら楽しかったんだ。学校でクラスに出たら、本物のウェディングケーキを作っていてね。本当に感心したよ。気まぐれみたいなものだね。おもしろそうだったから、やることにしたんだ。

（インタビュー、「ブレイクモア・ホテル」）

〔大学で〕時間を無駄にしてるとわかったとき、専門学校に行って、職業の適正テストを受けたんだ。自分で決められなくてね。テストの結果が出て、したいことは何でもできると言ってくれたけど。僕が最初に選んだ三つはやめたほうがいいと言われた。ひとつは、僕は読むことが好きじゃないから、それと、美術のクラスを取っていなかったから、もうひとつは綴り方ができなかったからなんだ。面接をやって、僕は料理に興味があると答えたけど、親友が一年前にそのコースを終えていたから〔料理に興味があった〕というだけなんだ。彼らは僕に料理をやってみたらと言い、そしたら気に入ったんだ。（インタビュー、「ブレイクモア・ホテル」）

コックの中には正しい時期に正しい場所に自分がいると思う者もいるが、もっとも彼らは料理のバックグラウンドをもっていない。「偶然だったんだ。全くの偶然さ。選んだんじゃない。その頃マカリスター・カレッジで守衛をしていたんだけど、勉強してボイラー技師のライセンスを取ったんだ。土曜日の午前中にその仕事をしていたら、その店のコックが二、三人現れなくて、親しくなってた厨房のマネージャーが、フレンチフライやなんかを揚げることができるかと聞いてきたんだ。僕は言ったよ『そんなのは全く知らない』ってね。彼は『それでもいいよ。ただ手伝いが欲しいんだ』と言った。それがきっかけだった」（インタビュー、「ブレイクモア・ホテル」）。このコックがこの職業に入ったのは、彼が単純作業しかできない男だったからだ。給与、条件、そして満足感が適当であるとわかったので、彼はその職を続けて、経歴を積んできた。

コックの職にはこれといったキャリアの積み方はなく、キャリアは予測できない偶然性に左右される。人と接触をもつこと、ステータスの低い仕事から上昇すること、必要とされる場所でドアが開くこと。この道に入りとどまるかどうかは個人の選択であるが、前もって予測することは難しい。仕事の選択は個人の経験や共同体への編入で生じる満足感による。長い職歴を積んだ者には、一連の偶発性や機会が、この職業で最後にたどり着く地位や、転職や、退職や、引退の決定に影響を及ぼす。偶然に起こる場合もあるが――意識的な選択や、雇用関係の決定――どのような仕事が割り当てられることになるのか――に左右される者もいる。

厨房への社会化

新人が有能なコックになるための重要な指標は、職業的なスタンスがどう発展するか、つまり仲間と能力や価値観を共有していることを確認する一連の公的な行動や姿勢である。人がプロとしての能力を示すテクニックには、社会化の存在が見て取れる。プロ意識（プロフェッショナリズム）は自己呈示のストラテジーであり、たとえその呈示が職業の経済的道具的側面を映し出さないとしても（Dickinson and Erben 1984）、社会化には適切な呈示が含まれている（Manning and Hearn 1969）。あるコックが説明した。「この業界でプロになるのに重要なことは四つある。決断力とか推進力、常識、態度、そしてハートだよ。ハートが仕事に表われるんだ」（インタビュー、「ブレイクモア・ホテル」）。これらの考え方は、実際面で明らかにされるべきことを象徴的に表現している。個人が共同体のこうした構成要素や能力を具体的に示さないと、彼らはむしろ「なだめられる」ことによって、その地位から切り離されなければならない。経歴が積み上げられるように、解雇もまた同様である（Faulkner 1974）。例えば、わたしの調査期間中にクビになったコックは、「プロ意識」に欠けているとみなされた。彼女はこう説明した。「ティムの説明では、彼はわたしが仕事をよくやってると思っていたみたい。わたしって本当に小心でしょ。〔料理は〕仕上がりはとてもいいんだけど、スピードが遅いの。……わたしをクビにするとは言わなかったけど、わたしは理解したわ。それも彼らしいとわかっていたから。わたしは今までこんなレストランでこんな地位に就いたことはなかったし、たくさん質問して彼を煩わせるのが怖かった……。わたしはプロじゃなくて趣味でコックをしたらいいと思うと、ティムは言ったわ」(インタビュー、「ラ・ポム・ド・テール」)。この若いコックに才能があったとしても、彼女は他人に(あるいは自分自身に)彼女はプロだと認めさせることができなかったので、やめなければならなかった。彼女は三つの標準的な方法、すなわち、観察すること、正式な教育を受けること、その仕事の訓練を受けること、によってサブカルチャーのテクニックを学んでいなかったのだ。

観察して学ぶ　厨房に入ると、がやがやと騒々しい混乱状態に遭遇する。すべてが同時に起こり、意味をなすものは何もない。料理学校へ行ったことがあるとか、先生に教わったことがあるなら、この世界に入るのは簡単だが、これらの利点を持っていたとしても、他者の行動をまねなければならない。厨房における暗黙のルールをすぐに身に付けるように期待される。このルールが破られるときにそれは痛ましくも明らかになる(Schroedl 1972, 184)。観察して「感じで」調理を覚えるのだ。新入りは観察し、ミスをし、ミスを避けるためにミスから学ぶ、すなわち「習うより慣れよ」である。ついにコックに昇進した皿洗い係がこう説明した。「皿洗いのとき、コックが何をするか、エビはどんなふうに変わるか、どんな色をしているか、いつ仕上げるのかといったことを、じっと観察するんだ。調理しているときにそれを試してみて、身に付けるんだ」(インタビュー、「スタンズ・ステーキハウス」; Herman 1978, p. 33参照)。ステータスの低いレストランでよくみられるこのテクニックは、ステータスの高い店でも明らかであり、そこでは、熟練のプロを観察できることが、つつましい給料を相殺するのである(Waldemar 1985)。「アウルズ・ネスト」のコックは説明した。「僕はそこに二、三カ月いただけだけど、本当に勉強になったよ。暇な晩には〔シェフと〕自分だけが当番に入り、僕がソテーを担当させてもらえば、彼が焼きものをできるからね」（インタビュー、「アウルズ・ネスト」）。コックやシェフの移動がこの業界内にテクニックを広める。コックは気軽に互いから学び、新しい仲間とテクニックを分け合う。

明日はこの店に来てから今まで出したことのないサラダを作ろう。これは他のホテルで作り方を盗んだものなんだ……。それほどシェフは頻繁に店を変わる。つまり、ここに二年間いればすべてを知ることができる。ここにいる間に、新しいことを二、三学ぶんだ――そのときここで働いていた人たちからね。すっかり出し切って、新しいことを何も出せなくなると、店をやめる。別の店に行き、これまでに学んできたことや、ここで学んだばかりのこと、それに彼らが以前に見たこともないことを彼らに教えれば、彼らは喜ぶし、僕も自分が知っていることを見せびらかせるのでうれしい。彼らのやり方もいくつか学んだよ。それらをすべて次の場所へ持っていく。やがてその知識が広がって成長していくんだ。

（インタビュー、「ブレイクモア・ホテル」）

非公式の社会化は、どの職業においても重要であるが、正式な教育モデルが弱く、きちんとした動機のある者が仕事を身に付けるのだ、とみなされる厨房のような現場では、特に重要である。社会化が型通りの楽なものだとみなすなら、知識を身に付けるための準備はほとんどいらない。とはいえ、きちんと学んでいないツケは高くつく。コックは、ウィルバート・ムーア〔一九一四— 、アメリカの産業社会学の確立者〕の言う「苦労という仲間意識」をもち、全員が、役割モデルをしたり、コーチをしたり、仲間を助けたりして、難しく不快な仕事を習得しようとつとめている（Bucher and Stelling 1977, p. 268）。

正式な訓練　調理専門学校のような教育機関——州立や、私立や、名だたるキュリナリー・インスティチュート・オブ・アメリカ〔ニューヨーク州ハドソン川の東岸ハイド・パークに一九四六年に創立された調理専門の総合教育施設、略称ＣＩＡ〕のような個人経営の機関——で技術を学ぶコックの数は増えている（Fine 1985）。インタビューした三〇人のコックのうち、一八人（六〇％）は公立の専門学校で学んでいる。わたしのサンプルでは、私立で学んだ者は一人もいなかった。ミネソタ州のプログラムでは、学生に、一一カ月か二二カ月のあいだ毎日授業に出席することを課している。学生は基礎的な調理のテクニック、多人数用の料理、レストランの料理（流れ作業の調理）、サービス、ベーカリーやエスニック料理のような特別なテクニックを学んだ。これらの技術は専門学校という人工的な環境で習得されるので、学生がプレッシャーを受けたり、重労働をさせられたり、辛辣に批判されたりすることはめったにない。専門技術を身に付けはするが、料理の「現実世界」を知らずに卒業するとクレームをつける者もいる。[12]

この人工的な教育環境にいた専門学校の卒業生がレストランの厨房での調理方法を知っているのかわからないので、彼らを雇うことをためらうシェフもいる。

「ラ・ポム・ド・テール」のヘッドシェフで、専門学校の卒業生であるティムに、ＴＶＩ（職業訓練所）を出た学生を雇う気があるかどうか聞く。彼は「雇わないよ。彼らに常識があるなら、どう料理するかを教えてもいいけど。やる気のあるやつがほしいんだ」

（フィールド・ノート、「ラ・ポム・ド・テール」）

デンヴァーはわたしに言う。「TVIはこじんまりしたいい学校だけれど、そこで教えることよりもっとたくさんのことがこの業界にはあるんだよ。学校をけなしたくはないけど、学校を出ると突然自覚する。この世界はそんなんじゃないんだって。即席の作り方なんて教えてくれないし、ウェイトレスとうまくやっていく、なんてことも教えてくれないからね」。

（フィールド・ノート、「ブレイクモア・ホテル」）

専門学校は現実の世界が「突然の自覚」であるという見込みを作る。専門学校は「夢の世界」だと考える者もいる。専門学校の教育に価値がないわけではないが、レストランで雇われたときに必要な技術を適切に紹介していない、という点でコックの意見は一致している。業界には安全ネットがないのである。

アメリカの産業は——少なくとも今世紀は——徒弟制度に頼ってはいない。これは調理界も含め、どの職業にも実質的に当てはまる。ヨーロッパ、特にフランスの料理の伝統とは対照的に、アメリカのコックは、観察して学ぶか、正式な学校で学ぶかのどちらかである（Fine 1985）。アメリカのレストランが徒弟制度に頼っていないにしても、未来のコックは、若い従業員を自分の保護下に置き調理のテクニックを教えるような、先生、先輩のコック、あるいはシェフを得ることができる。尊敬されるコックにして教師であるアン・ウィラン〔アメリカのフランス料理研究家。一九七五年に料理学校「ラ・ヴァレンヌ」設立〕はこう書いている。

この職業では完璧な調理法を学ぶことはほとんど不可能だと思う。確かに、ものすごい幸運に恵まれて、喜んで時間を割き教えてくれるすばらしいシェフを見つけられたら、それはおそらく特殊なケースだけれど、本当にすばらしい教育を受けられるわね。……厨房で働く若い人たちに自分の知っていることをすべて伝える能力、時間、意欲をもっているシェフはごく少数よ。現実にはいないわ。プレッシャーはあるし、もういいかげんにして明日の料理の注文をこなしたい。電話にも出なきゃ。だれかに「そんなふうに切るんじゃない。こうするんだ」なんて言っている時間はないわ。……シェフっていうのはごく単純に言えば、全く経験のないもたもたしている若者なんていらないのよ。未知数の彼らにも基本給を払わなければならないんだから。技術を次の世代に伝えることは経済的道理に合ったことじゃなくて、もっと理想論的なことになってきてる。……だから、組織的な指導が必要なのよ。

("Cook's Interview : Anne Willan" 1985, pp. 18–19)

社会化される人たちが、スタッフが掲げる目標に抵抗したり、また矛盾を感じていたりする場所もあるが (Becker et al. 1961)、新人はこれらの目標に進んで順応するというよりも、熱意をもって支持することのほうが多い（Garnier 1973）。職業の社会化に関するたくさんのリサーチで学校が対象として扱われているが、同様のプロセスは、抵抗が示される機会は少ないものの、この仕事場でも起こっている。もし抵抗するなら、そこをやめてより適した場所へ移ることが最も簡単な選択肢である。

新人はたいてい自己充足と上達の手段として、先輩について学ぶことを喜んでいる。「地元料理界での評判の高さに魅せられて、彼は『ニュー・フレンチ・カフェ』で地位の低いポストについた。『新鮮な空気を吸っているようだった』と彼は述懐する。『そこへ行く前は、〔たくさんの〕給料はもらえないとわかっていたけれど、学校を卒業するような感じだった』――すばらしい料理さばきを学べる……。彼は基礎から始めた……。『夢中で働いていたので、シェフをじっと観察することができた。彼はいろいろなことを見せてくれて、僕にやらせてくれたよ』」（Waldemar 1985, p. 154）。わたしのサンプルになったコックたちも、初めの頃に、同じような役割モデル――目をかけて教育し、新人を洗練されたコックに変える人――をもっていた。

> フランスの師弟関係みたいなんだ。彼は僕に目をかけてくれて、僕は彼のために何でもやる。彼は僕を気に入ってくれたので、隅に連れていって、君は間違っていると説明してくれた。彼の教え方は、一度やって見せて一度説明する、それだけだった。だから小さな青い手帳を後ろのポケットに入れて持ち歩いてたんだ。何かしろと言われた瞬間に、覚えていられないと思ったらすぐその手帳に書きとめたものさ。
>
> （インタビュー、「アウルズ・ネスト」）

G・A・F　シェフをしていて最も気に入っていることは何？

ポール　人を受け入れて一緒に働けること。本当に学びたいと思っている人をね。ジョンがいい例さ。彼はよく働く若者で、学びたがっている。新しいことをわくわくして学ぶんだ。あれやこれやの仕方を彼に教える。僕自身初めてそういったことができたときの興奮を思い返すんだ。楽しかったし、わくわくすることだったよ。

（インタビュー、「アウルズ・ネスト」）

指導者になろうとするシェフは、他の義務に加えてその役割を利他主義の行為として受け入れるが、高給の従業員を安くあがる従業員に変える経営者もいるので、これは危険な行為になりうる。良き指導者と生徒との関係は理想的なもので、ひたむきでよく訓練されたコックを作るが、それらは運よく見つかるもの、すなわち人生を決める偶然の出会い、なのである。

第二章　コックの時間

時間の要求と仕事の経験

狭い通路を行き交う突撃、衝突、叫び声、かごや盆や氷塊をもっての苦闘、熱、暗闇、やり合う暇はないが激しくなるばかりの口喧嘩――この状況は筆舌に尽くしがたい。……こうしたすべての混沌の中にわたしが秩序を見たのは、後になって、ホテルで働くことがどういうものか理解してからのことだった。

ジョージ・オーウェル『パリ・ロンドン放浪記』

社会生活の原則として、時間性が、物理的空間や階層的組織と同じく、組織の生活に影響を及ぼしている（Maines 1987）[1]。実際、組織と時間は密接に結びついている。組織を効率よく運営するには、スケジュールを合わせなければならず（Cottrell 1939 ; Zerubavel 1979）、仕事の所産は、組織を成功させるだけの定期的あるいは断続的な割合において、生み出されなければならない（Baldamus 1961）。

人が時間の経過を体験する方法は、たびたび無視されているものの、組織生活の中心をなす特徴である。産業資本主義は時間構造と同時性に依存し（Thompson 1967）、素材や人材と同じく、時間は資源である。多くのリサーチ――特にテーラリズム（科学的経営管理制度）に刺激された研究――が、仕事の効率を改善しようと試みている。時間は最小限に抑えなければならないコストだが、労働者が時間をどのように体験しているかは考察されていない。

実際の仕事を観察すると、作業の外的な特色が時間の使い方を制限し、時間的制約が仕事の体験に影響を及ぼしていることに気づく。時間は社会的管理のメカニズムに形を変えうるが、これは流れ作業に従事する労働者のみならず、医療機関やレストランの厨房で働く者にもはっきりと見て取れる。労働者は時間を取られる要求に対処するテクニックを発展させ、結果として、時間の自立性の尺度（Lyman and Scott 1970, p. 191 ; Hodson 1991, p. 63）を得て、時間のニッチを切り開いている。[2] 長めの仕事の期間（シーズン、週、日）から、より小さな時間量（一日の割り当て、すなわち特定の作業をこなすのにかかる時間）まで、時間はいくつかのレベルで機能する。

時間は労働者や睡眠中の人間がその経過を体験するしないにかかわらず過ぎていき、時間の「客観的」および「経験的」要素が組織生活に影響を及ぼす（Flaherty 1987）。哲学者のアンリ・ベルクソンは、時間の効果はそれがどのように感じられるかということと完全に切り離せるものではない、と強調した（1910, pp. 236–37）。時間は、組織自体と同様に（Strauss 1978 ; Pettigrew 1979）、話し合われたり象徴的に使われうるものであり、まるで具体的なものであるかのように扱われる。時間の体験は、行動に制約を受ける場合、労働者が作るものである（Roy 1952, 1959–1960 ; Roethlisberger and Dickson 1939）。

時間組織には五つの次元が重要である。すなわち、周期性、テンポ、タイミング、持続性、連続性である（Lauer 1981, pp. 28ff ; また Hawley 1950 and Engel-Frisch 1943 参照）。周期性は行動のリズムに関するものであり、テンポはその割合とスピードに、タイミングは行動の同時性や相互調整に（Moore 1963. pp. 45-47）、持続性は行動の長さに、そして連続性は出来事の順序に関するものである。

各次元は仕事場の要求と結びついている。要求は時間の「客観的な」特色であるが、その効果はそれらがいかに体験されるかに左右される。これらの次元に関して、特に時間組織（「多すぎる」あるいは「足りない」時間）が快適でなかったりあるいはうまく機能しないときに労働者たちは話し合いをもち、その結果、労働者は、組織の要求を受け入れながら、自身の満足感を高めるために日常業務を調整する。労働者は時間のニッチを――個人の時間を「作り出し」ながら、十分かつ満足のいく方法で仕事をするために――作り出す（Ditton 1979；Bernstein 1972）。彼らは、コントロールできない予測不能な時間の継続やテンポに直面しながら、有効な日課を作るためにいくつかの行動を同時に進行させる。労働者は、経営側の、そして顧客の時間的要求から自主性を求めて奮闘する。時間の構造は、社会管理の決定的な手段である。

成功しているレストランは時間を有効に用いている。普通サイズの厨房を観察すればだれでも、従業員の現実を定義する際、時間組織が中心的な位置を占めていることを見逃さないだろう。時間は、薬味同様調理には重要なものである。食物がきちんと調理されるためには、コックは複数の作業のタイミングを同時に意識していなければならない。持続の意識は本質的なもので、レアのステーキと黒焦げのステーキを区別し、ぱりぱり音がする新鮮な野菜とつぶれた古い野菜を、酸敗したミルクとフレッシュミルクを区別する。連続性もまた調理の時間組織に欠かせないものであり、今までにレシピを使って料理したことのある者には明らかである（Tomlinson 1986）。作業の同時性はより複雑であるが、時間通りに料理を用意するためにはひとしく重要である。でんぷん料理、肉料理、野菜料理は同時に仕上がらなければならず、カウンターに置かれた完成品は感覚的な魅力を急速に失ってしまう。周期性とテンポは、個々の順序ではなく、順序の速度と結びついている。

それぞれの時間的次元はプロの調理と関連しているので、レストランの厨房は、時間性が組織生活とどのように結びついているかを調査する格好の場所である。必ずしも直接的あるいは明白でないにせよ、どの職業でもこれらの次元に対処しなければならない。

外的環境とレストランの時間

すべての組織が時間構造——「人が入る」時間、「満員の客を相手に仕事をする」時間、行動のピークを準備をする、あるいはピークから回復する時間——をもっている。組織がいかにして共同体の時間生活に適合するかは、組織が個々の従業員の時間をいかに組み立てるかの基本となるものであり（Engel-Frisch 1943, p. 46）、それが従業員の感情や態度に影響を及ぼすのである。

顧客の扱い

組織は、興味をもちそうな人々が求める物を作らなければならないし、「生産の限界」（Hirsch 1972, p. 643）を維持し、職員を置かなければならない。サービス部門では、顧客が来てくれそうな時間——組織の「生産」を顧客に提供できるとき——に、営業しなければならない。一方顧客は、組織によって営業時間が異なることを期待し（例：銀行、スーパーマーケット、食堂）、さらに立地に基づいて時間帯が異なることを期待する（サリナス［カリフォルニア州西部の市］のバーとソーホー［ニューヨーク州マンハッタン南部地区］のバー、バークレー［カリフォルニア州サンフランシスコ東部の都市］の本屋とベクスリー［オハイオ州中部の市］の本屋では営業時間が異なる）。利益を最大限にするために、開けていても利益のあがらない時間は閉めなければならない（もっとも、時間のロスを目玉商品にして、客に「いつも開いている」と思わせるように、長い時間開けているところもある）。効率的なサービス施設は顧客（数）に対処するために必要数以上の従業員を勤務させてはならないが（Leidner 1933, p. 63）、とはいえ、すばやい対応を期待する客のために必要数以上の従業員を雇うところもあるだろう。実際には、比較的忙しい時間よりも「閑散とした」時間のほうが、客の流れをさばくための従業員の数が減るので、客は待たされることが多い。

競争が激しい環境で営業しながら、レストランは、少なくとも経営側が認めているように、顧客の要求のタイミングに応じなければならない。規則性は存在するが、ビジネスの時間組織は、シーズン、月、週、日ごとに変化する。経営側の関心は、レストランの営業時間を選ぶことであり、これは、組織を失敗させかねない決定である（Miller 1978）。合衆国では、アメリカ式日程の多様性を反映して、レストランの営業時間とされるような時間帯はない（Melbin 1987）。決められた業務時間のある産業はほとんどなく——組織は時間的アクセスを求めて互いに競っているので、前の世代にはあった正式な「労働時間」といったものはもはや存在しない。わたしが観察したレストランは、どこもそれぞれ異なる営業スケジュールをもっていた。

「ブレイクモア・ホテル」メインレストラン
ランチ　月曜～土曜：一一時～二時
ディナー　月曜～土曜：五時半～一〇時半
日曜閉店
コーヒーショップ
朝食・ランチ　毎日：七時～三時

「ラ・ポム・ド・テール」
ランチ　月曜～金曜：一一時半～二時
ディナー　月曜～土曜：六時～一〇時
ブランチ　日曜：一一時～二時半

「アウルズ・ネスト」
ランチ・ディナー　月曜～金曜：一一時～（午前）一時
ディナー　土曜：四時～（午前）一時
日曜閉店

「スタンズ・ステーキハウス」
ランチ　月曜～金曜：一一時～二時半
ディナー　月曜～土曜：五時～〇時、日曜：三時～一〇時わたしたちはレストランを営業時間で分類することが多い。簡易食堂、終夜営業のダイナー、ティールーム、サパークラブ。朝食を客に出すレストランは店の名前でそれを知らせている。例えば、「エッグ・アンド・アイ」、「インターナショナル・ハウス・オブ・パンケーキ」、「アルズ・ブレックファースト」など。さらに立地が営業時間に影響を与えている。わたしたちは、郊外、中心のビジネス地区、都心部、文化的地域にある店の営業時間が同じだとは思わない（Hawley 1950）。定休日が日曜のレストランもあれば、月曜のところもある。朝食を出すところもあるが多くは朝食を出さない。毎日ランチを出すところもあれば、ウィークデーしか出さないところもある。一日中開けているところもあれば、ランチとディナーの時間しか開けないところもあり、夜遅くまで営業しているところもある。

レストランの営業時間は経営者が熱望する市場ニッチに左右される。ホテルは、客が潜在的にホテル内のレストランの客となるので、日中と晩をとおして食事を出し、夜にはルームサービスを出す。「ラ・ポム・ド・テール」のようなグルメレストランは、予約なしの客はめったになく、客へのユニークなサービスを売り物にできるので、営業時間は短めである。「スタンズ・ステーキハウス」のような近隣のレストランは、伝統的な「ファミリー・ディナー」を提供する日曜の午後に営業している。日曜の午後「スタンズ・ステーキハウス」に客が入っているのと同じ時間に、もし「ラ・ポム・ド・テール」が店を開けたとしても、客は来ないだろう。「スタンズ・ステーキハウス」とは異なる社会階級の客をもつ「ラ・ポム・ド・テール」は、日曜にブランチを出している。

レストランの営業時間は、ある程度までコックの労働時間を決定するが、この二組の時間は一致しない。コックは営業時間より数時間前にやってきて、たいていはレストランが閉店したあとまで働く。もっと緊密な構造をもつ組織とは異なり、支配人とヘッドシェフは、コックのスケジュールを作るのに融通性をもたせており、コックの希望を聞いてスケジュールは週ごとに変化する。スケジュールは、予約や特別なパーティーの数といった、「外的な」力に対応する。ヘッドシェフは、場合に応じて、コックに休みを取るように、早引けするように、あるいはすぐに来るようにと告げる。コックが呼び出しに応じないときも、ヘッドシェフと支配人はだれがこころよく超過勤務に就くかを知っている。

従業員への不定期の予測不可能な要求が、シェフと支配人に仕事場内での力を与えている。スケジュールを調整する際に、シェフや支配人は、スタッフを気持ちよく働かせ、彼らが公正とみなすようなやり方で――勤務時間数においても、勤務日においても――彼らを扱わなければならない（Zerubavel 1979, pp. 21-22 参照）。シェフは、最も有能なコックには、あまりまじめでないコックよりももっと頻繁に勤務を割り当てたいと思うが、この選択は軋轢を生むことがある。ファーストフード・レストランとは違い（Leidner 1993, p. 62）、わたしが観察したレストランの中でただ一軒が、社会的監督のために数時間を割り当てていた。コックたちにもっと敬意を払うようにヘッドシェフが自分の時間を削って皿洗い係を指導するのだ。

極端な例は、労働コストをカットするために労働者が一時休暇を取らされる場合である。これは、同じ仕事量を少ない数の人間にさせることで精神的緊張を引き起こすだけでなく、経営者の意図をさとらせ、全従業員に安心してはいられないと感じさせることにもなる。人気のあるアシスタント・シェフをやめさせた「ブレイクモア・ホテル」の決定は、職場にかなりの不満を引き起こしたが、これはひとつには、そのために従業員が過重労働させられると感じ、また経営者が彼らを気にかけていないと感じたからであった。ホテル側からすれば、収益に比べて労働コストが高すぎるので、これは必要な決定であった（フィールド・ノート、「ブレイクモア・ホテル」）。

すべての産業区分の雇用者は、形はさまざまだが、同様の問題を抱えている。どのようにして、組織の職員配置に同時性をもたせるのか。純粋な生産ユニット（例えば工場）では、機械はいつでも稼働できるし、閑散時間帯には電気代も安くあげられよう。しかし、閑散時のスケジュールに合わせて働く労働者を見つけることは難しい。

調理のプロセス

レストランの時間構造は、客を呼びたいという欲求に大きく影響される一方で、他の外的な影響が内部の決定に影響を及ぼす。どの組織も、先に挙げた「生産の限界」のみならず「投入の限界」も保持しなければならない。簡単に言えば、レストランにはその内的生産に用いる原料（食材）が必要である。ほとんどのレストランが、話し合いで決めた所定の時間に食品が届くように、中間業者かブローカーと契約している。これらの配達業者は、レストランが食品を必要とする前に、つまりレストランが忙しくなく、コックか厨房で働く他の者が品物を調べてサインできる時間に届けるよう取り決めている。レストランと売り手側は、互いに好ましい時間を選び、コックは、食品を保存し、配達品のうちで当日の客の要求に合うものなら何であれ調理するのに十分な時間を必要とする。

食品自体が時間的力学をもっている。ほとんどの食品は時間がたてばたつほど品質が落ちる――「成熟する」牛肉とワインは、ある点では特例である。その結果、高い売上げ高が、歳入だけでなく廃棄からくる損失を避けるためにもきわめて重要になる。レストランの経営者は、特別料理によって、あるいは給仕人に料理を「押し付けさせる」ことによって、ときには客の選択を操作しようとする。逆に客が決定する場合、コックにある品を料理させ、他の料理をさせないことになるので、コックにも影響を及ぼす。調理が簡単でより楽しい料理とか、特別な料理人によって調理されるもの（例えば、メインコースのサラダや焼き物の料理）といった程度まで、厨房での生活は食物の「生命」によって影響されている。

廃物になるがゆえ食品はそれ自体の力学をもっているが、他にも時間がたてば悪くなるとか流行遅れになるものがあり、これが労働者に、それらを「さばく」プレッシャーを与えている。薬や写真フィルムには使用期限があり、顧客はそれをチェックできる。織り地にはカビが生え、おもちゃやドレスや自動車は、流行や技術発明の影響を受けやすい。衣類には——水着やオーバーコート——それを着る季節やスタイルのあるものがある。食品は、素材のタイミングがいかに労働者を圧迫するかという顕著な例かもしれないが、唯一の例ではない。

昼の生活

厨房の仕事にはリズム（周期性）と、顧客の要求から生じるテンポの両方がある。レストランには、暇な時間帯と、信じられないほど要求の多い時間帯がある。どちらもコックの環境への対応に影響を与えている。調理の様子を、芝居のメタファーを用いて、演技中の感情的に「ハイ（昂揚した）」な状態と幕が降りたあとの解放感にたとえるコックもいる。

ステージに出て、仕事にかかり、静かな場所に立ち、これからすることを理解しようと準備する、まさに役者のようなものさ。器具を用意し、ナイフを研ぎ、肉を切り、魚のうろこを取り、野菜を切り、ソースを作り、すべての準備をし、少し熱気を帯びてくると、おしゃべりを始め、ウェイターが入ってくる。こんなふうに進むんだ。すべてがいっせいに始まる頃には、舞台に立つ準備ができている。舞台はそこだよ……。幕が上がると、だれもが正確に自分のすべきことを知っているんだ。

（インタビュー、「ラ・ポム・ド・テール」）

パントリー係がわたしに言う。「僕は厨房の雰囲気、スピードが好きなんだ。いつも芝居を思い出すよ。役者がどう感じるかわかる。ゆっくりと始まりそれからスピードが上がっていくんだ」。

（フィールド・ノート、「ブレイクモア・ホテル」）

厨房の生活は時計そのものによってではなく、時計によって間接的に設定される、ランチ、ディナー、宴会といった出来事によって、構成されている（Marshall 1986, p. 40）コックはめったに時計を見ないので、忙しい晩の仕事が終わったあと、もうこんな時間なのかと知り驚くことになる。

同時化

プロのコックは、「一品」だけでなく「テーブル」や「パーティ」のために料理し、調理時間の異なる料理(例:ステーキと舌平目のフィレ)を同時に準備しなければならないという点で、同時化の問題に直面する。注文に従って調理することがこの職業の難題であり、同時化の技術、すなわち時間に基づく分業を認識することで克服される。この技術がプロのコックと家庭のコックを区別し、彼らの能力評価を決定するのである。

魚料理とチキン料理を同時に仕上げる方法を知ることも仕事だよ。チキンに一五分、魚に二分かかるとすれば、その二品を同時に仕上げるにはどうすればいいかをね。

(インタビュー、「アウルズ・ネスト」)

注文表を見て、それぞれの料理にかかる時間を計るのが好きなんだ。考えて料理し、すべてきちんとできなくてはいけない。これは本当に腕と集中力を試すテストだよ。

(インタビュー、「ラ・ポム・ド・テール」)

どのように同時化は達成されるのだろう。どのような組織的手順がこの能力を助長しているのか。どのレストランも、食物を順序よく作る少しずつ異なるシステムをもっているが、それぞれのレストランが、給仕人がコックに渡す注文表の配列——構造の中に沈澱した職務の時間的結びつき、あるいは配列、に頼っている。コックには、注文票を渡されてから、料理を用意するのに必要な時間、給仕人と客が文句を言い出すまでの時間があることを彼らは知っている。[3] それぞれの品の完成におよそどれくらいの時間がかかるかをコックは知っているので、これらの制約を考慮に入れながら、彼らは仕事を組織し、ある程度の時間的な自主性を得る。

メインコースを出す時点は、客が前菜を食べるのにかかる時間とか、喜んで待ってくれる時間の長さでおおよそ決まる。コックは料理に必要な正確な時間を知りたい一方で、給仕人と客は——早く食事の進むテーブルとゆっくりのテーブルによって異なるが——料理が欲しいときに出されることを望んでいる。調理には、コックと給仕人と客の間のデリケートな交渉が含まれ、それぞれが要求、制約、権利、特権をもつ。例えば、給仕人はしばしばコックに、予測よりも早く、あるいは遅く料理が必要になると知らせる。これはある程度まで構造内に作られた融通性によって修正される。

ティムはわたしにホイールがどう回るのかを説明する。ホイールとはクリップのついた鋼鉄の回転台で、客が注文すると、給仕人は各自の注文表をそこに置くのだ。コックがホイールの上の注文票を調べて、料理ができるまでに二〇分と見積もる。客がその料理を出してほしい時間からおよそ七、八分前に、給仕人はカウンターの上にその注文票を置く（普通は客がスープか前菜を半分食べ終えたときである）。注文票がカウンターに置かれると、コックは「全力で作る」。子羊肉のパイ皮包みは、調理に二〇分かかるので、注文票がホイールに置かれるとすぐに取りかかる。この構造からわかることは、このレストランではコックが二〇分以上かける料理は一品も出されないことである。
ときどきこのシステムは働かなくなる。カウンターの上に注文票がたくさんあるのを見ると、給仕人は、調理に七分とかからない品でも、自分の注文票を先に置く。給仕人は、調理が遅れると思っていて、彼らは自分の客（と自分がもらうチップ）を守りたいのだ。結果として、料理は時間より早く出来上がる。（フィールド・ノート、「ラ・ポム・ド・テール」）

「ラ・ポム・ド・テール」のシェフは自分自身を航空管制官にたとえ、料理は「上空での待機を指示」されていて、もし誤った順序で進められると、大事故になりうることを指摘する。複数の責任を負う労働者と同じように、シェフは、厨房の要求を処理しなければならない。別のレストランのコックは、仕事の難しさを表わすのに、流れのコントロールという同様のイメージを用いた。「本当にタイミングを考えなくちゃならない。実際科学のようなものさ。流れをコントロールできるんだ。彼ら〔給仕人〕が走っているときは〔すなわち、注文がたくさんあるときは〕、コントロールできるんだよ」（フィールド・ノート、「アウルズ・ネスト」）。それでも、料理が仕上がる時間的な順序はあまりに不正確なので、スーシェフのハウィが給仕人のミッキーに注文を出すのが遅いとコメントするときのように、コックはときどき、失敗しそうになりながらもうまくできた場合のことをジョークにするのである。

ハウィ　あの客は長いこと待っていたんだろ。
ミッキー　全然。サラダを食べ終えたばかりだよ。

ハウィ（ふざけて）　すごい。絶妙のタイミングだな。

（フィールド・ノート、「ラ・ポム・ド・テール」）

料理のタイミングは同時化との関係——コックと給仕人の間の分業を反映している。コックは一五の異なる品をそれぞれ最高の品質で仕上げるには、調理の順序とタイミングを把握していなければならないし、他のコックも同じようにしていると信じなければならない。調理の決定はのんびりと検討されるのではなく、瞬時になされるものであり、仲間どうしで説明し合う余裕はない。

散　漫

理想的には、技術職人としてのコックは自立した存在であり、仕事の時間組織に満足するはずだ（Baldamus 1961 ; Ditton 1979）。そのような状況はレストランやほとんどの業界の仕事場ではありえない。コックは自分で自分のスケジュールを設定できないときに能力を試される。「だれかに手伝ってもらいたいほど忙しいときには、本当に集中しなきゃならない。ウェイトレスやなんかが現れて質問したりする。本当に大変さ。忙しくていつもの調子が出せないし、考えも途切れてしまう。ときどき彼らに静かにして向こうへ行っててくれと言ったりするんだ」（インタビュー、「ブレイクモア・ホテル」）。集中しているすべての労働者と同じく、コックは、速いリズムを作りあげ、組織の要求に対処しているときには、自分のまわりにうず巻く無関係の出来事を「カッコでくくら」なければならない。作業が完了すると、彼らはさきほどカッコでくくった出来事を楽しむことができるし、時には一時間くらい「実際に働か」

ないときもあり（Marshall 1986, p. 40)、時間のニッチを作るのである。「昨晩は『アウルズ・ネスト』に一一六人の客が来て、大忙しの金曜だった。二五人のパーティもあったんだ。幸運なことに、その他には注文が入らなかった。ラリーが言うんだ。『他にも注文があったら大変だった。昨晩はラッキーだったよ。そのあとに四枚でも注文票が残っていれば大変だよ。仕事がすむと座って休みたくなるんだ』（フィールドノート、「アウルズ・ネスト」）。

予 測

労働者は自分の仕事がいつ始まりいつ終わるかについて予測する。頭にくることに、これらの予測はときとしてはずれる。勤務日には工場が鳴らす号笛や学校の鐘音のような時間を知らせるキュー（合図）があるべきだ。残念なことに、仕事の平穏は破られ、客は遅れて現れ、重要な客は特別な会合に使いたいと言い、ボスは残業を要求する。ひとたび日常の正当な作業が負担になると、「一一時半、コックたちが厨房の掃除をほぼ終えたとき、予約なしでたびたび遅くに現れる『常連客』の注文が新たに入る。ラリーはいらだって、ラムチョップの骨を放り投げ、それから研いだナイフをカウンターごしに放って、いらつきながら言う。『本当に不満がたまるな。閉めるばかりになるとまた注文が来る。ときには怒りたくもなるよ』」（フィールド・ノート、「アウルズ・ネスト」）。時間的境界が侵害される欲求不満は、閉店の境界だけでなく開店の境界が広がるときにも当てはまる。「アウルズ・ネスト」のランチは一一時からだが、客が一一時四五分より前に現れるとコックはまごつく。ランチを調理し始める準備ができていないので、憤然とするのだ。客はレストランが開いているから当然の権利として現れるのに、実際にはこれがコックの仕事のリズムを乱すのである。コックは彼らの「本当の仕事」がいつ始まるのかを示す典型的な例である。とは言えこの予測は客が自分の権利を行使することでくじかれてしまうこともある。大学のように、早朝のミーティングがタブーである場所では、「実際の」時間は組織の「公式の」時間と異なるのである。

ラッシュ

組織の環境が時間構造に及ぼす効果は、そのシステムが収容力一杯まで詰め込まれるときに、最も明らかである。厨房では、これがラッシュに当たるが、多くの組織にそれに相当するものがある。すなわち、緊急救命室、消防署、劇場通路、航空会社のカウンター、それに料金所のブースである。集合的に見れば、顧客は、一定の間隔を置いてサービスを利用するのではない。ある従業員（座席案内係）にとっては、ラッシュは予測できるものであろうし、他の者たち（救急医）にとっては、予測などとてもできない。(4) どのレストランにも、特に流行っているレストランには、ラッシュ——客の要求が、厨房の従業員の能力を圧倒して対処しきれない時間帯——レストランが「バタンと閉められる」時間（Kleinfield 1991, p. C24）がある。客は「舞台裏」の問題など知らず、自分の都合がいいときに料理が出されることを期待している。料理は——「よいサービス」という不可思議な定型のないものからなる——早すぎず遅すぎない、適当な頃あいと「感じられ」たあとで出されるべきなのだ。労働コストを管理するために、支配人は、厨房が混乱状態になる寸前で、客がサービスに不満をもたないだけの人数のスタッフを雇うのである。

これらの要求から、ラッシュの経験が生まれる。外的な要求が、従業員による行動のパターンを生み、そしてこの時間の使い方が、ラッシュの生《なま》の経験を生む（Denzin 1984）。そこで感じられる感情――アンリ・ベルクソン（1910）が持続という言葉で言及しているもの――は、他の「時間」とは異なる（Flaherty 1987）。

ラッシュは厨房生活のはっきりした行動的な特徴を示しているが、それはきついテンポ（それに、関連するリズム）と厳しいプレッシャーで表わされる（Schroedl 1972, p. 187）。ジャーナリストのジョン・マクフィー（1979, p. 78）は、マスター・シェフの時間に追われた生活をこう記している。「シェフの一日は、たいていディナータイムに向かって加速しながら、労働リズムはますます激しく、運動的になり、ついには自動的になる。彼の経験がすなわち彼の行動になる。彼はただゆっくり流し、条件反射で働く。『無意識に料理しているんだ』と彼は言う。『これから何をするかわかっていて、それをやるのさ。問題が起きると、脳がはっきり答えを出すんだ』」。わたしが観察した人々も同じメタファーを使っている。「混乱という闘いをしているんだ」とあるコックは説明した。別のコックは、ラッシュに対処するには「落ち着いていることさ。持ち場につく。準備する。セットアップする。ラッシュになる前に組織立てておくんだ」と強調した（フィールド・ノート、「アウルズ・ネスト」）。

出される料理の数は大きく異なるにしろ、どのレストランでも、ラッシュは同じに感じられる。短いサブカルチャー的な会話（「アイヴォリーをダウンタウン（大至急）で」(5)、「ナイン・トップス、エビ三つ、全部焼く、全部ミディアム」）や、ののしりや罵声を除けば、ラッシュには急速な動き（適切な連続）と寡黙という特徴がある。鍋や皿がガチャガチャ音を立てるので、厨房は騒々しく、部外者にとっては仕事のリズムが耳障りに、あるいは非実存的に思える（例：Kleinfield 1991, p. C24）。そこにいるコックの数は、見込まれる客の数を扱うのにかろうじて足りているだけだ。予想よりもっと多くの客が来るとか、ミスが起きると、厨房は料理の継続時間が延び、客は「時間どおりに」料理が出されず、給仕人のチップは少なくなる。レストランがそれほど忙しくないときより、料理の質は、低下するかもしれない。(6) レストランがラッシュの時間をうまく切り抜けるかは、細い糸にかかっている。

ラッシュ時にコックは全員同じように働くが、彼らのラッシュ経験は異なる。あるコックはラッシュを楽しみ、ラッシュのペースが好きだと言っている。別のコックはラッシュを不快に感じている。経験は人によって、日によって異なる。あるコックが言った。「注文についていけない。すべてを一瞬にやらなきゃいけないように感じる。行ったり来たり、行ったり来たり。そんなのは好きじゃない。よくないね……。失敗しておしまいって感じがするよ」（インタビュー、「スタンズ・ステーキハウス」）。対照的に、他のコックはこう述べた。

> ハイな気分だ。自分をハイにしなくちゃ。アドレナリンをふき出すのさ。すべてがなめらかにいくと本当に気分がいい。クスリをやってる気分。気持ちいいんだ。楽しいね。
>
> （インタビュー、「ブレイクモア・ホテル」）

信じられないくらい活力が出るんだ。行け、行け、行けという気持ちさ。

（インタビュー、「ブレイクモア・ホテル」）

これらのコックは、緊急医の間で言う「外傷性ジャンキー」のようなもので、彼らが「ゲロ」と呼ぶ簡単で退屈な仕事の呼び出しより、彼らの技術を要求する（例えば心臓発作のような）緊急の呼び出しのほうを楽しむ（Palmer 1983）。彼らは、犯罪の容疑者との知恵比べに挑戦する刑事に似ている（Stenross and Kleinman 1989）。

従業員が最も忙しい時間をどのように経験するかは、人格、年齢、民族性、性別に影響されるが、わたしが観察したほとんどのコックは、彼らの反応がその日の「質」に左右されることを指摘した。ラッシュには、その前とその間に起こったことによって決定する状況的な質がある。これは、仕事が「スムーズ」に運ぶときにコックの「昂揚した」状態が起こる、という彼らの言葉からも明白である。コック（と他の従業員）は内面の感情変化を説明するのに、ドラッグのメタファーを使うことがある。「鎮静剤にも覚醒剤にもなる。すべてが整えられ準備されると、すばらしいものになるんだ。予測しないことが起こると悪夢にもなる。時計を見てもう一〇時半だというときはいい夜なのさ」（フィールド・ノート、「アウルズ・ネスト」）。ドラッグを使うときのように、感情は単に化学作用的なものではなく社会的なものである。コックは、うまくいく日と、準備ができていないとか外的な力が彼らの予測をくじく日を区別する。「ラルフに朝食時のラッシュを楽しんでいるかどうか尋ねる。『楽しむ日もあれば、絶対に嫌だという日もある』。（さらに彼に聞く）それは何によるのか。『どれだけスムーズに運んでいるかだね。すごくストレスがたまるんだ。ビジネスマンはミーティングに行かなければならないので、テーブルにすばやく卵料理を出さなければならない……。精一杯やらなければならないってことだよ』」（フィールド・ノート、「ブレイクモア・ホテル」）。ラッシュの状況的性格にもかかわらず、課される要求から生じる感情や行動を意識的に計画したりコントロールしたりしないという点で、いく人かのコックは、自分たちの反応を「自動的」であると述べていた。彼らはラッシュに対する反応を、彼らの行動のレパートリーに組み込んできた。このラッシュのイメージは、暇な時間の「流れ」と似ている（Csikszentmihalyi 1975）。コックは仕事のテンポとリズムに没頭できるので、他のものはすべて釘づけにされる。これらの経験は外的な力——自己、他者、そして、状況の相互作用——に応じたものだという理由では、彼らが意識的にそうしている説明にはならない。コックはこう言っている。

〔ラッシュは〕音楽のビートのようなもので、ビートをつかんでビートに合わせて仕事を始めるんだ。バン、バン、料理は自動的に作られる。頭の中に歌が流れる。仕事がうまくいっていると、頭にその歌が聞こえ、歌に合わせて仕事をする。（インタビュー、「アウルズ・ネスト」）

すっかり集中してるから、どう感じているかなんてわからないよ。意識さえしてないんだ。第三の感覚が働いているような感じだね。（インタビュー、「ラ・ポム・ド・テール」）

空中を歩いてるみたいだ。何が起こっているか本当はわからないけど、何だかいい気分でね。はい一丁上がりというわけ。（インタビュー、「スタンズ・ステーキハウス」）

もちろん感情は自己によって——人が感じていることを相互に修正しながら——操作されうる（Hochschild 1983；Gordon 1981）。人は自分自身を怒らせることができるし、サービス業で働く者がよく知っていることだが、気分よくするには微笑みなさいと忠告されるときのように、幸せな気分は進んで得られるものだ。厨房の舞台裏では感情を表に出すことは適切ではないが、コックが「自分を鼓舞し」アドレナリンがわき起こるのを経験するとき、同様のことが起こる。コックは心して「流れ」の経験に備えているのである。

仕事日の構築

外的な力、行動の要求、感情的反応の相互作用を通して、ラッシュに典型的な要素が、一日全体を特徴づけることができる。ほとんどの日に、働く者が予測する時間的日課がある。だが状況が一日にはっきりとした性格を与えることもある（例えば、救急病院の近くで起きる衝突事故、アートギャラリーのオープニング、共同体のフェスティバル、ブリザードの気候など）。コックは、プレッシャーがかかりすぎて組織化されていない日とか、あまりにのんびりとしたありふれた日には不満を抱く。この区別は、従業員が仕事から離れて時間をどの程度コントロールできるかを語るものだ。つまり、アーヴィング・ゴフマン（1961b）が、距離のないものと、距離がありすぎるものを区別するときに語るもののことである。プレッシャー（あまりに要求の厳しいテンポ）がありすぎると、コックは自分の作業から十分な役割距離を与えられず、時間がコックに、手を休めて再グループ化することを許さないために、そして、失敗が本当の能力を映すものではないと主張しにくく感じるために、ミスはひどく大げさな重要性を帯びる。顧客が満足しているなら、リズムを持続し、速いテンポで作業することは、容易に変えられない。他の日には、仕事のリズムとテンポを考慮に入れないので、コックはプロの能力を見せることができない。要求がほとんどないので、結果としてコックは仕事に注意を傾けられず――コックは距離を置きすぎることになる。コックは、スローペースでは得られない楽しみを求めている（Sutton and Rafaeli 1988)。組織的要求が不十分でも、側面的な関わりが多すぎても、コックの注意をつなぎとめることはできない。

プレッシャーのかかる日

要求がいかにコックを消耗させ欲求不満に陥らせるかをみるには、不快な気持ちで思い返されることになる「スタンズ・ステーキハウス」でのある一日のことを考えてみよう。

最近地元のテレビショーで「スタンズ・ステーキハウス」が取り上げられた。この店の上等のステーキと手頃な値段を宣伝し、ショーを見たと申し出た客にはステーキを値引きすると伝えたのだ。レストランは客であふれた。これまで土曜の晩の客は約四〇〇人だったのに、この夜は六〇〇人を越えてしまった。ラッシュは一晩中（六時半から一〇時半まで）続いた。アルがその晩のヘッドシェフで、エヴァンが当番コックだった。

アル（うめきながら）　なんて夜だ、今夜は。

G・A・F　どうしたんだ。

アル　最悪だよ。

アル（エヴァンに）　何時だい、エヴァン。

エヴァン（まだ晩が始まったばかりだとからかって）　六時半だ。（実際は七時四五分）

アル（エヴァンに）　今夜用意できるステーキはそれだけだ。

アル（もう一人のコックに）　非常事態だぞ、ジーン。

アル（全員に）　ひどい話だ。神も仏もない。最悪だ。こんなのは負けいくさだよ。


その晩、コックと給仕人は怒り、ステーキが戻されるたびに怒りをつのらせていった。その晩はずっと、注文の品は三五分遅れで出された。

わたしは第四コックのルーに、その晩のことを聞いてみた。彼は言う。「ひどい話だよ。僕らはだれも準備できていないし。まずいときにすべてがどっと押し寄せたんだ」。

（フィールド・ノート、「スタンズ・ステーキハウス」）

怒りと緊張が厨房に満ちている。コックは給仕人に対し辛辣で、給仕人は料理のことでコックを悩ませる。だれ一人、事態を正して丁寧に仕事をする時間がもてない。客は、ずさんに調理された安いステーキという奇妙な買い物をさせられた。コントロールを維持できないと、それを取り戻すのは、凪が来てスタッフが再編成されるまでむずかしい。その晩凪は来なかった。あるコックは、あんな苛立たしい夜こそ彼がこの職業で嫌うものだと主張した。「忙しすぎて、料理を〔ちゃんと〕できない……。早く作らなきゃいけないんで、どんな味かはおかまいなし。それらしいものを作るだけさ。何を作ってるのか忘れることもあるし、遅れて出したりもする。〔レンジでなく〕ボイラーの下なんかで、手早く料理しなきゃならないこともある」（インタビュー、「スタンズ・ステーキハウス」）。こんな夜には、料理をし続けなくてはならないにせよ、コックは自分をプロとは——コックとは——思わない。同時化や継続を判断するミスといった、タイミングに関するミスは、特に問題が重大であるとか繰り返されるときには、こうした運動量の損失を引き起こし、その結果欲求不満を生じさせる傾向がある（Adler 1978）。

ウェイトレスが相手を間違えて鴨料理を出した。二人の客が鴨を注文したらしいが、彼女はコックに正しく注文を伝えなかったらしく、タイミングが狂ったのだ。コックたちは怒り、彼女が厨房を出て行くや彼女をののしった。（フィールド・ノート、「アウルズ・ネスト」）

コックたちは他の晩にもいくつかミスを犯していた。例えば、子羊肉のパイ皮包みは焦げたけれど、それでも出される——普通なら耐えられないような代物。問題は、七〇人の披露宴と、三四人の結婚式の予行パーティ、そして五〇人の客に調理しなければならないことだった。シェフはわたしに、一皿ずつチェックできないと言い「オート・キュイジーヌと大勢のパーティは水と油」と付け加えた。（フィールド・ノート、「ラ・ポム・ド・テール」）

悲惨な夜を外的な要因のせいにして、コックは自分は有能であるという意識を完全に保とうとする(Nisbet et al. 1973)。彼らは時間の「誤用」を説明する。しかしときには、目立たない問題は容易に確認されず、悲惨な夜とタイミングのまずさへのいらだちが、厨房生活のステレオタイプである一般化した怒りによって表現される(Orwell 1933, p. 109)(7)。時間的緊張が怒りを正当化する。全員が同調するという事実を得て正当化するのだ。時間的緊張は原因となるだけでなく説明にもなる。この緊張が、感情をあおり、それを正当化する仕事環境を作るのである。

厨房やその他の仕事空間での緊張は、否定的なものとして定義される必要はない。カタルシスという考えは怒りを簡単に正当化する。いつも怒っているコックは、怒りは価値あるものだと論じた。「感情を表に出すこと、だれかに当たることではなくて……。手をやけどするとか、何かを火にかけ忘れたりすると、いらいらしてしまう。『畜生!』まず感じたことを口にすること、それを外に出すのはいいことなんだ。そうすればその夜を乗り切れる。外に出さずに引きずると、たまっていって突然爆発し、さらにひどいことになる」(インタビュー、「アウルズ・ネスト」)。怒りは時間をコントロールできる。彼らが「その夜を乗り切る」ことを可能にするのだ。怒りを表わすことによって、いらだつ出来事にけりをつけて、リズムを再構築する。このカタルシスが効果的であるかどうかより、効果的だと信じることが重要なのだ。怒りは時間を安定させ、厨房の行動的現実に対処するひとつの手段として解釈される。もちろん、怒りは個人にとって治療上の効果があるのかもしれないが、怒りはまた集団的緊張を生み、伝染することもある。ある者にとっては時間的秩序を保つものが、他者にとってはそれをむしばむ場合もある。

暇な日

あまりにストレスがたまる日が嫌われるのと同様、「何も」起こらない日も嫌われる。退屈は労働者にとって侮辱であり、時間の誤用である（Molstad 1986）。忙しい日にはランチにおよそ一〇〇人の客を見込む「アウルズ・ネスト」は、三〇人ほどの客になることもある。「ラ・ポム・ド・テール」は、忙しい晩には七五人の客が入るのに、たったの二〇人しか客が来ない晩もある。まず、暇な日は、ストレスが感じられないという点で気分がよい。だがこうした日には、レストランはコックを十分に活用していず、コックは賃金分の働きをしていないと感じる。コックは「何もしないで突っ立って、何かが起こるのを待っている」（フィールド・ノート、「アウルズ・ネスト」）のを嫌い、ヘッドシェフのポールとメーテル・ド・テルのエディとの次のやり取りのように、客が来ないことについて冗談を言うのである。

ポール　もう四〇人〔の予約〕までいった？
エディ　真剣に祈ればいくかもな……。だれか他に打つ手はないか？

（フィールド・ノート、「アウルズ・ネスト」）

時間を生産活動によって満たせないとフラストレーションを生む。これは、本来満足感を生むものである休憩時間とは異なる。暇な時間には、やり残した仕事はなく、暇であることの喜びは仕事と対照的なものである（De Grazia 1964）。「一時間半何もしないで立っていると、自分が役立たずに感じるんだ。『何かしようか、ポール〔ヘッドシェフ〕』『あー、何もないよ』。そんなのは好きじゃないんだ、ただ突っ立っているなんて。もっとましなことができるのに」(インタビュー、「アウルズ・ネスト」)。こうした時間には、外的な要求は侵害してこない。暇な日は退屈であるばかりか、調理がひどいことになるとコックは言う。暇な日には、コックは十分な時間をかけて各料理を完璧に仕上げると、人は想像するかもしれない。たいていは仕事が多すぎて、満足のいく仕上がりに欠かせない配慮もせずに料理を出しているコックにとって、暇な日は贅沢にみえるかもしれない。

だが、コックは暇な日をこんなふうに経験しているのではない。こうした場合コックは「考えること」をやめて、手に入る時間とすべき仕事量の少なさの間に矛盾を感じて、愚かなミスを犯すこともある。「昼〔のシフト〕をやっているので、ときには暇な日を楽しんでいるけど、あまりに暇だと、退屈してしまう。緊張もないし、負担もかからない。回線が切れたみたいなんだ。どこへ向かうのかわからない。考えられない。怒りがわいて、気分がめいる。ひどい気分のとき、どうしたら有能なコックになれるというんだ」(インタビュー、「ブレイクモア・ホテル」)。暇な日には、コックは必ずすべき仕事の準備もしない。各々の料理が新しいリズムを打ち、コックたちはきちんと同調せず、作業に対して満足のいく感情的なつながりをもてない。プレッシャーがかかりすぎるか、あるいはやりがいのある仕事が少なすぎるシフトは、ひとしく嫌われる。働く者は――ペースを設定でき、そのペースが適切なものであるときに――仕事に満足できると思うのである(Hodson 1991)。

最良の日

すべての労働者同様、コックは快適な雇用を求めて奮闘している。満足のいく労働条件を作るためには組織の要求と時間がかみ合わなければならない。コックたちが語るように、その鍵は、一日が「スムーズ」に流れること——しっかりとしたリズムがあり、注文は遅れずにさばき、判断ミスやコミュニケーションのミスがないこと——である（Whyte 1948, p. 3）。コックたちに何が一日を「良い」日にするのかとたずねると、彼らは一様に、「良さ」を表わす感覚的な性質のひとつ、スムーズという言葉で示される時間的条件を挙げた。

問題がないこと。すべてがスムーズにいってる。適度に忙しいのがいいね。一皿一皿、出される料理の出来に満足しているならね。

（インタビュー、「ラ・ポム・ド・テール」）

滑らかに流れるといいね。一度も失敗せずに料理ができると満足する。それが良い日になるんだ。この前の月曜日が完璧な例だよ。僕の当番の日で九〇人の客が来た。全く予測しなかったことだ。出勤したとき、予約帳には二〇人くらいしかなかった。暇な夜になるなと思ったけど、仕事が終わる頃にはほぼ一〇〇人くらいになったんだ。すべてが本当にスムーズに流れてうまくいった。一度も遅れなかった。本当に良かったよ。

（パーソナル・インタビュー、「アウルズ・ネスト」）

簡単だよ、ミスをするなってこと……。すべてをうまくやる。後まで気持ちがいいね。すべての準備ができている。注文が来ると、ただ出すばかりになっている。すべてがうまくスムーズにいくんだ。

（インタビュー、「スタンズ・ステーキハウス」）

ひどい状況にならないときだね。スムーズにいくときさ。忙しいのは好きだよ。暇だと退屈してしまう。

（インタビュー、「ブレイクモア・ホテル」）

ペースと「（スムーズな）流れ」は満足感の中心を成すものである。コックたちは時間が過ぎたことにはっと気づくような晩が好きだ。もう帰る時間だと思いがけずに発見することが望ましい。仕事があまりにゆっくりだと、頻繁に時計の時間を思い出す。「流れ」がないのである（Csikszentmihalyi 1975）。そんなときは、厨房内の困難な肉体的社会的条件や、自主性や自由の欠如を思い出させられる。仕事がうまくいっているときは時間は忘れられているが、外的要求が多すぎたり少なすぎたりするとき、時間は常に意識され圧迫的な性格を帯びる。

　することが「多すぎる」とか「少なすぎる」という考えは、コックの気持ち、覚悟、注意に依存する社会的構造である。あるコックは、忙しかったがうまくいった夜と、ひどいことになった夜を比べてみせた。

ラリー　夜の間中本当に気分が良かった。いい仕事をしていると感じたよ。本当にうまくいった。ラッシュの時間が過ぎて掃除をしていたらフィル〔経営者〕が戻ってきて「ラリー、今夜はすべてが上出来だったな」と言ったときには、本当に愉快だったよ。料理もうまくいった。その晩にしたことはすべて本当に冴えてた。すべてが望むように、満足いくように、こうありたいと思うようにいったんだよ。揚げ物はぴかぴかで、本当にいい色だったし。ソースはすごく上手においしくできた。最高の仕事を絶好調でやったんだ。彼が戻ってきて、今夜はすごく良かったと言ったときには、本当に気分が良かった。大当たり。そのために働いているんだ。家に帰っても本当に気分が良かったよ。

G・A・F　昨夜はどうだった？

ラリー　他のことが気になって……。仕事に集中していなかった。やる気がなかった。ひどかったよ。ここで働いてから一番ひどい夜だった。一度にたくさんの注文が来て。準備ができていないのに、たくさんの注文が来たんだ。子牛の膵臓を解凍して調理しなきゃならないし、付け合せもすべて切らなけりゃならない。それほど注文がこないから用意ができない品なんだ。そんな注文が二、三あると、仕事を中断してそれにかからなきゃならないから、事態はひどいことになるのさ。

（インタビュー、「アウルズ・ネスト」）

この抜粋は、仕事の外的な性格——ここでは注文のタイミング——と、働く者の心理的感情的な性格（気分、人格、自己価値の意識）との関係を示している。一日の質は、時間的な要求と、自己の置かれた状況に左右される。

料理の時間的秩序

これまでわたしは個々の料理の作成を無視してきたが、料理という仕事は、主として要求があり次第その品を作ることと関係している。レストランの厨房でのタイミングは、注文の流れをコントロールする要求だけでなく、個々の品の作成にも左右される。家庭で調理する者がだれでも証明できるように、料理を準備するのは難しい。一品料理でも十分に難しいことであるが、肉料理、野菜料理、でんぷん料理を作るときには同時性の問題が最も難しく思えるだろう。

出来具合

家庭でレシピ通りに調理するときは、時間は単純である。レシピには料理に必要な時間と温度が明記されている（Tomlinson 1986）。温度とタイマーをセットすれば、料理が自分で「面倒を見る」。料理をチェックしたいときには、家庭という気のおけない場では文句を言われないとわかっているので、味見してみることができる。レストランでは、料理に何をしたかは、したように見えることほど重要ではない（Orwell 1933, p. 79）。レストランの調理は印象操作を必要とする。厨房で起こることは何であれ、客が料理を味わいレストランが客への忠誠心を保っているかぎりは、客にはやはりわからないことなのである。

　だが、見た目を強調しているものの、完璧という信念も同時に存在する。どの料理にも完璧な仕上がりのピークがあり、構造が許す限り、そのピークに到達することがコックの責任である、とコックたちは主張した。「シーフードを調理しているとき、長く時間がかかり過ぎると調理しすぎになる。十分でないと生焼けになる。本当にいい味にするためには、ちょうどその間ぐらいの時間をかけなければならない。特に新鮮な魚はね。とれたばかりの、まだぴちぴちはねている新鮮な魚がレストランに届いたのに、それを焼きすぎたりしたら台無しだ。新鮮な魚料理どころじゃない。ある意味で、これは完璧さと関係してるんだ」（インタビュー、「アウルズ・ネスト」）。料理が最高に仕上がる瞬間があるとコックが信じているとしても、彼らはまた、料理がまあ満足できる味だと言える時間的な幅があることも認めており、それは、料理の種類と厨房のプレッシャーによって、比較的長い場合と短い場合がある[8]。たいていの出来事には時間的な幅があり、許されるのはたった一瞬であるというものはほとんどない。さもなければ、患者が麻酔に耐え、宇宙飛行士が垂直離陸に耐えるだろうか。

料理がきちんと調理されているか、調理しすぎか、調理が足りないか、を決定できるテクニックはひとつもない。調理の適切な継続時間を判断するための策はいくつかあり、コックの腕や、レストランの伝統や、急を要する仕事の量や、料理の種類によって左右される。料理ができたかどうかを決めるのに、コックは、タイミング（内的および外的な時計）、味、匂い、見た目、触感、そしてときには音に頼る。これらの感覚はどれも、時間的な要求がどのように合図されるかを示している。

タイミング　どんなに忙しくても、コックはタイマーを使わず、時計や腕時計に頼ることもめったにない。専門学校の学生は、時計に頼りすぎるとしばしば注意される（Fine 1985）。コックは料理の仕上がる時間がただ「わかる」、つまり習慣で内なる時計が時を刻んでいる、というのは幻想である。ジャーナリストのA・J・リーブリング（1986, p. 111）は、「温度走性の才能」について語り、「良いコックは、良い騎手と同じように、『頭の中に時計』をもっていなければならない」と断言する。わたしが観察したコックたちもまた、この自動案内人に従って調理していた。

> 設備の調子がわかってしまえば、それは第六感と同じようになる。それを見さえすればいいんだ。そうすれば出来たかどうかがわかる……無意識に時間を計ってるんだ。出来上がるのにどれくらいかかるかざっとわかっていて、はい仕上がったというわけ。チェックすることはめったにないね。
>
> （インタビュー、「アウルズ・ネスト」）

> 何かがカチカチ言っているんだ。長かったら、のぞいてみたほうがいいから、オーブンを開けてチェックする。
>
> （インタビュー、「ブレイクモア・ホテル」）

不慣れなコックは、経験と自信がないので時計を見て調理するが、それこそ彼らが新米の証拠である。時計に頼りすぎると、コントロールしているという幻想を生む。設備の調子は変わりやすいので、レンジ内がどうなっているのかを無視して時計だけを常にチェックするのでは、効果がないし、失敗に終わることもある。

　多くの職業にとって、ミクロのタイミングは決定的なものではないが、タイミングが無視されることはめったにない。騎手が頭の中に時計をもっているのとまさに同じく、航空管制官も、流れ作業に従事する者も、救急医療技術者も、内的な時計をもっていなければならない。数秒の差で違いが生じる。教授や、コメディアンや、セールスマンや行商人などお金をもらってしゃべる人たちは、効果を上げるために言葉に一定の間隔を置く方法を知っていなければならない。彼らには「タイミング」が必要である。これらの話し手たちは、いつ時間が切れるかや、彼らが言いたいことをすべて言い終えて（あるいは言い終えたようにみせて）、割り当てられた時間をどう使いきるかを感覚的に知っていなければならない。こうした時間を計る行為は、正式な時計の時間によることはほとんどなく、その行為にかかる「適切な」時間の長さが何から成るのかを感覚的に知っているかどうかによるのである。

職種によって、時計時間に対処するアプローチはさまざまである。例えば、パン屋とコックは時間を同じにとらえてはいない。調理はより芸術に似て、寛容な材料を使う。対照的に、パンを焼くことは精密科学に近く、寸分の狂いのない量と時間が劇的に違う結果を生む――ケーキが成功するか失敗するかは、焼き手にいくぶん余地があるにしても、オーブンに入れる時間にかかっている。ペストリー・コックがこう言った。「わたしのすることはほとんどレシピに書いてあって、それぞれに時間も書いてある……。ケーキを作るぶんには材料ははっきりしているし、どのレシピにもレンジを使うように書かれているけれど、オーブンの調子はそれぞれ違うので、仕上がりを見て串をさしてチェックする能力がないとだめね」（フィールド・ノート、「ラ・ポム・ド・テール」）。文化的には似ているが、コックとパン屋というふたつの職業は、時間のとらえ方と使い方が対照的である。

味と匂い　第一章でトリックについて論じたとき述べたように、料理の出来上がりの味をみる最もはっきりしたテクニックは、実際には使われないことが多い。表面的には、料理の味見は、客に出せるかを判断する一番の方法であり、家庭で料理する者はこの原則に基づき調理している。だが、プロの厨房では、他の手がかりで味を知らなければならない。仕上がりを判断するのに、ステーキやパイを切ってみることはできない。客の料理への印象をそこなうわけにはいかないからだ。他の感覚によって、最も適切に思われる感覚を代用しなければならない。実際にはコックが味見する料理もある。特にスープやソースやドレッシングといった液状のもの、シチューや野菜料理などたくさん作られる料理では味見をする。これらの料理は完成品の見た目をそこなうことなく味見することができる。パリの厨房についてオーウェルが書いているように、コックは指を使って味見する。もっとも彼らはスプーンも使う——拭かずに使うことが多いけれども。

匂いは他の判断力を助ける二次的な感覚であることが多いが、匂いによって判断される料理もある。ときには匂いで十分な場合もある。「オーブンの中の様子は匂いでわかる。グラタンが仕上がったときは匂いでわかるんだ。リブを焼いているときもわかるし。仕上がったときは匂いでわかるよ」(インタビュー、「スタンズ・ステーキハウス」)。料理の風味はたいてい(より単純な味覚よりも)口の中からの匂いによるので、外の匂いをかぐのも有効な合図になる。ただこの匂いは料理を食べるときに味わう匂いのようにこくのあるものではない。クッキーをたくさん焼いたことのある人ならだれでも、往々にして焼きすぎになるものの、ときには匂いで出来上がりがわかることを知っている。

見た目　熱を加えているとき料理がどう見えるかは、特に劇的に外見が変わる料理(スフレ、ヌードルなど）や色の変わる料理（エビ、卵など）にとって、明白で便利な手がかり——製鋼工場や陶工の焼き釜でも使われるテクニック——である。素材は独自の温度計をもっている。魚はおそらく、見た目の変化が最も明らかな食材であろう。生の魚は透明であるが、焼いた魚は不透明になる。薄くスライスした魚の切り身をソテーしているとき、焼きすぎでも生焼けでもなく、ちょうど不透明になるまで熱することが望ましい。「ブラウン」色になる食物も、「ブラウン」が確かに「黄金〔最高の出来〕」であることを目で調べられる。

すべての食物が調理で姿を変えるわけではなく、見た目は表面についての知識でしかない。経験を通してコックは、料理の外側で知りえることを中身と相関させる。コックはこの相関の一致を大切にしている。

触感　仕事中のコックにとって触感は重要であると言うと、部外者は驚くかもしれない。触ることは時間や味の奇妙な代理のように思えるが、調理すると色の変わる食物があるように、生地を変える食べ物もある。ピアニストやマッサージ師や、触診する内科医のように、コックには「敏感な指」が必要だ、とコックたちは指摘する（フィールド・ノート、「アウルズ・ネスト」）。食べ物に触るという役割は決して過大評価されうるものではない。

> 人はぞっとするだろうね……食べ物に触っているところを見たら。つねに触っているんだから。それが料理ができたかどうかを知る唯一の方法なんだ……。〔鍋に〕入れて、色でわかるもの

もあるけど、すべてがそうじゃない。触って感じをみなきゃいけないものもある……。生地だよ。弾み具合をみるんだ。それで多くのことがわかる。出来の善し悪しもね。古い魚か新鮮な魚かとか……。触った感じでわかるんだ。匂いではそこまでわからないけど、ただ触るだけで違いがわかる……。すごくいいとかちょっと水っぽいとか、どんな具合かみるのに触ってから指をこすり合わせる。べとべとしたらちょっと生かもしれないとか、冷めてるとか、熱を加えすぎたかな、というふうにね。

（インタビュー、「ラ・ポム・ド・テール」）

ステーキを調理する際に触感は特に重要である。他の料理と違って、客は客の役割の境界を越えることなくステーキを自分の希望どおりに調理してもらう権利をもっている。出来具合は、客によって、ステーキの内側の肉の色や、匂いや嚙んだときの柔らかさによってはかられる。コックはどうやって肉の内側を知ることができるのか。タイミングはひとつの手がかりだが、多くのステーキを同時に調理するときにはこれは難題である。事実コックたちは肉の仕上がりを、「柔らかさが感じられる」と信じて、指でつついて判断する（インタビュー、「ブレイクモア・ホテル」）。

G・A・F　かたさをどう判断するの？

ダグ　いいかい、料理学校で〔教えられたように〕、ステーキの仕上がりを知りたいときこんなふうに言うんだ。ここが〔親指と人差し指を広げた間の部分〕本当に柔らかいところで、レアだな。腕のなかほどのかたさはミディアム。かたいときはウェルダンさ。

（インタビュー、「スタンズ・ステーキハウス」）

時間を計る他のどのテクニックにも増して、触ることは、プロのコックと家庭のコックを区別するものだ。食物は、この職業の社会化によって、食物のメッセージを理解できる者に多くのことを伝えているのである。

音　料理の仕事では、自動車修理工や、鉛管工やピアノの調律師とは対照的に、聴覚はあまり重要ではない。耳の不自由なコックは仲間とのコミュニケーションが難しいかもしれないが、料理を作ること自体はたいして問題ではない。それでもなお「ブレイクモア・ホテル」のヘッドシェフはわたしに、厨房が「語る」のだと言う。これには詩的な表現以上の意味がある。「〔専門学校の〕先生が昔こう言ったよ。『厨房に話をさせろ』とね。ポテトを揚げていて水が入ったら音がする。厨房が話していることに耳を傾けろと……。揚げ物はジュージューいうだろ？　何かが起こっているからさ」（インタビュー、「ブレイクモア・ホテル」）。別のコックは、子牛肉のコルドンブルー〔ハムとスイスチーズをつめた料理〕はチーズソースがブツブツいえば出来上がりだとわかる、と繰り返した（インタビュー、「アウルズ・ネスト」）。音の役割は比較的小さいが、コックは仕事をコントロールするために、利用できる感覚的な情報を何でも使う。

職務上の技術の次元は、作業の特定の状況に合わせた調整を表わしている。事実あらゆる仕事が「具体的に表現され」、環境の物理的な現実に合わせなければならない。調理はある部分認識的なものであるが、感覚的なメッセージを無視するとしたら、その働き手は有能とは言えないだろう。観客から聞かれる反応であれ、ドリルの音、花束の香り、布の肌触り、コニャックの味わいであれ、こうした感覚はあらゆる生産活動の鍵となるものである。

組織的時間

仕事の世界は時間的に順序立てられ、その順序は、職務上の境界の外からの要求とともに、継続という現実、時間の経験、テンポの状況的質によって決まる。外的な時間の要求、実際の仕事、その仕事の経験の間にはつながりがある。仕事中の感情は時間的な要求から生じる——あまりに短時間になすべきことが多すぎると、怒りが引き起こされる。十分でないと退屈させられる。時間と注意力の適合が「スムーズな流れ」の特徴である。

組織が時間と作業の関係をコントロールするように、組織は行動と経験を導く。厨房の「ラッシュ」は、構造と感情と時間がいかに相互作用するかを論証するものだ。厨房のラッシュは厨房で繰り広げられる劇的状況で注目に値するが、あらゆる組織が時間のドラマを作り、さらに働く者の気分によって左右される感情的反応を引き起こす。(9) 従業員の反応は、支える組織と個々の働き手がいかに時間を構成するかから生じるものである。

この章を通して、わたしは、交響曲のテーマのように、周期性（リズム）、テンポ、タイミング（同時化）、継続性、そして連続性、というラウアの分類による時間の次元について書いてきた。これらは、仕事の時間組織を組み立てる建築ブロックのようなものである。わたしたちは、これらのテーマを混合したり変化させて、日常業務を作る。例えば、テンポだけが仕事を特色づけるのではなく、各々の職業が、テンポの範囲や設定によって特色づけられる。これらのパターンは、外的要求によって作られ、そこから感情が生じるのである。

周期性（リズム）が一定である職業は――それゆえ周期性がその職業の時間分析の中心になる――決まりきった作業から成る職業である。工場の流れ作業員は、休憩や故障で作業が中断されることがあるにしても、その典型的な例である。ほとんどの職業では、労働者はさまざまな作業をこなすことが求められ、コックもまた同様であり、独自の周期性を構築する機会をもっている。職人仕事とは、決定権のある自主性だけでなく時間のコントロールをも意味する。リズムとは対照的に、テンポは、作業を完了するのに必要なスピードのことである。工場労働者は、時間的な自主性がないので、テンポを設定することはない（Roy 1959–1960；Ditton 1979 参照）。

同時化には、分業と、これら分業間の結びつきが必要である。労働者は同僚に頼り、コックは他のコックやパントリー係や給仕人に頼る（Paules 1991；Whyte 1948）。料理を出すためには、コックは時間的な調整を必要とする。仕事はどれも関係している。グループ活動に依存する職業にとって（例：外科手術チーム、芝居の一座、爆撃機の乗組員）、同時化はきわめて重要であり、組織はそうした協力関係を強化するために仕事を構築しなければならない。

連続性はかなりの量の時間を統合する。どの作業を優先するのか。ずらりと並んだ作業に直面したら、どの作業に注意を向けるのか。ここでもまた、労働者が経営側の要求に反する選択をする自主性は、職業によって異なる。それでもなお、作業は制約を設ける。コックは給仕人が料理を出す前に料理を用意しなければならない。コックはまず給仕人から注文を受けなければならない。この分業は同時的というより、連続的なものである。だが、ある作業にとっては、連続性は決して重要ではない。コールスローを作るとき、キャベツもニンジンも混ぜ合わせてドレッシングをかけるのに、どちらを先に切るかなどだれが気にかけよう。連続性は他の次元同様、仕事の状況的な性格と、作業の実体の両方に左右される。

継続性は、組織に影響を及ぼす外的な要求によってコントロールされることが多い。だれかが鳴らすベルの音で講演が終わるとか、半熟卵は人を待たずとか。それでも医者は、小さな作業を取り消したり加えたりして、ある程度まで診療時間の長さをコントロールできる（Yoels and Clair 1994）。鉄道員は、特定の時間に列車を出したり動かしたり、他の列車のスケジュールが脅かされないときには、速度を速めたりしなければならない（Cottrell 1939）。継続性は、テンポを速める必要があるときは締め付けることができるし、退屈を選ぶなら引き延ばすこともできるが、労働者は、この引き延ばしと締め付けの限界を認識している。

レストランでわたしが得た証拠は、組織の環境が仕事の時間構造に影響を及ぼすことを示している。次に、仕事の時間構造は、働き手の感情的な反応と結びつき、これを通して、働き手の生産とも結びついている。これらのつながりは仕事の作業の性格と環境に影響される一方で、構造的な要求内でのこうした結びつきや、時間のパターン化、そして生《なま》の経験が、職業を理解する際の中心にあるのである。

第三章　厨房——場と空間

厨房の混みあう時間。大きな部屋を想像して欲しい。その中で約二〇名のコックが全員忙しそうに働いている。このむせかえるような熱気——苦しさをさらに強めるもの——の中を慌ただしく行き来している。料理が冷めないようにすべてのドアや窓が三〇分間ほど閉めきられているのだ。このようにしてわたしたちは人生の大半の年月を過ごす。だが、仕事を命じられたら体力を消耗していても従わねばならない。わたしたちの最大の敵は炭［この当時の燃料］なのだ。

カレーム［一七八四—一八三三、フランスのシェフ。菓子職人から転じ、ヨーロッパ王族の専属コックとなった］

これまでの章でわたしは調理の仕事を分析したが、この章では調理の周辺にある組織の作業に焦点をあてる。あらゆる職業で、作業は仕事場に属するが、作業自体の一部ではない活動に周辺を囲まれている。職業上ひとつの場面はその本質的な活動以上のものから構成されており、それはまたこの活動を囲んでいるものを含んでいる。ある活動に与えられる名称は、その仕事のカテゴリーの中で完成される予定の一部である。種々の活動の関係は、組織的な分業、他の肩書きをもつ働き手などと関連させると、複雑なものになる。作業上の弧は職務の完成を補助するための二義的な計画や人員の配置を必要とする。当然のことだが、ある職務（例：調理に携わるコック）にとって第一義的なことは、他の職務（例：給仕人）にとって第二義的な問題である。

まずわたしは以下の問いかけを行なう。厨房の設備・器具はコックの仕事にどのような影響があるか。コックは職業上の危険にどう対処しているか。厨房の物理的（身体的）環境はコックの行動や態度にどのような影響を及ぼすか。次に、厨房を共有している職種、すなわち、シェフ、コック、ウェイター、ウェイトレス、バスボーイ（下働き）、皿洗い、雑用係（ポットマン）の間の関係を探ってみる。分業と地位の差は、相争う作業計画を考慮しながらどのように取り決められるのか。これらの実例は組織を構成する構造的配置の一部である（Blau 1984, p. II)。

環境と設備

空　間

あらゆる活動はそれを限定し、伝達し、促進する物理的空間の中におかれている（Fine 1991)。仕事場の形、大きさ、広さ、設備はどのような製品が作られるか、その生産がどのように組織化されるかということに影響を与える。ちょうど教室や手術室のように、工場は一定の生産に必要な空間を提供するために建設されたり改築される。

レストランの厨房は小さくて、汚くて、狭苦しいことで知られていて、動き方をまちがえるとひどいことになる。窮屈な空間のせいで、コックは動き方の鍛錬を大幅に要求される。「自分のまわりの人たちとぶつからないように、動く方向や速さを考える。こういう動きは反射的なもので、タイミングや相手との合わせ方、正確さなどは、高級なスイス製時計の動きに匹敵するものだ。シェフ、コック、あるいは給仕人頭やウェイター、だれであれ、動きに気をつけなかったら、床にたっぷりスープをぶちまけてしまうことになる」(Claiborne 1982, p. 25)。ゆったりした空間ではくつろいだ気分がかもしだされるように、狭苦しい場所では人と人との間に緊張感が生じる。狭い空間では一緒に働く人々の気分をやわらげる領域が切り捨てられている。

わたしが観察した厨房はそれぞれ大きさ、形がかなり異なっていた。「アウルズ・ネスト」と「スタンズ」の厨房は、レストランの厨房の典型といえるもので、小さくて不便だった。「スタンズ」のパントリー(配膳室)はレンジから見えないところにあり、コミュニケーションには不十分だった。「アウルズ・ネスト」では厨房が狭く、給仕人が入ってくる余地がないことをコックは喜んでいた。厨房で働く人々は終始ぶつかりあい、これが摩擦の原因となった(フィールド・ノート、「アウルズ・ネスト」)。対照的に、「ラ・ポム・ド・テール」の厨房はゆったりと広くコミュニケーションは容易で、給仕人たちは厨房の中を行き来できた。「ブレイクモア・ホテル」の洞窟のような厨房は、大きすぎて効率的な作業ができず、コミュニケーションを困難にしていた。ホテルが期待していたほどの業績を挙げていないこともその理由であろう。もっと多くの従業員がいればこの空間はより妥当なものにみえたかもしれない。「スタンズ」と同様に、「ブレイクモア」のコックとパントリーの作業員は仕事中お互いに顔をあわせることがなく、共同作業を複雑にしていた。

他の労働者と同様、コックは制限された空間に順応し、自分たちのテリトリーを作り上げ、どうしても必要な場合以外、他者がそこに侵入することを認めない。調理台は特定の人間のためのものであり、これを無視すると、「アウルズ・ネスト」でときおり起こったような、深刻な結果となる。職場はアイデンティティの拡大されたものになるのだ。

厨房の空間のレイアウトもコックと給仕人の関係に影響を与える。「アウルズ・ネスト」の厨房では、ふだん給仕人が入ることを禁止していた。厨房内で動きまわることは難しく、立っていられるスペースもなかった。給仕人たちは厨房とダイニングルームの間の窓から料理の皿を受け取っていた。もうひとつの狭苦しい厨房の「スタンズ」では、給仕人は厨房内に入れるが、大きな金属のテーブルが厨房を二分していた。給仕人はそのテーブルのダイニングルームに近いドア側で待ち、コックは反対側のレンジ台、グリル、揚げ物台で働いている。「ラ・ポム・ド・テール」でも厨房の構造は似たようなものだった。金属の長いテーブルがコックの作業スペースと給仕人が料理を受け取るスペースを分けている。「ブレイクモア」では、調理のスペースとパントリーのスペースの両方に台があり、コックとパントリー係がそこに料理の皿を置いて給仕人が運べるようにしていた。給仕人は広い中央のスペースで動いたり集まったりしていた。

それぞれのレストランでは確立された環境により、コックと給仕人を分けていた。それぞれが雑用係や皿洗いのための付随的なスペースを別に設けていた。空間は分業に寄与し、またいくつかの例によれば、距離によって共同作業ができなくなり、摩擦が大きくなる。どの職業にも空間による位置関係があり、空間をどのように使うかによって感情の表出が可能になったり、意見をきいてもらえる状態が制限されたりする。

環境

かつてヴィクトル・ユーゴーはレストランの厨房を悪魔の竈《かまど》にたとえた。また厨房を「鋳物工場」と呼んだ者もいる。このような極端なたとえは、わたしが観察した多くのコックによって確認された。暑さは厨房の生活のなかでもきわめて苛酷な部分である。とりわけ夏期には、あるシェフによれば厨房の室温は一二〇度（華氏）〔摂氏約五〇度〕にも達する。「ブレイクモア」のシェフは皮肉たっぷりに次のように述べた。「暑さに我慢できなければ厨房には近寄るな、と言われているんですよ。厨房に暑さはつきものなんだから」（フィールド・ノート、「ブレイクモア・ホテル」）。あるコックはときどき自分が気絶するかもしれないと思い、いつもレンジのそばに冷たい水の入った大きな水差しを置いていると述べた（フィールド・ノート、「ブレイクモア・ホテル」）。そして、こう付け加えた。「まるで屠殺されたブタが血を流すみたいに汗をかくんだよ。体中の水分をしぼりとられて気分がいらいらしてくる」（インタビュー、「ブレイクモア・ホテル」）。暑さは身体に影響を及ぼすと考えられているだけでなく、人間の行動や感情をもまた決定する。

暑さとともに煙と油も生じる。これが地獄の三位一体である。わたしは「スタンズ」での調査中、油の匂いをさせながら家に帰った。レストランの厨房ではよく油が燃えることがある。食物がオーブンやグリルに落ちると、厨房には煙が充満し、人々はせきこむ。厨房は、明らかに不快な環境の多くの工場と同列にある。

設備

人間は、仕事の動因であり、その成果を認められはするが、道具や備品、機械など職業上の設備なしには行為を行なうことはできない。これらの設備は、働き手が原料を完成された加工品に変えることを可能にする。テクノロジーの変化は仕事の社会的構造や相互作用の型を変える（Finlay 1988）。設備が何もない厨房ではコックは調理ができない。お手上げ状態だ。料理の評判はナイフ、レンジ、冷蔵庫、テーブル、鍋、フライパンなどの設備に左右される。(1)

厨房のあらゆる設備のうちで最も重要で象徴的なものはナイフである。ナイフがすべての中心であることは、日本人のシェフ（板前）についての記述によく表わされている。「油をさして木の鞘におさめられた包丁は高温で鍛えられたものである。剃刀型をしており、一本一〇〇ドルぐらいする。包丁は料理人にとって命だと彼は述べている。だからほかの人間には決して使わせない」（Winegar 1982, p. 172）。ほとんどのコックが自分のナイフを使いたがる。(2)「自分で道具を買うと、よりきちんと手入れをするだろう。わたしは自分の道具を一揃い持っていることがうれしいんだ。……自分のナイフの使い方ならわかっている。バランスがちがう」（インタビュー、「ブレイクモア・ホテル」）。コックたちは、自分たちのナイフの相対的な利点を論じあったり、ステンレス・スティールはカーボンより良いか、ナイフがさびたらどうするか、ナイフのバランスは金属の質より重要かどうかなどといったことを話し合う。例えば、「アウルズ・ネスト」のヘッドシェフはあるコックにこう言った。「正しいバランスのナイフが望ましい。それに良質のステンレス・スティールでなければならない。そういうのは手に持ったとき違和感がない」。コックは毎日のように、ナイフにオイルを塗って刃先を研ぐ。ナイフの型には、比較的違いがないようだが、ナイフの質とそれを使うコックの能力がそのコックを特徴づけ、またその地位を示すことになる。「アウルズ・ネスト」の厨房の従業員でレストランから支給されたナイフを使っていたのはパントリー係だけで、彼らは調理担当者の中でいちばん低い地位だった。許可を得て、あるいは許可なしに他人のナイフを使うコックは非難された。このように設備の質に強調がおかれることは、あるヒエラルキーを反映している。同様な例が映画学校（Mukerji 1978, p. 132）のヒエラルキーにもみられ、そこでは「ほんもの」の映画製作者は最高の設備を使うが、学生の映画製作者はそうではない。設備はその人間のアイデンティティの印である。

コックはナイフを特別で個人的なものとみなしているが、経営者側から支給される他の厨房設備も同様に重要である。経営者側が、コックに貧弱な設備で働くことを強制すれば、彼らの仕事は複雑になり、作れる料理は制限され、彼らに対する他人の評価が下がることになり、コックたちは腹を立てる。どのレストランでもコックたちは設備に不満をもっており、とくに「アウルズ・ネスト」では著しい。ここは料理の質の高さが要求される老舗レストランだからである。

ガスレンジのバーナーのつまみがよく動かない。バーナーに点火するにはマッチを使うしかない。「良いレンジで仕事するのはどんな気分がするものだろう。マッチを使わなくてもいいようなやつさ」とブルースが言う。それから皮肉っぽくこう付け加える。「日曜日、ポールとおれは教会にケーキを届けに行った。マッチで点火しなくてもいいレンジがあったのには驚いたね」。ラリーがわたしに言う。「ひどいもんだよ。ここの設備は最悪さ。おれたちが使っている設備はぜんぶ二五年たっているんだ。今まで使った中でも最悪のうちに入るよ。レンジは絶対火がつかない。自分たちで点火しなければならない。忙しいときでもまずバーナーを開けてから手を止めてマッチを持たなきゃならない。忙しいときにはほんの数秒だって貴重なんだ。二秒あれば冷蔵室に入って中のものを持って戻りかけてるよ。ところが、バーナーに火がつかないからフライパンが温まらない。それではおれは調理ができない。手を止めて火をつけなきゃならない」。ポールが古いレンジから出る大量の熱のことを口にすると、ブルースは「フィル（経営者）が気がつくとおまえは思っているんだろう。だが、彼は気にかけないさ。自分が近くに住んでいるんじゃないから」と冷笑をこめて言う。

（フィールド・ノート、インタビュー、「アウルズ・ネスト」）

他のレストランのコックたちもそれぞれ不満がある。「ラ・ポム・ド・テール」にはスフレを作るための二重のファンつき対流式オーブンがない。「スタンズ」の蒸し器は質が悪いと思われている。また蒸気がもれるスチーム管は「ブレイクモア」の不満の種である。コックは決して満足しない。それはよりよい設備がいつでも自分たちの生活をもっと楽にしてくれるからなのだ。ただし、技術的に最も高度化された設備の導入というものは、コンピュータを習い始めた人ならだれでも思い当たるように、不安感を生み出す。さらに、設備の整えすぎは経営者の立場あるいは労働者の心理状態のどちらかに、仕事を単純作業化（脱作業化）しようという気を起こさせる。最小限度であっても、新しいテクノロジーは能力の基盤を変える（Finlay 1988）。あるときわたしはコックにそのレストランにはフード・プロセッサーがあるのかと尋ねた。すると彼は両手をひろげ、そんな「おもちゃ」がいるものかと馬鹿にした（フィールド・ノート、「アウルズ・ネスト」）。すばやく、上手に、怪我をせずに、材料をきざめるコックが評価される。なかには、両手にそれぞれナイフをもってきざむことのできる者さえいる。だから、コックの仕事をもっと楽にし、怪我を防ぐ電動のチョッパーが大歓迎かというと、実はこの種の機械は彼らにとってありがた迷惑なのだ。コックが望むのは見かけのよい設備ではなくて（例えば、銅なべを嫌うコックもいる）、彼らのプロとしての腕をもっと高めてくれるような設備なのだ。設備の意義は仕事上の必要性と地位をめぐるかけひきによって決められる。

危険がいっぱいの世界

設備は労働者の生活を容易にすると同時に、またその生活を脅かしもする。調理は危険な仕事でもある――その危険はコックが選択したのではなく、彼らが取り組まねばならない職種のしくみと内容によるものなのだ。一九世紀のある医師は、パリの（レストランの）厨房には鉱山より多くの負傷者がいると述べた（Herbodeau and Thalamas 1955, p. 71）。自分たちの仕事がもっとも危険な部類に入ると言うコックはごく少ないが、全員が調理のときは実際に危険だと認めている。とくに目立つのが切り傷と火傷である。(3) 一九九一年度の就労安全保安管理局（Occupational Safety and Health Administration（OSHA））の統計によると、飲食業に従事する労働者一〇〇人中、七・四％が仕事中に負傷し、二・九％はそのため仕事を休まねばならなかった。わたしがこの仕事で最もつらいことはなにかとあるコックに尋ねると、

「手の傷や火傷を我慢しながら、食材を扱わなければならないことだろうな」と彼は答えた（フィールド・ノート、「ラ・ポム・ド・テール」）。しかし、他の多くの労働者と同様、コックたちは運命論者のように、現実は変わらないし、それが自分たちの仕事の本質の一部だと考えている。「どうやって我慢するか、その方法を身につけておかねばならないことがたくさんある。火傷、切り傷、大怪我などだ。こんなものはだれでもいやだが、なにか犠牲を払わなくちゃならない。火傷もするし、手も切ることになるんだよ」（インタビュー、「アウルズ・ネスト」）。このような運命論は組織の中で働いていることに起因している。（例：Rubinstein 1973；Haas 1974）。ただし、それはプライドに彩られた運命論である。すなわち、彼らは「暑さ」に耐えることができ、厨房から逃げ出す必要などない、というプライドである。集中力をずっと保ち続けることは困難だとしても、そのような集中力をコックに植え付けることはできる。もし怪我をしても、コックはそのまま生活しなければならない。彼らが傷口から出血したまま仕事を続けているのを目にするのは珍しいことではない。

幸いなことに、重傷はまれである。わたしの四カ月間の調査中に、病院での治療を必要とした厨房の従業員はたった二人だった。従業員たちを不愉快な現実から遠ざけるためにユーモアが使われ、彼らの怪我はジョークの種になった。「シェフのデンヴァーがわたしに言う。『いまメリッサを病院に連れて行ってきた。彼女は〔切れないナイフで〕怪我をしたんだ。大したことはない。せいぜい二、三針縫うだけだ。〔それから彼はジョークをいう〕。彼女はもうピアノが弾けなくなるだろう。今までも弾けたのかどうかは知らないけどね。えっへっへ』」。厨房の人々はどうして彼女が怪我をしたのか知りたがってはいるが、だれも動揺している様子はない。メリッサが翌日病院から戻ってくると、同僚はまたそれで冗談を言う」（フィールド・ノート、「ブレイクモア・ホテル」）。コックたちは厨房で起きたひどい怪我の「ホラーストーリー」を思い出して繰り返し語る。これは叙述がいかにして仕事上の記憶を体系化するかをわたしたちに思い起こさせる。この種の物語はコック仲間に注意と集中が必要なことを警告している。多くの物語が切り傷を扱っている。

デンヴァーとロンは同僚のコックの怪我について話している。ロンは、あるコックは落としたナイフで足を突き刺したが、レストランがとても混んでいたのでそのまま仕事を続けなければならなかったという。「その晩が終わって彼が靴を脱ぐと、靴下は血でびしょびしょだった」。デンヴァーはロンに、ナイフがすべった拍子に自分の腹を切ってしまったコックの話をする。

（フィールド・ノート、「ブレイクモア・ホテル」）

わたしが一緒に働いていた若者は、自分の親指をさいの目野菜を作るカッターに挟んでしまい、その指をすっかり失ったんだ。わたしにとって、これは自分の身の上に起こるかもしれない最悪のことのひとつだ。ここに立って、いつものようにこのナイフを動かしているうちに指を引っ込めるのを忘れて、うっかり自分の親指を切り落としてしまうかもしれないから。

（インタビュー、「アウルズ・ネスト」）

火傷をめぐっても同様の物語がある。

おれがたったひとつ恐いのは、とても熱い油の入っている鍋を運んでいる時にうっかりすべったら、ということだ。友達がそういう目にあったんだよ。（専門）学校の時だったが、そいつは熱い油の鍋を運んでいるところだった。そのすぐ前を通ったやつが開けたドアが油の鍋にぶつかったんだ。油は飛び散って彼の両腕からあたり一面にこぼれた。それでどうなったかって？　その鍋の温度は三五〇度（華氏）［摂氏約一六〇度］だよ。

（インタビュー、「アウルズ・ネスト」）

最悪の出来事は、そこにある蒸し器だよ。ある日使用中に吹き出したんだ。困ったことに、おれはそれが何カ月も故障していることを知っていたんだが、毎日、ほかの連中に故障しているよと言っても、だれも本気にしてくれなかった。ついにある日曜日のこと、ドレッシングを温めようと蓋を開けると中は熱湯でいっぱいで、それが滝のようにふりかかった。おれは大火傷さ。「さあ、これで皆信じるだろう」っていうみたいにね。それでも故障はすぐ直してくれなかったよ。おれが仕事に復帰してもまだ故障中だった。

（インタビュー、「ブレイクモア・ホテル」）

設備の不備に対する組織の無関心と、アノミー状態に起因する集中力の欠如が結びつくと、怪我人が出る。その怪我は組織の決定と個人の習性に関わるものである。危険はいつでもどこでも存在している。だが、突然なにかが起きて、劇的にわたしたちの関心をひきつけ、組織上の問題を生み出し——危険な仕事の場合には、社会的な問題を生じるまで——わたしたちは実際、そのことを忘れている。ほとんどの労働者は、使わねばならない設備をできるだけ自分たちの目的に合うものに変えようと試みるが、ほとんど制御しきれない。彼らにはとりあえず我慢してやっていくことと、同僚から怪我をさせられないものと信じることしかない（Haas 1974）。

厨房スタッフのネットワーク

仕事仲間の作る輪というものを理解しないと、その職業のことはわからない。スコット（1992, p. 10）は組織を、「個人が特定の目標の達成を、協力して行なうための社会構造」と定義している。コックは厨房のネットワークの中で働いていて、そこでは協力（共同作業）が重要である。シェフ、コック、パントリー係、給仕人、雑用係、皿洗いなどのレストランの職業はどのようにまとまっているのだろうか。(4) コックと経営者の関係についてのわたしの論議は、第五章で行なう。

うまくいっている厨房では、面倒な分業がみごとに行なわれていて、従業員たちは力を合わせて働くことにより、客を満足させ、互いの仕事の緊張を和らげ、利益をあげる。厨房での秩序を保つには、同僚たちが心を許し合う、あるいは少なくとも好意を抱き合うことが必要となる。そのような楽しい雰囲気がなければ対人関係に支障が生じ、次第に仕事全体を蝕んでゆく。

ウェイトレスは飲み物を早く出してほしいので、バーテンとは仲良くしておかなけりゃならない。バーテンは、わたしたち（ウェイトレス）のお客が苦情を言うと、それが彼らのミスになるし、（マネージャーからも）責められるので、わたしたちとうまくやらねばならない。バーテンはもっと氷をもってくるようにバスボーイに言ったのが無視されると、お客に飲み物を出せなくなる。バスボーイはウェイトレスに必要なものをすぐ届けるために、皿洗いを頼りにしている。ウェイトレスはコックが自分の受け持ちの品を遅らせたり忘れたりしたら仕事にならない。コックがいちばんほかの人に頼っていないけれど、バーからこっそり飲み物をもってきてもらうために、ウェイトレスとは仲良くしてなければならないのよ。ウェイトレスはお皿やグラスや銀器などを、タイミングよく揃えてもらうためにバスボーイによくしておかなきゃならない。わたしたちはみんなお互い同士が必要なので、相手の上に立とうなどとは思わないわ。もしある部署がうまくいっていないと、組織全体がトランプで作った家みたいにばらばらになることをわたしたち全員が知っているもの。

(Howe 1977, p. 100)

これはレストランだけに特有のことではない、というのも確かだ。ヒューズ（1971, pp. 294）は、高度な専門職でさえ（例：医師）下級の労働者との連携関係に依存していると強く主張している。仕事は相互作用のネットワークの一部であり、その絆は技術的であるだけでなく、社会的でもある。

コックとシェフ

ひとつの見方では、シェフは単に経験が豊富なコックにすぎない。(5) コックとしての人生をシェフから始める人はだれもいない。まず新入りとして仕事を始め、有能で熱心であれば昇進するだろう。最終的に、そのコックは他のコックたちを管理することになろう。だが、コックとシェフの間の一線を画しがたい関係にもかかわらず、このふたつの「職種」は全く異なる特徴をもっている。[6] シェフはオーガナイザーであり、厨房の管理者であり、レストランの創造力となる。そのため、高い地位と給料を得ている。レストランの経営者であったヴィンセント・サルディ〔ブロードウェイにあるレストラン、「サルディ」(壁に俳優の漫画が貼ってあることで有名)の創業者〕(Sardi and Gehman 1953) はシェフに「この仕事の貴族階級」という名称を与えている。これと対照的にコックは、日常的に一定の基準にそった料理を作るライン・ワーカー(流れ作業をする職工)であり、手工業者である。

専門学校やレストランの厨房での決まり文句には、「シェフとは多くのもののこと」というのがある。シェフは万能選手でなければならないが、低い地位のコックはスペシャリストであればよい。コックは揚げ物の専門だったり、ステーキの専門だったり、サラダの専門だったりする。しかし、シェフはすべてのことができなければならない。すなわち、食品の常備管理からガスレンジの修理、従業員の雇用、助言を与えること、さらには料理まで知っておかなくてはならない (Shroedl 1972, p. 185)。あるコックは次のように説明している。「シェフとは厨房のすべて、あるいはそのほとんどの面に通じている者のことだ。パン係が病気なら、シェフが代わってデザートを作ったり、パンを焼いたりする。下拵えの担当が休めば、シェフは野菜の準備をし、ジャガイモ料理を作ったりするのが自分には不似合いだと思っても、そうするのだ。すべての作業の代理ができる。コックというのは、スープを作る人だったり、パンを焼ける人だったり、野菜料理ができる人のことをいう。シェフは一から十まで知っている人のことなのだ」（インタビュー、「ラ・ポム・ド・テール」）。このコックは他の従業員より多い給料をもらっているが（一九八〇年代半ば、ツインシティーズの良いレストランでシェフの年収は約三万ドルだった）、他の従業員と比べて彼の身分保証は不安定だ。野球の場合と同じように、経営者は自分のレストランがうまくいかなくなると、シェフを解雇して組織の失敗を彼のせいにするのはたやすいことなのだ。シェフの仕事はつねに境界線上にある。あるシェフはコックとシェフを比較してこういっている。「シェフは使い捨てだよ。コックはかなりちゃんとした保証があるし、いつでも働ける。〔彼は隣に立っているコックにこう言う〕おまえはここを出ていっても明日には仕事が見つかるよ。だけどシェフは違う。シェフの身分が保証されてるのはせいぜい三〇秒間だよ。経営者は毎月料理のコストを見るから、シェフの仕事は毎月瀬戸際に立たされるんだよ」（フィールド・ノート、「ブレイクモア・ホテル」）。管理者としての経験のせいで、シェフはコックができるような仕事をするには、知識や教育がありすぎると思われているようだ。ヘッドシェフの地位を見つけるのは、コックとしての仕事を見つけるより困難だ。シェフをやったことがあるコックに一人だけ会ったことがある。彼はシェフであるというプレッシャーが原因で、みずから「降格」したのだった。

シェフとコックを分ける最も重要な技能は、創造性、人事管理、組織作りの能力などである。これらが集まってシェフの役割を構成している。

創造性　あるコックが謙遜してこう言った。「コックとシェフの基本的な違いは、「シェフは何もない状態からでも何か作り出すことができるが、コックはそれができない」（インタビュー、「アウルズ・ネスト」)。別のコックは「シェフのほうが料理に対する勘がいいし、創造性もあり、芸術的なセンスももちあわせている」(インタビュー、「スタンズ・ステーキハウス」)という。三人目のコックは、創造性はコックに必ずしも必要ではないということを詳しく説明してくれた。「創造性というのはその人が何になりたいかによるのさ。もしシェフになりたければ、創造性はとても重要だ。だが、コックになって厨房で働くのが望みなら、創造性なんて必要ない。命令されたことだけすればそれでいいのだから」(インタビュー、「ラ・ポム・ド・テール」)。コックにもある程度創造性があるが、コックとしてのわずかな許容範囲を越えた創造性を発揮すると、シェフからその幻想を打ち砕かれる。創造性に関しては、レストランによって異なる。「スタンズ」では、どちらかといえば、創造性はあまり要求されていなかったが、「ラ・ポム・ド・テール」はかなり重きをおいていた。新しい料理、味付け、風味などを創造することがシェフに要求されている。それに対し、お客に出すものをシェフがざっと見たあと、料理の盛り付けはコックに任されることが多い。厨房での創造性は「知っているという権限」(Mukerji 1977)——決断を下す自主性の容認——の助けとなる。シェフはこれを自分の職務を通じて達成するが、一方、コックはこの権利を得るためにいくつか克服しなければならないことがある。そしてある特定のコックだけがこの特権を認められる。

人事　ほとんどのレストランで、シェフはパントリー係、雑用係、皿洗いなどをはじめとする厨房の従業員を毎日管理する責任を負っている。またハウスマネージャーすなわちメーテル・ド・テルは給仕人とバーテンの交替にたずさわる。上述のとおり、効率のよい厨房の特徴は従業員が協力的なことだが、このような雰囲気はプレッシャーのせいでなかなかもしだせない。シェフたちは自分の管理上の重要な責任の一端は、従業員が楽しく働けることだと思っている。

この連中〔コック〕はほめられることが必要なのさ。彼らをけなしてばかりいたらよくない。そうすると、鼻にパンチをくらうより傷ついてしまう。〔ほめことばと非難が〕半々でなきゃ。
（フィールド・ノート、「ブレイクモア・ホテル」）

G・A・F　君の仕事でもっとも難しいことは。
ポール　あの連中、従業員さ。一人一人の外側も内側も知っていなきゃならない。これは心理学の領域だよ。それぞれ異なる性格の人間をどう扱うかということだ。
（インタビュー、「アウルズ・ネスト」）

コックにとっていちばん肝心なことは料理だが、シェフになるには彼らがほとんど習っていない新しい技術が求められる。これから彼らは管理職となり、シェフから出世した主任（foreman）と同様の問題に直面することになる。

組織　シェフは厨房をまとめる。コックは特定の仕事を中心にするのに対し、シェフは活動の広範囲にわたって責任をもつ。シェフはシンフォニーの指揮者と同じくらい多くのことを「組織的にまとめる」。彼らは厨房における意志決定者であり、交渉人（ネゴシエイター）である。

コックは料理し、シェフはシェフの仕事をする。シェフは一度に厨房の様子を変えてしまう。彼の仕事はコックたちも、各部署もすべてうまく融合させることなのだ。パントリーも流れ作業のラインも宴会場も同様だ。作業ラインの集合を確認し、適切なタイミングをはかることもする。

（インタビュー、「ブレイクモア・ホテル」）


コックとシェフの間には多くの違いがある。コックは自分が今日やらねばならないことはこれだということだけに責任をもつ。シェフに言わせると、今日自分が真っ先にするのは冷蔵室を調べに行って中の状態を見ることだ。補充するものがあるか。掃除する必要があるか。それに、作業ラインも調べなくてはならない。今日はどうか、なにか問題はないかとコックに尋ねる。全員自分の配置につくように言う。その日のスケジュールを立て、買う物の予定を立てる。今週末は特別なパーティが入っている。必要なものは揃っているか、とくにやっておくことはないか、今日作ってみたい特別料理は、今日予約が入っている特別なお客は、などがシェフの考えることなのだ。シェフとは監督であり、クリエイターであり、管理者なのだ。

（インタビュー、「アウルズ・ネスト」）


シェフは調理に対する責任だけでなく、その結果にも責任を負う。管理者と同様、シェフは従業員を支配しているが、また彼らによって左右される立場でもある。彼らの仕事ぶりがシェフの能力を人々が判断する決め手となるのだ。すべての監督や現場主任と同様に、シェフの評価は部下次第なのだ。雇用されている立場でありながら、シェフは組織への挑戦に対処する際には事業者側に与することを求められている（Smith 1991）。

食物を扱う仕事　シェフと対照的に、コックは食物を扱う人である。あるシェフは、「理想としては、シェフたる者は頻繁にナイフを持つべきではないのだ」と述べた。コックは注文された料理を作るのが自分たちの責任分担だとわかっている。コックはシェフに必要なときにその場にいてほしいと思っている。「ブレイクモア」のコックたちがやる気をなくしたのはひとつには次のことが原因だった。すなわち、人員削減が行なわれた時期に、ヘッドシェフが調理をいやがったことだった。このシェフは自分を従業員シェフというより重役シェフだと思い込んでいて、料理の担当分担を引き受けようとしなかったために従業員たちの憤慨が彼に集中することになった。コックたちは彼が遅れて出勤してくるのを見て、この「一目瞭然の不在」は彼が仕事に熱意がない証拠だと思った。単にその場にいることが責任の遂行に関する第一の象徴的指標なのである。あるコックは次のような不満をのべた。

> デンヴァーはいつものように遅れてきた。おれたちはこういう盛り合わせ料理を大皿に盛り付け始めていた。デリ（調理済み食品）はこういう大皿にのせるはずだったが、デンヴァーはそれまで一度もやったことがなかった。それでまるで残飯みたいになっちまった。（市長と地元

の団体が〕昼食会をやっていた。〔市長が〕言った。「わたしのスピーチを早めに始めようと思います。料理があまりにひどそうなので」。市長はジョークを言ったんだが、でも本当にそのとおりだったよ！

今日は一年で一番忙しい日のひとつだが、〔デンヴァーは〕一一時一五分に来て、おれたちがどのくらい遅れているのかと言うんだ。自分がもうこれ以上仕事をしたくないみたいにな。彼は今のやり方をやめてしゃきっとすべきだし、自分は働いているんだという自覚をもたなくちゃいけない。ところが、そうじゃないんだ……すべてがOKだということを彼はどうやって知るんだ、電話もかけてこないんだぜ。レストランが爆発で吹き飛んだりしてないとどうして彼にわかるんだ。そうなりゃ一番いいんだがね。彼はどこにいるんだ。我慢できないよ、まったく。おれたちが馬鹿みたいじゃないか。（フィールド・ノート、「ブレイクモア・ホテル」）


コックたちがホテルに対して愛着を抱いており、人員削減によるストレスを感じていなければ、そのシェフの不在はそれほど問題ではないかもしれないが、それでもシェフの存在という気持ちの上での支えがないことは大きな不満の種になる。わたしたちはこのコックの話から、その不満にもかかわらず、働き手にとっては「馬鹿みたい」にみえないことが重要なのだということを思い出す。個人的な満足感は、たとえ組織と労働条件が気に入らないものであっても、仕事をうまくやることから生じるものなのだ。

前述のシェフがいるときでも、コックたちは彼が進んで手伝う気がないことを見抜いていた。このシェフはマッシュルームの下準備をしながらわたしに言った。「わたしは管理職のシェフだ。だが、パントリー係でもできるような仕事を時給三ドル三五セントでやっているのだ」（フィールド・ノート、「ブレイクモア・ホテル」）。このような態度、自分の公的な責任という表現によって正当化された態度で、彼はこの仕事を分担するのをいやがっていた。彼にとっては会社の組織図のほうが、共同体より大きな意味をもっていた。このシェフは権威と知識をそなえたコックというより、たまたま厨房の監督をしているホテルの重役にすぎなかった。一人のコックが不満をもらす。「うちのシェフは一生懸命やっているとは思えない。そもそも料理が好きじゃないんだ。ある日おれは気がついた。彼は『力より頭』っていう格言が気に入っているんだとね。つまり、厨房で手を汚すよりは机に座って事務仕事をやりたがっているんだということさ。だが、シェフだってコック服を着て手伝わなきゃならない時が必ずあるんだ」（インタビュー、「ブレイクモア・ホテル」）。このシェフはコックとシェフの間の緊張――ともに同じ労働要員に属している場合の管理職（親方）と労働者の間の緊張――を強めているのだ。コックとシェフは同じ業務の一員、あるいは明らかに異なる業務の一員とみなすことができる。彼らは同じ共同体、あるいは異なる共同体に属する。組織内の緊張と経営難という事情からみれば「ブレイクモア・ホテル」の問題は、シェフがコックと「同じ側」にいないとみなされたことだった。コックたちはシェフが「裏切った」と思った。このシェフは、職種が変わった時に工場の現場主任が直面する問題に直面した（例えば、Gouldner 1954）。手伝ってほしいというコックからの要請は、このシェフが自分たちの関係を規定したことを変えるような力にはなりえなかった。彼は組織に対して苦々しい思いを抱いており、コックと一緒に担当するのが当然とされた自分の仕事に専念しなかった。おそらく、もっと自分の仕事に徹し、雇用主に共感できるシェフだったら、あるいはコックが同じように自分の仕事に専念していれば、この問題はもっと簡単に解決していたかもしれない。三年足らずのうちに、このホテルはシェフが四人代わった。この調査が終わった直後、五人目が来た。

コックの地位構成

レストランは小さな組織なので、例えば、組織論と小集団の形態というレンズを通して分析しなければならないだろう。研究対象となったレストランでは五人以上のコックが一度に仕事についていることはなく、二、三人の時が多かった。どんな組織にも当てはまることだが、コックは、その経験、正式な肩書き、個々のコックとしての素質などによって明確な役割がある。

ホテルの厨房のような比較的大きなレストランでは、仕事によってそのコックの地位が決まる（William 1977, p. 185）。ウィリアム・フート・ホワイト［一九一四―　、アメリカの社会学者、シカゴ学派］（1948, pp. 33-38）は次のように語っている。

> 他のことは平等だが、調理の仕上げをするコックはその前の段階をするコックより地位が高いと言えた。……これらの考えを全く覆すもうひとつの要素がある。それは使われる食材の格付けである。……まず気がついたことは、それぞれの持ち場自体が社会的に格付けされていることだった。言うまでもなく、頂点にくるのはすべての調理が行なわれるレンジである。この部署は最も給料が高く、さらに技術が磨ける地位とされていた。……その下はチキン料理と野菜

料理の部署である。野菜料理は、レンジを使う野菜専門のコックが統括する。……一度に一種類以上の野菜料理が作られる時、格付けの高い野菜を調理するのは、地位が高いコックと常に決まっている。全員が同じ種類の野菜料理を作る場合は、地位の高いコックが調理の後半の段階で働く。

ホワイトは、この見事なまでの地位による区別が、厨房スタッフにどのように理解されているかを検証するための民族学的な詳細は示していない。「汚れ仕事」(Hughes 1971) の古典的なモデルにおいては、コックは扱う材料によって彼らの社会でのアイデンティティの上下が決まる。わたしが調査したレストランでは、多少の区別は認められたものの、コックたちが明確な区別に従っている例はごくまれだった。(7) 「ラ・ポム・ド・テール」では、付け合わせの料理(例:野菜)や冷たい料理(例:サラダ)は、最年少で最下位のコックが担当する領域だった。これと対照的に、生肉を厚切りにするのはヘッドシェフの仕事と決まっている。これは確かにシンボリックな仕事なのだ。「スタンズ・ステーキハウス」では、ステーキを焼くコックは揚げ物担当のコックより地位が上であり、揚げ物(フライ)担当コックは魚介のあぶり焼き料理(ブロイラー)担当より上の地位だった。揚げ物とあぶり焼きの担当ではどちらの地位が上なのか、わたしがあるコックに尋ねると、彼はこう答えた。「揚げ物担当の方があぶり焼きのコックより上だよ。……揚げ物担当の方がオーダーを調整できるし、レンジで調理するもう一人のコックと一緒に仕事することが多いからね」(インタビュー、「スタンズ・ステーキハウス」)。最年長のコックは自分が働きたい部署を選ぶ権利があり、いつもレンジで調理することを選んだ。二番目に年長のコックは通常――そうではない時もあるが――揚げ物の部署を選んだ。コックの数が少ないことと親密な人間関係のせいで、厨房では共同作業が普通だが、仕事の配分は地位に従って行なわれる。

各人の地位の差もまた明らかである。どこにでもいるような新米のコック（Van Maanen and Schien 1979；Haas 1972）は同僚から試される。新米は信頼できる仲間かどうかを同僚たちに示さなければならない。

ダイアン　わたしはティムに雇われた時自分の力量を証明しなければならなかったわ。

G・A・F　君はもうたくさん経験を積んでいたんだろ。

ダイアン　そんな経験なんてレンジの前に立ったら紙屑同然だったわ。皆はわたしがちゃんとやれるかどうか知りたがっていた。わたしの言ってることなんてどうでもよかった。知りたいことはちゃんと仕事ができるかどうかなの。

G・A・F　どうやって君の実力を認めさせたんだい。

ダイアン　ただ皆と同じように働いたの。わたしは仕事ののみこみが早かった。だれからもやり方を教わらずにちゃんとやれた。肉を選んでそれを手早く切り分けることができたので、わたしが経験者だと皆わかったの。

（インタビュー、「ラ・ポム・ド・テール」）

このような和気あいあいとした受け入れ方がいつもあるわけではない。「ブレイクモア・ホテル」では、一部のコックたちが他の人々を信用せず、いつも尊大な態度をとっていた。あるコックは足りない食材を探していた外国人のコックにこう言った。「あんたはそこの卵料理を作っているんだろ。早く行けよ。焦がさないようにな」（フィールド・ノート）。文句を言ったコックはこの外国人コックの行動を誤解していたのだが、叱られたコックはおとなしく持ち場に戻っていった。同僚の間で等しい地位にある従業員の方が、そのような地位にない従業員にくらべて、ミスをした場合大目にみてもらえる。彼らは非難を別の方向にそらせる特異な影響力（Hollander 1958）をもっているのだ。「ハウィが料理していた松の実を焦がしてしまい、ティムにこう冗談を言う。『松の実が少し焦げた』。ティムは怒っていないようだ。対照的に、レズリーがチーズ・パフを鍋ごと黒焦げにした時、ティムは激怒して彼女をクビにしたのだった」（フィールド・ノート「ラ・ポム・ド・テール」）。わたしはハウィとレズリーの実力が同じくらいだと言うつもりはないし、また実際そうではなかった。しかし、あらゆることについて言えることだが、理論上は同等の者の間でさえも、社会的な地位は行動の結果によって決定される。

パントリー係の位置

役割の点からみれば、コックとパントリー係は似たようなものだ。両者とも、生《なま》の食材を客が快く料金を払う料理に調理することで給料を得ている。両者ともシェフの監督下にあるが、その地位と訓練には大きな違いがある。パントリー係は特にサラダ類やデザートなどの冷たい料理を受け持つ。これに対し、トーストと固ゆで卵を除いた温かい料理はコックが担当する。四軒のレストランのうち「ブレイクモア・ホテル」と「アウルズ・ネスト」の二軒だけがパントリー係を雇っていた。「ラ・ポム・ド・テール」では、ペストリーシェフがデザート類を作り、ウェイターがそれを「盛り付ける」――そのような素晴らしいデザートを表現するには平凡な言い回しだが。サラダ類は冷製料理（ガール・マンジェ）部門の若いコックが受け持つ。「スタンズ・ステーキハウス」では、レタスとコールスローは刻んであるものを用い、デザート類はよそから買い入れていた。サラダもデザートもウェイトレスが盛り付けた。「アウルズ・ネスト」と「ブレイクモア・ホテル」では、パントリー係がサラダ類を作り、既製品のデザートを盛り付けた。コックは大部分が男性なのに対し、上記二軒のレストランのパントリー係は八人中七人まで女性なのが際立った特徴である。

これらの女性たちは特別な訓練を受けていない。あるパントリー係は高校生で、もう一人は知的障害者に近かった。一人だけが中等教育終了後の訓練を受けていた。これらの女性たちは、コックに欠員が出ても決して正式採用されることはない。またコックの中には、パントリー係の経験のある者は一人もいなかった。「ブレイクモア」のヘッドシェフはこう語っている。「パントリー係が冷製料理全般を扱う店もあるだろう。だが、うちではパントリー係は宴会料理やチーズ盛り合わせ料理などを担当していない。そういう訓練は受けていないからだ。卵料理以外の冷製料理の調理もしない。カナッペも作らないが、ちゃんと自分たちの仕事はあるんだよ」（フィールド・ノート、「ブレイクモア・ホテル」）。彼のこの意見は数人のパントリー係の次の言葉で裏付けられた。パントリー係は自分たちが調理のことを何も知らないという理由で、わたしが彼女たちを調査対象にする気がないのだろうというのだった。彼女たちは自分の仕事をしているが、それは料理とはほど遠い、単純作業の手仕事であり、もっと「専門的な」男性の仕事とは対照的な女性の仕事だと思っていた。パントリーの仕事はコックの仕事とほとんど関連性がない。すべてが順調ならコックはパントリーを気にも留めないだろう（Whyte 1948, pp. 57, 61参照）。コックとパントリー係は自分たちの職域を区別しており、それに従ってステータスも区別している（Abbott 1988）。(8)

コックとパントリー係は厨房を共有し、ともに料理を作るが、だれも、いかなる定義によっても、彼らが「同じこと」をしていると断言する者はない。各々の職務には固有の「キャリア」があり、また明確な職務上の理念がある。

皿洗い

エヴェレット・ヒューズが記しているように、実際あらゆる高い地位の職務にはその周辺に低い地位の職務がある。料理は法律や医学のような地位を主張することはできないが、コックは弁護士や医者のように、「人間の仕事のなかで最低の、最も軽蔑される仕事と協力しあわねばならない……」（Hughes 1971, p. 306）。レストランで、これに当てはまるのは皿洗いと雑用係である。彼らは食べ残しの皿や、食物が焦げ付いたり、こびりついたりしている鍋をきれいにしなければならない。ヒューズの伝統にならって、あるコックが説明した。「ホテルにはきわめてはっきりした階級制がある。皿洗いはその一番底辺にいる。彼らは厨房の背骨のようなものさ」（フィールド・ノート、「ブレイクモア・ホテル」）。

これらの二次的な仕事に就いているのは、よそでは簡単に勤め先が見つからない人々である。すなわち、アメリカに来たばかりの移民（中南米やアジア系の不法入国者が多い）、知的障害者、軽度の精神障害者、身体障害者などである。厨房は二元的な労働市場である。皿洗いのなかには「正常」、あるいは正常とほとんど変わらない者もいるが、多くの者は保護の必要な人々の範疇に入っている。[9] レストラン業界は、人によっては人間の「くず」とみなす人々に厨房のくずを処理する機会を与えることで、アメリカ経済に奉仕している。これらの労働者たちは面倒で人のいやがるような仕事をしているのに最低の賃金しか得ていない。

ふたつの集団の労働者たちが互いに依存し、それぞれの仕事と結びついた異なる地位をもち、異なる社会背景の出身であるとき、調節が必要となる。その調節とは、コックがこれらの下の地位の「汚れ仕事をする人々」に対して、愛想よくその仕事を援助してやることである。ちょうど貴族たちの屋敷や学校のカフェテリアで、厨房担当がみずから汚れ仕事をする場合があるようなものだ。[10] さらに汚れ仕事にはそれ自体区別がある。「ブレイクモア・ホテル」と「アウルズ・ネスト」では、雑用係と皿洗いの区別があった。どちらの集団も下の地位だが、雑用係のほうが素手で食物を片付けなければならず、汚れ物にじかにふれることになるので皿洗いより低い地位に置かれていた（Douglas 1966）。

融通性に富み、形式にこだわらない厨房では、コックは雑用係や皿洗いに自由に命令することができ、その命令がたとえ自分たちの仕事の範囲を越えるものであっても、彼らはコックに従わねばならない。通常の命令系統を越えたこのような「地位に基づく要求」は予期されるものであり、拡大された交渉を必要としない。このことは、地位による仕事は肉体労働であると解釈できることをわたしたちに思い起こさせる。

ダイアンが皿洗い兼雑用係のガスにアスパラガスの皮をむくように言った。ガスは言われたとおりにした。
(フィールド・ノート、「ラ・ポム・ド・テール」)

当番コックのメルが言った。「レイ(皿洗い)、あと二〇〜三〇個ジャガイモの皮むきをやってくれないか。そうすりゃ明日のフライド・ポテト用に刻んでおけるからな」。レイは言われたとおりにした。
(フィールド・ノート、「アウルズ・ネスト」)

これは単なる協力の要請とは異なる。協力の要請ももちろんその一部ではあるのだが、これはつねにコックから皿洗いへの一方的な要請なのだ。皿洗いや雑用係は決してコックの助けを求めることはない。コックは自分たちが休み時間をとったり、ちょっと持ち場を離れたりしているのに、皿洗いが手を休めているのを見ると腹を立てて、彼らの仕事と関係のない仕事までやれと命じるのだ。専門職には単純作業をする人々には認められていない時間的な自由がある。彼らはその地位によって、他の人々の労働日課に干渉する権利を与えられている。それはもし彼らが干渉される立場だったら不愉快に思うような形をとる。

シェフのティムは皿洗いのガスに言った。「ガス、おまえが働いているところを見たいものだ。おまえのせいで本当にいらいらするよ。ボトルでも片付けたらどうなんだ」。
(フィールド・ノート、「ラ・ポム・ド・テール」)

コックのジョンが皿洗いのレイにタオルを持って来させて言った。「レイ、おまえを働かせようと思っただけなんだよ」。レイはふざけて「あんたにタオルを投げつけてやろうか」と言ったが、実際にはやらなかった。

（フィールド・ノート、「アウルズ・ネスト」）

皿洗いにはかなり変わり者が多い。それは人々が皿洗いの仕事を不愉快なものと思っているからだ。ほかに何もできないような人間が皿洗いになる……だが、彼らにもすることがあるのだということをわかってほしい。

（インタビュー、ミネアポリスのシェフ）

コックは皿洗いに要求する権利を与えられているために、同等の地位の者には向けないような悪意を彼らに示したりすることがある。実際、皿洗いとコックが仲がよくて、コックが皿洗いにステーキなどの料理を作ってやったりする例も少なくない。しかし、地位の差異が確立されていない場合、ある種の冗談は認められないことがある。(11)「ロールパンの焼き上がりを知らせる調理レンジのベルが鳴った。コックのブルースは雑用係のディーンにオーブンからパンを出してくれと言った。ディーンはふざけて言った。『もう仕事が終わったんだ。帰らせてくれよ、ブルース』。ブルースは多少意地悪い口調で冗談を言った。『帰るならおまえをなぐるぞ』。また別のとき、ブルースはタオルでディーンの尻をたたいた」（フィールド・ノート、「アウルズ・ネスト」）。同様の地位の誇示は以下のような雑用係への悪口に明らかである。

ゴードンは自分のパンばさみが見つからないので腹をたて、雑用係のキャルにおまえがどこかに置き忘れたのだろうと怒鳴った。キャルが何か答えるとゴードンが言った。「これ以上生意気な奴の言うことは聞きたくない」。キャル「ぼくはただあなたに話しているだけですよ」。ゴードン（怒って）「ここはレストランだ。おれは遊んでいるつもりはない」。あとで別の従業員がパンばさみを見つけた。置き間違えたにしろ、だれがやったのか結局わからないままだった。ゴードンはこう繰り返した。「生意気な連中は嫌いなんだ」。

（フィールド・ノート、「ブレイクモア・ホテル」）

雑用係のディーンがパントリー係のジェイが中にいるのを知らず、うっかり冷蔵室のドアを閉めてしまった。ディーンは謝ったが、ジェイの怒りはおさまらなかった。「中にいるのがわからなかったんだ」との言葉に、ジェイはすごい剣幕で「今度おまえが中にいても知らないぞ」と言った。

（フィールド・ノート、「アウルズ・ネスト」）

このような会話は、同じ地位に属していると互いに認めている者同士（コック、パントリー係、給仕人）の間ではありえない。皿洗いは厨房内で異なる地位にあり、使いものになる皿洗いを見つけるのは、使いものになるコックを見つけるのより難しいかもしれないのに、使い捨て可能な、取り替えがきく存在だと考えられている。彼らは組織を動かす上では必要だが、その働きの面からは人格を認められないという典型的な汚れ仕事に従事する人々である。

生きるために仕える

調理を除けば、レストランと最もかかわりがある活動は給仕である。実際、カフェテリアの一部とオートマット［自動販売機が置かれているカフェテリア］以外のあらゆるレストランが、客に料理を給仕するスタッフを雇っている。(12) 少なくとも、多少手のこんだ料理を出すレストランではコックは給仕をしないのが普通である。ただし、コックと給仕人は相当に互いに依存しているので、彼らは効果的な仕事関係を結ばなければならない（Paules 1991, p. 86）。この二つの集団の労働者たちは、似ているようだが、職務の焦点は異なっている。コックは食物を扱い、給仕人は客を扱う。コックは製品志向であり、給仕人は人間志向である。組織内における二つの専門家集団によるこのような特殊な分業は、社会構造上からもまれなことである。例えば、自分の医者に一度も会ったことがないとか、自分の仕立屋にいつもチップをやるということになるのだ。

レストラン業界の人々は、コックは給仕人より地位が上だと考えている（Whyte 1948 ; Marshall 1986）。しかし、少なくとも流行っている店では、給仕人のほうがコックより稼ぎがよい。それはチップを勘定に入れるからである。客の要求がこの力関係をさらに複雑にする。客は迅速なサービスを求めて、給仕人を通してコックへ圧力をかけるように迫る。コックはこの強い要求から得られるものは何もないので腹を立てる。だが、給仕人はチップという明確な形の利益が得られる。コックは他の人々の利益のために、自分たちの自主性を一時放棄するよう求められる。

コックと給仕人は互いを嫌っていて、犬猿の仲だというのはすでに常套句になっている。ある作家は、彼らを「天敵の間柄」と表現し、「皿の投げあいで中断される」コックとウェイトレスの会話の場面を描いている（Koenig 1980, p. 46）。フランセス・ドノヴァン（一九二〇）は、今や古典となったウェイトレスの社会学的調査の際に、コックがウェイトレスにシチューの入った皿を投げつけるのを目撃した。「アウルズ・ネスト」の今のシェフは前任者のシェフが「〔給仕人を〕いやな目にあわせることができるなら何でもした」とわたしに語った（フィールド・ノート、「アウルズ・ネスト」）。

しかし、これらの四軒のレストランでは、スタッフは緊張状態を認めてはいたものの、この常套句はあまり当てはまらなかった。

給仕長（house captain）のトムはフランス料理のシェフを評して言った。「彼は世界中で一番最低の奴だった。暴君以外のなにものでもない……ウェイターにむかって『おまえたちにできることはチップをもらうことだけじゃないか。役立たずめ』と怒鳴るんだ……まったく人を馬鹿にした態度だった」。（フィールド・ノート、「ラ・ポム・ド・テール」）

あるコックが一般論としてこう言った。「〔ウェイトレスの〕連中は何ひとつ知らないくせに、能力以上の金をもらっているんだ」。（フィールド・ノート、「ブレイクモア・ホテル」）

逆に、給仕人は自分たちの問題、すなわち、自分たちが働くときに受けるプレッシャーやいつも客に見られていることなどをコックが理解していないと思っている。各々の職務がその見解に固執すると、そ

れらが衝突したとき怒りが爆発する。(13)
あらゆる職務上の争いが接触という条件に基づいているのに対して、コックと給仕人の間の争いの検証は、他のなわばり争いについても一般化することができる。隣接する職務は、仕事上の役得をもたらすための便宜をはかる。潜在する問題は自主性、すなわち、仕事の領域と資源を支配するための手段である（Abbott 1988）。コーザー、カダシン、パウエル（1982, p. 296）が出版業について表現しているとおりである。

異なる地位にあって異なる権力の源をもつが、同じような仕事につき同等の能力を有する人々の間に密接な連絡があるとき、敵意と争いが生じやすい。……編集者と出版エージェントはともに作家のために働いているため、その力の差が争いに発展する。編集者は原稿を引き受けたり断ったりする権限をもっているが、エージェントは言葉の定義を厳しくせよと主張することで編集者に報復する。さらに、医者が看護婦の「規則にしばられた」「強制的な」態度に不満をもらすように、エージェントの「簿記係のような精神構造」や「句読点や言葉の意味にうるさくこだわる」ことに編集者が不満を述べるのは、自分より劣った地位にありながら、実際には自分の行動を支配する相手に対する編集者のいらだちによるものだと説明できる。

エージェントに対する編集者のように、コックは給仕人の態度にいらだつ。そのいらだちというのは、ほとんどの給仕人たちが自分より稼ぎが良いという現実に増幅された感情によるものなのだ。コックも給仕人もともに外部の客からの強制をうけ、その職務領域が隣接しており、それぞれの集団がお互いに腹立たしさを感じている。コックには地位があり、給仕人は金を稼ぐからなのだ。

客を喜ばせること

給仕人の根本にある望みは客を喜ばせることである（Prus 1987）。給仕人は客を支配するこつを身につけているが、客はチップの威力で給仕人を支配する。さらに長期的にみれば、客は料理人に匹敵するような潜在的な武器がある。つまり、常連になることである。チップのことは念頭にないと言い張る給仕人でさえも、客を満足させてまた来ようという気にさせたり、他の人々にその店を推薦したいと思わせるようにしなければならない。コックと客には明確な立場があるが、給仕人はどのように自主性を獲得できるのだろうか。

ウェイターとウェイトレスの調査によれば、給仕人は、たとえその効果が限られたものであったにしても（Davis 1959 ; Karen 1962）、客を巧みに操る（Maars and Nicod 1984 ; Butler and Snizek 1976 ; Butler and Skipper 1980 ; Donovan 1920 ; Whyte 1946 ; Paules 1991）。この操作の必要性は客の要求と並んでコックの権威から生じている。給仕人はコックの意のままにされている。「ウェイトレスはコックの人質になっている。ウェイトレスは客から見えるが、コックは見えない。ウェイトレスは客の悪意を直接受けるが、コックはそうでない。ウェイトレスの生活そのものが厨房から出される料理の出来具合にかかっている。というのはまずい料理にチップをはずみたいと思う客はいないからだ。ウェイトレスはよく働き、礼儀正しく、気配りの行き届いた存在になれるが、古くなったパンを新しくすることはできないのだ」(Smith 1984)。これと対照的に、コックはどんなにうまく料理を仕上げても報酬の上乗せやちょっとした賛辞さえ受けることはないのだと主張する。それがなぜコックにとって重大事なのか。自分たちのアイデンティティを守るよりも、コックはなぜ同僚のために利他的になるべきなのか。給仕人は客の基準にあうように料理を作りなおしてほしいとコックに頼んだり、泣きついたり、ときには強く言い張ったりする。これらの要求に対し、コックは普通は同意するが、拒否する場合もある。料理を最初から作り直さなくても、少々手を加えれば済むだけのときには、給仕人はコックにそのように頼む。ところが、コックはその要求を断る。この種の要求は多くの場合給仕人が客を値踏みしているときに起こりがちなのだ。チップをはずんでくれそうもない客、とりわけ女性や少数民族には給仕人がサービスの質を落とすこともある。

給仕人はその要求が緊張を生み出すものであっても、上客とみなした人々を喜ばせようと、コックに要求を出す。

コックのジョンが給仕人の注文メモを読み上げた。「レバーステーキ、ミディアムで」。

ポール(不機嫌そうに)　何だって!? 〔給仕人は〕レバーがあるかどうかおれたちに確かめたのか。

メル　そいつはたぶん間違ったメニューを見たんだ。それは昨日だったよ。

ポール(ジョンに)　どうなっているのかそいつに尋ねてみたらどうだ。

メル(給仕人と話して)　その男〔客〕が「頼めば作ってもらえることはわかっているんだ」

と言ったそうだ。

コックたちはぶつぶつ文句を言いながらレバー料理を作った。

（フィールド・ノート、「アウルズ・ネスト」）

ウェイトレスのステフィがアルにベイクトポテトが冷めているようだといった。「温め直してくれないかしら」。アルはむっとして答えた。「あんた、本気で言ってるのか」。ステフィ「本気に決まっているじゃないの」。エヴァンがそのポテトの皿を取り代えた。

（フィールド・ノート、「スタンズ・ステーキハウス」）

結局コックは給仕人の要求どおりにする。その理由は、彼らが人間関係を円滑にすることに重きを置いていることと、その要求が客からのものであること、さらに、給仕人はいつでも経営者に不満を訴えることができるからである。

客を喜ばせるために給仕人はコックに特別扱いを求めるだけでなく、料理の分量をふやすことも要求する。料理のコストはシェフと経営者の関心事であって、給仕人のではない。料理の量を増やすことでチップが多くなるのなら、給仕人はコックや経営者ともめごとにならないかぎり多めの料理を要求する。問題はどのくらい無理なく「うまくやれる」かということである。これはその要求をする時と場所に基づく交渉による。(14)

給仕人によっては自分の客に、ある料理は注文しないように警告することで、彼らを「守ろう」とする者もいる。その理由は、客がそれを気に入らないだろうと給仕人が思っている、あるいは厨房にその料理が売り切れかどうか尋ねたくないとか、その料理の出来が悪いと給仕人が思っている場合などである。これらの理由のうち初めのふたつは給仕することへの制約だとすれば理解できる。しかしこれらの理由はコックの目には給仕人の怠慢と映り、彼らを怒らせる。これに対し、料理の悪口を言うことは許されない。客はこれを信頼のしるしと感じ、チップを弾むだろう（Prus 1987）。コックや経営者にとってはこれは「脚本上の忠誠心」（dramaturgical loyalty）の深刻な崩壊を表わす。もし給仕人が、彼らの「チーム」が作った料理を食べられないと思っているなら、チームの仲間のことは何と思っているのか。こういう給仕人は自分と顧客との関係を、レストランでの評判より上に置いている。

ペストリーシェフが作ったチーズケーキは失敗で中が固まっていなかった。給仕人頭の一人が午後九時半にこれをシェフのティムに説明した（給仕人たちはその夜デザート用ワゴンにそのケーキを乗せていなかったが、そのことをシェフに知らせてなかった）。ティムは立腹してわたしに言った。「給仕人たちが一体あそこで何をしているのかわかりゃしない。ときには脅かさないとだめなんだ。連中は客に出せない料理のことをわたしに言うのが恐いんだ」。わたしはティムに、給仕人は客にこの料理は頼まないようにと教えることがあるかどうか尋ねてみた。彼は答えた。「その料理がまずいからといって、もしそんなこと（客に注文するなということ）をしたらそいつは即刻クビになるさ。それはレストランで最もやってはいけないことなんだ。もし料理が気に入らないのなら、わたしにそう言えばいいんだ」。

（フィールド・ノート、「ラ・ポム・ド・テール」）

これらふたつの職種に異なる報酬形態があるかぎり、給仕人は客を満足させる方向を目指し、その一方、コックは自分自身の満足感を極めようとするだろう。これは生産とサービス部門という二重構造の組織に共通の問題である。給仕人は外を見ており、コックは内を見ている。

チップ

チップほどコックをいらいらさせるものはない。チップはコックにサラリーマンとしての自分たちと、客を相手に実業家的手腕で収入を得る給仕人（Paules 1991）との差を思い出させるからである。コックもチップをもらうことがあるが受け取らない。給仕人は自分たちがコックの意のままだと思っているが、コックは自己満足のために料理しているだけで、正当に評価されないと思っている。レストラン業界のしきたりでは、コックはチップを受け取らないことになっている。コックは「専門職」であると名乗ることで、わりをくっているのだ。だれが医者にチップをやるだろうか。コックの中にはこの「不公平」について率直に語る者もいる。[15]

調理のスタッフたちがチップの分け前をもらえるならいいことだと思う。必ずしも給仕人と同等でなくてもいいが、正当な分け前があればよい。こういうことを考えてみてくれ。ダイニングルームからウェイターを全員一掃してしまう。それでも客は厨房に来て自分たちの料理を選んで裏口の階段で食べられる。厨房がなかったらみんなバナナを食べることになるだろうよ。
（インタビュー、「ラ・ポム・ド・テール」）

チップというのは真っ先に廃止すべきものだと思う。おれにはチップが何より癪の種だ。……長年見てきたことだが、専門職の訓練を受けたコックは、見習い期間を耐えぬき、一人前になれるんだ。それなのに熱いレンジの前で八時間も懸命に働き汗とスープと油にまみれているとき、もう家路についているウェイトレスは、税金のかからないぼろ儲けの八〇ドルを手にしているって聞かされるんだ。おれたちは一晩二二ドル五〇だぜ。
（インタビュー、「ブレイクモア・ホテル」）

コックがだれでもこのような強い不満を感じているわけではないし、チップを折半にせよと要求する者もまれである。しかし、給与形態の違いから生じる緊張はこの職種による摩擦の核心に触れるものである。給仕人は自分たちの給与は最低賃金以下で、また日や週や月によってチップがきわめて少ないときがあることを強調する。(16) 給仕人は生活の不安定というリスクを負わされているのに対し、コックは一定額の収入を当てにできる。一度だけ、チップの分配があった。コックが客の注文で量を多くしてほしいと頼まれ、彼らの通常の責任の範囲外だったが、承諾した。客はチップを一五ドル置いていったのでウェイトレスとコックが半分に分けた。実際に仕事をしたのはコックだったが、彼らはウェイトレスの態度を称賛さえした（フィールド・ノート、「アウルズ・ネスト」）。

給仕人はコックとチップについて話し合うこともまれである。給仕人が組織の中での自分たちの異なる役割を強調することに腹を立てているコックも少なくない。給仕人の自分の利益に対するあからさまな表現は、立腹している時のコックの最後の手段として使われる。「ダグは明らかに注文メモの料理の追加を見ていなかった。給仕人のエイミーが彼にそう言うと、ダグは答えた。『おれができないと言ったと客に言え』。もしその気になればできるのだったが。エイミーはむっとして言った。『ねえ、ダグ、わたしのチップがかかってるのよ』。ダグが答えた。『その客があとひとつ済むまで待てるんだったら〔作ってやろう〕』」（フィールド・ノート、「スタンズ・ステーキハウス」）。チップの話題はしばしばユーモアの衣でくるまれる。さもなければ同僚がこのことを話題にするのはルール違反とみなされる。しかしそれでもなおこの種の会話は微妙で、ともすれば相手を傷つける恐れがある。

新しいウェイトレスのドニが今晩は厨房で見学することになった。料理の一皿の分量を覚えたり、コックがどのように働いているかなどを見るためだ。彼女は今夜はチップがないから最低の給料しかもらえないと言った。シェフのポールが皮肉っぽく言った。「おれたちがもらうのはいつもそれだけだぜ」。ドニは何と答えてよいかわからず、不安そうに笑った。

（フィールド・ノート、「アウルズ・ネスト」）

コックのハウィがシェフのティムに、行きつけの近くのバーに自分たち全員を連れて行ってくれと頼んだ。その晩は店が大繁盛で、しかもすべてが順調にいったからだった。ティムは「ウエイターがおれたち全員を連れて行くべきだ」と冗談を言った。彼は、今夜はウェイターたちは時給二ドル八〇に加えて一人約八〇ドル稼いだとわたしに教えてくれた。
(フィールド・ノート、「ラ・ポム・ド・テール」)

うわべはユーモアに聞こえるこれらの言葉は職務同士の緊張状態を反映している。調理は、満足した客がその満足感を直接に伝えることができないという点で、文字どおり報われない仕事である。拍手喝采や現金で感謝の念を受けることのできる人々と対照的に、裏方は正当な評価を得られないと思っている。コックは、室内装飾家やドライクリーニング屋のように給料だけをもらい、ときおり経営者からお世辞を言われ、仲間から評価されることで満足する。固有の権利でわずらわされることを別にして、給与の差は評価の欠如を象徴している。

時間の支配のための戦い

第二章で、わたしは時間とタイミングがいかにコックの職業生活に影響しているかを強調した。しかし、タイミングはまたコックと給仕人の交渉にも重要である。給仕人は料理が出来上がり次第客に出さねばならない。コックの目的も同様である。だが、コックの関心が料理に集中しているのと逆に、給仕人は、客に食事の用意ができたまさにその瞬間に料理を出さねばならない。わたしたちは客の立場になってみると、給仕人にせかされたり、待たされたりすることでいかにいらいらするかわかる。わたしたちは自分がそのレストランで唯一の客であると想像し、コックはわたしたちのためにだけ調理しているものと思い込んでしまう。経営者と給仕人は、レストランという組織の中核にあるこの幻想にわたしたちを引き込みたがっている。この幻想によってわたしたちは自分が特別であると感じ、チップをはずんだり、常連になろうという気にさせられる（Prus 1987 参照）。しかしこの幻想はコックに対するプレッシャーと、コックと給仕人の間の緊張を増大させる。

コックと給仕人が互いのコミュニケーションを持続させているのが理想的な状態である。給仕人は客が前の料理を食べ終わる頃あいをみはからって、コックに次の料理を作ってくれと頼む。これはその料理がサラダやデザートなど、調理に時間のかからないものなら簡単である。調理に二〇分もかかるメインコースの場合にはもっと推測が必要となり、客がスープを飲んでいる間にとりかからねばならない。店が混雑している場合は他の給仕人も自分たちの注文を頼んでくる。そういう場合順番という問題はいかに処理されているのだろうか（Schwartz 1975）。

三軒（「アウルズ・ネスト」、「ブレイクモア」、「スタンズ」）のレストランでは、時間処理は単純である。給仕人は注文メモを出し、約二〇分後に料理を受け取る。理屈の上からでは、客が料理を食べるスピードはこの手順の中で考慮されていない。「ラ・ポム・ド・テール」では手順は一層複雑である。給仕人は注文を受けるとメモをカウンターに置く。客がメインの料理に移る約七分前に、給仕人はそのメモをベルトコンベアーに乗せ、コックが調理にとりかかる。この方法には融通性がある。だが、客が料理を食べるスピードがまちまちなので、この方法も完全な問題解決にはならない。必然的に、給仕人は自分たちが必要だと思うその瞬間に、たとえその時があらかじめ決定しにくくても、コックに料理を出させようとする。

給仕人の戦略とはいつ料理が出来上がるか尋ねることである。その質問のせいでコックの注意がその注文に向けられ、うまくいけば、仕上げを急いでもらえる。給仕人の望みどおりの返事が返ってこない場合は、注文の料理を急いでくれと懇願する。これは仕事仲間の信頼関係を基本にし、関連しあう分業で成立している組織に共通するテクニックである。さもなければ、給仕人は責任放棄や弁明によって客を「操作する」。これは、食事が予定より長くかかりそうだと事前に客に説明する（すなわち、責任の放棄〔Hewitt and Stokes 1975〕）、または料理が遅れることを弁解したり正当化したりする（Scott and Lyman 1968）ことである。あるいはまた、給仕人が料理の待ち時間を短縮しようと客のテーブルをわざとゆっくりきれいにしたり、その客と視線を合わせないようにしたりする場合もある。給仕人は関心のある客の方をあえて見ないようにする技術を完璧に身につけている。もし料理が早く出来上がって冷めると困る場合には、給仕人は客の食べ終わった皿をさっさと片付けようとする。

さらに給仕人は注文を早く仕上げてもらうために「印象操作」〔各場面に応じてその状況にふさわしい「自分」を演出してみせること〕のテクニックを使う。給仕人は注文を急いでくれと頼むだけの場合もある。「アウルズ・ネスト」では、給仕人が注文を「ダウンタウン」にして欲しいと言えば、それは「大至急」という意味である。少なくとも、給仕人は客を操作できるように、料理が出来上がる時を知りたがっている。この要求が摩擦につながる。「ある忙しい晩にマギーが自分の注文のことでアルに尋ねた。『大体いつできるか教えてもらえないかしら』。アルは不機嫌そうに『出来た時だよ』と答えた。マギーは明らかに困惑して次の言葉を待ったが、アルはそれ以上答えなかった。マギーが厨房から出て行くと同僚のコック、エヴァンが皮肉な口調で言った。『大体でいいんだ』。マギーがまた現れると、アルがエヴァンに言った。『大体というのが出来上がりの時だよな』。マギーはむっとしたようだったが、何も言わなかった」(フィールド・ノート、「スタンズ・ステーキハウス」)。あるコックは冗談めいた口調でこう述べた。「もし銃をもっていたら、連中に向けて引き金を引いてやりたいと心底思うときがあるよ」(インタビュー、「ブレイクモア・ホテル」)。その一方明らかに、給仕人の中にもコックに対し同じことを考えている者がある。給仕人の要求に対するコックのひそかな抵抗に気づいて、給仕人たちは自分の注文を「早く」仕上げてもらうために注文メモを操作する。コックは注文を受けると、その料理を仕上げるのにどのくらい時間がかかるかわかる。「アウルズ・ネスト」では給仕人は注文メモを出すときに時間を記入することになっていた。コックがいつ料理を仕上げればよいかわかるからである。給仕人の中には故意に実際の時間より数分早めて注文メモに記入する者がいた。これはその料理が実際の予定より早めに仕上がり、コックがそれにかける時間は短くなることを意味する。給仕人はコックを犠牲にして自分の注文を手に入れる。コックたちはこのやり方に気づいているが、それについて不平をこぼしながらも、できるだけ便宜をはかろうとする。結局のところ、コックは注文メモに書かれた時間をまともにとらなくなり、料理が遅れても気にかけなくなった。

調停者としての給仕人は客が料理を注文したときにその料理が必要となる。それはときとして料理の出来る前だったり、あとだったりする。給仕人が料理をあまり早く要求するとコックはストレスを感じる。しかし給仕人が出来上がった料理をすぐに運ばないと、料理の味は落ち、コックは腕が悪いように思われる。給仕人がコックを思いどおりにしているように、コックは給仕人を意のままにしている。コックと給仕人の間の摩擦について、あるコックはこう述懐している。「一番の問題は出来上がった料理がそのまま置きっ放しで冷めてしまうことだ。〔客〕はコックのせいだと思うが、本当はウェイトレスのせいだよ。料理をそこに置いたままバーでバーテンとむだ話しているんだから。〔料理が〕突き返されてくると、作り直したり温め直したりしなけりゃならない」（インタビュー、「スタンズ・ステーキハウス」）。レストランが混雑しているときこの問題は特に顕著である。ある週末の「スタンズ」を例に挙げてみよう。

エヴァンがわたしに言った。「〔ウェイトレスが〕注文した皿を取りにこないとどうなるか知っているか。アルはステーキを積み重ねるんだ」（つまり、カウンターが皿でいっぱいになり置く場所がなくなったため）。（フィールド・ノート、「スタンズ・ステーキハウス」）

ローレンが厨房に入ってくるとアルとエヴァンが声をそろえて言った

ローレン　やあ、ローレン。
エヴァン　また遅れたのはわかっているわよ。
アル（ふざけて）〔きみの〕注文がちょうど出来たところだよ。
ローレン　温め直したからね。
アル（皮肉っぽく）このフライドポテトひどい出来上がりみたい。
ローレン　一〇分前はうまそうだったよ。
　これ以上わたしの意見は言わないで料理をもって行くことにするわ。

（フィールド・ノート、「スタンズ・ステーキハウス」）

交渉と社会的な制限がコックと給仕人の関係にかかわっている。各々の職務にそれぞれの仕事の予定と専門領域がある。コックも給仕人も客の要求に左右される。二つの職種ともに客の要求を予測するのは難しいが、給仕人だけがそれに対処しなければならない。あるコックは感情の整理という言葉でこのジレンマを説明した。これはホフスチャイルド（1983）が、旅客機の乗務員の例で巧みに表現した、微笑して接客する表舞台に対する舞台裏にあたる。

客が三〇分で食事を済ませたいと言う。そういうとき〔ウェイトレスは〕その忿懣をコックにぶつけるのが常だ。レストランでは怒りを表わさず笑顔を見せなければならないからだ。厨房のドアをくぐったとたん彼女は怒りをぶちまけるんだ。ウェイトレスが二人以上七人までのレストランならどこでもあてはまることだが、彼女たちは自分がそのレストランでたったひとつのテーブルしか受け持っていないと思っている。自分の注文はすぐ仕上げてほしい。今すぐだ。そしておいしければなおいいというんだ。そんなときほかの六人のことなんかまったく念頭になくて、コックに早くしろとせっつくのさ。

（インタビュー、「ブレイクモア・ホテル」）

給仕人の感情の処理と、コックの共感をこめた自己認識は組織の調和に重要なものである。

情報の保持

コックが決まって口にする不満は、給仕人が厨房の生活を理解していないということである。問題は、普遍的なコミュニケーションの問題であり、ふたつの職務領域の間の共通の情報の保持の確立である。メニューに載っているすべての料理が注文できるというのはまれな場合である。さらに、それぞれのレストランが毎晩スペシャル料理を出していて、料理によってはメニューに載っていないものもある。では給仕人はいったいどうやってそれを知るのか。私の調査の対象となったレストランでは、毎日打ち合せをしてスペシャル料理やその晩出せない料理のことを連絡する体制になっていなかったため、行き違いが起こりやすい。ひとたび混雑が始まると、コックは給仕人から質問されるのをいやがるので、混乱にいっそう拍車がかかる。あるコックは給仕人にしつこく尋ねられてこう言い返した。「おまえ、何を言ってるんだ。おれたちは五〇もの注文をこなさなけりゃならないんだ。おまえのせいで頭がおかしくなるよ」（フィールド・ノート、「ラ・ポム・ド・テール」）。

コミュニケーションの困難に加えて、その料理ができるかできないかはその晩のうちに変わる。そのレストランのスペシャルが売り切れてしまうかもしれないし、コックがその料理を作れなくなったり、ほかのものに変えたりする場合もある。給仕人はいつその料理が売り切れに近くなるか気をつけていて、二人の給仕人が最後の一皿の注文を受けないようにする。これは責任をうまく処理する微妙な手順である。

どのレストランでも、コックは給仕人にどの料理が出来るかを説明しても聞いていないと不満を述べ、ている。

ヘッドシェフのティムは、ムースの注文を受けた給仕人がたった一人だと聞いて腹を立ててぃた。彼はわたしに言った。「いくつあるのかを調べてみるより、その料理の注文を受けないほうが楽だからなんだ。これが本当に癪にさわるよ。連中は厨房から戻って客にその料理が売り切れでしたと言いたくないんだ」。

(フィールド・ノート、「ラ・ポム・ド・テール」)

給仕人がショート・リブ［リブロースとともばら（plate）の間の小肉片］の注文を受けた。メルが彼に言った。「もう一時間も前にショート・リブはなくなったよ」。ヘッドシェフのポールはわたしに「連中がどんなによく聞いているかわかるだろう。まったくうんざりだ」と言った。

(フィールド・ノート、「アウルズ・ネスト」)

パントリー係のバーニスがウェイトレスのダイアナに言った。「スペシャルは売り切れよ」。ダイアナが「いったい何回それを聞かされるのかしら」と言うとバーニスは少しむっとして冗談めかして言った。「いったい何回あなたにそういえば注文を取るのをやめるのかしらね」。

(フィールド・ノート、「ブレイクモア・ホテル」)

ドリスがスカンピ［ニンニクで味つけしたクルマエビのフライ］の注文を受けてきた。まだ在庫の表示は出ていたが、厨房では三〇分前に売り切ってしまったのを知らなかったのだ。「注文を取り直してくるわ」と彼女が言った。料理長のダグは「彼女に話したと思ったが」と言う。エヴアンは「真っ先に言ったよ」。そのあとマギーがきて「スカンピ三人前」と頼んだ。「スカンピは売り切れ」とダグ。「あなたたちがわたしの言うことを聞いているか試したのよ」とマギーはふざけていった。

（フィールド・ノート、「スタンズ・ステーキハウス」）

ふたつの職務が互いに隣接しているとき、共有される情報の保持された内容についての混乱が一般的である。情報を無視したり、誤解したりするのは給仕人だけではない。コックもまた給仕人が書いた注文メモを読み間違えたり、誤解したりすることがある。コックは給仕人が実際に注文されたものと違うものを要求していると思っている。コックは、看護婦にも見受けられることなのだが、本当の原因が何であろうとこれらの間違いをメモの筆跡のせいにする。「給仕人たちの中にはその筆跡がコックに読めない者がいる、とジョーがわたしに言った。『〔注文メモの〕端に書く者もいるんだ。時には〔メモを〕そいつらに突き返すこともある』」（フィールド・ノート、「アウルズ・ネスト」）。労働者はまとまって組織内のコミュニケーションのシステムを作り出す（Boden 1994）。話し合いによってその構造を作るのだ。それが崩壊すると、関与している労働者たちは客にとっての幻想——すべてが正常である——を依然として保ちながら、彼ら自身の間で非難と正当化の理由を分担しなければならない。

職務領域の区別

コックには給仕人と同様に、自分たちの職務領域と専門技術がある。仕事によっては共同作業があるが、それは比較的まれである。コックと給仕人の仕事は、はっきりした境界線で区切られている。職務領域と共同体のひとつであるこの区別は、給仕人のミッキーと当番のコックのデニーの間の会話に顕著である。

ミッキー　　おれたちは最高のパテを作るんだ。
デニー（ふざけて）　おれたちだと？
ミッキー　　あんただよ。　　　　（フィールド・ノート、「ラ・ポム・ド・テール」）

コックは時々冗談半分に給仕人に調理をしてくれと言う（その逆は決してありえない）。「午後九時二〇分頃、給仕長の一人のトムがハウィに冗談を言った。『われわれ全員そろったぞ。六人分のコースを作る予定の一〇時半出勤のお二人様以外はな』。これは遅く出勤してくるコックへの当てこすりだった。するとハウィが『あんたはいつも料理したがっているんだから、ちょうどいいチャンスじゃないか』とこれに応じた」（フィールド・ノート、『ラ・ポム・ド・テール』）。職務ごとに固有の仕事の領域があり、それらは用心深く守られている（Abbott 1988）。だが、外部の者には何をそのように守らねばならないかが見極め難いかもしれない。ここで守られているのは、当然、分業にその象徴的な反映がみられる職務の自主性と、仕事場を政治的に支配することである。非協力は協力と同様の戦略であるかもしれない。仕事に柔軟性がないのは、ひとつには組合の規則のせいである。

コックと給仕人の間の大きな違いは空間の権利の問題である。厨房はコックの領域であり、「おもて」すなわちダイニングルームは給仕人が支配する。コックは自分たちの領域に給仕人が侵入し、特にコックの仕事をすることに対して不満を抱いている。たとえそれが、理論上はコックの負担が軽くなるとしてもだ。
とりわけ狭いスペースで働いているコックは、給仕人に対して「自分たちの」領域に入るなと口癖のように注意を与えている。

ヘッドシェフのポールが他のコックたちに言った。「おれはウェイトレスに冷蔵室や冷凍室に入られたくない。おれたちが働く場所なんだから。ウェイトレスの中にはよくそうしているのがいるんだ」。

（フィールド・ノート、「アウルズ・ネスト」）

ウェイトレスが数人コックの領域に立っている。シェフのダグは怒って辛辣な口調で言う。「だれがここで働いているんだ」。ウェイトレスの一人が謝る。「ごめんなさい、ダグ」。ダグは態度を和らげる。「二度とやらないようにな」。

（フィールド・ノート、「スタンズ・ステーキハウス」）

コックは厨房全般の自主性を求める。コックは経営者のことを配慮し、地位構造は厨房で機能しているが、給仕人はコックの空間構造を判断する権利はない。分業は行動面において、および現実と同様空間において行なわれる。

便宜と役得

コックと給仕人はいつもお互いを嫌っているわけではない。実際、習慣的に接触しあうあらゆる職業は、快適な関係を作り出すためのテクニックを発達させている。レストランは飲食物を商うので、これらの品目が典型的な交換の手段である。それぞれのレストランでは、コックが給仕人に食物を用意する。それは決められた従業員用の食事より良いこともあるし、悪いこともある。また三軒のレストランでは、お返しにコックは給仕人やバーテンから軽い飲み物やビールを貰っている。これらの役得は職場の改善に役立つ。これは職務上の小さな逸脱行為だが、ニューヨークにある老舗レストラン、「ゲイジ・アンド・トルナー」〔一八七九年創業。ブルックリンのランドマーク〕の経営者ジョン・シモンズはこのように回想した。「アイスクリーム店で働いている人間だったら、自分でサンデーを作って食べる。有名なレストランで働いていて時々シュリンプ・カクテルをこっそり口に入れない奴がいたら、きっと頭がおかしいに違いない」(Koenig 1980, p. 46)。マースとニコッド (1984, p. 112) は、ホテルのウェイターの調査で「だれもが少しずつごまかしている。やらない人間は変人か危険人物とみなされるだろう」と述べている。料理を分け合うことはわたしが観察したレストランでは日常的だった。

ケイトは、経営者は宴会で残ったステーキを別の料理に使ってもらいたがっているが、従業員の食事用としてウェイトレスに食べさせるのだとわたしに言う。

(フィールド・ノート「ブレイクモア・ホテル」)

ウェイトレスのエイミーはシェフのダグにチキンの胸肉のスペシャルのことを尋ねた。

エイミー　いくつ残っているの

ダグ　あんたはいくつ要るんだ。

エイミー　わたしはひとつでいいの。

ダグ（冗談で）それでいくら払ってくれるんだい。

ダグはウェイトレスたちにチキンの胸肉料理を作ってやる。

（フィールド・ノート、「スタンズ・ステーキハウス」）

給仕人は自分たちが頼んでも、コックが喜んで料理を分けてくれないと決めてかかっている。コックは料理のコストを最小限におさえる責任を負っているので、彼らに好意を示したり喜ばせたりすることが必要な場合もある。給仕人はこの時には嘆願者になる。給仕人を特別待遇するのはコックの負担になるため断る場合もある。「コックのロンが給仕人のローリーに言う。『今日のスペシャルはカサゴだ……キンメダイのような味だよ』。ローリーがたずねる。『わたしたちが味見できるように一皿作ってくれない』。ロンは『だめだよ』と陽気な口調で言う。ローリーが、もし味見させてもらえばもっとお客に勧められるだろうと言ったら、ロンは断らないだろう」（フィールド・ノート、「ブレイクモア・ホテル」）。ローリーの言葉は給仕人に対する仕事上の役得を正当化したものである。これは「アウルズ・ネスト」のシェフがわたしに、自分は給仕人が味見ができるようにスペシャルを作ってやることに決めていると語ったのと一致する。「彼らが気に入れば、お客に勧めるから」（フィールド・ノート、「アウルズ・ネスト」）。象徴的な報酬がなければ、ある職務がもう一方の職務に継続的な恩恵を与えるという労働者間の一定の関係はみいだしにくい。給仕人は、客がある料理を注文するようにしむけたり、厨房や経営者に苦情が届かないようにすることで、コックの生活をより安楽にできるのだ。一方、コックは食物によって給仕人に報いている。これらの報酬が経済的な負担の範囲を越えないかぎり、両者の関係は円満であろう。

結論

（コックと給仕人の）職務は両者を結束させたり、離反させたりする。詩人のロバート・フロスト〔一八七四―一九六三〕が記したように、わたしたちが境界線を肯定するなら、壁というものはお互いを良き隣人同士にする。壁の高さや門の存在ももちろん考慮すべきだ。この章でわたしは、職務同士がいかに浸透しあい、保持すべき情報を共有し、自分たちの領域を守っているかに焦点をあてて、厨房における調理以外の職種の生活形態を強調した。どの職種も仕事上の関係に根ざした抑圧を受けながら実行されている。働いている人々は自分たちの毎日が順調に運び、労働が快適であるように心を砕いている。そしてこの目的のために、彼らは自分たちの扱う素材と同僚たち、すなわち、その領域の内部と外部を支配する方法を獲得する必要がある。厨房はひとつの組織の内部、経営者と客の間、ある経済活動の中に位置し、これらすべてが厨房がいかに機能するかに影響している。どのように食材の扱いが巧みであろうと、単に食材を操作するだけでは不十分である。同僚との相互作用は重要であるが、その相互作用はひとつの職種の中で、選択に影響を与えるものに対する労働者の目をごまかすことはできない。場所と人事もまた操作が必要になる。このような場所と同僚の操作はすべての職業に共通の特徴である。

ひとつの組織を職種の組み合せで構成する方法、客と供給者を組織が結合する方法、ある専門領域の中で職種を確立する方法、これらは職場での特別な行動や文化という形に現れる。仕事が円滑に運ぶこととと、喜びが得られることへの期待と結びついた支配と自立性に対する望みを抱いて、労働者は自分の行動を、組織の巨視的現実を計算に入れた上で、自由にではなく、「現実的に」実現する。

第四章　料理の共同体

もしわたしが思っているように、レストランがそれぞれ独自の文化をもつ社会だとしたら、「シェ・パニーズ」は文化の探究者として始められ、狭義の意味では、現在もそうである。

アリス・ウォーターズ［一九七一年創業、カリフォルニア州バークレーの「シェ・パニーズ」オーナーシェフ。新鮮な食材を用いた料理の普及につとめる］

職場とは仲間と協力する場であり、文化の場である。組織とは、ある意味で、小型の社会である。つまり、社会構造と文化の世界である。組織は人々がお互いを気にかける場である。そこにいる人々はお互いを嫌っている場合もあるし、同僚を軽蔑したり、腹を立てたりしているかもしれない。だが、気にはしている
のだ。一緒に働いている人々の行動は直接にしろ重大な関係がある。

小さな組織としてのレストランは、しばしば自覚されているように、共同体である。ほとんどのレストランがほどほどの人数――一〇〇人以上の従業員のいるレストランはめったにない――なので、従業員同士は互いの名前を知っている。また個人的な会話によって互いの経歴や関心、共通の体験などについて膨大な知識を得ており、自分たちはつながりがあると考えている。

人々が出会い、共有し、気遣う場として組織を全共同体的に見ることとは、組織の分析と相互作用の分

析の間のつながりを容認することである。これは今日的な象徴的相互作用主義、新マルクス主義、新制度学派に顕著なひとつの見解である。このつながりは、文化とは基本的に権力構造と結びつけられている（Lamont 1989）と理解することにより、組織の文化にみいだすことができる。この組織の文化は、所属あるいは集合の自己（組織の自己）への欲求と組み合わさって、この文化の根拠と影響の両方となり、人々を組織につなぎ止めている。組織の文化という概念（Dealand Kennedy 1982 ; Peters and Waterman 1982 ; Smircich 1983 ; Ouchi and Wilkins 1985）は、慣習、伝統、価値、人工品、冗談、物語（サーガ）などが形態上の構造、または明白な目標として重要であることを強調している。組織の文化は、取り決めによる秩序が働き手によって確立され、具体化される――職場を生活の中心にすることと疎外を防ぐこと――重要な手段である（Fine 1984 ; Ouchi 1981 ; Martin 1992）。組織の文化は取り決めの規則（Kleiman 1982）、ヒエラルキーを現実のものにするテクニック（Hodson 1991 ; Burawoy 1979）、外部との接触の正当化（Schwarz 1983 ; Kamens 1977）などをもたらす。

近接する組織としてのレストラン

組織が効果的に機能するために、また働き手が疎外感を感じないためには、人々に帰属意識をもたせることである。労働者と仕事をつなぐある効果的な手段は、組織とはひとつの家族であり、個人の自己イメージを規定する第一次集団であり、共同体であり、地域文化であるという比喩を経営者が提示することである。組織はさらにこれを推し進め、社長は父親であるという主張を行なう（例：Clark 1972）。ときにはこの比喩は自己奉仕や、労働者の忠誠心を深めるための真剣な試みとして、組織自体によって明白に断言される。またある場合には、労働者がみずから同様のことを行なう。当然のことながら、組織は自発的な参加を望んでおり、わたしの観察したところによれば、労働者は予想以上に頻繁にこの参加を行なっている。

わたしは厨房の狭苦しさが好きなんだ。厨房にいる人たちが好きなんだ。……まるで家族みたいな気がする。お互いに思っていることを何でも言えるんだ。本当の兄弟みたいだ。
（インタビュー、「ラ・ポム・ド・テール」）

G・A・F　「シェフとは多くのものだ」というのはどういう意味なのか。
ジョン　シェフは父親なんだ。ポールにとっておれたちは彼のもうひとつの家族だということはわかるだろう。ポールは毎晩おれたちと一緒だ。一緒に仕事して、おれたちのものめごとも、おれたちの好きなものや嫌いなものも全部知っている。それに、おれたちの私生活も悩みも知っている。でも、また逆におれたちも彼のことはすべて知っているんだよ。
（インタビュー、「アウルズ・ネスト」）

「スタンズ」は親密で皆とても仲が良いとわたしに言ったコックがこうつけ加えた」ここは一時まるで幸せな大家族のようだった。一時は今よりもっと皆親密だった。

（インタビュー、「スタンズ・ステーキハウス」）

あらゆる従業員が家族の比喩を使ったわけではないが、多くの者が厨房での親しい仲間づきあいを仕事の喜びとして挙げていた。ときには従業員の感情的な親密さを強調するレトリックが用いられる危険性をはらむことがある。それはそのレトリックが、従業員を怒らせている経営者——組織が大きすぎたり、経営法が誤っているという問題で——によって使われる場合である。例を挙げれば、「ブレイクモア・ホテル」はこの親密さと配慮を促進しようとしていた。気の毒な従業員の中には、それは自分たちにほとんど関心を払わない組織の行なうペテンだと思っている者もあった。「わたしはとにかく〔厨房の〕運営がお粗末だと思った。……〔パントリー係の〕バーニスが就職したとき、〔シェフが〕わたしたちからバーニスに言ってほしいことがあるというんだ。『あんたが「ブレイクモア」で働いてくれてうれしい』って。わたしがまるで人事部長みたいにね〔皮肉っぽく〕。私は彼の顔を見て『本気ですか』って聞くとそうだと言うから、『そんなことはしたくない』と言ったんだ。全く、なんて田舎者なんだ」（インタビュー、「ブレイクモア・ホテル」）。同僚からなら喜んで承知したような簡単な要請が、経営者への軽蔑と冷笑を示すものになった。それは共同体への関心に対する感情的な基盤がないからなのだ。だが、「ブレイクモア」でも、経営者を支持する者はほとんどいなかったが、従業員の仲は良好だった。

個人的な親密さにもかかわらず、あるいはそれゆえに、厨房のスタッフの差異が生じる。ウェイトレス、コック、雑用係の個人的な背景は、それらの人々の人種的背景と同じくさまざまに異なっている。この相違がコミュニケーションの障害になる者もいるが、それを利点とする者もまたいる。

わたしは本物のコックと一緒に働いていた。コックの経験が長いワシントン出身の黒人のシェフたちで、そのレストランの職場の雰囲気は本当に楽しかった。……わたしが馴染んでいた中産階級の人々に加えて、異なる背景をもつ人々と出会った。船乗りみたいに下品な言葉で罵るウェイトレスたちも働いていた。

（インタビュー、ミネアポリスのコック）

G・A・F　君が仕事で最も満足していることは何？

ダナ　人間関係が広がったことでしょうね。他のコックやウェイトレスたちとのね。新しく入る人も辞める人もいるけど、皆友達になるわよ。一時キューバ人が大勢働いていた時期があって、たくさん友達ができたわ。こういうホテルで働くのってちょっと素敵なことだと思わない。だってインターナショナルな顔ぶれと知り合いになれるんだもの。〔料理と飲み物担当のマネージャーは〕インド人だし、ウェイトレスの一人はアイルランド人よ。

（インタビュー、「ブレイクモア・ホテル」）

共同体の感覚は仕事の内外でも明らかである。わたしは、コックがときおり早く出勤してきたり、遅くまで残ったりして自分たちの仕事が滞りなく運ぶように確かめ、プレッシャーが最小限であるように留意しているのに気づいた。さらに驚いたことには、給仕人の中には、自分たちが非番の時でも友達としゃべるために職場にしばしば顔を出している者があるのだ。実際、職場の周縁と「第三の場」（Oldenberg 1988; Marshall 1986)——社交の場——は多くの仕事場によく見られる。休憩室は勤務中の者が使うだけではない。労働者が自分たちのいられる場所としてあらゆる中から選ぶのは、彼らの職場なのだ。その理由としては、自由に職場の備品などが使えることと、友達がいるためである。最初の理由は、器具、道具類という点からみるとより理解しやすい。「ロンはシェフの事務室に座ってレストランの計算器を使いながら、地元の専門学校のシェフ訓練講座の宿題をやっている。わたしがなぜここにいるのか尋ねると、『計算器があるからだ』と言う。彼は今日非番なのだ」(フィールド・ノート、「ブレイクモア・ホテル」)。別の時には、明らかに非番のコックが「無料の昼飯」を食べに立ち寄っていた。さらに目立ったことは社交上の目的による訪問だった。これは、例えばコックが自分の勤務時間が終わったあと、三時間ほど職場に留まったり、近くにいることを意味する。レストランは仕事を超越した人と人との関係のための舞台となっているのだ。実際、多くの者が仕事中に知り合って親しい友人同士になっている(Fine 1986; Putnam and Mumby 1993)。

仕事を基盤にした友情は仕事場の外でも花ざかりで、それぞれのレストランのコック、給仕人、時には他の従業員までも、パーティ、釣り、コンサート、スポーツなどの娯楽を一緒に行なう。

「ブレイクモア」のあるコックは毎年「定例船上パーティ」を企画している。従業員たちはミシシッピ川のボート遊びと酒の代金一〇ドルを払う。またもっとくだけたパーティも開かれる。別のコックは自宅でパーティを開き同僚たちを招いた。ホテルの従業員たちはソフトボールチームも作っている。(フィールド・ノート、「ブレイクモア・ホテル」)

「ラ・ポム・ド・テール」のコックは仕事のあとで飲んだりフラッグフットボールをしたりして親睦を深めている。この組織の関係はきわめて親密で、コックの一人が経営者にフットボール試合の審判をしてもらえないかと頼むほどである。

（フィールド・ノート、「ラ・ポム・ド・テール」）

厨房の友情は、あらゆる職場と同様（Fine 1986；Parkin 1993）、時にはプラトニックな関係を越えて、地位の上下を問わず人々を結びつける。ただし、そのような関係はわたしの調査期間中、四軒のレストランのどこにもみいだせなかったのだが。職場が好感情を芽生えさせることが可能だとすれば、それを愛情に高めることもできるだろう。「ウェイトレスとコック、ウェイトレスとバーテンの間のいろいろな恋愛ざたはあると思うよ。今はここでもそれが問題になるとは思わないが、わたしが働いていた頃は問題だったよ。この仕事をしている者の離婚率がとても高いのは、そういうチャンスが多すぎるからじゃないのかな。だれもが忙しい夜をなんとかがんばり抜いて、ほっとしたくなる。そこでちょっと飲みに行こうかとなり、お次はモーテルにチェックインということさ」（インタビュー、「アウルズ・ネスト」）。この人物は異性とのつきあいのことだけを中心にしているが、レストランも含めた多くの場合、ホモセクシュアルの付き合いも珍しくない。わたしは人前での目にあまるような行状を目撃しなかったが、[1] この職場はさまざまな形の交際が見られる場所である。

個人間関係としてのレストラン文化

マックス・カプラン（1960）はレジャーについて「好みという事象は小集団の社会的特性であり、それらは集団の境界線を示すのに有効である」と述べている。これはロバート・フリード・ベイルズ（1970, pp. 153-54）の次のような言葉に反映されている。「ほとんどの小集団はそのメンバーを保護するサブカルチャーを発達させ、ある点では全体としての文化を嫌う。……メンバーはその周囲に境界線を引き侵入されることを防ぐ」。わたしは小集団の文化に「固有文化」（idioculture）（Fine 1979, 1982）という語を用い、以下のように定義した。それは「相互作用集団のメンバーにより共有される知識、信念、行為、習慣などのシステムであり、その相互作用集団についてメンバーが言及でき、さらなる相互作用の基盤として役立つものである。メンバーは自分たちが体験を共有していることを認めており、それらの体験は他のメンバーに理解されるという期待感とともに言及され、関係者にとっては社会的現実を形成するために用いられる」（Fine 1987c, p. 125）。

家族、スポーツチーム、犯罪者集団などの示しているものも同様に組織に関連している（例：Roy 1959-1960；Ouchi and Wilkins 1985；Schwarzman 1987）。わたしが取り上げたレストランのような、関係が密な小さな組織は、確固とした文化をもつ場合がある。五〇年以上前、サーモンド・アーノルド（1937, p. 350）は「資本主義のフォークロア」の文化的次元を次のように詳細に論じた。「人々がなんらかの継続的な共同活動に携わるとき、彼らは習慣、規律、士気などを獲得する組織を発展させる。これらの習慣、規律などは組織に統一性を与え、個性あるいは性格という表現に適切な事象を進展させる原因となる」。スポーツチームやビールパーティの存在は、組織的な生活のこの特徴を証明するものである。アリス・ウォーターズが示唆したように、レストランには組織として異なる価値観、異なる様式、さまざまな文化がある。この議論を行なうにあたって、わたしはレストランのサブカルチャーをここでは取り上げない、すなわち、個々のレストランを超越し、この産業全般とそれに関連する職業上の順列を特徴づける文化的な特色と行動が存在することを考慮には入れていない。

　わたしが調査したそれぞれのレストランでは、文化的な伝統を厨房のスタッフが知っており、それを評価の基準として用いていた。一例を挙げれば、ニックネームがよく使われていた。「ラ・ポム・ド・テール」ではある給仕人頭が「若いの」と呼ばれていた。そのわけは彼がかつて自分で「若いクリストファー・ドーン」と呼んでいたからだった。「ブレイクモア」では、ケイト（Kate）がケイツ（Cates）と呼ばれていて（彼女はそう書かれた名札をつけていた）、そのわけは料理兼飲み物担当のマネージャーが以前彼女をそう呼んでいたからだった。隠語もまた広く使われていた。業界用語の多くは各々のレストランや地域の違いを超えて共通であり（Gross 1958, pp. 386-87）、この言語は地域的であるにせよ、サブカルチャー的であるにせよ、コミュニケーションを容易にしている。「アウルズ・ネスト」では、大至急出して欲しい料理を「ダウンタウン」と名づけ、また料理や食品は省略名が用いられていて、たとえばアイボリーサーモンは「アイボリー」にされた。他の場合には、隠語は「スタンズ」におけるように、さらに表現力に富んだ特色を示す。「スタンズ」では予約なしで来る飛び込みの客は「ヘッセン人」［ドイツのヘッセン地方の人、ごろつき、傭兵の意味もある］として知られていた。わたしはシェフが注文メモに「ヘッセン人」を示すカギ十字を書き込んでいるのを目撃した。

仕事の文化は共有されている体験を失わないために、ニックネームで呼んだり、俗語を用いる以上のことをする。「ラ・ポム・ド・テール」では数年前にやめた前のシェフが今はあるレストランのオーナーシェフとなっているにもかかわらず、彼が評価の基準にされていた。

この実地調査中のある晩、わたしはブルーノのレストランで食事をした。すると〔スタッフから〕どんな料理が出たかを根掘り葉掘り尋ねられた。わたしは、妻とわたしが注文した三つの料理にカンバーランド・ソース〔オレンジ、レモン、カランツ、ゼリー、ワイン、からしで風味をつけた冷たいソース、肉料理用〕が使われていたと言うと、スタッフは全員大喜びだった。ブルーノは何でもカンバーランド・ソースを使うのが有名で、彼のサインのようなものだったからだ。メートル・ド・テルの一人トムは、ブルーノのドイツ語訛りを真似て「それに安いしなあ」と言った。スーシェフのハウィは皮肉っぽく付け加えた。「カラントゼリーの缶詰を開けてなべに入れるんだ」。ウェイターのデニーは「オレンジ一個と皮を一切れ加えると本格的に見えるぞ」と意見を述べた。

（フィールド・ノート、「ラ・ポム・ド・テール」）

ブルーノは「ラ・ポム・ド・テール」に勤めていた時、自分の妻をペストリーシェフとして働かせていた。わたしが聞いたところによれば、彼女のケーキが焦げている匂いがするとコックたちは大喜びしたという。だが、彼女にはそれを教えてやらなかった。ブルーノが妻を「この役たたず」と罵るのを聞きたかったからだ。ブルーノが話題にされることはしばしばあり、それはブルーノの料理が、彼がヘッドシェフだった時コックたちに作らせていた料理と好意的に比較されるのと同様のことである。

冗談の社会

組織の文化はしばしばユーモアの表現と関連している（Sykes 1966）。伝統をつなぐ糸はおふざけである。この会話形式は組織をまとめる上できわめて重要である。ユーモアはそれで同僚を攻撃するとともに（Secman and Couch 1989）、その共同体の境界を決定し、それによりだれが信頼できるか見極めるために重要である。冗談は、とりあえずその世界を共有された見方で受け入れようという意志を反映している。エヴェレット・ヒューズ（1971, p. 341）は「規範という問題で最も重要なことは、真の同僚を見極めるためとだれが安全か……だれとは距離を置かねばならないかを決定するための基準を設けることである」と述べている。新入りはユーモアによって彼らがそれを受け入れられるかどうか試される（Haas 1972）。深刻なものではないにもかかわらず、周囲の人々の反応はきわめて重大なものとなる。絶対的な価値を認めることは、信念の普遍的な核であることを示している。他の労働者と同様、コックたちも遊びを正当化することを巧みに発展させてきた（Marshall 1986, p. 33）。彼らは遊びと冗談は「事態をうまく処理する」という補助的手段としての役割をあくまでも越えるべきではない、と神妙にまた真剣に主張しながらも、遊びは共同体を強化し、過剰なエネルギーを放出させ、退屈から解放してくれるために可能な限り拡大されるべきだと考えている。ユーモアは労働への満足感を与えてくれると言われている。たとえばあるコックは、冗談は「厨房の仕事の楽しみの半分を占めている」とわたしに語った（インタビュー、「ブレイクモア・ホテル」）。他の者は「皆を上機嫌にさせておく」とか、「緊張を和らげておく」必要性について述べた（インタビュー、「ラ・ポム・ド・テール」）。これはリラックスしていることによる感情処理であり、組織生活の基盤となる特色である。あるコックは次のように説明した。

〔ユーモアと冗談は〕不可欠のものだと思う。リラックスした雰囲気を出すために冗談を言わなきゃならない。……落ち着いて、リラックスして、のんびりしている必要があるんだ。ブルースとおれはかなりそうしている。のんびりしながらお互いに冗談を言いあっている。それがおれたちにとっては気楽にしていられて、動揺しなくてすむ方法なんだ。ブルースもおれも変わり者じゃないし、仕事はきちんとやっている。本当さ。おれはただそういう息抜きの感覚が必要なんだと言ってるだけだ。……そのおかげで、ブルースとおれは並んで仕事していてもうまくいっているのさ。彼はレンジの前、おれはグリルの前だ。気楽な雰囲気があるのさ。おれたちはお互いの存在を意識しているが、そんなに忙しくても、いつもリラックスしていられる。

（インタビュー、「アウルズ・ネスト」）

インタビュアーは、このコックの気楽さを評価する態度がどの程度信頼できるか疑問を抱きながらも、その一方で、彼らが自分たちの職場がどうあってほしいと望んでいるかということに思いあたる。彼らは自分たちの労働状態を楽しみたがっていて、遊びながら「冗談を言いあう関係」を確立したがっている。一連の発話行為と伝統的行動により、労働者は、他の場合なら、利害の衝突のために生じるかもしれない仕事の付随的要求と緊張を和らげている。

　ほとんどの組織が下品な冗談やからかいの文化を発達させ、対人関係の親密さや共通の思い出をもちたいという望みを交換しあう場を提供している。会話は共同社会で仲間同士を結ぶ相互作用をもつ接着剤である（例：Grimshaw 1989）。組織内のユーモアを検証中にわたしは次の三つのジャンルを検討した。すなわち、悪ふざけ（horseplay）、からかい（teasing）、いたずら（pranks）である。ユーモアのあらゆる可能な形をすべてこの三つに含めることはできないが、この三つは対人関係のユーモアの主要な形を代表している。決まった形式をもつ冗談はごくまれである。ユーモアは状況によって作り出されたり、呼応したりする。わたしは、同僚に直接向けられたものではないユーモラスな言動、たとえばレストランや客や一般的な労働条件などへの皮肉めいた言葉は、これらが共同社会を確立（あるいは場合によっては破壊）するのに役立っているとして、ここでは除外することにした。

　三つのジャンルの各々は、相互に作用する者の関与とその認識状況によって、このうちのどれであるかが理解できる（Glaser and Strauss 1967）。悪ふざけがその最も成功する形をとるには、複数の者の知的な関与が必要となる。一人だけの悪ふざけは構造的に不可能である。悪ふざけには公認された認識という状態がつきものである。同様に、からかいはその枠組みを認識している集団が必要である。しかしながら、共同行為でなければならない悪ふざけと違って、からかいはある行為がまた繰り返されたりするように、相対的だったり相互交換的だったりする。いたずらは他のふたつと近いが、実質的な冗談であるという点が異なっていて、対象はしっかりした不透明な繭に包まれている。対象は認識の閉鎖状態に置かれていて、さしあたってはその人物がほとんど気づいていない枠の中にとらわれの身にされている。ユーモアは一方向性であり、ふざける当人と対象になる人以外に聴衆がいるのが典型的である。三つの形のユーモアはすべて共同参加のものだが、それらは構造と、相互に作用する知識がいかに共有されるかという点では異なっている。

悪ふざけ

厨房の狭苦しさと密接な人間関係のせいかどうかわからないが、わたしは厨房の若い従業員たち、とくに労働者階級出身の若い男性たちがきわめて荒っぽい仲間意識をもっていることに気づいた。悪ふざけは日常的に、しかも徹底して行なわれ、ある場合にはナイフや鍋までもち出され危険なことさえあった。この身体的な活動は、もしこれがなければ従業員たちが味わったかもしれない退屈とは対照的だった (Molstad 1986)[2]。仕事はレジャー活動と簡単に区別しにくい (Bowman 1983; Bell 1984)。仕事と遊びは互いに交じりあい、遊びは大きな、また小さな時間の亀裂をうめる (Fine 1990)。

レストランの厨房で見られる悪ふざけの多くは食物をめぐってである。仕事の手段の中心である食物は、また表現文化の中心でもある。食材はコックにとって最も有力な現実であり、欲求不満と満足の種でもある。「スタンズ」では料理人がステーキでキャッチボールをしていたし、「ブレイクモア」ではカリフラワーを投げ合っていた。あるピザ・レストランでは従業員が「野球のまねをしていた。……麵棒をバットにし、ピザ生地がボールに使われていた」(Bowman 1983, p. 109)。この遊びには調理器具も一役かっていた。

ドランとルーはお互いに厨房用のナイフを振り回しながら悪口を言いあっている。別のコックジーンがナイフを持ってふざけるなというと、ルーが皮肉っぽく「オーケー、パパ」と言ったが、二人ともナイフを置こうとはしない。（フィールド・ノート、「アウルズ・ネスト」）

ヘッドシェフのポールは大きな肉切り鋸でわたしの腕をちょん切る真似をする。その後経営者のフィルがポールの背中に空のジュースの缶を投げつける。するとポールはフィルをちょっとのあいだ冷蔵室に閉じこめる。（フィールド・ノート、「アウルズ・ネスト」）

集団の悪ふざけの極端な例では、ある女性のコックが報告しているとおり、尻を出すというように、身体がユーモアの対象になる場合がある。「ある日曜日、わたしたちはブランチの支度をしていたんだけど、すごく暑かったの。それでわたしとこのジョンともう一人の男性で、ズボンを脱いじゃったのよ。わたしたちはカウンターの所に立っていて、ウェイターたちは……注文メモを渡していた。わたしたち三人が後ろ向きになるとお尻がエプロンからはみだしていて、本当にかわいかったわ。わたし、すごく気にいったわ。ちょっとした愉快な息抜きね。こんなことがよく起きるのよ」（インタビュー、「ラ・ポム・ド・テール」）。コックはときどきレストランの他の従業員たちと自分たちの職場を遊び場に変えてしまい、第一次的な労働の枠組みから切り離された楽しみと満足感を共有する。これが集団で行なわれたとき、明確な目標として労働者に満足感を与えない構造の中で、満足感を生み出すのにとりわけ効果がある。

からかい

からかいは職場が――あるいはどんな社会システムでもよいが――調和してうまくいっているというひとつの目安である。からかいは共同社会の指標であり、からかいが存在するということは、ある人をやり玉にあげてからかっても、それが本気ではないとわかっているような、ゆるやかで順応性に富む人間関係が成立していると認めることができる。つまり、遊びは行為の間に、共感に基づく役割の受容を基礎とした安定した関係を作り上げる。状況がそれらと関連する枠組みを確立する（Gonos 1977; Fine 1983参照）。職場での半ば確立された「からかいあう」（"kidding"）者同士の関係は、当事者たちにとって互いに信頼でき、仕事に関連ある任務を当てにできるという意味において重要である。新入りはからかわれた返礼をすればその集団の一員となれる。友達付き合いができることの証しは相互作用のために重要である。からかいはこのような傾向の明らかな指針である。

店が混みあうときを除いて（第二章参照）、厨房はからかいや冗談のやりとりが満ちあふれている。会話の形は表現力に富んでいることが第一に挙げられる。会話の発生についての人々の共通した了解によって、会話のメカニズムが笑いを引き起こす（Jefferson 1979; Sacks 1974）。このからかいは仕事に関連している場合もあろうが、何であれからかいの種になりうる。

コックたちはドーランの豊かな巻き毛をからかう。皿洗いのクレイグは彼を「孤児のアニー」にちなんでアニーと呼び、「ハロウィーン用に彼に赤いドレスを買ってやろう」と言う。ドーランはこれに愛想よくこたえている。

（フィールド・ノート、「スタンズ・ステーキハウス」）

コックのブルースは、若いパントリー係のデニーズが油を注いでいるのを見ると「こぼすなよ」と声をかける。そしてそう言いながら彼女の腕を揺さぶる。さらにブルースはデニーズの首筋を指さしてまた冗談を言う。
ブルース　おや、きみの首のところにダニがいたと思ったけど。
デニーズ（彼の言葉を本気にして）　何ですって!?
ブルース　ただのシラミだった。
デニーズ　わたしにはシラミなんかいないわ。
ブルース　いまいるよ。
デニーズ（冗談で）　あなたからもらったに違いないわ。

（フィールド・ノート、「アウルズ・ネスト」）

ときにはその場にいない者たちがからかいの対象にされる。たとえば「アウルズ・ネスト」のオーナーは自分の妻を冗談の種にしたが、それによって彼は、自分がからかわれるのを喜んでいること、そして人種問題に鈍感であることをさらけだしてしまった。「経営者のダンはヘッドシェフのポールに、自分の妻のためにオイスターソースを一缶もらって帰りたいと話した。『女房はオイスターソースをまるでアイスシェイク［俗語でアヘン］みたいに飲むんだよ』。これに対してポールが『奥さんは中国人じゃないだろう』と言うと、ダンはにやりとして『ときどき東洋人みたいなことをするんだよ』と答える」（フィールド・ノート、「アウルズ・ネスト」）。経営者が自分の妻を冗談の種にしたことは従業員にとって「彼はいい奴だ」という意味になり、安月給や貧弱な設備、劣悪な労働条件などにもかかわらず、彼のために一生懸命働こうという気にさせる。この経営者はまた、ヘッドシェフと互いを冷蔵室に閉じこめて開けてやらないという、からかいあいの関係を共有している。このようなからかいあいの関係によって、この経営者と従業員たちは互いの地位の相違や緊張を巧みに解決している。

からかいは信頼関係をもとにしているが、そのすべてがうまくゆくとは限らないことがある。コックが自分たちより地位の下の者をからかうと、トラブルの種になる例もある。あるときコック数人が、少し知的障害のある皿洗いのポケットにニジマスの頭を入れてからかおうとしたが、彼が怒るかもしれないと心配して取り止めにした。これらのコックは、すぐ腹を立てそうにない別の知的障害者の皿洗いに同じいたずらをした。だが、この職場でさえも、レイが自分にされたからかいをすんなりと受け入れなかったために気まずい雰囲気になった。「経営者のダンがレイの自転車の警笛を鳴らす。レイは自転車の様子を見にいったが、やがて戻ってくるとこう言った。『何も言わないよ。だれがやったかわかっているから』。他のコックたちがレイにダンの車のクラクションを鳴らしてやれと言った。そのあと、ヘッドシェフのポールがホタテ貝を食べているジョンのことで冗談を言う。『あれは五ドルするんだから、やつの給料からその分引かなけりゃな』。レイはポールが冗談を言っているのかどうかわからず心配そうな顔つきになって、ポールに『ジョンはふたつ食べたよ』といった。ポール『それなら一〇ドルもらわなきゃ』。レイはわたしに向かって『ここではおもしろいことがたくさんあるんだよ』と不安気に言う」（フィールド・ノート、「アウルズ・ネスト」）。からかいには同じ立場にあるという考えが必要である。わたしが観察したところでは、この考えは、もし受け入れられればすべての人々に望ましい事態になるにもかかわらず、守られているとは言いがたい。「ラ・ポム・ド・テール」の女性のコックは、内気で女らしい性格で、このようなからかいに加わることができなかった。このこととコックとしての実地経験が少なかったことがもとで彼女は仕事をやめた。

からかいは仕事にはつきものであって、一時的な不名誉を与えるものである。他の人々はそれを気のむくままに口にしたり、知らないふりをしたりする。そしてわたしたちは皆それを「やりすごしている」――そのような不名誉はそれほど人々の間に広まるわけではないからだ――ということを示唆している。わたしたちがこの不名誉を作り出すのに同意したり、それで戯れたり、考えないようにしたりすることは次のような意味があるからだ。すなわち、わたしたちはお互いに関心をもっていて、わたしたちの関係の親密さは、共同社会の感情を測るものだということを示しているということである。

いたずら

わたしたちはどっきりカメラやその他の作為的な、あるいはなにかを媒介とした実際的な冗談の世界に住んでいる。現実問題として、これはわたしたちが一時的に他人の生活を惨めにすることで楽しみたいという欲望の表れである。他の人々がみずからその惨めさを引き受けること、他の人々の満足のために彼らみずから不愉快な思いをすることは、社会的な束縛の強さを示すものである。いたずらが人間関係の親密さを確立するために中心となるべきものだということは、表面的にはそれが友好関係の確立に反するように見えるので奇妙なことに思える。当然のことながら、いたずらの標的にされることは有利な点もある。「笑い者」にされたらその惨めさを仕返しするチャンスを与えられるということである。からかいや悪ふざけと同様、いたずらの対象にされること（例：新入りが貯蔵室に「蒸気の缶詰」を取りに行かされる）は信頼の印である。犠牲者はいたずらの伝統の中に加わることになり、将来自分もいたずらをしかける者になる。いたずらはただちに相互交換されることはないが、長期的にはバランスがとれている。キャンプや青少年用の施設でよく目にする危険性というのは、犠牲者は必要以上のいたずらをしかけられながら、それと同じだけの仕返しができないという場合である。

仕事の文化で「古典的な」いたずらは長く「後世まで言い伝えられる話」である場合が多い（Goffman 1981）。それらは最初行なわれたときからずっとあとまで長く記憶され伝えられる。小さな身体的なからかいと違って、大きないたずらはごくまれだが、ひとつの面白いいたずらは多くの人々を喜ばせ、インタビューの際に生き生きと語られた。従業員たちはそれらのいたずらを覚えていたり、思い出を聞かされたことがあった。この記憶の共有は彼らをつなぐ強力な関係だった。彼らにはユーモアの文化がある。(3)

悪ふざけと同様、いたずらも食物を象徴的に操作して同僚をあわてさせたり、不安にさせたりする。これは食物を汚して厨房の平凡な性質を再構成しなおすことである。「アウルズ・ネスト」のヘッドシェフはいたずら好きで有名だった。

ジョンがポールのいたずらのひとつを語る。「おれはある時ポールと組んで働いていた。すごく暑かったので缶入りのコークをがぶ飲みしてた。半分くらい飲んだらポールがその中にタバスコ・ソースを入れたんだ。もちろんおれはそれを半分くらい飲んじゃったよ。ポールはすみのほうでクスクス笑っていたよ」。デニーズがこれに加わる。「ポールがわたしに何したか知ってる。彼はニンニクの皮むきをしていてわたしに『アーモンド食べるかい』って言ったの。わたし、すぐにがりっとかんじゃったのよ」。彼らは最も記憶に残っている、残酷といえるかもしれないいたずらのひとつを話してくれる。ジョンが説明する。「どこかの女の人が鴨を持ちこんだ。〔ポールは〕殺す前みんなに鴨をさわらせていた。そしてデニーズの所に持っていく前に首をへし折った」。デニーズが続ける。「わたしは生きているものだとばかり思ってその鴨をなではじめたのよ。そしたら突然ポールがその首をがくんとさせたんでわたしもう少しで吐くところだったわよ。仕返ししてやりたかったわ。……彼はすごく用心深いのよ。ゲイリー〔筆者〕、あなたのことは全然警戒してないから、あなたが彼に何かしてよ」(フィールド・ノート、「アウルズ・ネスト」)。

ここに引用した文はこの冗談が内蔵している緊張を描きだしている。ポールのやった忘れがたいいたずらは下品なもので、デニーズはそれをまだ覚えているし、インタビューでそのことを話した他の従業員もそうだった。ポールに対して実際好意はもっていたが、仕返しをしたいという気持ちも本当で、彼の地位や用心深さがそれを困難にしていた。

他のレストランにも、食物を中心とするいたずらの文化がある。厨房はのんびりした環境が仕事を特徴づけていて、より厳しく管理されたり、監督されている場所とは異なる（例：Borman 1991）。

G・A・F　本当に古くからあるいたずらは？

エヴァン　グラスに肉汁を入れてブラックチェリーだといって皿洗いに渡すんだ。おれもやったことがある。氷入りの水の代わりに酢を入れたんだ。チョコレートの小さなイースターエッグに分厚い衣をかけてフライにして、ウェイトレスに出してやるんだ。食物で人をからかうんだ。

（インタビュー、「スタンズ・ステーキハウス」）

ある晩ミッキーは炒めものを作りながら、自分用にブランデーとコークを混ぜた飲み物を作っていた。彼はちょうど最後の注文をしあげたところで、下へ降りていった。おれはそこにあった彼の飲み物の中にタバスコを一カップぶちこんだ。彼が飲みながら上がってきた。働いているときブランデーとコークなんか飲んでいるなんてふつう思わないだろう。おれは彼に「あれを飲んだほうがいいよ、ティムが来るよ」と言った。彼はそれをちゃんと見もせず匂いもかがずに一気に飲んだ。とたんに彼の目玉が飛び出しそうになった。すごくうまくいったよ。そのせいでやつはあやうく死にそうになったから。目からは涙を流すし。本当におかしかったよ。

（インタビュー、「ラ・ポム・ド・テール」）

このいたずらが成功したのは同僚間の信頼が有効な働きをしたからである。彼らは喜んで同僚が飲めるように飲み物を置いてやり、破壊行為（いたずらのこと）が起きても腹を立てなかった。いたずらの中には個人に不快感を与えるのではなくて、仕事を複雑にしたり困難にしたりする幻想を作り出すものもある。実際、それらは信頼ではなく日常生活の手順の基盤を次第に侵食していく。「蒸し器の中に小エビを入れておいたんだ。するとデイルがそれを全部もっと小さい別の小エビと取り代えたんだ。蒸し器が止まったときケイトは中を見るなり、『あら大変！』と叫んだ」（インタビュー、「ブレイクモア・ホテル」）。他のいたずらには、注文メモを操作して仕事がたくさんあるような幻想を作り出す、特別な仕事の要求のでっちあげというものがある。

山ほど注文があるようにみせるのも典型的な〔いたずら〕だ。ホアンが一度おれにやったことがある。おれは引っかかったよ。今になるとおかしいが、そのときは彼にひどく腹を立てた。彼は一枚の注文メモにものすごくたくさんの料理を書いてきて、おれはそれをひとつずつ全部つくったんだ。全部でっちあげだった。おれには重労働だったよ。

（インタビュー、「ブレイクモア・ホテル」）

ときどきヘッドシェフがトイレに行っている間に、おれたちは注文メモを一束つかんでそれを並べるんだ。注文メモの長い列を作ってお手上げ状態にする。そこへヘッドシェフが帰ってきて「なんてこった！」って言うんだ。（フィールド・ノート、「スタンズ・ステーキハウス」）

このよくあるたぐいのいたずらの利点は、実害がないこと、悪意と取られないこと、訂正が容易なことである。大人たちの間では、いたずらをしかけるのは友達同士だけである。悪意にみちたいたずらはまれである。事実、同僚に向けられたいたずらについてわたしが聞き取りをした中では、その「冗談」に引っかかって人前で恥をかかされたという例は一件だけだった。これはそこのスタッフの中でただ一人のウェイトレスの場合だった。「ウェイターのデインがジョディに注意をせずにいきなり熱いバゲットを手渡した。彼女はそれをつかんだため手に軽い火傷をした。女性のコックのレズリーが『あれは意地悪だわよ』と言うと、彼は冗談でこう答えた。『どこかのお馬鹿さんがそんなことになったからって、おれのせいじゃないよ』」(フィールド・ノート、「ラ・ポム・ド・テール」)。いたずらそれ自体に固有の社会的意味はないが、集団の中の個人的、地位的、構造的関係によってそれらに対する意味を与えられる。いたずらには場があり、この場という性質が、いたずらがどう理解されるかに関係している。いたずらは、不調和な出来事を示すこと以上に——その不調和な出来事の中で、世界はその外見と根本的に異なる場所となるのだが——優越性というメッセージを伝える。その優越性の中でだれかが他のだれかにいたずらをしかける、このプロセスはそのいたずらが全員が気づくように大っぴらにされると明らかになる。「おれたちは、ゴム製の犬の糞《ふん》とか魚の骨なんかをお皿にのせてディナーといって給仕長のところへ運ばせ、ダイニングルームで彼にその蓋を取らせることをよくやったものだ」(インタビュー、「ブレイクモア・ホテル」)。

おそらく最も破壊的で、ごくまれなことでしかも読者にとっては確実にぞっとするような行為は、客に対して行なわれる仕返しである。客は自分が何をされているかわからないため、これは前述のような種類のいたずらとは異なり、共同体ではなくむしろ孤立した状況を基盤としている。ここではコックと客の間の奉仕と専門的な関係は基部を断ち切られている。(4) このような客への攻撃はまれで事実よりは記憶として残っている一方、それらはコックの潜在的な裏の力を反映している。次に挙げる出来事は実際にあったことか、それともある種の同性愛嫌悪(ホモフォビア)とないまぜになった、客への単なる軽蔑の表れにすぎないのか判断しがたい。

ダイアン　とてもひどい話を知っているけど、あなたに話してよいかどうかわからないわ。ニューヨークでのことよ。年配のホモが三人日曜日の午後のブランチの時間にいつもきていたの。そのレストランは五時に閉めるのよ。コックはもう帰ってしまって、わたしたちも疲れきってた。朝の八時から働いて……長い一日だったわ。三人はいつも四時四五分に入ってきてテーブルに座るの。この日曜日は、わたしが一緒に働いている連中の一人はすごく頭にきていた。そのウェイターが注文を取りにいって戻ってくると「おれはもう帰りたい、こんなことやりたくない」と言ったの。そこへホモの一人がこう注文したのよ。「特注のオムレツを頼むとシェフに言ってくれ。彼ならわかるから」。ウェイターは戻ってくると「あの客が特製のオムレツを頼むとよ！　あんたならわかるって言ってるよ。おれにはわからないけど」。するとジョンが「おれにはわかるよ」って言って出ていってグラスの中におしっこしたの……そして刻もうとしてたソーセージをその中につけてからオムレツにいれたのよ。

G・A・F　客は気がついたかな。

ダイアン　いいえ。すごくおいしかったって。シェフをほめてた。これはわたしが今までに聞いたうちでいちばんひどい話ね。……〔コックは〕それをすごくおもしろがっていたわ。　（インタビュー、「ラ・ポム・ド・テール」）

厨房は共同社会――調理の共同体――であるが、その境界の外にいる者は、コックが同僚の目の前でやってみたいと思った攻撃の対象にされる。このような破壊的なユーモアの例さえも、共同体の確立のために基盤となり得る。さらに、もしこれに決着をつけたとしても、この求職市場（ジョブ・マーケット）は推薦状がものをいうわけではないので、解雇されたコックはすぐにまた職をみつけられる。

厨房の逸脱行為

第一章で述べたように、公認されていない調理の技術はこの仕事の裏側を具体的に示している。逸脱は倫理と同じくらい厨房の生活の一部となっている。厨房で進行していることの多くは経営者に報告されないし、客やその代表的存在である衛生管理者やジャーナリストに知られてはならない。大部分の組織に逸脱が存在する。これらの逸脱行為は組織と仕事を守る典型的なものである。逸脱を禁止する規則は「社会」が定め、その代理人、すなわち、衛生管理者と市町村、州、国の規則によって遂行される。他の規則は、経営者たちによって決められるが、彼らの中にはこれらのルールが守られているかどうかを、気にする者もいれば気にしない者もいる。逸脱をいくらか大目に見ることは、従業員に不満を抱かせないテクニックである（フィールド・ノート、「アウルズ・ネスト」）。あらゆる規則の周辺にはどちらとも判断できないあいまいな部分が存在する。逸脱行為の中には従業員が自分の仕事の一部として認めているような役得も含まれる。コックは、大学教授や他の労働者と同様、備品をちょろまかすものと思われている。さもないと、彼らはもっと盗むだろう。彼らは食事をたっぷりまかなわれるものと思われている。さもないと、経営者の知らないうちに勝手にたらふく食べてしまうだろう（McPhee 1979, p. 70）。わたしが観察中だった数カ月の間、他のレストランのちょっとした盗みと同様、四軒のレストランで盗まれた量は比較的少なかった（例：Marshall 1936, pp. 39-40）。わたしが聞いた中で金額として大きな盗みの例は次の二件だった。

わたしは〔あるチェーン・レストランを〕一九八二年に辞めた。そこは経営者に問題が山ほどあった。店のひとつはたちまち経営状態が悪くなった。女性二人がみんなをけしかけたんだ。たとえば連中があんたといっしょに働きたくないとか、あんたが嫌いだとかいうと、その連中はだれかをつかってあんたをクビにするんだ。わたしは自分の仕事をしていたけど、彼らの仲間になる気はなかった。連中は会社を食いものにしていた。食べ物は盗むわ、金は盗むわで……わたしも結局この店で嫌がらせをされてついに辞めた。

（インタビュー、「ブレイクモア・ホテル」）

前のシェフは職務を利用してロブスターを盗んでいたため解雇されたそうだ。彼はそのおかげで豪邸を建てられたとコックたちは冗談を言った。彼がヘッドシェフだったため、この横流しが可能だったのだ。（フィールド・ノート、「ブレイクモア・ホテル」）

食べ物や金の盗みより頻繁に起きることは、従業員が健康や安全に関する規定を破ることである。彼らはそれを自分たちの自由を何の明らかな利点もなしに侵害しているとみなしているのだ。規則が曲げられるのはタバコである。「アウルズ・ネスト」では灰皿が厨房の裏にあったが、レストランの検査の際にはすばやく隠されることを知った。わたしが調査したレストランのうち三軒で、コックがタバコを吸っていた。ヘアーネットはいつもつけられているわけではなく、「ブレイクモア」ではマニキュア禁止令が無視されていた。「ダナは今日薄紫のマニキュアをしている。わたしがそれに気がついたのを見ると彼女はこう言う。『わたしのマニキュアのことを書かないでよ。わたしはマニキュアをしてないことになっているんだから』。彼女はずっとマニキュアをしていて一度もそれを叱責されたことはなかった」（フィールド・ノート、「ブレイクモア・ホテル」）。おそらく世間がもっともよく知っているステレオタイプに当てはまる逸脱は飲酒であり、これは典型的な逸脱行為である。わたしはコックが他の人々より多く酒に関する問題をかかえているかどうか判断することはできない。しかし、コックたちは酒の問題を抱えていると思っている。その多くが労働者階級出身であるこれらの若い男女は、仕事のあとに飲んだり、仕事の前に飲んだり、ときには仕事中に飲んだりする。だが、わたしの観察の際、ひどいアルコール依存症になって仕事に大きな支障をきたしたコックはいなかった。わたしは、「ぐでんぐでんの酔っ払い」には一人も会わなかった。酒は格の高いレストラン（すなわち、酒類販売許可証のある）の「共同社会」の一部、舞台装置の一部、仕事の楽しみの一部である。それはあるコックが誇張気味に説明したとおりである。

おれの知っているどのコックも、別にアルコール依存症ってわけじゃないし、それは問題じゃないけど、とにかく酒が彼らの一部になっていると思うよ。特に夜は……夜働いて仕事から解放されたときの興奮状態みたいなのがあるだろう。みんなにすごく親しみがわいてきて一緒に家に帰って寝たくなるほどなんだ。だけどそれはできないからみんなで飲みに出掛けるのさ。みんな一緒にこれをやりとげたんだっていう気持ちが肝心のところなんだ。お互いに仲良くなりたいし、そのまま家に帰ってベッドにもぐりこむのはいやだから、飲みに行くのさ。

（インタビュー、「ラ・ポム・ド・テール」）

この男にとって、酒は共同社会の強い絆を作り出す聖なるものである。集まって酒を飲むことは共同社会の中心になる。この社会の酒の特徴は、集団的な飲酒である。それはレストランの厨房で入手しやすいことと、従業員たちが対処すべき暑さと緊張とに関連がある。

コックは、彼らの職務は酔っ払いと関係づけられるあまりに、酒がそこで進行している彼らの仕事を台無しにしていると考えている。そして酔っ払いのコックというステレオタイプは偽物だとして、自分の知っているアルコール依存症のコックから一般論を導きだす。おそらく経験による事実に基づくそのステレオタイプは、コックが自分の飲酒量に敏感になる原因である。著名な女性料理研究家、M・F・K・フィッシャーはヨーロッパ滞在の経験から、飲酒は経営者の立場からすると好ましい逸脱であると記している。「彼女のコックは全員、無気力な絶望感から結局酒を飲んだ。女主人はそれを哲学的に受けとめた……〔彼女は言った〕『わたしのところで酒ビンに手を出さなかったただ一人のコックはおいしい料理を食べすぎて、歩くとき足が曲がったままになってしまった。コックは太りすぎより酔っ払いの千鳥足のほうがましだわ』」(Fisher 1976, p. 405)。耽溺に敏感なわたしたちの世代の間で、コックは酒の危険性に敏感である。「〔オットーが書いている〕わたしは四、五杯のピンク・ジンを飲むことで知られていた。アングスツラ〔カクテルなどの苦味剤〕入りのジンのことだ。仕事がなければ、ずっと飲んでいることができたろう。料理しながら飲むことはできない。怪我や火傷をする。感覚がにぶくなるからだ」(McPhee 1979, p. 59)。

わたしはコックの飲酒率が高いことをよく聞かされたが、コックたち自身は、飲酒に対する彼らの警戒感が増したこと、より高い社会階級の出身者の料理人が増えたことから、この問題は以前ほど深刻ではなくなったと断言していた。ほとんどのコックが一人か二人のアルコール依存症の者を知っているか、一緒に働いた経験があった。あるコックは「酔っ払い」のコックでいっしょに働いたことがあるのは一人だけだが、コックは飲酒率の高さではバーテンに次いで二位だという調査を読んだとわたしに語った(フィールド・ノート、「ラ・ポム・ド・テール」)。もう一人がわたしに話したことは、ありそうもないことだが、「おれたちの九五%はアルコール依存症だ」ということだった(インタビュー、「ブレイクモア・ホテル」)。この言葉は、アルコール産業の成功よりは厨房の問題の大きさを示している。多くのコックが自分たちのレストランには何の問題もないと主張するが、この産業全体には問題があった――それを地域的には否定する一方で、この不名誉の普遍的な有効性は認めていた。

コックは仕事の外でも酒を飲み、この酒への情熱を冗談の種にしていた。その冗談は多くの若い男性たちにみられるような飲酒への興味や力量に関する意見と、飲酒が及ぼした結果へのからかいなどであり、空いばりの態度と自制が入り交じった疑似マチズモ（男らしさの誇示）にみられるものである。わたしがある若いコックに仕事でいちばん満足することは何かと尋ねると、彼は笑いながら答えた。「夜の終わりのバド（ワイザー）だよ」（インタビュー、「スタンズ・ステーキハウス」）。あるいは、ヘッドシェフがある晩七時半に帰ろうとすると、彼の助手が次のようなことを彼に思い出させた。「この次はおれが二日酔いで来るってことを覚えておいてくれ」（フィールド・ノート、「ラ・ポム・ド・テール」）。あるいはあるコックがワインのビンを二本運んでいると、ヘッドシェフがからかった。「今日は両手で飲んでいるのか。おまえは酒をやめたと思っていたよ」（フィールド・ノート、「アウルズ・ネスト」）。酒はこれらのレストランの容認された文化の一部だった。飲酒は度を越してはならないし、職場に悪影響を与えてはならないということはだれもが同意するが、この点を別にすれば、飲酒は大目にみられていた。

それぞれのレストランが酒類またはワインの販売許可書をもっていたので、人目につかぬようにときおり、夜の仕事の終わりなどに酒が登場した。

G・A・F　〔スタンズに〕いる間、厨房で酒を飲むことに関して何か問題はなかったか。

ルー　酒はないが、ビールは飲んでる。夜の仕事の終わりにおれたち全員ビールを飲むんだ。影響は全然ないよ。
G・A・F　〔経営者は〕それを知ってるの。
ルー　ああ、だけど彼が来るとわかってたり、その場にいるときにはビールは飲まないよ。彼には知られないようにしている。
G・A・F　なぜ。
ルー　彼はすごく腹を立てて今後いっさいそんなことをするなというだろうから……おれたちが飲んでいることはある程度知ってるよ。ただ実態は知らないんだ。
G・A・F　土曜の夜は何本くらいビールを飲むの。
ルー　おれは一本だよ。ジンは全然飲まない。アルは二、三本くらい。一晩でビール一ケース飲むなんてことはないよ。ここはそんな所じゃないよ。問題はない。
（インタビュー、「スタンズ・ステーキハウス」）

これは多くのコックの態度を反映している。すなわち、飲酒は共同社会を機能させるためには制限すべきだ。もしそうなら「問題はない」。もしそうでなければ、その規律を侵した者は逸脱者という不名誉な烙印を押されることになるということである。共同社会は、それが感情的あるいは手段としての必要性――従業員が自分で判断する必要性と経営者からの経済上の目的――に影響を与えない限りは飲酒を容認している。ルーが指摘したように、経営者の多くは、彼らがその存在を否定できる限りにおいて、飲酒の実効性を認めている。これはある経営者が私見として述べたとおりである。彼ら（経営者）が、規則を侵害する機能的な行為を正すための行動を起こしているのなら証拠が必要であろう。

共同社会の分裂

短期にせよ長期にせよ、社会的組織が機能しないと危機がやってくる。わたしがこれら四軒のレストランを選んだのは、それらが成功している小さな経済組織であったからだが、必ずしも好ましい感情ばかりが厨房の活動の特徴であったわけではない。職場では、経営者からの従業員への要求や外部から仕事にもたらされる気分など、内部の緊張や外部からの圧力が原因で議論や論争が発生する。これらの職場は感情の衝突するるつぼと化す。

長い間鬱積した個人的な憎悪が緊張を生み出す。ある人物が期待に反する行為を行なった場合、この憎悪が生まれる。「ブレイクモア」のヘッドシェフと従業員の間の緊張は、従業員が自分のボスは「働く」シェフというより、「重役の」シェフであり、その職分を果たすのを嫌がっていると感じたことが発端だった。数人のコックは、彼が調理や厨房の責任を果たしていないことを見抜き、彼を手厳しく非難した。彼らの目から見れば、このシェフはチームのリーダーというより「経営者」、しかもあまり優秀でない経営者だった。

このほかにも、地位にあまり関係ない対人関係の摩擦があった。「ケイトは同僚への嫌悪を説明してくれた。『〔彼は〕あのインディオのヘアバンドをして、まるでアステカ族の太陽神みたいなの。病的な嘘つきよ。何もしないでさぼってばっかり』」（フィールド・ノート、「ブレイクモア・ホテル」）。ケイトはこの男を文化の点でも人格的にも仕事の点でも否定していた。「アウルズ・ネスト」では、短気なコックと「自分の担当部署もわからない」皿洗いの間に敵意が存在していた。個人的な敵意はこのような小さな組織ではまれだったが、その共同体全体に広がるような潜在的な力があった。

もっと一般的な問題は日々の摩擦にどう対処していくかということであり、それらのうちのいくつかは、階級や文化的な位置に原因を有する、従業員の個人的な態度に根ざしたものだった。「アウルズ・ネスト」では、ほとんどの従業員が楽しい職場だと言うが、わたしが調査中だった時ヘッドシェフは会議を開き、その閉鎖的な環境の中で従業員たちが抱いている否定的な感情を吐露させた。この会議の効果は、たとえその問題が完全に解決されてなくても、再びその問題を持ち出しにくくなることだった。この組織（そして多くの組織）の「感情で決められる規則」は、ひとたびある感情が表出されると、それはもはや適切な話題でなくなるということである。憎悪は癒されないまま葬り去られる。

あるコックは厳しい規律の必要性を怒りも露《あらわ》に表明した。だが、彼自身しばしば他の者に怒りをぶつける若者であり、自分の支持するそのような考えは彼自身にも跳ね返ってくる可能性があった。ある意味で、彼はできるだけ争いを避けようとするヘッドシェフを批判するふりをしながら、自分自身を批判していた。彼の説明は以下のとおりである。

ラリー　厳しくすべきだ。ポールはそうしてないと思う。厳しくすることだよ。もしなにかあったら断固とした態度を取れるようにならなきゃいけない。だが、ポールは事態が悪化するにまかせた。それがたびたびあったんだよ。おれがディーン〔皿洗い〕と一度問題を起こした。ディーンがポールに「おれがどう思っているか言う権利はあるんだ」って言い返したとき、あんたもその場にいたろう。このレストランではだれもが自分の気持ちを言う権利があるなら、一体どんなレストランになると思う。

G・A・F　どんなレストランになるんだい。

ラリー　例えば……口論だの敵意だのが多く、あまりに問題が多すぎて店を閉めなきゃならなくなるだろう。みんなお互いに物を投げ合ったり、床にたたきつけたりするだろうよ。〔お互いを〕嫌っている人たちもいるし、おれは連中が嫌いだし、連中もおれが嫌いだ。レストランにはいつも問題があるし、これはいつでも起こりそうな事のひとつにすぎないよ。

G・A・F　〔ポールは〕どうすべきだったのだろうか。

ラリー　彼はこう言えばよかったんだ。「ディーン、もしこれ以上ひとことでも言ったら、おまえはクビだ」とね。そして彼が口答えしたら、クビにするべきだった。おれが見るところでは、ディーンは相手が自分に断固とした態度を取れないとわかると、繰り返し同じことをやるんだ。それがポールの問題なんだ。もし何か正しくないことがあると、ポールはそいつの所に行ってこう言うんだ。「おまえは本当におれをてこずらせるやつだ。だが、何も言うつもりはない。おれは放っておくよ」。ポールは管理者として一人前じゃないんだ。だれかに腹を立てることはあるんだが、もし腹を立ててもそれを彼らと話し合おうとしないんだ。ポールが一人前じゃないっていうのは、ディーンに休日を多くとらせないようにできなかったからだ。……ディーンはデニーズって女の子〔パントリー係〕と口論になった。ポールがそのことを話そうとしたら、ディーンがこんなことを言ったんだ。「デニーズはあんたのお気に入りだから、ほかの人間なんかどうでもいいんだろう」。「お前は最低だ」とポールは言ってディーンに背を向けた。それから彼は勤務スケジュールを作ったんだが、ディーンは三日も休みがあった。いつもは五日間の夜勤だったんだぜ。

（インタビュー、「アウルズ・ネスト」）

ポールは争いを避けようとし、実質的に部下のコックとは異なった、彼独自の人事管理の「民衆」理論をもっていた。彼は官僚的な規則を嫌い、組織のジレンマとは対決せずに全員を個人的に扱いたがった。彼は自分の感情的管理の理論を次のように説明している。

例えば、ある人が本当に不愉快な一日を過ごしている。それはたぶんその人物が仕事につく前から始まっている。一人の人間が不愉快な一日を送っていると、望むと望まざるとにかかわらず、それは仕事中の周囲の人間と環境に影響を与えることになる。それは一緒に仕事をしている人々にも、作る料理にも影響を与えることになる。その人次第なのだ。他の人たちより敏感な者もいる。……こう言ってやれる者もいる。「おまえのしてることは何なんだ。不愉快な顔はやめろ、さもなければここから出ていけ」。それで彼らはわかるのだ。人によっては慎重に扱う必要があり、物陰に呼んでこう言う。「おまえはこの共同作業で確かに不愉快な一日を過ごしている。わたしはそれが仕事と関係あるのかどうか知らない。だが、その影響がまわりの人たちや料理の出来にも表れる」。ブルースとジョンは扱いやすい。彼らは楽天的だから。……だがラリーはまったく違う。彼には注意深く対処しなければならない。とてもピリピリしていて、すべてを個人的に受け止める。そのことについて長く話したことがあるんだ。「おまえの最大の問題のひとつは、おまえが言われたことをすべて個人的な問題にしてしまうことだ。フライド・ポテトが突き返されて、ひどい出来上がりだといわれると、おまえはそれを個人的に受け止め腹を立てる。そのフライド・ポテトを片付け、皿に新しいポテトを乱暴にのせる。そんなことをする理由はないんだ。だれでもミスをするんだから、おまえはそのミスを個人的に受け取る必要はない。プロなんだから」。（インタビュー、「アウルズ・ネスト」）

彼ら両者とも、適切に機能する組織というイメージと、プロとしての行動というイメージに依存している。しかし、感情の管理という理論とその感情の管理がいかに組織のヒエラルキーに適合するかは本質的に異なっている。効果的に機能するために、仕事の組織は感情の管理の規則をもたねばならないだけでなく（Hochschild 1983）、解釈の相違——メタネゴシエーション（metanegotiation）という形態

（Kleiman 1982）が生じたとき、それらの規則を規定する方法について同意しなければならない。

当然のことだが、不一致は存在している。厨房で怒りが生まれると、そのときだけは記憶されるが、海上のスコールのように吹き抜けてしまうことが多い。もしひとつの厨房が家族だとすると、どなり声は家族の夕食の一部である。「アイリーンはゴードンの激しい気性のことを話した。……ある日彼女は皿の投げ合いをしているゴードンとキューバ人の皿洗いの間に割って入った」（フィールド・ノート、「ブレイクモア・ホテル」）。わたしはコックたちが鍋をたたきつけたり、ナイフやグラス、調理器具などを投げたりすることによって、閉鎖された裏側の共同体の中で怒りを発散させているのを目撃した。うまいことに、その怒りが過ぎされれば仕事の集団は、立腹していた者が再統合されるということを承知している。感情の表出は、その表出が頻繁すぎたり劇的すぎなければ自己に束縛される必要はない。感情の役割距離が働くからである。あるコックは期待をこめてこう述べた。「だれもがお互いにどなりあうが、仕事が終わったとたんにすっかり忘れてみんな仲良くなる」（インタビュー、「ラ・ポム・ド・テール」）。

組織に対して責任のある人々にとって、感情の表出と自我の連関は近いものとみなされるかも知れない。あるシェフはその激しい気性が主な原因で「アウルズ・ネスト」を解雇された。温厚なポールは彼と好対照であった。あるコックは前任者のシェフを評して言った。「彼はものすごく不愉快なやつだった。いつもどなっていて、みんなをひどくしかりつけるんだ。その声がダイニングルームまで聞こえたよ。〔経営者に〕までけんかを売ったんだ」（インタビュー、「アウルズ・ネスト」）。別のコックは、ある日このシェフが熱い鍋を厨房の向こうの流しめがけて放り投げたといった。従業員からは大目にみられることでも、管理者にとっては――シェフは怒りっぽいという評判にもかかわらず――容認できない。日常の基本的な事柄で、この「気性の激しさ」に陥らないだけの地位や信用を得ているシェフはごくまれである。

仕事中の感情はある程度まで許される。というのは、外面上うまくいっているように見えるかぎり、それが物事をスムーズに進ませ、争いをおおい隠せるとだれもが考えているからである。冗談はそれによって慰めが拡大するひとつの主要な方法である。しかし、もし職場が友人の共同体、すなわち全員が共通の目的のために努力する場になるとしたら、感情面での安定に期待し信頼することに留意しなければならない。

厨房のネットワーク

個々の厨房が共同体だとすると、レストラン産業は複数の共同体がまとまってできている共同体なのだろうか。この疑問に対する答えは程度の問題であるが、ここには芸術界やその他の専門的な亜社会(subsocieties)にみいだされる、入り組んだ網の目のような関係は顕著でない。コックたちは仕事や興味を共有するので関係を作ることはできるが、実際のところ、そのような関係はまれである。移動性のある職業なので、文化は広まるが、サブカルチャー的な意識は調理に関して発展してきたようにはみえない。

もしこの調査が、ニューヨーク、パリ、サンフランシスコ、リヨン、ニューオーリンズなどで行なわれたとしたら、より緊密なネットワークが比較的高級なレストランでみいだせただろう。同様に、経営者兼マーネージャーたちは仲間同士連絡を取り合って（Scmelzer and Lang 1991）、社会のネットワークを通じて（Aldrich, Rosen, and Woodward 1986）組織としての環境を詳細に調べていることを示唆する証拠がある。これは従業員にとってはあまり役に立たない仕事である。

多くの職業のように（Bucher 1962）調理も細分化されている。分節のなかには芸術界のように緊密な社会のネットワークで構成されているものもある。パリがそうである。「今日の優秀な若いシェフの間には競争と仲間意識の両方がある。彼らのうちの一人が休みの日に仲間のレストランで食事をして、自分自身の腕前と比較しつつ、ちょっとした調理のヒントを手に入れて自分の厨房に戻っていくというのは珍しいことではない」（Berry 1979, p. 35 ; Wechsberg 1977, p. 128 も参照）。フランス料理のエリートシェフたちは、かつての印象派の画家たちのように、時には一緒に休暇を取り、共同で調理し、自分たちの調理の系図を明らかにした。これは文化的エリートから切り離されたミネソタ州にはない活動である。

社会的なつながりが発達する可能性があるにもかかわらず、実際のところ、ネットワーク活動はほとんど発生しない。たった一度だけ、他のレストランのコックがわたしの調査していたレストランの厨房にやってきた。彼は、「アウルズ・ネスト」の二人のコックが以前に働いていたホテルのレストランのコックだった。雇い主が以前の従業員を尋ねることは決してない。厨房の友情は親密であるかもしれないがまた長続きしない。あるコックが言った。「料理に関することのひとつは、友情が長続きしないことだ。だれかと出会い、一緒に働く。お互いに離れがたいような親友になる。ところが突然仕事を変わるとする。そうするとそいつにはもう二度と会わなくなる」（インタビュー、「ラ・ポム・ド・テール」）。このコックは職探しのために重要なので、過去の同僚たちと連絡を絶やさないようにしていたが、こういう友情は潜在的なものである。このような接触は比較的不活発だが、活発にすることはできる。「ブレイクモア」のあるコックは、同僚のシェフが「ラマダ・イン」に勤めていた時に彼の下にいたコックと以前一緒に働いたことがあった。彼女は「彼を出し抜いた」のだ（インタビュー、「ブレイクモア・ホテル」）。これらのコックたちの人脈のもうひとつの源は専門学校の同級生である。このネットワークは専門学校の厨房から広がっていく(5)。これは、若くて野心的なコックが、大きなレストランからレストランへと移りながら社会との接触のネットワークを拡大していく、エリート的なフランスの厨房とは異なっている。

コックは自分たちの厨房外の人間と調理法の話をしない。「ラ・ポム・ド・テール」の優秀なペストリーシェフは、ツインシティーズの他のペストリーシェフのことは、自分の前任者も含めて一人も知らないと言った。外で食事をする時コックたちは自分の仕事のことは言わない。代金はきちんと払い、特別扱いされることは避け、厨房を訪れたりもしない。実際、あるレストランではシェフ仲間の食事を無料にすることをマネージャーが禁じていた。せいぜい良くても食前酒かデザートが特別に出されるくらいだろう。だが、これも仮定の話である。「アウルズ・ネスト」のシェフは、就職するまで一度も食事に来たことはなかったと強調した。さらに第七章で述べているように、コックたちは自分の参考になるような最高のレストランでは食事せず、気楽な雰囲気のレストランに行く。彼らはグルメと違い、ツインシティーズの平均的な中産階級や労働者階級の市民たちと同じような食事をするのだ。

中西部シェフ協会という地元の職業組織がツインシティーズで活動している。この団体の加入者は職業教育を受けている者とレストランの調理に携わる者である。四軒のレストランでただ一人のコックしかこの団体の会議に定期的に出席しておらず、この男も専門学校の学生で、その教師が当時会長を務めていたからだった。シェフやコックが社交的になり、料理の美学的な問題や実際的な問題を話し合う機会をもつことは、第一に、慈善的な催しを行なうのによいチャンスであり、また料理の教師がレストランのコックと会うことで、学生たちが良い職場を見つけられるネットワークを提供できるということである。個別のあるいは集団的な問題はほとんどない。仕事に関する討論で一致したことはコックの免状が欲しいということである。それは調理訓練のプログラムの成果だからということであった。この団体の会合に出席した若いコックは、ネットワークを提供してくれる力を評価していたが、わたしが話したほとんどのコックは、この団体に興味を示さないか時間がないと言った。自分自身を「かなり孤立している」と述べたあるコックは、自分の仕事は単なる仕事とみなし、中西部シェフ協会のような活動は興味がないと説明した（インタビュー、「ブレイクモア・ホテル」）。「ラ・ポム・ド・テール」のヘッドシェフは会合に参加すべきだし、他のシェフにもっと会いたいと思っているが、「会員としての資格を得るには三回続けて会合に出なければならない」。彼の、そして他のコックたちのスケジュールをみると、この協会の地元で教えたり働いたりしている者以外の人間が夜の会合に出るには、経済的な負担が大きすぎることがわかる。

社会的なネットワークの存在は、仕事の場に対して最も顕著である。個人的な連絡は就職の機会を探していると打ち明けるのに効果的な方法である（Granovetter 1974）。ネットワーク作りはツインシティーズのレストラン産業では重要ではなかったが、コックが新しい職場を探しているときには、潜在的なネットワークが活動することが可能だった。(6)

わたしは〔前の職場の〕シェフに話した。彼はわたしの友達だった。わたしはそこを辞めたいと彼に言ったが、次の勤め先は決めてなかった。ただそこを辞めたかったんだ。すると、彼はティムに話してみようといった。ハウィが〔「ラ・ポム・ド・テール」に移る前に〕そこで働いていたことがあったからだ。彼はわたしをそこに就職させられると思ったんだ。それでティムに話してくれた。（インタビュー、「ラ・ポム・ド・テール」）

ジョンは「ラディソン・サウス」へ移る前「ウィンフィールド・ポタ―ズ」で働いていた。彼が移った理由は、調理コースの教師の一人がヘッドシェフだったからだ。その後「ラディソン」で同僚だったポールが「アウルズ・ネスト」のヘッドシェフになったので彼も移ってきた。「ラディソン・サウス」と「アウルズ・ネスト」の間には確かにまだ連絡がある。ジョンがわたしに話してくれたところによると、「ラディソン」にいる知り合いが、欠員がないかと電話してきたそうだ。（フィールド・ノート、「アウルズ・ネスト」）

これらのネットワークが示していることとは、調理の世界が全く無個性とは限らないということである。しかし、そのつながりは、この職業の専門的なあるいは芸術的な地位を築くには限界があり、不十分である。経営者でさえ他の経営者とそれほど連絡をとっておらず、自分たちは何も共有しておらず、競争状態にあるのが明らかだと考えている。わたしはサービス業の社会的ネットワークが、このような希薄な性質をもつのは当然などと言うつもりはないが、レストラン産業の経済的な仕組みと、厨房内の作業構造のせいで、この希薄なネットワークは一般的である。

結論

職場はその必要性から生じた共同体である。したがって労働者たちは共通の空間を共有しあい、そのためにお互いが妥協していかねばならない。すべての共同体と同様、職場は統治され、労働者は、自分たちの仕事の成功と喜びにとって過度に妨げとならないかぎり、なんらかの形のヒエラルキーの存在とその合法性を認めている。一般的に、労働者は上司と彼らの職務が要求する仕事を行なうために、お互いが助け合わねばならない。これは強い文化と緊密な共同体にとって必ず求められる動機である。もちろん職場というのはなんとかうまくいっており、多少は緊密さがあるものだが、もし経営者に助言したかったら個々の場合を検証する必要がある。共同体は冗談を言い合う関係から生まれる地域文化——職場の固有文化（idiocultures）——を確立する。このような関係は特に重要である。というのは、単に共有されるのとは異なり、それらは同僚が楽しむために各々が自分自身を犠牲にすることを要求する。個々人の代価が集合の利益を生み出す。感情の規則化と厨房の理念は何ができるか、何がなされるべきかということに対する傾向を決める。つまり、その傾向が定着する厨房とレストランはどのように組織されるべきかということである。この点では、職場（厨房）は家庭やスポーツチームと、たとえその関わりの程度があまり強くないとしても、たいした違いはない。感情的な主義主張は職場の文化に特有であり、また組織の文化に直結している。あらゆる職場、とりわけ小さな職場には仕事の実行から生まれ、管理経営では容易に作り上げることのできない文化がある。その文化はそれに関わるすべての人々にとってひとつの現実となる。組織にまつわる物語（Clark 1972）や、他の管理経営に影響を受けた伝統がたとえ可能だとしても、価値観や規範は職場の仕事の構造のために沈滞した状態になる。仕事が円滑に運び組織との関わりが生じると、その文化は組織の目標を支えるものとなり、破壊的とはならない。

最終的に、共同体はさらに大きな共同体に参加する。レストラン産業の場合、この比較的大きな共同体はきちんと組織化されていない。一時的な組織とこの産業の競争的な構造が、このような共同体の存在を疑わしいものにしている。また、サブカルチャーの価値を強調する明確な理念が欠けていることも、このような組織にとっての一般的な理念の必要性を減少させている。厨房の共同体がいかに堅固でも、中心となる共同体が明らかでない。小規模の地域単位で経営されているレストランは「多元的な無知」（Matza 1964）という保護のもとで活動している。この「多元的な無知」とは、集団が他者も同様に問題に直面しているという意識をもたずに、問題に遭遇しているということである。今日のレストランは群島の一部というより、孤立した島であるかのように運営されているので、これが克服されるか否かをみなければならない。

第五章　経済とコック

ビジネスとしての組織

仕上がりのよいシチューは、その発明者にひと財産もたらす。それを経験から悟ったとたん、最も強力な誘因である自己利益にあらゆる想像力を刺激され、すべてのコックが仕事についた。

ジャン＝アンテルム・ブリア＝サヴァラン『厨房の哲学者』
［一七五五－一八二六、フランスの政治家、美食家、著作家］

ビジネスの組織は、個人的に構成された意味の世界のように、独立した島として解釈することはできない。ビジネスの組織は堅固な経済システムに組み込まれている。政治経済学の条件は労働者の仕事に影響を与えている（Burawoy 1979）。例えば、ひとつの産業内での技術の変化は、労働者（あるいは個々の企業家）がこれらの変化の計画や実行、あるいは経済的な影響にほとんど参加していなくても、労働者相互間の形態に影響を及ぼしている（Finlay 1988）。作業の単純化（de-skilling）は仕事の構造に深刻な、驚くべき結果をもたらし、他の者たちを犠牲にして一部の労働者の地位を高めている（Grzyb 1990）。一例を挙げれば、ハリウッドの映画製作会社の構造上および組織間の必要性はそれぞれの選択という方向に向かい、最終的な「芸術」作品としての形をとる（Falkner 1983）。このような構造上の変化は、これらの変化の「犠牲者」と考えられる労働者と並んで経営者にもマネージャーにも影響を与えている。

外部からの産業によって労働者が苦闘しているプレッシャーは、彼らの仕事にも文化にも影響を及ぼしている（Prendergast and Knottnerus 1990 ; Zukin 1989）。構造に関心をもつ人々とともに意味に関心をもつ人々も認めている点であるが、行動は社会における政治経済学論争を解決することはできない（Blumer 1990 ; Denzin 1977 ; Farberman 1975）。サービスと生産の組み合せとしてのレストランはいかに経済構造に適合していくのか。文化的な生産がいかにして利益を生み出せるのか。また、マクロレベルでの決定――多くの小規模な、集合的とみなされている組織の決定と、制度の実行者の決定の両方――が個人の行動にいかに影響を与えているのだろうか。

経済的関係

レストランは表現力に富んだ実業家意識と理性的な経済制度が交錯する混合産業であり、異種同形の組織によってますます影響を受けている（Dimaggio and Powell 1983）。これらの組織は、コーザー、カダシン、パウエル（1982, p. 7）が、文化産業の共通点を示唆しつつ、出版業に関して述べている構造的な条件に直面している。

(1)この産業は一般的な商品のように市場で製品を売るが、その市場は他の多くの製品のための市場と対照的に変わりやすく、不確実なことが多い。(2)この産業は多くの領域に分散化しており、それぞれの活動にはお互いに類似点が少ない。(3)これらの活動は近代的な大量生産の方法と手工業的な手順の混合が特徴である。(4)この産業は営利目的のビジネスとしての要求と束縛、それに国民の象徴的文化の最高の守り手として担わねばならない責任と義務の間で、かろうじてバランスを保っている。

前書きで詳しく述べたように、レストラン産業は経済の重要な一部門である。だが、レストランのほとんどはその経済的基盤が脆弱である。独立採算で多くの利益をあげている店はごくまれである(Miller 1978)。「スタンズ」の経営者が冗談混じりに言った。「わたしがこれはぴたりだと思っているレストラン産業に関する諺がある。塵も積もれば山となるというやつだ」(フィールド・ノート)。「ラ・ポム・ド・テール」の経営者は自分の店が「なんとか成功」していて、儲けはあるがそれほど多くないと個人的に話してくれた。彼はまた自分の同業者が苦境にあると聞いたそうだが、その後二、三年で数軒が店じまいした。彼の経理担当マネージャーが、この店はやや繁華街をはずれているので銀行ローンが安いため、諸経費を低くして利益をあげられるのだと指摘した。

一九八七年の国勢調査によると、三〇万以上のレストラン・食堂が一五〇〇億ドル近くの売り上げを得ているということである(Statistical Abstracts 1990, p. 769)。一八二五年にジャン゠アンテルム・ブリア゠サヴァランが誇張して述べたことが現在も通用する。「グルメ主義はまた経済上からもかなり重要である。手数料、関税、間接税などがその恩恵をこうむっている。われわれが消費するあらゆるものが貢税の役割を果たし、グルメたちはすべての国の富の大黒柱である」(1970, p. 134)。この産業の経済力にもかかわらず、レストランの生き残る確率は驚くほど小さい。ある報告によれば、ニューヨーク市で毎年開店する三〇〇〇軒のレストランのうちで、二〇〇〇軒弱がその年のうちに閉店する。「この町で開店するレストランのうち、その六五%が一年目で失敗すると見積もられている。その原因は大きく分けて次の三つである。十分な開店資金がなかったこと、関係者たちのつまらないけんか、食物販売による利益のあげ方への経験不足。うまくいっているレストランでも続くのはせいぜい五年というところである」(Tharp 1980, p. 37 ; Bennet 1982 参照)。国の調査による数字ではこれほど高くないが、正確な数字がどうであろうと、経営が安定しているレストランはきわめて少ない。この傾向は一九九〇年初期の不況のせいでさらに悪化の方向に向かい、ニューヨークの老舗のフランス料理レストランが数多く閉店した。手ごろな値段の「ビストロ」風のレストランだけが生き残っている(Gopnik 1992, p. 128)。

一九八〇年代までレストランを開くことは、美的センス[1]の決定者となりたがっていた中流階級上層の人々にもてはやされた幻想だった。ところがその幻想は往々にして悪夢になった。とりわけ、経営者が自分の参入する潜在的な市場の規模と性格をみきわめていなかった場合にはそうだった。一九八〇年に関していえば、ニューヨーク市内にレストランを開店するには、開店資金、あるいは一年間の諸経費として四万ドルほど必要だった(Tharp 1980, p. 38)。この費用はある重大な現実を際立たせている。すなわち、チェーンや会社組織と提携していない独立レストランは、競争や州の役所が押しつける予想外の官僚的な障害物のせいで、資金不足に陥ることがよく起こる。

「ラ・ポム・ド・テール」の経営者が新しい「極め付けの」レストランを開こうと計画した時、そのレストランに予定していたビルの開発業者と取り決めをした。それは彼らが資金を提供するということで、そうすればもしレストランがつぶれても（実際一年後にはそうなったのだが）彼は被害をこうむらずにすむからだった。開発業者は彼よりはるかに多くの資金を持っていた。「企業家」たちが開いたレストランは多いが、彼らは何年間も財政的な綱渡りを続けている。競争相手の数から見て（ニューヨーク市だけで一万二〇〇〇軒のレストラン）この高い競争率の市場で実質的な利益をあげることは望めない。この財政上の現実から、どのようにレストランの構造に影響しているかという結果が引き出せる。つまり、レストランは大きな利益をあげるよりは損失を押さえているのである。

ホテルのレストランのように資本投入の点では恵まれているサービス産業の部門は、たちまち破産に追い込まれるという問題はないが、顧客の忠誠心、従業員の満足度、法人の干渉、核心部での管理の強調などの他の問題が顕著である。これらの組織は、レストランの食事は私的なディナーパーティであるという幻想を作り上げるのに、従業員や顧客の協力を簡単に得ることはできない。「レストランというロマンス」にまんまと引っ掛からない企業の場合は、自分たちの求める市場ニッチがグルメ・レストランでないかぎり、小規模な店の料理の質には力を入れない傾向がある。これはオート・キュイジーヌ（高級フランス料理）レストランに大きな企業が存在しないことに対する、もっともらしい理由になるだろう。都市の中には、一人の経営者が数軒のレストランを所有している例もあるが（「ラ・ポム・ド・テール」の経営者はツインシティーズにあと三軒のレストランを持っている）、これらのレストランは概して様式が異なり、ひとつの都市圏を越えた地域まで高級レストランのチェーンが進出しているケースはほとんどない。オート・キュイジーヌは代替可能な再生産の経験というより、オトールシェフ「個性をはっきり打ち出す作家的料理人」の表現という独特の体験であると考えられる。利益が少ないことと一定の現金流入が維持しにくい（客の忠誠心が当てにならないため）ことから、高級レストランは小規模店の領域に留まっており、ホテルのレストランは、この産業の中で、しばしば中傷される法人組織の代表的役割を果たしている。ホテルは「キュリナリー・インスティテュート・オブ・アメリカ」が示しているような（Desens 1979, p. 60）[2]、訓練センターの経済的な支援者であり、影響力を持っている。個人的な企業も大手の法人も競争においてはそれぞれ有利な点がある。レストランはいくつかの局面で経済組織である。(1)生産上の境界で価格を設定し、客の要求と折り合うようにする試み。(2)労働者への支配、労働の条件、賃金。(3)材料の価格の制限、組織の投入の限界への試み。

価格と顧客

産業界の激烈な戦いにとって、最新の魅力的な用語である組織エコロジーは、ビジネス活動に抗いがたいイメージを提供している（Hannon and Freeman 1989）。この表現はわたしたちに、産業組織は単に成功または失敗するのではなく、むしろ状況によって成功したり失敗するのだということを思い起こさせる。人は直面する外圧を考慮に入れて選択するのだ。レストランまたは他の組織の意志決定者は、役に立ち、また目に見える目標を達成する力に影響を与える社会の領域で起きていることに注目しなければならない。組織は「マクロ相互作用」システムの一部であり、そこでは各々の行為者が行なう選択が他者に影響を与える。厨房は食事をする人がいてこそ成り立つし、食事をする人は厨房があってこそ成り立つ。またともに雇用と消費の選択に基づく経営システムのおかげで存在可能なのだ。調停プロセスを通過するこのマクロとミクロの連関は、象徴的相互作用主義者が分析のメソレベルと呼んでいるものである(Maine 1982)。

顧客は料理を質と量で判断する。従業員とマネージャーは期待や望みが何であろうと、彼らは自分たちの製品を客の好みに合うように作る(例：Arian 1971；Martorella 1982；Coser, Kadushin, and Powell 1982, p. 226)。客は作り手よりしばしば味覚が保守的で繊細さに欠け、彼らの嘲りの対象になりかねない(Gillon 1981, p. 49)。どのレストランにとっても現実に重要なことは客の数と彼らが払う金額の大きさである。顧客ベースと金銭の流入がなければ、レストランはたちまち破産するだろう。相当な資本金を投入したレストランは客が入らなくてもしばらくは生き延びるが、永久にではない。とりわけ競争相手の店が繁盛している場合には生き延びられない。レストランというのは、客の入りが悪い火曜日は何とかしのげるが、客が入らない日曜日が多いとやっていけない。一月に客が来ないのはまだしも、一二月だったら深刻だ。独立記念日の不振ならよいが、それが母の日だったら問題だ。それを調整するひとつの方法は客に予約を頼むことである。労働コストは経費の約三〇%を占めるのが普通なので、経営者は不運をせいぜい利用して、どのくらいの労働力が必要なのかを客の支援の見積もりをもとにして予定を立てる。この根本的な理由のため、予約のキャンセルは大きな問題であり、「ラ・ポム・ド・テール」のマネージャーが、予約時間を三〇分過ぎてあらわれない大人数のグループに電話をかけるのは当然のことなのだ。高級レストランの中にはクレジットカードによる手付け金を要求する店がある。予約表に基づいて厨房のスタッフを決めることは緊張を生み出す。「今夜はおかしな晩だ。キャンセルと、予約を入れたのに来なかった客が二五組もあった。この中には一〇人のグループ、五人のグループ、四人のグループが二組あった。経営者は、キャンセルは全く腹立たしいことで、予約したまま現れない客やどたんばでキャンセルする客は『レストランの商売を全く理解していない……今夜はウェイターをひとり家に帰さなきゃならなかった』とわたしに語る。キャンセルはまたウェイターの持ち帰り金（チップ）にも被害を与える。コックはウェイターほど損害をこうむらないが、客が予定より少ないとコックも早く帰宅させられる」（フィールド・ノート、「ラ・ポム・ド・テール」）。一九八〇年代の半ば、「ラ・ポム・ド・テール」の勘定の平均は三〇ドルから三五ドルであったことを考慮すると、これらの予約をすっぽかす客は深刻な問題である。「ブレイクモア」や「アウルズ・ネスト」でさえ、一人の客の勘定は平均二〇ドルから三〇ドルだった。「スタンズ」は一人あたまの勘定はこれらより安く、売上高は多く、予約なしの客ももっと多いため、予約のすっぽかしやキャンセルは他のレストランより深刻ではなかった。しかし、この店でもスケジュールを組む際にコックを何人にするか、そして特に給仕人を何人にするかは当て推量だった。

レストランの成功を決めるのは単なる顧客の数ではなく、金額の大きさである。メニューの中で最も安い料理を注文し、前菜、デザート抜き、ワインも頼まない客だと利益は出ない。これはちょうど、目玉商品しか買わない客や付属品をいらないという車の購入者が、底値を上げる助けにならないのと同じことである。反対に、客によっては大儲けの夜になる。

ある晩「アウルズ・ネスト」に三〇人のグループ客があった。ポールがわたしに教えてくれた。「この注文メモの数はかつての一晩分だ。おれが働きはじめた最初の晩の客の数が三〇人だった。これが平均だと言われたよ」。彼はそのグループの払う金額は一〇〇〇ドルだろうと見積もったが、彼らのほとんどがワインを注文したときくと一五〇〇ドルに値上げした。彼はわたしに言った。「こういうグループはそれだけでよい晩にしてくれるよ」。このグループは、いくつかのグループが二回食事に来るより多くの利益をレストランにもたらしてくれる。このような晩は多くの不入りの晩を帳消しにし、経営者は予備費を貯え、従業員のボーナスの可能性が大きくなる。

（フィールド・ノート）

ポールが引き継いで以来「アウルズ・ネスト」の客は増えつつあったが、この伝統的なビジネスマン向きのヨーロッパ風レストランがツインシティーズの三本の指にかぞえられる最高級の店だった時期からみればまだ下まわっていた。この町の文化が変わったのだった。長い間コックをしているメルは、かつては昼食に数百人の客が来たとわたしに話してくれたが、わたしが調査したところでは、昼食に一〇〇人来たときがよい日だった。週末は混んだが、大繁盛というほどではなかった。一〇〇人なら利益が出ると思われていた。ウィークデーの一晩に六八人の客があれば「儲った」（フィールド・ノート、「アウルズ・ネスト」とみなされた。上記のような大人数のグループは時代を一〇年前に戻してくれた。その当時は大人数のグループがステーキとワインの食事をとり、それを洗練されて華やかな雰囲気で供するレストランがオート・キュイジーヌだとみなされていた。一九七〇年代半ば、フランス料理かヌーベル・キュイジーヌかヌーベル・アメリカン（「ラ・ポム・ド・テール」）の新しいレストランが登場し、なかには「ラ・ポム・ド・テール」のように洗練された料理を出す店もあった。この当時「アウルズ・ネスト」のような老舗が人気を失った。新興勢力はビジネスマンのエリートたちをグルメリーダーとして受け入れた。ポールは、健康を気遣う客に対してある程度の成功をおさめた試みとして、魚介料理に力を入れていた。かつては牛肉料理で評判だったこの店は、今やその主流の料理が魚である。組織エコロジーと文化が変わり、「アウルズ・ネスト」もそれとともに変わった。一九八〇年代半ば、ツインシティーズの他の二軒の「一流」レストランが閉店した。

客の数はそれ自体では重要でないが、総売り上げと関係がある。高い回転率に焦点をあわせているレストラン（「スタンズ」や「マクドナルド」がその典型）の中には新しい客の獲得にそれほど力をいれていない店もあるが、高級レストランは顧客をその店の雰囲気の一部として利用し、特定の目標に焦点を合わせている。これらのレストランは一般的な経済戦略の議論でも特定のグループを取り上げるときでも、その客をタイプ化する。「ラ・ポム・ド・テール」は都会の裕福な専門職の人々、典型的なヤッピーを新しい顧客にしようとしていた。これらの客は料理の領域でかなりの文化資本をもち（Bourdieu 1984, pp. 174ff.）しゃれたレストランでの食事体験と「よく発達した味覚」を備えていた。彼らはまた「独創的な」料理を望んだ。例えば、アンコウのピーチソース添えやカンタロープ・メロンのシャーベットなどは、単なる風変わりというより創造的だとみなされた。新奇な料理の組み合せを消費することはステータスを示すものだった。これに対し、「アウルズ・ネスト」はこのような客にあまり関心を示さず、もっと年上で伝統的だが、同じような金持ち層に働きかけた。これらの客はもはや伝統的なステーキや牛肉、豚肉などの料理に執着していないが、それらの料理もメニューには載せられていた。このグループの女性客たちは男性より魚料理を注文する方が多かった。これらの客は裕福な暮らしをしているが、以前の味覚体験に親しみをもっていた。「ブレイクモア」は主張を強く出さない料理を食べさせるチェーン店のホテルレストランであるが、夜は人通りが少ない町中にあるため、ビジネスマンや家族連れというホテルの客が中心だった。厨房の調理器具の配置などの決定がチェーンの本部でなされ、それが原因だと思えるのだが、大きな人気を集めたことがなかった。「ブレイクモア」にとって顧客の人数の正確な数は重要でなかった。というのは、ホテルが常にレストランを必要とし、そのためコックも必要だったからだ。「スタンズ」では客に関する問題はそれほど深刻ではなかった。この店は中流階級下層の共同体にある近所のステーキハウスという性格をもち、周辺には高級レストランがほとんどなかった。土曜日の混みあう夜、「スタンズ」には五〇〇人以上の客が入り、厨房の人々は客の注文をこなすため三時間フル回転で働いた。客はステーキを注文し、それをソース抜きやその他最高の調理法で味わった。牛肉の品質が最高で値段が他と競争できるくらい——一人一〇ドルほど——なら、客は満足して帰った。この店は数十年の間利益を生み出した市場を確立した。わたしの調査後二、三年して、ミシシッピ川にかかるこの地域の橋が修理のため二年間閉鎖されることになると、この店は試練に直面した。レストランは打撃をうけたが、橋の工事のおかげで地元は活気づいた。

各レストランには、年齢、収入、性別、住居、文化などで分けられたそれぞれ独自のターゲットとする市場がある。この区分の中で、さまざまな客が時に応じてそのレストランの客になる。たとえば、「スタンズ」では、「ウェイトレスのイブは日曜日の午後の客を『心臓病患者』と呼んでいる。これらの老人の客たちはチップを少ししかくれないのが普通だと彼女は言う。土曜日は八五ドルのチップ収入があったが、日曜日はその半分くらいだろうと予想している」（フィールド・ノート）。日曜日の午後に営業しているレストランはごく少ないが、「スタンズ」はその時間帯に食事をしたがる客に対象をしぼって儲けを得ていた。老人たちの多くはチキンを選ぶので、この時間帯にステーキはそれほど売れない。あるコックは「ハンバーガー、ターキー・サンドウィッチ、ローストポーク」が日曜日の典型的な注文だと述べている。これらの客は店の料理に影響を与えている。

「ブレイクモア」は多くの高校のプロム（ダンスパーティ）がホテルやその近くで開かれるため、そのパーティに出席したカップルたちの食事で利益をあげている。ホテルは学生たちの大人気取りのぎこちないマナーや馬鹿騒ぎをうまく処理しなければならないが、経営面からみればこのような夜は価値がある。ただし、ウェイターたちはチップが少ないことに不平を言っている。これと対照的に、「ラ・ポム・ド・テール」はプロムを商売の対象にしていない。「アウルズ・ネスト」は会議に出席する客たちは自分たちの費用でステーキと酒類を注文し、多くのチップを置いていくので会議を歓迎している。会議のシーズンは「アウルズ・ネスト」が儲かるが、「スタンズ」にはほとんど影響がない。会議のパンフレットに広告を載せるのは「アウルズ・ネスト」にとっては重要なことだが、「スタンズ」や「ラ・ポム・ド・テール」はこのような売り込みにそれほど関心がない。各レストランは本質的に中産階級向きだが、各々に適した市場は異なっている。

コックと顧客

コックと顧客の関係は複雑で、その間に他者、とくに給仕人またはマネージャーが仲介する。しかし、仲介者がいるにもかかわらず、客の中には「常連」としての地位を獲得し、異例ではあるが、レストラン共同体の一部になり、その組織の成功の継続を支えることになる者もいる。

四年前ミッチェル一家は〔ニューヨーク市の〕八三丁目に「トラベスティール」を見つけた。「わたしたちはそこがすっかり気に入って七晩続けて通ったんだ」と彼は言った。「一年間で一〇〇回くらいそこで食事したよ。そして経営者一家の全員と知り合いになった。だから彼らが「ラッタンツィ」〔ブロードウェイ、四六丁目にあるイタリアレストラン〕を劇場街に開店すると、わたしたちはそこにも行き始めた。わたしはそこの兄弟のうちでパオロが気に入っている。彼の料理は最高だよ。彼に電話してこう言うんだ。『パオロ、今夜行くからポルチーニ茸を取っといてくれ』」。〔別の客がこう言った〕「このごろでは、君は、どんなフォアグラを食べるかということと、どんなレストランについての噂話をするかで評価されるんだ。長い年月の間にステータスを象徴するものは変わってきた。書斎のときもあり、自家用プールだったり、ワイン・セラーのときもあった。今や三つ星のシェフと個人的な友達であることがステータスなんだ」。

(Morrisroe 1984, pp. 47, 49)

常連客になることは最高の料理とサービスを得るために必要だ、とある評論家は主張する。彼は「本拠地をもつ強み」のことを言っているのだ（Jacob 1980, p. 16）。「アウルズ・ネスト」では数人の常連客が厨房に招き入れられた。これは場所が狭いため給仕人さえいつも受けられるとは限らない名誉なのだ。「ラ・ポム・ド・テール」のメーテル・ド・テルはスタッフ全員に対してこう言った。「四年が経過し、わたしたちはますます多くの常連客を迎えている。その人たちには友人のように、また客として接しなければならない。人によってそれは異なる。いつも敬称をつけて呼ばれたがる人もいれば、ほとんど友達のようになる人もいる。君たちへの報酬には常連客の扱いも含まれる」（フィールド・ノート、Marshall 1986, p. 41も参照）。第一の関係は給仕長と客あるいは給仕人と客であるが、コックもメーテル・ド・テル、給仕人、経営者との会話によって常連客に気づくようになる。常連客を満足させ、また来ようという気持ちにさせることは、どこのレストランにとっても本質的な経済的利益である。自分の客を連れてくる常連客は新しい常連客を開拓するのに役立つ。

ひとたび市場ニッチを確立すると、変化は危険な要素になり得る。ポールは「アウルズ・ネスト」に雇われたとき変革が必要だとわかったが、あまり急激に行なうと常連客を失うことになると思ったと語った。彼は常連客を今までよりあっさりした自分の料理法に慣れさせる必要があると思った。この料理法によってポールは顧客の幅を広げられると感じていた。だが、売り上げという点からいえば、従来の顧客を切り捨てることはできなかった。ポールが「アウルズ・ネスト」をやめるとその後任者も同様の目標をかかげた。

〔新シェフは〕〔「アウルズ・ネスト」の〕ベテランのコックや給仕人たちの協力を得て、受賞の栄誉に輝くこのレストランの人気メニューを少しずつ変え始めた。「従来のやり方も結構だ。だが、ちょっと違ったやり方をしてみよう」と彼は言った。スタッフと長年の顧客の信頼を得て彼は巧みに改革を進めた。「常連がいつものストリップ・ステーキ〔ショートロインのステーキ〕を注文すると、わたしはアンチョビーやグリーン・ペッパーなどのソースを二、三種類そろえて出し、『ちょっと味をみて下さい』と勧めます。スタッフに説明させることとその料理を正しく供することでお客が喜んでくれれば、客の信用を勝ち得ることができるのです」。(Waldemar 1985, p. 154)

信用は客と働き手をつなぐ重要な要素である。それは市場環境 (Prus 1989) での「協力活動」(joint activity) の一例となる。サービスの提供者は彼らが依存する人々の中に親近感、忠誠心、共同体意識などを育てる必要がある (Bigus 1972)。ニューヨークの有名レストラン、「ルテス」のシェフ、アンドレ・ソルトナーにとって、客との関係は「信頼に基づく医師と患者の関係のようなもの」である (Burros 1986, p. 23)。あるシェフは次のように説明している。「フランス旅行をして有名になっている仕事仲間を尋ねるとき、わたしは期待でいっぱいです。注文なんかしません。ただシェフに何を食べさせてくれるのかいと聞くだけです。連れの人たちには、不安な気持ちはコートと一緒に入口に置いてきなさいとよく言うのです。わたしたちはもし自分が何を食べたいかわかっているのなら、それを要求するお客が好きなのです」(Wechsberg 1980, p. 36)。お客の要求を受け入れることへの代価は、素人の人々に自分の苦労の末に獲得した専門的な権威の一部を委ねるということである（Hughes 1971, p. 346）。だが、お互いの尊重と友情に基づく理想的な経済関係を確立することは可能になる。そして常連が値段を調べずにスペシャルを注文したり、給仕人にその夜の「スペシャル料理」を頼んだりする時にこれは明らかである。だが、もし誤って用いられると、不当に高い値段や実際には売れていない料理を、マネージャーが給仕人に命じて、だまされやすい客に「押しつける」ときに使われる嘘を交えた軽い「詐欺行為」（Goffman 1974）につながる。その親密な感情がいかに真摯なものであろうと、目指すところは客をまた店に来させたり他の人々を連れて来させることにある。「誕生祝いでやってきた女性の常連客がデザートを頼まなかった。すると給仕人のデイヴィスがイチゴの真ん中に小さなキャンドルを立てまわりをホイップクリームで飾った。『お客がまた来るのならこれくらい大したことじゃないよ』と彼はわたしに冗談めかして言った」（フィールド・ノート、「ラ・ポム・ド・テール」）。多くの職業、とりわけコックに当てはまることは、働き手は好みが自分と違う客たちを満足させなければならないことである。このような不満をもつあるシェフはこう息巻いた。「おれたちはあらゆる人間を満足させなきゃならない。相手の言いなりなんだぜ。〔客は〕そんなに好みがはっきりしているわけじゃないのに」（フィールド・ノート、「ラ・ポム・ド・テール」）。「スタンズ」では客のことを「あほうども」といっていた（フィールド・ノート）(3)。

疎外感を防ぐために架空の、または「超社会的な」（parasocial）関係の確立が必要である。「ルテス」のアンドレ・ソルトナーが指摘したように「コックと客の間には見えない糸が結ばれている。わたしが与えたもので相手は喜んでくれる。わたしは客からの愛を求めている」（Burros 1986, p. 23）。しかし、敬意を求めるコックの期待は、直接客に届かないため、充たされない結果に終わる場合が多々ある。これに対処するため、数軒のレストランは厨房の目立つところに客からのメモを貼り出していた。これらは給仕人は耳にするが、コックには直接届かない賛辞であり、コックから客への忠誠心を確立する手段でもある。例をあげれば、「ラ・ポム・ド・テール」のパントリーに貼られていた手紙には、その客が食べた料理はそれまでで最高だったと書かれていた。ヘッドシェフは「これで報いられたことになるんだよ」とわたしに言った（フィールド・ノート）。料理人は客に料理を出すことに自分の評判をかける(Charpentier and Sparkes 1934, p. 97)。そしてその見返りとして彼は敬意、名声、愛を望んでいる。あるコックによれば、「わたしは人がものを食べたときの反応をみるのが好きだから、コックになった。わたしは人にサービスするのが好きだ。……今でも料理を作るのは楽しい。わたしの料理を本当に気に入ってくれる人たちと話すのはとても愉快なことだ」（インタビュー、「ラ・ポム・ド・テール」）。究極の賛辞、これはごくまれなことだが、それは客から直接チップを渡されることである。「ラ・ポム・ド・テール」ではこれが一、二回あったが関係者には忘れがたい出来事だった。というのは、この瞬間に経済的な関係に介在している基準が覆されるからなのだ。

前述したとおり、コックの中には客の好みの水準をあげることにより、客を「育てよう」と望む者もいる。このことは、「アウルズ・ネスト」の新シェフの言葉に明らかであり、また「ラ・ポム・ド・テール」では、料理人が客よりも――ここの客は他のほとんどの客より大胆なのだが――さらに大胆な試みを行なうという結果になった。一九世紀のシェフ、エスコフィエ［一八四七―一九三五、グラン・キュイジーヌを導入し、シェフの地位を向上させた］は、コックの第一の義務は客を満足させること、第二は客を教育することと述べている（Sanger 1980, p. 53）。満足と教育というこのふたつの目標が、サービスの提供者であるとともに専門職であるコックのジレンマを端的に表現している。このモデルは、自分たちの客に対する役割モデルとなろうとして苦闘するあらゆる職業の人々、すなわち、ジャズミュージシャン、理髪店主、造園業者、歯科衛生士などにみいだされるものである。

決まり切った扱い 対 特別扱い

顧客が繰り返し足を運ぶことで成り立っている多くの商売は、客を知人のように扱いたがっている。すなわち、従業員や経営者に客と「個人的に」知り合うよう要求し、忠誠心と信用による関係を確立することで、共同体幻想を作り上げようとしている（Bigus 1972 ; Prus 1989）。このモデルは、例えば、交換可能な人事や日常業務の処理に精一杯努力しているファーストフードのチェーン店のように、相互作用的なサービス産業のモデルと間接的な葛藤状態になる（Leidner 1993）。個別的な対応は、効率を最大限にあげる、日常化され合理化された対応とは対照的に、対応コストを増大させる。さらに、個別的な対応は顧客と互いに作用しあう人々にとって自律的な手段を与える。実際、常連、または「チップをはずむ人」と呼ばれる顧客の中には、特別な扱いを受ける人がいる。レストランは格式を重んずる市場であり、「ふさわしい」顧客がまた来店する方策として彼らを特別扱いする。「ウェイターたちは客を『判断する』ことと、予想されるチップの金額にみあったレベルのサービスをするように言われていた。……〔レストランは〕実業家、専門職、成功者、金満家などがひいきにしてくれることに力を入れる。常連になると、良い席に案内されたり、丁重な扱いや気遣いをされたり、予約なしでも食事ができたりする」(Schiller 1972, p. 137)。この特別扱いはまた出される料理にも当てはまる。あらゆる事例をみても、これらの特典には珍しい食物を出してくれることが含まれている。特別扱いとは、あらゆる人が同等の扱いを受けるとは限らないということなので、客の中には自分たちが公平に扱われていないことに気づく者もいる。レストランは格式を尊重する市場なので、派手な消費の機会を提供することによって(Finkelstein 1989)、自分のところの商品とともに常連客を宣伝の種にする。顧客は自分たちの目的と同時にレストランという劇場の一部となる(Shelton 1990)。

自営のレストランはそれぞれ自分たちの最高、または最も気に入りの顧客のために特別な便宜をはかっている。(4)

コックたちがサーモン料理の注文を受けて働いていると、給仕人が厨房に戻ってきて言った。「そのサーモン、ちょっと待ってくれ。チャールズ〔経営者の息子〕が選びたいそうだ」。チャールズは厨房に来るとこう説明した。「それはあそこにいるわたしの教区牧師のだ〔彼はサーモン・ステーキを選んだ〕。焼きすぎてもいけないし、焼き足りなくてもだめだ」。コックたちは細心の注意を払ってそれを調理した。(フィールド・ノート、「スタンズ・ステーキハウス」)

ある顧客がいつも特別待遇を受けていた。コックはレタス、ニンジン、ズッキーニ、タマネギを入れた大盛りのサラダを作った。デニーが説明した。「もし彼女にたっぷり出しておかないと、あとから要求されるんだ。だったら最初から満足してもらった方がいいだろう」。彼女は追加注文のシーザー・ドレッシングを添えたサラダを出すときに、半切したオレンジをしぼってかけてくれと要求した。彼女の給仕人はデニーに「野菜料理を作るとき、ワインを入れないように。彼女はワインを受け付けないんだ。ハーブ類はいいが、ワイン、塩などはだめだ」ということを思い出させた。わたしはコックが自分たちの美的基準を妥協させられることに不満を抱いているだろうと思ったが、彼らは注文どおりにその客の料理を作った。

（フィールド・ノート、「ラ・ポム・ド・テール」）

特別待遇はチップの額が多くなるという補助的効果をあげるが、また同時に常連客が繰り返し来店することで、そのレストランに恩恵を与える。このような特別待遇はそれがいかに公平という規範を乱すことになろうとも、そのレストランの利益になる。すべての客にそのような扱いをすることは、彼らが繰り返し来店する見込みは低いので経済効果からみて割に合わない。そのレストランが固定収入として当てにできる、核になる顧客が必要である。

扱いにくい顧客　特別な客に対してまた来店してもらうためには店としての手腕が試されるが、同じことが扱いにくい客に対してもいえる。こういう場合、レストランのスタッフは顧客を満足させるために外交的な手腕を発揮し、極端な場合には彼らを「なだめる」か、あえて顧客を失うかを決めなければならない。外交的な対応は、その混乱状態を処理するやり方によっては常連客を獲得することにもなるので、「面倒をおこす」客を扱う際の鍵である（Prus 1989）。如才なくふるまうことはその客のためばかりではない。文句をいう客は店内の注目の的となるからだ。したがって、経営者はこれでよいと思っている場合でさえも、忠実で従順な客を作るためにしばしば要求に応じ、自分たちはもの分かりがよいということをその場のすべての人々に見せるのだ。不平は巧みに処理されればうまい商売になる。

当然ながら、コックには事態の進展はわからない。彼らは給仕人が語るその客の性格やタイプをもとに問題を解決しなければならない。料理の質が問題の中心になった場合、コックたちには自分を弁護するよりどころがない。彼らは給仕人やマネージャーの決定を受け入れなければならない。給仕人とマネージャーは客とコックに対して、彼らと良好な関係を保っていくつもりなら、如才ない態度で接しなければならない。給仕人はいつも如才ない態度でいるとはかぎらないし、チップを出す客次第で彼らの即席の忠誠心が発揮されるので、コックの怒りが無知な客ではなく、給仕人にぶつけられるのは驚くことではない。(5)

料理に関するトラブルの最も簡単な解決法は、顧客の好みに応じてその料理を作り直すか、違うものを出すことである。コックは、自分の作った料理とその技量に向けられた侮辱に歯をくいしばって耐えなければならない。給仕人は、店で親しげに話していたその客を裏で激しく罵ることでコックの怒りを宥めようとする。こういう摩擦は「スタンズ・ステーキハウス」でとくに激しかった。この店の客は社交性や教養に欠けていて、コックをプロとして扱うことを知らない上に、自分は料理の善し悪しがわかると思い込んでいた。

ある客が小エビのサラダを注文したが、小エビの背ワタが抜かれていないと突き返してきた。

その客を受け持ったロビンが、ヘッドシェフのダグに「うちでは小エビの背ワタは取らせてないわよね。お客がいやだと言ってるけど」。経営者の息子のチャールズはサラダ担当のビアトリスに、小エビの皮をむいて背ワタを取っているかどうか調べるようにいった。ビアトリスはしぶしぶ調べにいってこう報告した。「別に問題はありません。小エビの皮はむくけど、背ワタは取っていません。でもほんの小さな黒いところがあるだけでしょ。いつもこうですよ」。するとロビンが「あのご婦人は冠動脈血栓を起こしかけたことがあるんだって」。「顕微鏡でも使わなくちゃならないな」とチャールズ。「彼女が言うには、小エビを全部どけてそのかわりにチキンを入れてくれって。チキンは切らしてるって言ったんだけど。見た目もよくないわ」とロビンがチャールズにいった。チャールズはビアトリスにこう言ってこの論争を終わらせた。「その客が妊娠中だと言えば作り直してもらえるかな」。彼の性差別主義者めいたこの言葉が、経営者が厨房のスタッフの面倒を見ているのだとわからせ、その日は終始腹立ち紛れの言葉が聞かれたが、とにかくこの事件は決着をみた。

（フィールド・ノート、「スタンズ・ステーキハウス」）

今日、昼食のときロビンは「くそばばあ」とトラブルを起こした。彼女は連れと同じステーキを注文したが、出来上がりも大きさも連れのとは違っているというのだった。「『ここでだれかと一緒にお昼を食べるときは、よく考えてみるわ』と言うのよ。彼女を追い出してやりたかったわ」とロビンは報告した。そしてステーキを調理したルーの味方をし、あの女性はトラブルメーカーだといった。経営者はロビンにその女性客の請求書を一ドル安くつけるようにいった。（フィールド・ノート、「スタンズ・ステーキハウス」）

経営者をはじめとするレストランのスタッフは、どれほど自分たちが個人的だと思っていても、集団としての連帯感を示さなければならない。客からのこのような「不合理な」攻撃はスタッフを団結させる要因となる。わたしは給仕人がコックのミスを攻撃するのは聞いたことがなかったが、彼らはしばしば客を手厳しく批判していた。

特別扱いの逆　まれな例だが、コックが扱いにくい客の食事を作るのを拒否することがある。客のソーセージを尿につけたとかいう第四章の話は、舞台裏の復讐の極端な例である。コックが腹を立てていてそれをうまく処理できると感じたときに、客のスープにつばを吐くというのはよくある話である（Orwell 1934）。一般的には、コックは仕返しとしてわざとゆっくり仕事をしたり、中途半端な仕事をしたりする。

給仕人のマギーがひどく立腹して厨房に来ると、サーロインの注文のことでジーンにこう言った。「このサーロインを切り分けてくれないかしら。小さいのでいいのよ。あの連中にはもったいないもの。わたしがこのサーロインは分けられないと言ってるのに、彼らはどうしてもやってくれっていうのよ」。ジーンはできるだけ小さなサーロインを見つけた。

（フィールド・ノート、「スタンズ・ステーキハウス」）

ステッフィがコックに、客がステーキを突き返したと言った。「これにもう少し火を通してくれない？　客がよく焼けてないと言うの。わたしには言いようがないじゃない」。オーナーの息子のチャールズはこう言った。「あの客は全くのくそったれだ。そのステーキを真っ黒にしてやれ。畜生め」。

（フィールド・ノート、「スタンズ・ステーキハウス」）

「スタンズ」のトラブルは他のレストランより多いのだが、それはステーキハウスの客がステーキの焼き方について文句を言うのが、食通の資格だと思いこんでいるせいである。規模の大きいレストランはその経営戦略上、どんな客でも常連にする必要に迫られていないので、コックは客がまた来店してくれるかどうかということにあまり関心がない。理不尽な客からの要求が、大混雑でみんながいらついている夜に起こったりすると手抜き仕事を誘発する結果となる。

調理は閉ざされたドアの向こうで行なわれるので、コックは何も知らない客から掠奪行為を行なうチャンスに恵まれる。彼らの表現行為は決して公にされない。料理は「要求されたとおり」作られ「通常どおり」客に供される。原則として、客にはチップとまた来店すること以外に、相手と取引できる力はない。いったん苦情を訴えたら、そのレストランのスタッフはこういう客はチップも出さないし、また来店することもないだろうと考える。その結果、客にとって相手と交渉する力はますます弱いものとなる。客にとって幸いなことは、コックのモラルが復讐の機会を押し止めていることである。

実際、顧客はレストランの成功を左右する。市場での地位を確立し、望ましい関係を打ち立て、評判を得ることがレストランの生き残りにとって重要なことである。生き残っていくために、企業は、その潜在的な客は集団であること、そしてマス・メディアによる宣伝や都会のネットワークによる口コミを通じて、これらの個人的に知らない人々に到達できるはずだということを考えておく必要がある。組織の成功はそれ特有の決定の集約に基づくものだが、この決定は構造的・文化的特徴からある程度予測できる。それぞれのレストランは、絶対的かもしれないが、顧客の獲得とメディアの関係を通じて操作可能な生き残りの戦略をもっている。

メディアとの関係

おそらくきわめて差別化された市場で競争している小企業だからであろうが、わたしの調査した独立採算のレストラン三軒は、全く宣伝をしていなかった。店の外に控えめな店頭広告を出し、市内版雑誌とレストラン・ガイドに広告を載せていた。「ブレイクモア・ホテル」のレストランはホテルの至るところに広告を出していたが、客を呼びこむためにそれ以上のことをしていなかった。これらの企業はラジオ、テレビ、広告掲示板などに金を出せるほど大きくない。こういうレストランは、客が口コミや無料の宣伝によって自分たちの店を見つけてくれるのを待っている。「スタンズ」、「アウルズ・ネスト」は数十年、「ラ・ポム・ド・テール」は一〇年近くの営業実績があり、かなり成功している店なので、客の方からやってくるのだった。だが、店の評判にはいつも留意していないと、手に負えない脅威となることがある。

産業は相互に利益を提供しあい、連係しあっている。一九七〇年代までマスメディアでは食物に関する話題に人気があり、レストランを取り上げれば読者を引きつける特集記事ができるとわかっていた。あかぬけた都会の客を相手にしたいと望んでいたレストランにとって、良い記事はビジネスを刺激し、レストランを「有名にし」、山ほど客を連れてきてくれる(Hall 1985, p. I)。例えば、「ラ・ポム・ド・テール」では、経営者が二〇代前半のティムをヘッドシェフの地位につけたことに関心が集まっていた。ティムがその地位についてまもなく『ミネアポリス・トリビューン』紙に、ここのレストランはツインシティーズで最高であるという賛辞に満ちた記事が掲載されて、この抜擢は大成功だったことが示され、客も増えた(フィールド・ノート、「ラ・ポム・ド・テール」)。その後ある娯楽週刊誌が、客の入りが悪かった日曜のブランチをツインシティーズで最高だと取りあげた。これは厨房では大喝采で迎えられた。その記事が出る前、経営陣は客の入りが悪いのでブランチをやめようと考えていたところだったのだ。売り上げは一時的に好転したが、雑誌の記事にも限界があった。やがてブランチは取り止めになった。

特集記事はまた売り上げにも効果がある。そこで、シェフたちは新聞や雑誌に頼まれると、今まで書きとめたことがなかった料理や、家庭用に書き直したレシピを彼らにわたしてやるのだ。「スタンズ」もテレビ雑誌の特集でマスコミの恩恵にあずかった。これはコックにとってはありがた迷惑だったが。テレビの視聴者が次の週にこの特集を読んだといえば、あるステーキ料理の値段が割引になるというものだった。その週末、「スタンズ」は六〇〇人以上の客で大混雑した。厨房の混乱を防ぐため、ステーキはすべてミディアムの注文になった。チャールズは、この割引で食事は原価ぎりぎりとなり、損失が出ているとと雑誌社に説明した。だが、彼はテレビに出ることのメリットを考え、それらの客がまた来店するだろうと思って、その企画をまた行なうことに喜んで同意した。

良い記事が役に立つのと同様、否定的な記事は痛手となる。

「コーチハウス・レストラン」は、『ニューヨーク・タイムズ』の料理評論家から何年間もにわたって最高ランクである四つ星を与えられていた。去年の初めのある金曜日、この新聞はこのレストランのほとんどあらゆる点に欠陥をみいだしたという痛烈な記事を載せた。「その晩は一八六人分の予約が入っていたが、八〇人は来なかった。キャンセルの電話さえかかってこなかった」とこのレストランを三五年間経営してきたレオン・リアニデスは思い出しながら言った。それに続く数週間で「コーチハウス」の客は約五〇％減った。(Hall 1985, p. I)

ミシュランの星が増えたり減ったりすることはきわめて重大な事件であり、その影響は経済面だけでなくシェフの誇りをズタズタに引き裂くことにもなる……一九六六年、一年でミシュランの星をふたつとも失ったパリのあるレストランの経営者は自殺した。(Clark 1975, p. 204)

もちろんこれらは極端な例である。しかし、批判的な記事が広く読まれることによる経済的な影響を考えれば、批評家を殺して、自分の生活を破壊した復讐をしてやりたいと思うレストラン経営者の気持ちに共感がわく。

一般的に、評論家やメディアの報告は「門番」の役割を果たしている。同種の産業の中に無数の企業があれば、客はどれを選ぶべきかの基準を求める。口コミは重要であるが、この広告媒体はすでにそのレストランに行ったことのある客の行動に依存している。レストランが独自の宣伝方法を作り出すことはできるが、それによって大衆がレストランのことを知る主な組織的基盤はメディアである。同様の仕組みは地方市場でも進んでいるが、上記のことはエリートで構成される社会にもっとも劇的に当てはまる。エリートの評論家は流行の発信者となる。これはニューヨークの美術界で、批評家が表現主義の抽象画の容認に影響を与えたのと同じことである（Wolfe 1976 ; Guilbaut 1984）。料理の世界でこのような経過がもっとも明らかにみられるのは、フランスのヌーベル・キュイジーヌの受容においてである。「ヌーベル・キュイジーヌの成功の栄誉の多くはアンリ・ゴールとクリスチャン・ミロー〔二人とも一九二九年生まれ、ジャーナリスト。出版社ゴール・ミロー社を創立、経営〕に帰せられるべきものである。彼らは年次発行のガイドや月刊雑誌のコラムで、冒険心に富むシェフと彼らの作りだす味覚を支持し、反動的でまずい料理を出すレストランを皮肉り、この新しい哲学が高尚な雰囲気の高級レストランから一般大衆まで浸透するのを可能にした」（Gillon 1981, p. 11）。『ニューヨーク』誌のレストラン批評家であるゲイル・グリーンは、一握りの強力なニューヨークの批評家たちが辛い中国料理をはやらせたと主張している。「一〇年くらい前、四川風の料理がとても注目されるようになった……それは〔料理評論家の〕クレイグ・クレイボーンと〔『ニューヨーク』誌の〕かくれグルメのミルトン・グレイザー〔一九二九―、グラフィック・デザイナー、イラストレーター。『ヴィレッジ・ヴォイス』誌副社長も兼務〕と故ジェローム・スナイダーのコンビの肩入れによるものだった。この三人の辛い料理への熱中が四川風料理の大流行に発展した」(Winegar 1985, p. 18)。当然ながら、エリート批評家が実証した時流に乗ったものが、「今はやっている」レストランのお客になりたいという幻想を抱いている消費者には、値段が高すぎたり、変わりすぎていたり、辛すぎたりする場合もある(Finkelstein 1989)。その結果レストランによっては、平均的な客が彼らの味覚にあった食事をしながら流行の体験をしていると感じられるように、この種の新奇な料理に手加減を加えることで市場ニッチをみいだす店もある。革新的な文化は大衆のために変容させられてきた。

エリートの集合地で起きるこの仕組みはまた地方の市場でも顕著である。特定の地域にみられるレストランは、ある程度まで地元の批評家との関わりをもつ。ミネアポリスには冒険心に富み、洗練された味覚の持ち主である評論家がいたためだろうか、ここのレストランは一九八〇年代に、その前一〇年間の気の抜けたような停滞期から抜け出し発展した。反対にセント・ポールでは冒険心のある洗練された評論家もおらず、一九七〇年代のほとんどは、決まった評論家さえいなかったため、この町では存続できるレストラン市場が発達しなかった。他の説明もできるだろうが、ミネアポリスの評論家たちの方がこの町のレストランをすすんで記事にし誉め讃えたということ、そしてその記事の読者たちがほとんどツインシティーズの住人であったことが人々に知識を与える結果となり、ふたつのレストラン社会に影響を及ぼしたのだった。

ある観点からいえば、評論家は間接的にレストランの数――そのレストランの中から彼は選ぶことができるのだが――を増やしながら、レストランの客を増加させる義務がある。というのは、レストランで食事をすることに人々の関心が集まった結果、新しいレストランに来る客が増加したからである

(Fine and Ross 1984)。またレストランの経営者たちも評論家の記事を読んでいて、否定的な記事がでると雑誌の広告掲載をやめるなどと騒ぎたてるので、ツインシティーズのような地方市場では、ほとんどのレストラン、とくに地元に経営者がいるような店については好意的な記事を書くようにとの強力な売り込みがなされる。全国的なチェーン店の批評はもっと簡単にいくようだ。

コックと同様に、評論家も自分たちの仕事は世間を教育することだと思っている。一九五七年にクレイグ・クレイボーンが『ニューヨーク・タイムズ』社に入るまで、レストランの記事は新聞の広告・販売部門と関連づけられていた(Buckley 1982, p. 46)。クレイボーンは料理についての論文を載せたりレストランの評価を行なうことで、従来の方針を変えることに尽力した。一九七〇年代の調理革命によって、ニューヨークから辺境の地まで料理について語ることが一般的になり(Hanke 1988)、レストランの料理は「名高い商品」となり、調理の知識はヤッピーたちにとって教養の一部となった(Zukin 1991)。料理についての共通の話題をもつことが法曹界や一流企業の人々に必要なことになった。

マスメディアはレストランが競争する組織的な環境にとって不可欠であり、レストランの成功に影響を与えることにより、厨房で働く人々の生活と地位に影響を与える。好意的な記事は厨房の雰囲気を明るくするが、批判的な意見は収益だけでなく厨房内の人間関係にも影響を与え、原因を追求し変革が求められることになる。

レストランの内部構造

価格づけの形態

市場ニッチにおけるレストラン選別と競争のポイントは価格の付け方である。どんな製品にしろサービスにしろ、消費者はそれがいくらかかるのかを知りたがっている。レストランや他の多くの企業の場合、「適正な」価格というものは存在しない。どのレストランもどのくらいの価格が妥当かという予想はしているが、食物を調理することには実質的な価格の柔軟性が伴う。したがって「ステーキ」一皿は五ドルから二五ドルまでになる。肉の量や質、付け合わせ、店の雰囲気、調理する人の腕前などに差があるにしても、ステーキは所詮ステーキなのだ。シェフはマネージャーと共に、ある料理をいくらの値段にするかを決めなければならない。シェフはその料理の原価計算をして、理想的には価格の三〇％に押さえようとするが、これらの計算はおおよそのものである。わたしは「本日のスペシャル」がいくらになるのか、話し合ったり見積もりをしているところはほとんど見たことがなかった。通例として、価格はあまり深く考えられず、即座に決められる。

レストランの経営者は、顧客が払うことができ、また妥当だと思う値段の範囲内で料理の価格づけをしなければならない。このことは、ある料理の価格はかかったコストよりずっと高く、また別の料理は客の期待に応じるために実際のコストより低く設定する場合があるということを意味する。通常チキン料理は牛肉料理より安い価格になるが、それは牛肉がチキンより文化的に価値があるとみなされているためである。適正な価格とはその料理のコストの客観的な測定値ではなく、容認された価値であり、実効的な価値のことである。実例をあげれば、「ブレイクモア」では他のことよりはコスト計算に特に気をつけており、コストが平均三一%になるよう料理の価格づけを行なっていたが、それぞれの料理の値段はさまざまだった。ラムの首肉料理はメニューの中で一番値段が高いもののひとつだったが、それでもコストは六五%だった。一方、比較的安い値段のチキン・オスカー［この店独得の料理名］はコストが二七%だった。自分の払う金に見合うディナーを食べたいと思う人がいたら、ラムの首肉を選ぶべきだ。これだとホテルが損をすることになるからだ。給仕人はラムの値段がチキンより高いといって客に反対を唱えたりしない。チップも多くなるはずだからだ。料理のコストを最小限にしてボーナスをもらおうとする経営者とシェフは、給仕人がチキンを客に強く勧めるべきだと思っている。ラムは「儲からない品」なのだ。給仕人は客の注文に関して公然と批判されることはないが、「儲からない品」を多くの客が注文しないように確認することで、組織に対する給仕人の忠誠心をよりどころにしている。あるときシェフはラムの首肉をひとつ一一ドルという肉の卸業者を断った。一一ドルではこの料理の総コストが一〇〇%以上になるからだった。彼は質は落ちるが安いラムを見つけた（フィールド・ノート、「ブレイクモア・ホテル」）。

全体としてレストランのメニューは、比較的高い料理と安い料理の間のほどよい価格を保っている。調理のコストが高い料理と安い料理との差をせばめ、最も高い値段の料理を下げ、最も安い値段のものを高くする。すべての料理は似通った値段をつける必要があるが、そうすると、肉料理は儲けなしで売らなければならない、だが、魚料理に高めの利益マージンをつければバランスが取れる、と「アウルズ・ネスト」のヘッドシェフのポールは説明してくれた。人気のある料理に価格上の問題が生じることがある。「アイボリー・サーモンは儲けが薄いからほかの料理で埋め合わせをしている。……アイボリー・サーモンは三五ドルの値段にすべきなんだ。損益なしにするには二五ドルにしなけりゃならない。だから、ほかの料理で埋め合わせする必要があるんだよ」。野菜料理はそのほとんどが安く、肉や魚料理と同等にみなされることは少ない（フィールド・ノート）。

「ラ・ポム・ド・テール」では多くの料理がスペシャルでメニューに載っていなかったため、毎日価格が決められていた。前菜としてパイ皮にマルサラ酒風味の生のシャンテレーユ茸を詰めたものを出したとき、シェフは三五％のコストを維持しなければならないと説明した。彼はいつも前菜一人前にシャンテレーユ茸を三オンスだけ使い、八ドルの値段をつけている。この茸は卸業者の一人が時々持ち込んでくる。前菜の仕込みが終わると、余ったシャンテレーユ茸はスライスして子牛のすね肉の付け合わせに使う。この料理は一皿二一ドル五〇の高値がつけられる。残りの茸はランチ用のシャンテレーユ入りのオムレツとペリゴール・ソース［トリュフの入ったソース］に使われる。茸の最後の一切れまですべて使い、それぞれの料理に応じた値段をつけることによって、シェフは一箱一〇〇ドル近くかかるこの茸のコストを取り戻すことができる。「ラ・ポム・ド・テール」は、食材のコストに応じた柔軟な価格を客が容認することで成り立っている。だが、このレストランでさえ、二五ドルを越える料理はひとつもなかった。一九八〇年代半ばのレストラン市場では、この二五ドルという価格が食物の値段としてはぎりぎりの妥当な額だと決められていたかのようだった。

個々の料理の値段について客が給仕人と交渉することはほとんど不可能だが、レストランは宴会費の値段については客と交渉する。どこのレストランでも宴会やパーティを請け負い、その際の料理の値段は客と直接相談する。価格はパーティの規模、格、そのレストランの混み具合い、客の影響力などによって決められる。値段が決められると、シェフは利益を出すために仕事の量と料理のコストを最小限にしなければならない。「ブレイクモア」のようなレストランには価格リストがあるが、実際には値段の決め方には柔軟性がある。価格リストは交渉のためのほんの参考となるだけの、最大公約数的なものである。「ブレイクモア」のあるコックがわたしに言った。「ほかの多くのレストランがうちより良い料理を出しているのは明らかだ。……〔経営者は〕『うちで五〇人くらいのパーティをやってみてくださいよ。お安くしますから』と言わなきゃだめなんだ」（インタビュー、「ブレイクモア・ホテル」）。

コックとマネージャーは「納得できる」値段の料理なら——特定の状況でそれが何を意味するかは別として——売れ行きは良いはずだと考えている。そこで、「アウルズ・ネスト」では、メニューで最も安い料理のひとつだからという理由でレバー料理がよく売れている。多くのレバー嫌いの人々には驚くべきことかも知れない。

顧客の多いレストランが利益を増やしたり安定化させたりできるコツのひとつは、個々の料理からの利益をあげることである。週末の夜の客が多すぎることに悩んでいた「スタンズ」では、各品目を五〇セントずつ値上げすることにした。経営者の息子は一晩に六〇〇人を越える客が入ったと述べ、こう説明した。「うちの値段は安すぎる。うちの料理はうまいがこんなに客が入るほどじゃない」（フィールド・ノート、「スタンズ・ステーキハウス」）。食事の価格は客の流れをコントロールし、効果的な作業と最大の利益のために最適な客数を獲得しようという経営者の試みである。

客の人数と彼らの払う金額の大きさに反映されるレストランの収入は、全体の半分しか示していないということは明らかである。この収入は、担っているコストと比較して初めて意味のあるものとなる。同じくらいの収入の二軒のレストランでも成功度が大きく異なる場合がある。レストランは、固定費用、労働コスト、食材コストの三種類の経済上の責務を果たさねばならない。またその他に通常五〜一〇%の利益マージンを出す余裕も残しておくべきである。

固定費用　どのレストランにもその立地条件、設備、銀行ローンなどの借入金額、家賃、抵当などに応じた固定費用の平均がある。「ラ・ポム・ド・テール」の実務担当マネージャーは、この店はほどほどの諸経費のおかげで経営が成り立っているのだと言った。店は繁華街から離れた住宅地のマンションの地階にあり、ヤッピーたちに人気があり、美術館や劇場にも近かった。この地域は完全に「高級化」されてはいなかったが、上流階級の発祥地だった。店の諸経費は処理しやすいほうだった。実務担当マネージャーはこう指摘した。「もしうちの店が町の中心地にあって銀行ローンを払わなければならないとしたら、とてもやっていけないだろう」(フィールド・ノート、「ラ・ポム・ド・テール」)。多くの独立採算経営のレストランでは、銀行が経営に口を出さないパートナーである。

立地条件とスペースに関連したコストは、文化的な意義と客の新規獲得に欠かせないものとなっている(Zukin 1991)。わたしが調査した三軒の独立採算のレストランは、町の中心部のビジネス街からも、また排他的な住宅地からも離れた場所にあったということが重要な意味をもつ。「ラ・ポム・ド・テール」は芸術的な文化地域にあって、店が消費体験の一部となることを可能にした。「アウルズ・ネスト」は二〇年間、主要な工場や中小の企業で占められている大通りの一角にあり、人々が我先にとこの店のディナーを食べにやってくるような場所だった。近所にあるレストランといった感じの「スタンズ」は、中流階級下層の住宅地の主要な商業用街路にあった。立地条件は消費と客に影響を与える。比較的安い土地を選ぶことは、中流階級下層の者が多額の自己資本を投入せずに、自分のレストランを開店するための資金が手に入れられるということである。このような事業に資金を融通する銀行は、その人物の経済のバランス・シートを参考に潜在的な市場の評価を行なう。

費用削減のためのレストラン経営者の常套手段は、廃業したレストランの店舗を買い取ることである。こうすればレストランに必要な設備が割安で獲得できる。一度レストランになるとその場所はずっとそのまま使われることが多い。しかしこの形は、そこが立地条件のせいで失敗したのであり、潜在的な客が少なかったせいではないということを経営者が無視していることを示している。

レストランの内部は外見と同様に重要である。第三章で述べたように設備の質をめぐって葛藤が生じることがよくある。経営者はコスト制限を望み、コックは上手にそして簡単に調理ができることを望む。どんな厨房設備を買い入れるかという選択はそれぞれの目的と関連する。ときには銀行による制限がコックの好みとならんで威力を発揮する。「ラ・ポム・ド・テール」と「アウルズ・ネスト」のコックは新しいレンジを欲しがっていたが、経営者はその決定をずっと先延ばしにしていた。レストランの厨房の多くは冷房がない。経営者はこの大きな出費によって仕事の効率や料理の質が向上するとは思っていないからだ。特典とコストは関連性があるとみなされていない。「ラ・ポム・ド・テール」の、些細なことだが今ももめている問題は、ヘッドシェフが自分の制服の代金、一着分三二ドルを経営者に払ってほしいと思っていることである。そのシェフはわたしに、制服は六カ月ですりきれてしまうが、自分は代わりの制服に金を使いたくないのでボロボロになるまでそのままにしていたと語った。彼の解決法というのは、制服の請求書を他の請求書の中に紛れこませ、店が払うようにさせるというものだった。実際のところいつまでこれがばれないでいるかはわからなかったが。「アウルズ・ネスト」と対照的に、「ラ・ポム・ド・テール」はコックのナイフ代を払っていた。各レストランのコックの責任と権利は、ときには組合の契約を通じ、またあるときにはコック、シェフ、経営者の間で非公式な形で日常業務のなかで取り決められ、積み重ねられていった。

労働コスト　レストランはすべて従業員を雇っている。さもなければどうしてレストランに食事に行く必要があろうか。サービスしてもらえるからこそレストランに行くのだ。だが、一体何人必要で、給料はいくらくらいなのだろうか。歴史と経済の状況は技術においてだけでなく、サービスに象徴的に表わされている客のニーズに応じて、労働力の規模にも変化をもたらしている。その一例だが、フランス革命の及ぼした小さな影響として、貴族たちが自分たちのお抱えコックを解放し、他の者たちは当時一般的になりつつあった公営のレストランで働くようになったということが挙げられる（Willan 1977, p. 134）。

各レストランでは、ヘッドシェフが労働関係の予算の権限をもっていて（わたしが調査したレストランは「スタンズ」を除いてすべてそうだった）、その予算の配分の仕方は彼が決定することになっていた。労働コストに一定の制限は設けられていないが、予算以下でおさめられれば実質的なボーナスをもらえることをシェフは承知している。そのためシェフたちの個人的な利益はコックの利益と異なる。一般的に労働コストは食材コストを下回っていなければならない。例を挙げれば、「ブレイクモア・ホテル」のシェフはコックの労働コストをレストランと宴会からの収入の約一〇％までに押さえるようにしていた。

わたしが調査を始める直前に「ブレイクモア・ホテル」で解雇が行なわれた。人気のあったスーシェフと他の二、三人の従業員が解雇され、他の者も業績不振のせいで解雇されるのではないかと考えていた。レストランは満足ゆくような売り上げを得ておらず、経営者は労働コストの削減で予算のバランスを取ろうとしていた。わたしの調査が終わるまでに、レストランはまだ客を引きつけることはできなかったが、予算のバランスはうまく取れるようになり、それ以上解雇者を出す恐れはなくなった。コスト削減のため、スタッフを減らしてインスタント食品を使うようになった。あるコックは自分のレストランでインスタントのマッシュポテトを使っていることをこう弁解した。「ほかに方法がないときインスタント食品は便利だよ。全部出来立てを出したかったらこういう物が必要なんだ。これがレストランのもうひとつの大問題さ。ほかに方法がないんだよ」（インタビュー、「ブレイクモア・ホテル」）。労働コストの制約は料理に影響を与え、経済上の選択と労働生活と消費面からの選択の間の関連を再び思い起こさせる。適切に仕事を処理できるか無気力に陥るかのぎりぎりのところで労働力を削減すると、失敗する場合がある。コックは人員削減が料理の質に影響するという不満――時には醜い満足感――をもらしていた。

ダナが昨日のデリカテッセン〔調理済みの肉・魚料理、サラダ、チーズなど〕の盛り合わせの「ひどいありさま」を報告している。「わたしたちは例によって遅れたのよ。エズラがその盛り合わせをやらされていたのだけど、彼には初めてだったものだから、見た目がまるで残飯みたいだった」。彼女はあまりに無能なコックが雇われていると言った。彼女自身は全体として困惑することばかりだと表現した。本来はケイトがパン係だったが、今は彼女が担当になっていて、その上スープと野菜料理もまかされている。この分業は「うんざり」だと彼女は言っている。……「もしわたしがスープとスペシャルとパンを受け持つのならOKだけど、それと宴会までやらされるのは無理よ……明日の用意のためのトウガラシが切れているから〔今日は〕帰るわ。今日みたいに仕事の切れ目がないのよ。店のほうはあなたが残業してくれるといいと思っているわ。あなたには残業代を払わなくて済むから……あなたに対してありがとうも言わないわよ。もううんざり」。（フィールド・ノート、「ブレイクモア・ホテル」）

ダナは特に手厳しいのだが、彼女の不平は他の人々の不満をオーバーに表現したものである。経営者は給料を低く押さえながらできるだけコックを働かせる。コックは残業代なしでもすすんで仕事をする（第二章参照）。しかしこれは、特に強力な共同体のない場合、雇用主が彼らを利用できるのだと考えられる結果になりかねない。

レストランは労働力の削減に加えて、コックの給料が安いことでも悪名高い。あらゆる職種に当てはまることだが、「適切な」給料は討議すべき問題であることが明らかだ。[6] わたしが調査を行なった期間（一九八二―一九八三）、ヘッドシェフの平均年収は約三万ドルで、新規採用は時給約六ドルが平均であり、経験を積むにつれ、九〜一〇ドルへと昇給してゆく。一九八四年のある調査結果によればシェフの給料は一万八〇〇〇ドルから四万五〇〇〇ドルで、コックの初任給は（時給の場合）年収九〇〇〇ドルから一万二〇〇〇ドルであった（*Chronicle Occupational Brief* 1984, p. 2）。ツインシティーズのシェフは中流階級並みの仕事だが、他のコックたちは労働者並みの賃金である。コックは時給のため、レストラン側は彼らに出勤しなくてよいと命じたり、職場にいる時間を短縮して、しかもいつもと同じ仕事の量を要求したりして労働コストを削減する。例を挙げれば、ジョンは「アウルズ・ネスト」に三〇分遅く正午に出勤するよう言われた。わたしはジョンになぜシェフがこの変更をしたのか尋ねてみた。「シェフはおれがいつもより三〇分少なくても同じだけの仕事ができるかどうかみたがっているのさ。あるいは〔冗談まじりで〕この前のおれの給料が多すぎたと思っているのかも知れないよ。……さもなければ〔すこし真剣な顔で〕売り上げが落ちているのかも知れない」（フィールド・ノート、「アウルズ・ネスト」）。「ブレイクモア」が実施していたもうひとつの方策は、ダイニング・ルームを早めに閉めることだった。追加予約が入っていなければ、「ブレイクモア」のダイニング・ルームは定刻より三〇分早く閉められた。客を失うかもしれないが、労働コスト削減のためだった。

労働コストを予算内で抑えてボーナスをもらうシェフをはじめとして、経営者側の立場からすれば、少ない労働力で多くの生産ができればできるほど、より望ましいことになる。このような経済上の現実は、社会的な現実に対してバランスを保つようでなければならない。社会的な現実というのは、「ブレイクモア」の例に見られるように、労働力の削減が過ぎると、共同体意識、忠誠心、仕事への熱意、残業を進んで引き受ける意欲などが失われる。経営者側の支配や低い賃金などに直面している労働者の主観的で感情的な姿勢を無視したまま、労働プロセスの理論が極端に推し進められることがある。レストランの中には、事業が発展しても十分なスタッフがいなければ料理の質の向上は望めないということを理解せず、人員の増加を渋ったために破綻を招いた店もある。

わたしは「ラマダ・イン」に〔雇われて〕いた。夜〔そこに〕いるコックはわたしだけだということは知らなかった。わたしはもともと夜担当のシェフだった。厨房に一人だけだった。同僚も部下もいなくて、料理兼飲み物担当のマネージャーが自分の持ち場にいるだけだった。そんな状態で二〇〇人分の宴会の用意をしながらレストランの客の料理を作って、盛り付けと給仕もしなけりゃならない。仕事を分担してくれる者がだれもいないんだから。注文が入ると全部を中断してそちらをやり、またもとの仕事にもどる。〔料理兼飲み物担当のマネージャーは〕だれか雇えるようになるくらいわたしたちスタッフが売り上げを伸ばさなければならないといって、新たに人を雇いたがらなかった。わたしたちは、人を雇ってくれないから売り上げが伸びないのだと、彼に言おうとしたんだ。（インタビュー、「アウルズ・ネスト」）

おそらく料理兼飲み物マネージャーは、彼が何をしようともう一人雇えるほど売り上げが伸びそうもないので、出費を少なくして予算のバランスをとることに決めたのだ。

低賃金は、文化的な組織の経済構造上不可欠であり、それはこういったぜいたくな製品の価格を消費者が快く支払う範囲に留めておくためである（Phizachlea 1990）。ニューヨークのオート・キュイジーヌのレストランでさえ、労働コストは最小限に抑えている（例：Claiborne 1982, p. 144）。どこでも見受けられるあるやり方は、高給をとる経験者を給料の安い未経験者と入れ替えることである。

時折起こることだが、皿洗いから始めた若い者がコックの技術を身につけて先輩のコックにとって替わる。若いほうが安い賃金で喜んで働くことにより、先輩を追い出すことになる。

（Herman 1978, p. 42）

〔前のシェフが交替した〕。仲間内ではおれしかいないのははっきりしていたが、彼〔経営者〕は外部の人間を探すこともできた。経験のあるシェフを雇うのはかなり金がかかるので、当時の経営者の考えに首をかしげる者もいたが、客観的に言って彼はとても賢い選択をしたと思う。おれを選んだことで高い給料を払わなくて済んだし、おれは様子がわかっていたから、本当に賢い判断だったよ。

（インタビュー、「ラ・ポム・ド・テール」）

このレストランの存続を決定づけたこの選択は、スーシェフのティムが安い給料で承諾したことに基づいている。幸いなことに、この決定はこの店の料理の向上に貢献したが、生き残ることが経営上の主眼だった。労働コストは、客のレベルと客一人当たりに十分な利益を必要とするという確固とした現実を設定する。

食材コスト　食材は料理産業の素材である。自営の農場をもっているバークレーの「シェ・パニーズ」のようなレストランでも、食材は無料ではなく「きちんと」値段がつけられねばならない。食材産業をひととおり調べるためには全地球的な分析が必要である（Bryant他 1985, pp. 243-324）。アメリカ人が消費している食材は世界中で生産されており、消費者は彼らがこだわる料理の選択において無上の喜びを得るためには、ユナイテッド・フルーツ社やキャッスルアンドクック社［米国の大手食品メーカー、本社ロサンゼルス］といった、多国籍企業やその子会社の効率性や経済的な選択に依存している（Enloe 1989）。客が食材の選択を求めることは小さな独立採算のレストランと世界経済を結びつけることである。政情不安、地球規模の気象傾向、生態系の変化などすべてがレストランで供されるものに影響する。コーヒーやオレンジが突然値上がりし、メニューや出される料理の質に変化を生じさせたりする。あるいはまた、新しい食材が手頃な価格で市場にあらわれ、料理が変化する。トリュフの栽培とアミガサタケの養殖が始まればグルメの食事に変化がもたらされるだろう。第六章で述べるように、レストランから遠く隔てられた条件に影響される料理の外見、食材コストなどが料理の方法に作用する。政治経済と関連する食材コストは厨房の生活の中心を占める現実なのである。

シェフは出入りの食材業者と交渉することもあるが、それは比較的まれなことである。実際彼らはお互いに相手を信用していて、注文の品が届いたときにチェックもしないのには驚かされた。この信頼はつねに守られているというわけではなく、ある出入り業者は仕事の最中にロース芯［子牛などの肋骨の外側の肉］ステーキではなく、牛のテンダーロインを納品したといってチームスター［全米トラック運転手組合］とトラブルを起こしている。ある組織が他の組織と問題を起こすと第三の組織との関係にも影響が及び、その財政状態や倫理的立場にも影響が出る。レストランは組織相互間のネットワークの中に存在し、そのおかげで組織は存続している。

シェフは、より望ましい価格で、より良質の素材を入手するために出入り業者を比較する。わたしが調査したレストラン各店では数名の業者と契約していて、ときおり交替させていた。業者はレストランと同様、値段が高すぎたり、基準以下の品物であったり、契約どおり納品しなかったりすれば一度目は支払いをしてもらえるが、競争市場なのでそれから先の取引は期待できないということを知っている。もちろんこの問題はレストランだけのことではなくて、業者も自分たちの供給先を比較しながら付き合いを行なっている。レストランは食材の業者との関係を安定させたいと思っているが、他にも業者はいるので、切り替えはいつでも可能だということを知っている。ツインシティーズでは町の外の業者を勘定に入れなくても、数十人の食材卸売業者がレストランとの取引にしのぎをけずっている。またレストランは農家や農家が出荷する市場、食料品店などから直接仕入れる機会もあった。

業者との交渉に加えて、レストランはコストを調節するためにいくつかの戦略をもちいている。幻想、レベルダウン（質を落とすこと）、再利用そして削減である。それぞれが組織が存続するための、経済的な必要性と印象による経営の目的を繋いでいる。これらの策が成功するには、その実行を厨房だけに制限しなくてはならない。さもないと、たとえ客に対して公平に接していると主張しても、彼らは騙されたと感じるだろうから。

幻想　コストが削減できるひとつの方法。倫理ぎりぎりの行為やときには倫理に触れる行為にもなるテクニックであり、ある品を別の品と偽って客に出すこと。頭から否定されるだろうが、とくに劇的な実例はニューヨークのオート・キュイジーヌの殿堂「ルテス」に行ってみたシェフの話である。「彼は「ルテス」のアミガサタケのクリーム和え鶏料理を食べてみた。『パサついてなくてうまい』と彼は言った。「これは若鶏じゃない。コーニッシュ種の雌鳥だよ、フランク・パーデュ。ボリュームを出すためにはたしかに質を落とさなきゃならない。値段も高め。利益も多めだ。あいつはビジネスがうまいよ』……もしあんたがトリュフやアミガサタケや鶏のトサカと思って食べていたのが偽物だったら、それは非難されるべきことだ」(McPhee 1979, p. 88)。ツインシティーズのあるレストランではトリュフが料理に使われていると思われていたが、実際に用いられていたのは「人工の」トリュフだった。だが不満は出なかった。幸いなことに客がだれ一人この秘密を看破しなかったのだ。

レベルダウン　食品の銘柄によって質や値段はさまざまである。それぞれのレストランは客に出す商品の質を選別しなければならない。あるレストランで調理にワインを使うとしたらその銘柄や葡萄園のことまで実際にこだわるだろうか。見分けられる人がいるのだろうか。最終的な味がよければいいのではないのか。しかしもしその味が料理に影響を与えるとすれば、その違いはどのくらいで大きすぎるということになるのか。答は市場次第、すなわち、客がまた来るかどうかということである。客はひとつの料理のために(ステーキとワインは例外だが)また来店する気になることはまれである。どのレストランも理想と経済上の現実との間で妥協しなければならない。この現実は市場ニッチという認識と関連している。

生き残るためには、たとえ実際に客を騙すことにならないにせよ、「レベルダウンした」食品を用いてできるだけ経費の削減をはかることである。「ラ・ポム・ド・テール」のようなすぐれたグルメレストランでも、最も安価な塩、包装用ラップを使っている。ペカン［米国産クルミ科の実］さえも味の違いは重要ではないが、価格の違いは大事なことだという理由から最安値のものを選んでいる。「ラ・ポム・ド・テール」のシェフは、食後のコーヒーにどの程度安い豆と高い豆を混ぜるか苦心していた。そして最終的に高い豆と安い豆の割合を五対三にした（フィールド・ノート、「ラ・ポム・ド・テール」）。「アウルズ・ネスト」は芽キャベツとハッシュ［ハッシュブラウンズ。ゆでたジャガイモを固めてフライパンで焼いたアメリカの料理］をいつもメニューに載せているが、あまり人気がない（一カ月に一度くらいしか注文がない）。そこでこれらには冷凍食品が使われていて、注文があると解凍する。同様に、養殖もののトリュフにカビが生えているのが見つかると、それを取り除くだけで細切れにして客に出す（フィールド・ノート、「アウルズ・ネスト」）。食材のコストが高くなればなるほど、その質にかかわらず、その食材を使った料理が一層多く注文される傾向がある。一定の味を出すためにあまりにも高額が投入されてきた。食材は安ければ安いほど、一層望ましいことになるだろう。

これらの決定は調理法にも影響している。安価な食材が、比べるとより高い食材の代用に使われていることが多い。

ゴードンはチェリーパイを作らなければならないので、ヘッドシェフのデンヴァーにバターを使うのか尋ねている。

ゴードン　溶かしバターを使ってもいいかな？

デンヴァー　何に使うんだ？

ゴードン　チェリーパイだよ
デンヴァー　ショートニングを使え
ゴードン　なぜ？
デンヴァー　バターだけだとこってりしすぎるんだ。
（フィールド・ノート、「ブレイクモア・ホテル」）

この会話は普通より少しあからさまのようだが、調理の際の決定はこのような選択によって決まるのが一般的である。これは一番安いものが常に使われるという意味ではないが、いつもひとつの選択肢として、これでなければならないという理由が特にないときの最善のものとして選ばれる。

代用品でも十分使えると判断されれば、極端に高い食材はメニューからはずされることが多い。「ラ・ポム・ド・テール」では、コストを考えて炭酸入りのミネラルウォーターから普通のミネラルウォーターに代えた。また食後のサービスとして出していたトリュフのチョコレートを経営上の理由でやめにした。同様に、レストラン経営者はコストの点から客が選ぶメニューの変化に注目している。「このところのうちの店の最終損益を考慮しなくてはならない。ロブスター料理ではもう儲からない……メカジキもそれほど安くならない。それで値段の安いスズキでなにか作ってみようと思う」(Demerest 1980, p. 87)。メニューや調理法は市場の値段に呼応する。需要が増えれば値段は変化する。かつては嫌われていたアカウオがその良い例で、「雑魚」［油や飼料用の安い魚］が乱獲されたせいで、黒みがかったアカウオは以前より値上がりした。供給の極端な増減もまた価格に影響する。シュリンプやカタツムリの養殖が以前は高価だったこれらの食材の値段を下げた。

再利用　食材のコストを下げる効果的な方法は、何ひとつ無駄が出ないようにすることである。よく言われるように、野ブタを料理する農夫は鳴声以外何ひとつ残さない、というわけである。残りが出るということは「管理がまずい」ことの証明であり、客の注文を予想できず、残った食材を生かすことができないということになる。値段のことを取り上げた際、わたしは「ラ・ポム・ド・テール」でシャンテレール茸を有効に使った料理がいかに多く作られ、それによって儲けがあがっているかを説明した。ヘッドシェフのティムは、シャンテレーユ茸の残りを褐色にいためただけで見た目にきれいで、おいしくて、高価なマッシュルームタルトができることをとりわけ自慢にしていた。そしてこのタルトを「すべて残り物から作った」と意気揚揚と宣言していた（フィールド・ノート、「ラ・ポム・ド・テール」）。残り物の食材からスペシャルを作るのは一般的だが、それを軽蔑する者もいる。「ハウィが、『ラ・ポム』で食事するなら何が食べたいかとわたしにたずねた。わたしはたぶんスペシャルにすると答えた。ダイアンもこれに同意して『わたしもスペシャルにしたいわ。シェフが作りたがっている料理だもの』と言った。するとハウィは冷笑まじりにこう言った。『それこそシェフがどけたいと思っている料理だよ。「ラ・トートゥ」のシェフと話したとき、彼がスペシャルは子牛肉の細切れパイだと言ったんだ。一体だれが凍った子牛肉の細切れなんか食べたがるんだ』」（フィールド・ノート、「ラ・ポム・ド・テール」）。わたしは、客が手をつけなかったチリやスープを鍋に戻しているのを見たことはなかったが、パンは香辛料とともに再利用されていた。レストランではケチャップやステーキソースのビンの中身が半分になるとつぎ足す（フィールド・ノート、「スタンズ・ステーキハウス」）。バーテンが中身が半分になった安い酒と高い酒をまぜて高い酒にみせかけ、ビンのラベルは高いものを剝がしてから貼り付けるというのはよく知られたやり方である。

注文の少ない品を料理しなおして出すというのは一般的である。ある晩「ラ・ポム・ド・テール」のスペシャルはビーフ・ウェリントンだった。ところが、ふたつしか注文がなかったので、残った六皿は翌日のランチとして一〇ドル五〇セントで出された。ディナーは一六ドル五〇セントだった。もしランチでも売れなかったら従業員の食事になるはずだった。

「ラ・ポム・ド・テール」でロブスターを買うと、肉のほとんどはひとつの料理（例：ムール貝入りロブスターのナバラン［魚または肉を煮込んだシチュー］）に使われることが多く、残りは細かく刻んでビスク［エビなどのクリームスープ］に、殻はスープストックに使われる。実際、スタッフの食事は残り物を応用したものがよく使われている。例えば、豚肉の切れ端やビーフテンダーロインから作ったハンバーグなど（フィールド・ノート、「アウルズ・ネスト」および「ラ・ポム・ド・テール」）。レストランは買い入れるものを最小限にするためにあらゆるものを使う。しかしほとんどの場合、傷んだ食品を何も知らない客に出すことは避ける。

削減《ヽヽ》　この最後の方法は最も簡単なことである。すなわち、料理を少なく客に出すこと、または料理の在庫を減らすことである。料理を減らすことは直接コストを減らすことになり、在庫を減らすことは管理部門のコストを減らすという間接的な方法になる。

客に出す料理の分量をはっきり告げているレストランはごくまれである。もしレストラン側が四分の一ポンド、牡蠣一二個、一六オンスステーキなどと決めたら、客が不満を抱かないように決めた量をできるだけ守らなければならない。
客はよく「ジャンボ」ステーキや皿に「山盛り」のフライのことを聞かされるが、これは実際にはどんな意味があるのだろうか。予算に余裕がなければ、彼らはその前の週に食べた量より少ない量を供されることになるだろう。
料理の量は経営者がはっきりと決めている所もあるが、またその場の判断で話し合われる場合もある。

ブルースは大きな肉の固まりをステーキ用にカットしていたが、一枚の分量がはっきりわかっていない。そこで同僚にたずねる。「クイーンズ〔ステーキ〕用にはどのくらいにカットするんだい？　一二〔オンス〕？」。尋ねられたコックもよくわからなかったため、彼らは一二オンスにカットすることに決める。

（フィールド・ノート、「アウルズ・ネスト」）

ジョンはブルースに、シュリンプ・ソテー用に使うシュリンプは七匹にするか八匹なのか尋ねている。「小さ目だから八匹にしろ」とブルースが命じる。

（フィールド・ノート、「アウルズ・ネスト」）

料理のコストについての関心はときには見苦しく見えることもあるが、コックたちはほとんど他人の悪口をいわず、社会的制御の一形態としてのユーモアを利用する（Sacks 1974）。「ヘッドシェフのティムは、スーシェフのハウィが皿にのせているホタテ貝の数のことで冗談をいう。『おやおや、豪勢じゃないか』。この言葉は賛辞の形をとっているが、明らかに、ハウィに盛り付けの量を減らすよう気づかせるための支配的働きをする」（フィールド・ノート、「ラ・ポム・ド・テール」）。さもなければ、シェフは料理のコストについての関心を、実際の仕事を皮肉まじりに変形させ実証してみせる。

デンヴァーは盛り付ける野菜の正確な数のことで冗談をいう。「ニンジンがひと切れ多い」。ケイトがひやかす。「充分あるとわたしが言ってるときは信用してちょうだい」。デンヴァー「ここに計りを置かなくちゃ」。料理兼飲み物担当マネージャーのウィリーは、デンヴァーが野菜を盛り付ける皿を間違えたことをからかう。「野菜三オンスが無駄になったよ」。ケイトが付け加えて「彼のことを書いてよ」。デンヴァーは三オンスの野菜の数をかぞえる。「ニンジン七切れと半分、ズッキーニ五切れ」。（フィールド・ノート、「ブレイクモア・ホテル」）

食品コスト、労働コスト、固定費用をすべてひっくるめたものがレストランの存続を決定する。しかし、シェフはこれらの決定を下す訓練をほとんど受けていない。彼らは推測に頼るしかなく、見過ごされていると思うところをどこでもカットする。結論として、シェフは最終的な財政上の権限は与えられていないが、店の表側の経済状態を監督し、考慮する管理権はある。

管理するコック

最高のときでも、マネージャーは厨房では愛想のよい他人である。最悪の場合には、憎たらしい侵入者となる。わたしが調査した独立採算の三軒のレストランなどがその例だが、店によってはマネージャーは、たとえ厨房スタッフとの間に一線が引かれていても、おおむね好意をもたれ、尊敬されている。ホテルの厨房では、マネージャーは憤激の対象だが、彼らの公の命令にはみな従っている。逆にマネージャーは可能なときにはコックを誉め、組織に対する忠誠心と信頼を育もうとしている。

自主性の形態と支配　仕事の領域が隣接するあらゆる事例についていえば、共通部分に及ぶ自主性と支配が重要である。仕事はつねにその権限の領域を拡大しようとしている（Hughes 1971, p. 293 ; Abbott 1988）。自主性の程度は、特別な相互作用を行なう者同士の間において、また直接的な職業領域の背後にいる組織の行為者——州の代理人、専門職組織、労働組合など——の間における交渉による。驚くほどのことでもないが、関係者は改革を実現するために、地元の事情と人間関係をみる。したがって、ポールは、経営者の息子で日常的な経営責任を負っているダンとの関係をこう表現した。

ダンとわたしはお互いにオープンで良好な関係を保っている。彼はわたしに対して、これまでのどのシェフよりオープンに接してくれる。前のシェフは慎重に観察されていた。わたしも初めて来た当時はそうだった。わたしのことはだれも知らなかったからだ。立派な履歴書があり、経験もある。だが、何を知っているのか？　厨房を切り回していけるのか？　時間がたつにつれ、わたしはまず自分で証明しなければならなかった。……彼らがわたしのソースをみる。作っているところをみて、出来上がりを味わう。わたしがすることすべてを彼らは見守っていた。

彼らはわたしを見ていなかった。わたしを調べていたんだ。わたしの人の使いかたや料理が厨房からどうやって出されるか、などをだ。（フィールド・ノート、「アウルズ・ネスト」）

このヘッドシェフは経営者との関係がうまくいっているせいであろうが、経営者が最終決定の権限をもつことを認めていた。「わたしは厨房で自分の望むとおり好きにやらせてもらっている。だが、もし経営者の気に入らないことがあれば、わたしは彼らの専門知識とそのやり方に敬意を払ってこう言うよ。『いいですとも。もしあなた方がいやなら、わたしたちはしませんから』」と彼は付け加えた（インタビュー、「アウルズ・ネスト」）。これは理想的な関係であり、ある者には望ましい関係だとしても、別の者から見れば腹立たしく思えるかもしれない。だが、権限というネットワークを個人的なものにしたいという希望にもかかわらず、結局ここで基盤となるのは財産と資本を持ち、人を雇用し、ほとんどの場合、解雇もできる権限なのだ。

知識の分離　経営者が従業員の憤激の対象になるのは、経営者は彼らの直面している問題を理解できるほど十分な訓練も受けておらず、またその知識もないためである。そのため、とりわけ小規模な店の経営者の中には仕事の手順を覚えようとし、従業員との対話に参加しようとする者もある。一例をあげれば、「スタンズ」の経営者の息子は、地元の職業訓練センターで調理師の免許をとった。彼はコックとして働いた経験はなかったが、「もしコックが突然怒りだして仕事を放棄したら、僕がコックの仕事をするよ」と言う（フィールド・ノート）。この方法はもし必要な場合には信頼関係を増すばかりでなく、社会的支配の特殊な層を形成する。「アウルズ・ネスト」の経営者の息子は実際に二年間厨房で働いたが、彼はそれを「ほんのわずかな経験」であると謙遜していた。これらの人々は厨房の日常的な問題に気づいているので、コックたちと「対等な」立場でコミニュケーションをはかることができる。(7) 経営者も努力すれば知識を身につけられるのだ。

自主性という策略　頭のいい経営者は「このうえなく丁重な」(Burros 1986, p. 25) 扱いを受けていると従業員に思い込ませようとして、できるだけ彼らの自由を認めたり、少なくとも表面はそのように見せかけようとする(例：Burawoy 1979；Hodson 1991)。経営者はコックが厨房でラジオを聴くのを許可したり、スーパーボウルのある日曜などはテレビも認める。経営者はよく厨房に入ってくるが、そこで共有されている幻想はその入室が「単に」社交的なもので、コックたちは仕事中であるということなのだ。(8) 例えば、経営者の息子のダンが「アウルズ・ネスト」の厨房にやってくると、コックたちは彼らが試食中のスペシャル料理の味見を頼んだりする。表面的にはその料理を分け合っているようだが、それと同時に判断を下す機会を彼に与えているのだ。実際、多くの小規模の、人間関係が良好に見える店では、経営者は従業員の監督に来ているのか、ただ立ち寄っただけなのかを見分けるのは難しい。経営者の息子が子牛肉のパルメザン風味［子牛肉のカツレツにモツァレラチーズとトマトソースをかけて加熱したイタリア風アメリカ料理］の完成した皿から野菜を何気なく食べたのは試食したのか、それともつまみ食いなのだろうか(フィールド・ノート、「アウルズ・ネスト」)。

シェフは厨房での権限を最初から委ねられていなかったり制限されているので、交渉によって勝ちとらねばならない。効果的な交渉をするためには、あらかじめシェフはその能力を示しておく必要がある。交渉が不成功に終わると、自然食レストランのシェフが説明したような問題が発生する。「問題のひとつは、そのレストランの経営者の責任がはっきり線引きされていなかったことにある。そのためにわたしは一度も解決されたことのない、多くの再発する問題に取り組まなければならなかった。わたしにはそんなエネルギーもなかったし、全体を掌握できる権限を経営者から与えられたわけでもなかった。そういうわけで不満が爆発しそうだった」（インタビュー）。「ブレイクモア」のヘッドシェフが説明しているように、理想的にいえば両者が互いを尊重し、譲り合うべきだろう。

デンヴァー　理想的な状態というのは、二人の長〔シェフと料理飲み物担当マネージャー〕が共同してこう言えばよい。「おれはこれをやりたくない」。するともう一人が「おれはこれがいい」と言って互いの間で解決する。料理に強い方に従って両方のやり方でうまくゆくんだ。シェフが物知りで、創造性のある人物なら自由にさせればよい。もし〔料理飲み物担当マネージャーが〕シェフより経験があって物知りなら、彼が情報をもっているはずだ。

G・A・F　ここではどうか。

デンヴァー　もし彼がとても馬鹿げたことをしたがっていたら、わたしは彼が間違っていると教えてやる。ときには理論的に話して、わたしがそれをやりたくないわけを納得させる。また彼が決して譲らないときもあるので、そのときにはクビにならないように「いいよ、あなたのやり方でやってくれ」と譲歩する。わたしは全く気にしない。そういう言い争いはしたくないんだ。

（インタビュー、「ブレイクモア・ホテル」）

自主性は構造上の関係に基づいているが、絶対的なものではなく、時間をかけてシェフが獲得しなければならない。だが、経営者はその支配が効果を及ぼさなくても支配権を放棄することはない。

支配の形態　わたしが調査したレストランはどこも、経営者、その代理人、またはマネージャーがほとんど毎日厨房に来ていた。シェフが仕事中のときでさえ、経営者はいまどうなっているのかを知りたがった。「そこらをうろつきながら管理する」。独立採算のレストランは経営者にとって収入の中心なので、彼ら（そのうち二軒は息子たち）は厨房の収益率に直接関わりがあった。コックは、資本主義のシステムでは、強制はしないが経営者に最終的な発言権があることを知っている。あるコックはわたしにこう言った。「自分のレストランをもてば自分のやり方でなんでもできる。人を雇うのも、勤務時間や給料の額を決めるのもあんたの好きなようにやれるんだ。ほかの人間のために働いているときにはそんなことができないだろう」（インタビュー、「ブレイクモア・ホテル」）。自分の店をもちたがっているコックが多いことも納得できる。

経営者は自分の存在がレストランの成功にとって重要であるとみなしており、ミクロ経営は彼らの経営法の理想の一つである。たとえば、チャールズは「スタンズ」が成功している要素として、自分、兄弟、父親が店のために懸命に働いていること、そして一定の質をいつでも維持できるように店に出ていることだとわたしに語った。彼らは鍵を管理することと、注文書を二重にチェックするという監督方法を決めた。チャールズは、ヘッドシェフに魚の注文はまかせたが、肉の注文は自分が行なった。彼は食材の不足が出ないように毎晩在庫品リストをチェックした。(9) 経営者の管理がきわめて厳しかったため、コックたちはいつも監視されているように感じていた。「エヴァンはわたしに『これは全部〔経営者に〕報告しているのか』と尋ねる。わたしが強く否定すると、『それならいい』と彼は答え、アルは笑いながらこう言う。『厨房に盗聴器をつけてるのさ』」（フィールド・ノート、「スタンズ・ステーキハウス」）。実際、経営者の息子は、何かチェックが必要なとき、まずいことが起きたとき、修正しなければならないことができた時などに自分の存在が指針になることを認めていた。「わたしが〔厨房に〕入らないときは万事うまくいっているということだ。厨房に入る場合はたいていそれなりの理由があるんだ。〔専門学校で受けた〕訓練のおかげでわたしは厨房で起こっていることがわかる。わたしは料理の皿から判断したり、ウェイトレスたちと話したりしている。だから厨房に入らないのは満足していることなんだ。だれでもしじゅうまわりをうろつかれて監視されるのは嫌なものだ」（フィールド・ノート、「スタンズ・ステーキハウス」）。チャールズの存在が問題が起きたことを示す指標になるので、彼がいつも歓迎されていたわけではないというのが理解できる。厨房のスタッフは彼の姿を見ると、彼の気に入らないことが何か見つかったのだと思った。「スタンズ」のコックたちは、経営者が自分たちの仕事に関係のない雑用、例えば店の前の植木に水をやれなどという命令をすることに腹を立てていた。あるコックは、「おれが彼に何か言うと、彼は『おまえに時給七ドル払っている。命じたことは何でもしろ』と言うんだ」（インタビュー、「スタンズ・ステーキハウス」）と語った。このような態度は「スタンズ」の経営者だけに限ったわけではない。「アウルズ・ネスト」では、経営者の息子が自分のことを「まるで奴隷のように」扱い、店は「まるで監獄みたい」だったとあるコックがわたしに言った（インタビュー、

「アウルズ・ネスト」)。「ラ・ポム・ド・テール」においてさえ、コックが経営者のことを、口で言ってるほどは知識がなく、料理の善し悪しを判断できないといって馬鹿にしていた。ここでほのめかされた、経営者からの離反を測る目安となるこのような怒りは、従業員たちが経営者の支配の範囲から、自分たちの権利と責任を奪還しようとする表れのようである。従業員は自分たちの雇用主に落ち度があると主張することで、自分たちの権利を守り、自主性の欠如という不正を強調する。

組合の支配　組合は伝統的に経営者による「過度の」支配に対する砦だった。調査した四軒のレストラン中「ラ・ポム・ド・テール」以外の三軒に組合があった。これらのレストランの組合は力が弱く、きちんと機能していないことや、堕落していることについて数多くの不満が噴出していた。組合の代表にコックが一人もいないことは重大事だった。インタビューのなかで組合のことを話した一九人のコックのうち、八人(四二%)は組合の支持者で、一一人(五八%)は反対だった。実際、組合は日常的な影響力をほとんどもっておらず、組合の幹部が職場に姿を見せることもなかった。流動性に富んだ市場のこのような個人的な組織では、組合は大組織がもっているような力を発揮することはできない。大組織では組合員も多く、労働要員も安定しており、市場の競争はそれほど激しくなく、企業はコストの削減より労働の秩序維持のほうに関心を示している(Burawoy 1979)。

多くのコックが、このなかには組合の原則には賛成の者もいるのだが、自分たちの組合は何もしてくれないと感じており、数人のコックは自分たちの不満をタブー語の連発で表現した。しかし、組合の支持者はこのような制度が、悪意にみちた経営者から従業員を守ってくれると考えていた。

レストランではおれたちを代弁してくれる人が必要な場所がたくさんある。もし給料や労働条件についておれたちを代弁してくれる人がなかったら、経営者に好きなようにやられてしまうだろう。この店の条件が気に入らないならおまえはクビだ……と経営者は言えるのだ。彼らはいつでもおれたちの代わりを見つけられるんだ。だが、組合に入っていれば多少は守ってもらえる。

（インタビュー、「スタンズ・ステーキハウス」）

おれは組合は実際のところだれにとってもいいものだと思ってるよ。……おれのボスがただおれを嫌いだからという理由だけで解雇したりできないものな……組合はみんなのために闘ってくれる。

（インタビュー、「ブレイクモア・ホテル」）

また組合が代弁することにより、多くの利益が得られるという者もいる。

わたしは〔前の職場で〕苦情申し立てをしたので、組合が必要だった。彼らがわたしの応援をしてくれたのでわたしは勝訴した。その店でわたしは九カ月間一時間一四セントずつごまかされていたんだ。もし組合がなかったらどうすることもできなかった。経営者は「そうか、大変だな」と言うだけだ。経営者と対等になれること、応援してくれる人がいるっていうのは素晴らしいことだ。

（インタビュー、「アウルズ・ネスト」）

わたしは組合に入らず働いてきたが、それはよくないことだと思う。強い後ろ盾をもたない人々を利用するやつがあまりにも多すぎる。組合は恩恵を与えてくれる。

(インタビュー、「ブレイクモア・ホテル」)

組合に反対する他の労働者の意見は、単に組合が弱いからというだけでなく、次のような哲学的な理由もある。すなわち、組合がレストラン産業のなかで厳しい生き残りに直面している企業家たちの自由を制限することになるから、というのである。こう言っている労働者は組合が怠惰な従業員を保護し、優秀な従業員が自分たちの技量で出世するのを阻止すると考えている。彼らは組合が公平観を踏みにじり、経営者と従業員の間を妨害すると思っている。

問題は、組合が企業家に対して給料などの点で経営のやり方を教えることだ。これは正しいとは思えないがね。

(インタビュー、「ラ・ポム・ド・テール」)

いい仕事をするいいコックなら何も心配することなんかないし、組合なんか必要ないと思う。

(インタビュー、「ブレイクモア・ホテル」)

これらの労働者にとっては、組合は実力に基づく判断や出世に対する組織的な妨害だと思えるのだ。組合は経営者が支配しようとするとき障壁の役割を果たす。だが、そうすることで組合は労働者の能力を無視し、ひとつの階級として扱うことにより、彼らの自主性と自己価値感を減少させてしまう。労働者を守るふりをしながら、組合は個人の扱いに関して官僚的な障壁を築いてしまった。もし組合の力が強ければ、彼らはそのレストランでの人間関係を作り上げる力をもち、労働コストを上げさせることにより、そのレストランを経営不振に追い込む原因ともなる。

企業の支配　企業の支配についてのわたしの理論の一般化は、一軒のホテルの厨房しか調査していないために限定されたものである。しかし、ホテルの厨房は他の店と同じような不満や問題をかかえていることも明らかだった。これには従業員や経営者の個人的な性格が関係していたが、他のホテルの厨房で起きたといわれる出来事は、これらの問題が他の企業にも共通するということを示唆している。

わたしが「ブレイクモア」で調査を始めたのは数人が解雇された直後で、本部は、それにより労働コストが減少するはずだと主張していた。解雇は従業員の間で評判が悪かった。解雇者の中にはみんなから好かれていた者もいたが、もっと重要だったのは解雇が厨房のストレスをつのらせる原因になったことである。憤懣とイライラは現実のもので、それが次のような認識と重なっていた。すなわち、経営者はいつも彼らを監視していて汚い言葉を使った従業員のことを「書き留め」たり、メニューから野菜を排除したり、もしその気になれば、厨房の生活の隅々まで支配できるのだという認識だった。「わたしがデンヴァーになぜ赤キャベツを出さなくなったのかと尋ねると、『〔レストランのマネージャーが〕嫌いだからだ』と言う。『夜の料理にはとてもいいいんだ。皿の上で見栄えがよくってな』。ある日、ホテルのマネージャーがデンヴァーにブロッコリとカリフラワーを使い過ぎると言った。それでももっと安くて簡単な赤キャベツに代えた。ところが『ある日サンジェイがここでディナーを食べてこう言った。「ここでこんなものを二度と見たくない』』」（フィールド・ノート、「ブレイクモア・ホテル」）。

多くの厨房のスタッフがホテル企業を心底嫌っていた。ヘッドシェフは次のように説明した。

デンヴァー　わたしは大きな法人組織の味方ではない。会社は嫌いだ。

G・A・F　あなたの仕事で最も難しいことは？

デンヴァー　仕事に出てくることだ。〔ホテルの総支配人に〕こう言ったんだ。仕事に出てきて精一杯働くのはいいんだ。……前はそうだったんだから……それはいいんだ。だが、ここにいるときはせめて、お互いに笑ったり冗談を言ったりしたいものだ。そうすりゃ仕事がきつくても気にならない。ところが今は死んでるような気分で毎朝仕事にくる。だれもがうつむいていてにこりともしない。ちょっとしたことでだれかがあれこれと文句をつけてくる。ここにきて三〇分もするとうんざりする。この沈滞した空気のせいだ。

（インタビュー、「ブレイクモア・ホテル」）

このシェフは自分が週九六時間めいっぱい働いていると主張したが、コックたちは彼が遅く出てきて早めに帰ってしまうのをたびたび目にしているため、彼が気を配っているというのを信じなかった。コックたちは利用されていると思っていた。あるパントリー係はわたしに、自分が搾取されていると語り、こう付け加えた。「それが会社で働くということなのよ」。他の者は保障も給料も十分ではなく、設備も貧弱だと述べた。コックたちは規模の縮小は、経営者がその縮小によって料理の質が落ちるということを気にしてもいないし、理解もしていないことの表れだと思っていた。あるコックは、よい料理は経営者の方針に反するものなのだと考えていた。「『ブレイクモア』はよいシェフを雇いたがらない。彼らは利用できる人間を欲しがっている。彼らが飛び上がれと言ったらそのとおりにするような人間がいいんだ。彼らが望んでいないのは、厨房をうまく運営して、ここの料理を他の店より突出したものにするような人間なのさ」(インタビュー)。また別の者は、会社が望んでいるのはただ「金だけさ。おれたちは消耗品だ」と強調した。さらにある者は「厨房で働いていると知性が低下していく」と会社が思っていると感じていた(フィールド・ノート)。

わたしは、経営者の従業員への態度を示すものとして、経営者が清掃係を窃盗罪で訴えたという話を聞かされた。噂によれば、その清掃係は五〇〇〇ドル盗んだと会社から訴えられ、午前二時に警察に自宅を家宅捜査されたあと、精神状態がおかしくなったという。翌日その金はホテルの客室で発見された。このエピソードは会社が自社の従業員に対する配慮が欠け、いかに信頼していないかをよく物語っている。

このようなものの見方はきつい皮肉や支配的な組織の行動形態を作りだした(Seckman and Couch 1989)。皿洗いが出て来なかったとき、コックの一人が皮肉をこめてこういった。「もし彼ら〔経営者〕が皿洗いや鍋洗いを欲しいのなら、サンジェイ〔レストラン専門のマネージャー〕がいるよ」。コックたちは洗ってない鍋やフライパンを使うしかなかった。あるときレストランのマネージャーが濡れた床であやうく転びかけた。彼が立ち去ったあと、デンヴァーがざっと床を調べて肩をすくめ、その問題はそれっきりだった。

このレストランでは厨房スタッフは、会社が自分たちの味方ではなく、またマネージャーは自分たちの共同体の一員ではないのだとも思っていて、それが疎外感を生み出していた。このような見方はどの会社組織でもみいだせるわけではなく、ホテルの中には経営がうまくいっているところもあるが、わたしはホテルの生活について他の似たような意見も耳にした。コックたちは、マネージャーから出された組織としての要求を理解できなかったし、マネージャーは、自分たちの決定を効果的にコックたちに伝達することができなかった。そのなかにホテルの厨房が組み込まれている組織という網の目について、的確に説明することは疎外感を増幅させるだけかもしれないが、従業員に対して一度も説明されたことがない。

結論

経済的空間に位置する組織の現実と、相互作用の地域化されたパターンをもつ集団でもある現実を分けるのは不可能である。組織の文化は共同体の文化に対応する。この章でわたしはこれらの関連する現実をいくらか示そうと試みた。組織は構造化された環境のなかで生き残らねばならない。この構造化された環境は、もし組織が生き残るつもりなら、客の支援と客一人についての利益を最大限にして、固定費、労働コスト、食材コストを最小限にすることを要求する。これらの目的を達成することが、レストランの構造と文化にとって重要なことである。コスト削減は労働生活を不快で要求の多いものに変える。その理由は、労働者が依存できる資源が、以前より貧弱になったり少なくなったりするからか、あるいは一定の時間内でやらねばならない仕事の量が増えるからである。

この章でわたしが提示したかったことは、文化と相互作用に基づく仕事の解釈は、構造的、組織的、経済的目的と一致しているということである。厨房内での行為者の行動は、外部からの力によって強制されている。逆に、厨房内での共同作業の効果は、その活動領域内での組織の成功と関連している。これを越えていかに潜在的な、ターゲットと定めた客に影響を与えられるかという影響力が、より幅広い経済であり、他の組織と競争できる力なのである。わたしたちは不景気のときは客が減ると予想しているが、競争相手のレストランがいくつも倒産すれば、生き残った組織は利益を得て拡張していくかもしれない。組織についてのマクロ（巨視的）およびミクロ（微視的）理解の関係は複雑であるが、それらを無視することは経済の力学についての説明を放棄することである。

第六章　美的制約

味覚について論じるのは難しい。

ラテン語諺より

労働者の自主性の要求とその自主性に対する組織サイドの制約を考慮すると、「よい」仕事はどのようにしたら可能になるのか。労働社会学者は仕事がいかに行なわれるかという問題について、今までほとんど関心を示してこなかった。すなわち、仕事の遂行はスタイルと形式の問題、すなわち仕事の美学と関係があるということに無関心だったのである。労働者の技術的、機能的、目的指向的行為と、職場における権威を弱めようとする労働者の企ては強調されてきたが（Fantasia 1988; Hodson 1991）、「質」を生み出す状況は無視されてきた。従来のアプローチは仕事世界を道具的システムととらえており、経営には何が役立つかとか消費者は労働者に対して立派な態度を取り得るか、あるいは取れないかといった問題は軽視してきたのだ。組織はどのように職業上の美意識を促進したり制限するのだろうか。

ここ二〇年ほどの間、社会学者は「文化生産」のアプローチを通じて、文化的製品の創造について理解しようと努めてきた（Peterson 1979; Becker 1982）。これは「産業的」作業と同様の道具（手段）を用いて、文化的生産活動を分析しようとすることである。この視点は以下のことを強調している。(1)質の問題は生産の中心であり、このプロセスは「美的選択」を含む。(2)美的選択は組織的意思決定の一形式であり、交渉によって取り決められ、組織の要求にあわせて必ずしも修正させられるものではない。(3)組織の特徴は美的選択を促進し、伝達し、制限する。(4)組織は市場ニッチにおける立場と客の定義を考慮しつつ、みずからの美意識を定義することができる。この点についてわたしは、選択と制約がいかに製品の表現形式を生み出すか――すなわち、「生産文化」を何と呼んだらいいか――について証明したい。組織、市場、顧客それぞれの制約が製品の質に影響を及ぼすのである。

生産の表面的側面に関して、わたしは生産の感覚的要素を言及するために「美学」というあいまいな用語を使いたいと思う。(1) なぜ「美学」なのか。この概念は、美、創造性、上品さ、美徳のようなものの感覚的特質と経験を含む一連の用語の中で、最も幅広い意味をもつ。美的なものあるいは美的行為は、見る者に感覚を伴う反応を喚起しようとする (Shepard 1987 ; Wolff 1983)。この定義には、その有効性と一般的妥当性以外に専門的な説明をもたない。さらにこの定義は美的判断の認知的要素(「満足」)と情緒的要素(「感覚」)をうまく表現しており、人間行動の意図的な特質を含んでいる。美学では、美的選択は純粋な道具的選択や効果的選択とは全く違うことを強調している。すなわち労働者は技術的な質のよさだけでなく「スタイル」に配慮するということだ。形式と機能は密接な関係があるが、美学は機能だけでなく、形式の生産と特に関係がある。「よい仕事」を生み出す試みは、形式と機能の緊密な連結を伴い、完璧な機能をもつものは完璧な形式をもっていることがわかる。品質のよさは、形式と機能の両面から判断しなければならない。だがここでわたしが述べたいのは、完璧な形式についてである。どの分野の仕事でも同じだが、調理ではものとサービスの感覚的特徴が労働者と大衆をつなぐ重要な要

素となる。(2)

工業製品を作り出すことは基本的に社会的な事業であり、相互作用と組織的制約を通じて行なわれる。(3)その結果、仕事と職業の理論体系を作るときは、形式に対する感情、あるいは創造的衝動とその限界が強調されなければならない。さもなければ職場が誤解され、職場は労働者の個性や技術が否定された道具的な場所とみなされる。あるいは労働者が彼らの仕事と管理者からいかに遊離しているかが強調され、常に対立が生じているような印象を与えかねない。仕事は労働者にとって重要である。そして労働者は技術基準をもっており、彼らはその基準に従って製品やパフォーマンスを判断する。彼らは経営者の気に入る製品を効果的に生み出すという狭い目標以上のものを生み出す。労働者と仕事のこの関係が労働者の職業上のアイデンティティの中心となる。技術は日常の全労働の一部である (Forrest 1988)。

ここで調理について考えてみよう。第一に調理は他の職業のように美的関心を含み、食べ物という感覚的要素についての決定からその形式を作り出す。第二に、調理の実践は日常的な仕事であり、従業員の話し合いによって行なわれる。第三に、厨房での生産は社会的、経済的制約、そして職業の細分化によって伝えられる。

美学の実践

すべての仕事は社会的に位置付けられ、環境と組織の制約を受ける。その労働者が目標に対してどんな理想を抱いていようと、彼は実際には話し合いの末の妥協案に従わざるをえない。美学は教義というより活動（Becker 1982, p. 131）――毎日の実績――である。理論は労働者の意識の片隅をよぎる程度である。その結果、たいていの労働者は彼らの美的決定についてはっきりした考えをもっていない（あるいは意識すらしていない）。彼らは好ましいと思われるものやサービスを生み出したいと望んでいる。だが当然この欲望の根拠となる彼らの認識はあいまいだ。例えば、あるホテルのコックがわたしにこう言った。「スープを作るときには……見栄えも味もできるだけよくしたい。スープには自信があると思っている。他のやつが作ったって、おれほどうまくは作れないさ」（フィールド・ノート、「ブレイクモア・ホテル」）。このコックは見た目と味を含む「上出来」という感覚を一般化しようとしたが、その分析は具体性を欠き、個人的な感想の域を出ない。

この感性の内容は各々のコックとレストランによって異なり、調理はその状況に応じた選択を必要とするという認識によって、さらに複雑になる。それにどのコックも客を満足させ健康にするだけでなく、客のセンスに訴える料理を作りたいと思っている。厨房におけるこの評価は無数の感覚を含んでいる。調理のどこが最も好きなのかと質問したとき、「ラ・ポム・ド・テール」のヘッドシェフは次のように答えてくれた。

自分の思いどおりのものを作るのは最高な気分だ。ブイヤベースを作ったことがあるが、最高の出来だと思った。……シーフードをたくさん使って、カニ、シュリンプ、ロブスター、イガイ、ハマグリそれにあと六種類ぐらいシーフードを入れた。ソースはロブスターがベースの澄んだもので、バターをふんだんに入れてものすごくこくのあるやつができた。このスープのすごいところはすぐに食べられるということだ。ふつうブイヤベースを食べるときはトングで具を取り上げて、貝から身や何かを取り出さなければならないが、身を全部はずして調理したことだ。……味がいいだけでなく、香りも匂いも見た目も信じられないほどすばらしい。食べやすいしね。（インタビュー、「ラ・ポム・ド・テール」）

幅広い感覚がこのコックの厨房における勝利感を誘い出した。[4] この感覚に対する関心は、「確かに」芸術家だと客に言わせるような高級レストランのコックだけに適用されると思わないでほしい。ステーキハウスにだって適用されるのだ。ステーキハウスのシェフは、ベイクトサーモンはどうあるべきかというわたしの問いにこう答えた。「とても軽く仕上げることだけが大事だと思う。外側は薄茶色だが調理しすぎてはいけないんだ。芯までちょうど火が通った程度にすべきだ。そうするとしっとりしてうまくゆく」（インタビュー、「スタンズ」）。さまざまな感覚的様相の幅は、そのような関心が制限されていると思われる場所でさえ、料理の評価に影響を与える。

美的評価は魅力的な製品を作り出す以上のことを含むかもしれない。それはまた行為――「流れ」の経験（Csikszentmihalyi 1975）――に由来するかもしれない。なかには彼らの行為を通じて芸術家だと自負するコックもいる（Clark 1975, p. 33）。彼らは調理をパフォーマンス・アートに見立てる。ある者にとって質の高い労働の基準とは、まず第一に製品の中にある。すなわち視覚、触覚、味覚、嗅覚などに訴えるものが重要なのである。また他の者にとってはその基準はパフォーマンスにある。だがどちらのコックにとっても、仕事にはスタイルや形式の感覚、すなわち美意識があるのだ。

この評価は職業内部に基礎が置かれるのが理想的である——だが製品はふつう顧客によっても判断され、オープンキッチンにおける調理のように、そこでのパフォーマンスも客によって判断が下されることがある。生産の評価は顧客と経営者が要求した結果というだけでなく、コック独自の判定基準の結果でもある。エリートシェフにとってさえ、確かに、彼らの個々の基準は客の要求と大きく掛け離れることはなく（Kimball 1985, p. 18）、客の要求が先行するという重大な状況が生じることもあるが、コックには組織の必要条件にあわせて変えることのできない彼らなりの判断がある。経営者と顧客は美的生産を要求し、彼らの要求はコックの目標と一致する。だが彼らの要求と美的基準に由来する制約は、コックの作れる料理を制限するかもしれない。いずれの立場も「よい仕事」を高く評価するが、その意味合いと外的条件は異なる。

コックが「ユニークな」料理を作ったとき、コックによる評価の特徴が明らかになる。観察によれば、製品がユニークで仕事が非日常的なほど、組織は形式的なルールを当てにできず、働く側の自主性が大きくなることがわかる（例：Woodward 1965; Faulkner 1971; Coser, Kadushin, and Powell 1982）。個々の生産技術にはいくつかの選択肢があるが、同時に、制約があるために自主性に欠けるという認識にも通じる。コックがプレッシャーなしに仕事をするときは、彼らは自信満々に完成した料理に誇りをもつ。例えば、結婚式の披露宴の料理をまかされたあるコックは、「彼からの」祝い品として楽園の小鳥の形にリンゴを彫って新郎新婦に贈った（Robert Pankin 1987）。また「ラ・ポム・ド・テール」のペストリーシェフはチョコレートケーキを作った後で、「ちょっと抽象的にみえるようにフルーツをのせよう」と言って、四粒のラズベリーを飾り、その上にチョコレートソースをかけた（フィールド・ノート、

「ラ・ポム・ド・テール」)。彼女は「見事な」デザートを作ることを期待されていたが、彼女のタッチは管理政策の結果というよりむしろ、彼女の基準は、有能なペストリーシェフであり洗練された芸術家であることを証明するセンス(感覚)から生まれたものである。

コックは調理する料理の感覚的な特徴に対してある程度の管理をしているが、この美的作業は日常的なことであり、理論的に裏付けがあってそうしているわけではない。コックの定義によれば、「高品質の」料理は厨房における理想(例えば自然の食材を使い、絶妙な付け合わせを添えるように)と、生産制約との間のバランスが取れているかによるという。ソースの色合いについての次の二つのやり取りのように、何を選ぶかによって目標が達成される。

「アウルズ・ネスト」のヘッドシェフは、ブラウンソースをより濃厚に仕上げるために、「グレーヴィ・ブーケ」をかなりたくさん入れる。それから彼は白コショウを加えてかきまぜる。「黒コショウは黒く目立って、ネズミのふんのように見える。小さな黒い粒々が浮くので白コショウにしたんだ」。そのレストランではマッシュポテトにも白コショウを入れる。

(フィールド・ノート、「アウルズ・ネスト」)

昼間勤務のヘッドコックが粉チーズを使ってチーズソースを作っている。彼はオレンジ色の食用色素をキャップ一杯入れ、こうするともっとチーズらしい色が出ると言う。もしふつうのチーズを加えても「砂みたいな色になる」ということだ。

（フィールド・ノート、「アウルズ・ネスト」）

これらのコックは実際に決定を下している。彼らは、コックと客が最初に気づくこと、すなわち料理の視覚的魅力が、その料理の味付けに大いに影響を与えると信じている――感覚的領域は相互に関連しあっていると信じているのだ（例：Moir 1936；Pangborn 1960）。

コックは調理したものによってほめられたり批判され、売り上げと客の評価、職業上の基準によって結果の評価が決まる。この評価は、理想的で容認できる基準からはずれたものがあることを意味する。もし参加者がどれも等しく判断するならどんな職業世界も生き残ることができないだろう。

集団の判断については、当然ながら製品の評価に差が生じる。(5) 調理ではこの判断は適切な感覚すべてを含むかもしれない。例えばあるコックは一房のブドウの「姿が悪い」とけなした。部外者にとっては、たかがブドウの姿に善し悪しがあるのかと不思議に思うかもしれないが、当事者からみれば、理想的なブドウ一房とはピラミッド型をしているものなので、手元にあるブドウは規格外なのだ。クレープは円形であるべきだという合意があるので、そうでないと「いびつだ」と評されることもありうる。さらに細かい例は、ある料理が「うまくいかない」という非難を受けるときにみられる。「ハウィとティムは、トマトソースをかけたビーツ入りのフェトチーネ［ひもかわ状のパスタ料理］の味見をしてみた。真紅のパスタの上に朱色のソースがかかっているんだ。ティムはハウィにこう言う。『なんかうまくいかないな。ゲロみたいだ』。するとハウィーは付け加える。『シェフ・ボイアーディー［アメリカン・ホーム・フーズ製の肉入りパスタの缶詰。イタリア移民ヘクター・ボイアーディーが考案］の味に似ている。スパゲッティ・オーズ

［キャンベル・スープ社のパスタ入り缶詰］にもそっくりだ。鼻をかんだハンカチの味もする』。それで彼らはソースをかけないことにしたそうだ」（フィールド・ノート、「ラ・ポム・ド・テール」）。この判断は、料理のふさわしい提示法は何かという彼らの見解に基づいている。すなわちどの色とどの色がうまく合うか、そしてよくできたソースの味と舌触りはどうあるべきかということである。このような基準は職務上の基準と結びついて、客によって繰り返し言及されるに違いない。コックの判断は市場ニッチにおける客の感覚とさほどかけはなれてはいないが、創造的な仕事をするときには、彼らはみずからの判断を信じる。

どういうふうになるか、頭の中に考えがあるだろう。そして手や目を使ったり、味わったり嗅いだりしなければならない。したいように……作らなければならない。
（インタビュー、「スタンズ・ステーキハウス」）

要は、踏み込んでそれをするガッツがあるだけでいいのさ。やってみさえすればいい。うまくいくかいかないかなんて心配しないで……色とか、香りとか、舌触りや匂いとか。こんなものが全部一緒になって、どういうわけか、僕にはこういったのものをまとめて一緒にするセンスがあるみたいなんだ。
（インタビュー、「ラ・ポム・ド・テール」）

コックは客の立場に立ってこれらの判断について話し合うことはないが、たとえ彼らが活動の正式な理論を知らなくても、彼らが「仕事」と信じていることの判断については話し合う（Sclafani 1979）。職業的基準に基づいた一連の美的慣例（Becker 1982）は、組織の要求とは別に存在する。だが、それらの慣例は与えられた、あるいは外的な源と職業そのものの構造が与えたと信じられている制約の中にうまく適合しなければならない。職業は調整者、雇用者、顧客からの判断基準を管理しようと努力する。この努力を認識することは「専門職」とそれ以外の職業を分析するためには不可欠だったが、それは仕事における美的選択の管理にも当てはまる。

制約と交渉

ひとつの職業の中では、独立が求められる一方で構造上の限界があるが、労働者はどのようにして満足できる高品質のものを作り出すのだろうか。労働者がいかによい仕事をしているかということを伝える側面は何なのか。職務上の自主性を規制する調整者、雇用者、顧客という三つの力は、これらの制約に対処するように労働者を導きながら、生産に至る選択肢を制限する。調理も他の職業同様、組織的な制約が製品を決定するだけでなく、労働者の価値を形成する。ときにはコックは職場の制約にいらだつ。だが、制約があるのは当然のことであり、単に職務上の現実として扱われることが多い。

他のすべての職業のように、調理は交渉と妥協に基づいている。コックは生産の手段と環境を管理しようとするが、手段も環境も、彼らが日々作り出すものに彼らが楽しく満足して仕事をするようにしむける。制約のもとは客の忠誠を当てにするレストラン経営者である。このプレッシャーは、年間あるいは月々の予算が与えられているヘッドシェフを通じてゆっくりと伝えられる。よい仕事が利潤につながる限り、経営者は美的製品の生産を支持し、奨励する。経営者を満足させるために、シェフはスタッフを上手に扱わなければならない。それは利潤をあげ（そしてボーナスを受け取り）、おいしい料理を作るためである。たいていのコックが、これらの経済的制約と時間的制約を黙って受け入れることによって、管理はさらに強まる。

コックにとっての最大のジレンマは、彼らがしばしば「不出来な料理」を出さざるをえないことを認めるときである。つまり彼らの品質基準に達していないが、出す以外に選択の余地のない料理という意味である。(6) どんな場合に「失敗した」料理が作り直されるかを予測するルールをみきわめることは難しい。料理のコスト、調理時間、厨房内部のプレッシャー、客の身分、コックの良心と気分、何が悪いか（再調理しなくても部分的に手直しできるか）、レストランの地位など、これらすべてが作り直すか否かの決定に影響を与える。これらの決定は厨房スタッフの間で話し合われ、直ちに経営者と交渉が行なわれるが、基準以下だとわかっている料理を出さなければならないことを、コック全員が認めざるをえない。何も知らぬ客に基準以下の料理を出すとき、コックは肩をすくめ、ときにそれらの料理がほめられたと給仕人に告げられたときには、嫌みを交えて応える。あるコックはラム（子羊）のあばら肉を調理するときのフラストレーションをこう説明した。「わたしはラムをひっぱったのよ。まるで中絶手術みたいでとっても不愉快だった。ペストリーは薄くのばしすぎたし、ラムは火が入りすぎて……考えていたのと全然違うできだった。よくできたと言われたって最悪な気分だった。そんな肉でも使わなきゃいけない。捨てられないし、でも本当にいやな気分だった」（インタビュー、「ラ・ポム・ド・テール」）。

コックは低品質の料理を作ったときにうろたえる。そして多くの労働者のように、気に入らない料理を下品なジョークに変え、やってしまったことに役割距離を置くことによって、失敗作にこだわっている本心を見透かされないよう虚勢を張る。「サーモンの味が引き立つようにと思って作ったクレソン・ソースが分離してしまったんだ。そしたらヘッドシェフのティムが皮肉っぽく言ったね。『まるでくそみたいだ。でもおれたちが心配することないさ』ってね。そしたら同僚のゲリーが冗談を言ったんだ。『部屋が暗いからわからないよ』」（フィールド・ノート、「ラ・ポム・ド・テール」）。このようなジョークは、アーチストが当てにするレトリックとは違って、コック特有の職務上のレトリックとして認められる。というのは、このようなときに彼らは、みずからを他の肉体労働者と同じように疎外されているとみなしているからである。コックのような職業はいくつかの職務上のレトリックを利用することができるが、従業員はみずからの尊厳を保つために戦略的にこれらのレトリックを使う。彼らは作りだす料理とみずからを同一化し、完成した料理に彼らの内面が反映するのをみる。料理が彼らの基準に達していないとき、彼らは自己と製品のつながりから距離を置くためのテクニックを用いなければならない。職務上許されるレトリックを戦略的に使うのは、従業員が自己表現するときの個人的緊張をうまく処理するためである。

わたしは高品質の料理を作る際に制約があることを認めるが、コックが職務上の理想の達成を阻む三つのプロセスをこれから検討する。それは客の好み（要求）、時間（組織的能率）、そしてレストラン産業の経済学（その職業の経済的基本）である。これらの要素があるために、コックは自分の好みどおりに料理を作ることができない。

顧客の要求

レストランのコックは客のために料理を作る。客の職業はコックとは異なり、彼らは必ずしもコックたちと同じ基準をもっているとはいえず、またそんな基準があることも気づいていないかもしれない。だがコックと客は、レストランの料理は美的であるべきだという点では一致している。美的という言葉が実際に意味していることについて、彼らが一致した考えをもっているかどうかは不明だが。

市場の要求ゆえに、客の期待に応えるためには自主性は失われる（Arian 1971）。その結果、労働者は質や能力の点で彼らと同じ基準をもたない人々――皮肉っぽい上司だけでなく、きわめて無知だと思われる客――を不快に思うかもしれない。

仕事に最終的判断を下す客と直接交渉しなければならない職業（例：美容師、塗装工、整形外科医）と異なり、コックはレストランの市場ニッチをどうとらえるかということから生じる、客の一般的概念を当てにする。(7) コックが下す評価はマネージャーと給仕人を通じて伝えられる。生産という舞台裏に立っている人々は容易に知られることはなく（Hirsch 1972 ; Dimaggio 1977 を参照）、彼らはそこにいない他者なのだ。料理は一般的イメージのために調理されるのであって、人のために作られるのではない。だが人々は文句を言う自由がある。客は料理を評価するが、コックが客を評価するのは難しい。

その結果、コックは客の多様な好みにあわせてテクニックを上達させる。ステーキハウスやヨーロッパ料理のレストランのコックは、肉を焼きすぎないように調理するのが常識だ。これは肉を芯まで焼いてくれと客から言われたときのために、焼き直すことを見越しているのだ。それはいったん焼いたステーキを焼き戻すことができないからである。それなのに、コックたちは客からウェルダンにしてくれと言われたとき腹を立てる。ある金曜の夜「スタンズ」で、たくさんのステーキが返品になったためにコックは頭に来た。「一人のウェイトレスがその晩の客についてヘッドシェフにこう言う。『ステーキは芯まで十分に焦げてる?』そのシェフは答える。『ああ。だがおれはそんなもの食いたくないね』。別のコックがその夜のことを次のようにコメントする。『くそ野郎ばっかりだった。奴らには食いたいものがわかっちゃいない』。コックが食べてもらいたいものを客たちが望んでいない、という意味だ」(フィールド・ノート、「スタンズ」)。「ラ・ポム・ド・テール」でも同じような問題が持ち上がる。このレストランにおけるヌーベル・キュイジーヌの「キャノン(規準)」は、「自然の」持ち味をそこなわずに、調理しすぎない料理を売り物にすることだ。ここのコックも彼らの「完璧に」調理された料理(ピンク色のカモの胸肉や半透明の魚)に手を加えるよう返されてきたときに落胆する。コックの才能が客によって問われているだけでなく、コックは「お客様は常に正しい」というモットーを受け入れることによって、たとえいつかは客を教育することになると思っているにせよ、コックは自分を売っていると思うのだ[8](Becker 1963, pp. 79-100)。客を喜ばせることによって、彼らは彼ら自身の基準の正当性を否定する。彼らの美的基準の正当性は、外的要求によって無効にされるのである。

スパイスと調味料も同様の問題を引き起こす。「アウルズ・ネスト」のヘッドシェフはこう述べている。「味をつけるときには、完全に味付けしてはいけない。客がまず最初にすることは、塩の容器を見つけ、料理に塩やコショウやなんかをふりかけるんだ。それから一口食べて、皿に戻し、塩辛いと言ってその料理を返品する。塩を入れたのは彼なんだよ、おれたちじゃない。だから調味料は控えめにする。客のことを考えなくてはならない。……万人向きの味を考えなくてはいけないのさ」(インタビュー)。

たとえコックにとっては食欲がわかなくても、客が喜べばその料理を作らなければならない。さらに彼らが個人的にまずいと感じても（例えばレバーのフライ、ホウレン草など）、調理法を勉強しなければならない。そうすればそれらを好む客が、正しく調理された最高の専門的技術の所産だということを知るからである。コックは客の立場に立ってみなければならない。客の好みと、客の好みがコックに与える限界への関心は、「ラ・ポム・ド・テール」における本日のスペシャルの魚料理を決めるときに明らかだ。「ぼくはティムに毎晩どうやって魚料理を二品決めるのか聞く。ティムはこう言う。『目先を変えるようにしているんだ。スズキみたいな珍しい魚が手に入るときは、もう一つはアンコウのような一般的なのにする』」（フィールド・ノート、「ラ・ポム・ド・テール」）。客の好みは常に、時には明らかにコックによって考慮に入れられる。コックがモダン・アートの作家と違うところは、客の好みを考慮するという点だ。アーチストは少なくとも修辞的に顧客の要求に対して敬意を払おうとしないが、それは職業的信用にとっては危険な行為だと考えられる。

組織的能率

組織は、制限時間内に決められた数の製品やサービスを生み出すことが要求される（Lauer 1981）。その結果、第二章で述べたように、レストランの厨房では時間的な要求が生産決定に制約を与える。客はどんな料理でもある程度の時間は待てるが、コックには時間の制約があり、制限時間内にスタッフとともに料理を仕上げる。これらの時間的制約は、客の方が賢いとは限らないことを示している。この制約により次のことが起こりうる。すなわち不快なことだが、調理後の料理が汚いカウンターや床に落ちたとき、コックは相手に全くさとられずに、それをふくか洗うかして出す。ここで質に対する幻想は著しく傷つけられる。調理は裏方の職業であるから、食材を台なしにしてしまうことも大いにありうる(例：Orwell 1933, pp. 80-81)。調理するのに三〇分かかるステーキは、客の時間的期待にあうように出されなければならない。客は「作り直し」の時間は決して待てないのだから。同様に、魚の切り身がフライパンから皿に移すときに形が崩れてしまっても、コックはできるだけうまく形を直して出してしまう。皮肉なことだが、厨房の生産特徴と客の要求には選択の余地がない。

時間は厨房における特別な作業にも影響を及ぼす。コックは料理をもっと見栄えよく作りたいと思っても、時間の制約があるためにできない。あるコックはラムのあばら肉を「フレンチ・カット［縦に細切りにすること］」にしたいと思ったが、こう言った。「そうする時間がないんだ」(インタビュー、「ブレイクモア・ホテル」)。短時間でチェリー・コブラー［深皿を用いて焼いたチェリー・パイの一種］を作らなければならないときは、ヘッドシェフはバターよりもショートニングを使うようにとコックの一人に命じた。そのほうが時間がかからないからだ。それにコックは不出来な料理を作り直す時間がない。「昼間のコックのマーサがヘッドシェフのダグに言う。『ラディッシュがよくないんだけど、きれいにする時間がないわ。ひどいのよ』。それらは汚くて、色が褪せていて形が悪い。ダグはより分けて、使えそうもないのだけ捨てて他は使った」(フィールド・ノート、「スタンズ・ステーキハウス」)。「スタンズ」では他の三つのレストランよりも多くの客をさばかなければならなかったので、タイミングの問題が特に急を要した。ソースがこぼれても、ふき取られていないことがあった。混んでいた夜、あるコックはこう冗談を言った。「数をこなすのさ。質じゃない」。これは必ずしも真実ではないが、理想的とはいえない環境ではしばしばありうる話だ。生産は不可欠だが、「質」の生産はぜいたくといえる。

時間の制約はある特定の料理だけではなく、もっと手の込んだ料理を創作するときにも適用される。あるコックが言う。「独創的な料理を作るには時間が必要だ。締め切りを守れるわけじゃない。だって締め切りがあればせかされるだろ。それで大急ぎで作れば独創性は失われがちだ。『この時間までにこれが欲しい』と言われれば、結局前と同じものを作るはめになってしまう」(インタビュー、「ブレイクモア・ホテル」)。「ラ・ポム・ド・テール」のヘッドシェフは、雇い主のためのマスコミ向けパーティの料理を作らなければならないことを知ったのは、パーティの前日だった。感動的ともいえるメニュー(舌平目、ポートワインとフルーツを添えたガチョウの燻製胸肉、ガチョウのレバーのムース、カモのガランティーヌ)にもかかわらず、準備にとりかかったシェフはわたしに愚痴をこぼした。「思ったようにできないよ。パーティのことを今日聞かされたんだ。あっといわせるほどの第一印象を与えたい。……プライドの問題だよ。アーチストのプライドにかかわる問題だ」(フィールド・ノート、「ラ・ポム・ド・テール」)。生きているロブスターをロブスター・ムースで飾り付けて豪華なディスプレイを作ろうと思ったが、時間がないので実現しなかった。経営者はパーティは大成功だと感じたが、ヘッドシェフは期待する品質に及ばないと感じ、出来栄えに納得できなかった。組織の能率は技術的には満足ゆくものだったが――すなわち組織としては「たいしたもの」を作ったが――そのシェフの基準からいうと、美的には満足できる製品ではなかった。実際に組織的能率の要求のため、料理のひとつである舌平目に悲劇をもたらした。中に詰めたムースがうまく固まらなかったのだ。(9)

ハウィはわたしに言う。「ムースがちゃんと出来ていなかった。手直ししようと思ったが、ただ十分な時間がなかったんだ」。これが舌平目の問題だった。彼らはその午後ずっと、ビュッフェの料理を作りながら失敗作についてのジョークを言い合っている。隠された緊張の反映したジョークである。冗談まじりにハウィはティムに言う。「外側に魚を置くんだ。そうすりゃ完璧だよ」。ティムは意見を言う。「そんなことは重要じゃない」。ウェイターのデインが冗談を言う。「お前の仕事だろ」。ハウィはまさかの言葉を言う。「君の沽券にかかわる問題だよ。……（パーティ会場から）あの料理を返してもらったほうがいいよ。……あいつらが君をリンチにかけないといいけどね。おれなら首にギプスをはめとくな」。

（フィールド・ノート、「ラ・ポム・ド・テール」）

一つのミスが生じたとき、ジョークを言うことによって「その悲劇を処理」しようとしたことを当事者全員が認めている。だが、このような処理法は思っているほど簡単ではない。というのはその失敗は、有能なプロあるいはアーチストとしての彼らのセンスに直接関係することだからである（Bosk 1979）。パーティではどんな料理もＯＫだと思うべきだ、という現実のみがそのジョークを終わらせる。失敗を笑い飛ばすにしろ、そのパーティは批評家受けしたと経営者が満足したにしろ、舌平目の失敗は厨房文化の一部となるのだ。

資源ベース

最後の制約は食材コストである。コックは、彼らが実際は協調資本主義の一部であることを忘れてはならない。他の市場区分の中でも、レストラン産業ほど明確に自由市場が作用するところはない。

レストランの料理の価格と質は、その外側にいる一般大衆によって判断されるように、料理と顧客の両者が結合してレストランの成功を決定する。レストランは顧客を通じて直接知れわたる。すなわち客は広告、体験、口コミ、組織的宣伝活動、料理評論家やジャーナリストたちのような制度化された監視者を通じてレストランを知るようになる。基本的には価格と質はぶつかりあい、マネージャーとヘッドシェフは組織エコロジーについての彼らの認識を考慮しながら、どの市場ニッチにアピールするかを決めなければならない。次のような報告をするレストランはめったにない。「どんな材料でも、見積りを出したりコストの計算がされていると感じたことはない。山のようなバターに、濃厚なクリームの瓶がふんだんにあり、ワインのボトルは至るところにある。こういう材料をどの料理にも思う存分入れていいんだ」(De Groot 1972, p. 116)。あるいは一人のシェフがこう報告している。「うまくいくまで、一つの料理を三、四回作り直さなければならないときがある。先週僕の助手がウミザリガニのグラタンを作ったが、ソースは『失敗だった』。濃すぎて十分澄んでいなかった。客は満足したかもしれないが、僕は納得しなかった。それで彼にそれを三回作り直させた。レストランは損をしたかもしれないが、レジに入る金を気にしすぎてはよいレストランを経営できないよ」(Wechsberg 1985, p. 204)。高級フランス料理店のある地区に住んでいない「アウルズ・ネスト」のヘッドシェフは、経済的なトレードオフの必要性を認識した。「臨機応変にすることだ。頭の中で妥協案をいろいろと考え、許す範囲の最高のものを使い、それを平均的な客にとってふさわしいレベルにもってゆく」(インタビュー、「アウルズ・ネスト」)。構造的意味合いにもかかわらず、決定はその場で下されるので、このトレードオフは経験に基づく絶対的判断というよりは、特定の製品についての特別な決定を含んでいる。「『アウルズ・ネスト』のヘッドシェフは、理論上は手に入る最高のものを使っていると信じている。彼はこう説明する。『客は完成品については何も言うことができないのかもしれない。味は同じかもしれないが、それなりの方法で作られるべきなのだ』。だが、フランス製の高級ワインの代わりに、なぜ安物のアメリカ製ワインをソースに入れるのかと尋ねると、彼はこう主張した。『違いがわかるやつなんかいないさ』」(フィールドノート、「アウルズ・ネスト」)。疑問は常に生じる。何にとってベストなのか。輸入トリュフ、ベルーガ産キャビア［黒海、カスピ海産の大型のチョウザメの卵］、シャトー・マルゴー［フランス、ボルドー地方のマルゴー区産赤ワイン］は料理コストに莫大な金額を上乗せするが、味はたいして変わらない。わたしのような一人の社会学者が取り上げるまでは、このシェフにとっては、いつもの材料ではなく高級食材を使おうとは思いつきもしなかったことなのだ。調理の経済的現実が彼の美的姿勢に影響を与えている。

「ラ・ポム・ド・テール」のスタッフによれば、このレストランとエリートレストランとの違いは、調理の質ではなく「タッチ(仕上げ)」だということだ。つまり大勢のスタッフと誠実な常連客がいるならば、そのレストランが加える余裕のある特別な付加価値という意味である。彼らは他のレストランと比べて、自分たちのレストランに欠けているものに気づく。「経営者が打ち明けてくれたのだけど、ツインシティーズのレストラン評論家によれば、『ラ・ポム・ド・テール』はこのツインシティーズの最高のレストランだが、シカゴの『ル・ペロケ』、ニューヨークの『ルテス』には及ばないということだ。

経営者が説明する。『(その批評家に) 理由を聞いたら「タッチ」だというんだ。……ああいうレストランの厨房にはうちより大勢のスタッフがいる。違いはその規模なんだ。あっちでは毎週毎晩品切れになることを想定している。だがうちではそんなことはありえない』(フィールド・ノート、「ラ・ポム・ド・テール」)。地元レストラン市場において経営者が見込んだタイミング、客の好み、そして資源が、このレストランを「将来有望のレストラン」にするのを阻んでいる。一年後、彼は「タッチ」を重視した、もっと高級でフォーマルなレストランをオープンさせたが失敗だった。そんな市場は存在しなかったのだ。文化的製品は特定ニッチ内部でさえ、さまざまな幅の価格帯をもつ。ある食材の価格は単に「鼻持ちならない」と考えられる。冷酷な現実が制約を受けない美的活動を阻んでいる。

利潤の上がる組織を経営するには、客の望む製品とサービスを提供し、なおかつその製品が生産コストよりも価値があると客に思わせることが大切である。食材の中には高そうにみえてそうでもないものがある。「ラ・ポム・ド・テール」のヘッドシェフがロブスター・ソースのかかったサフラン色のパスタを作ったとき、彼はその食材のコストは「それほどでもない」と言った。同様に、「ブレイクモア・ホテル」のヘッドシェフは、クリームチーズを詰めたサラミ・ホーンは立派にみえるが、コストはたいしたことはないと説明した。

労働者の判断が組織の経済とぶつかるとき、昇進のためには品質の点で妥協する能力をもつことがきわめて重要である。「ラ・ポム・ド・テール」のヘッドシェフは部下である昼間のヘッドコックをスーシェフに昇格させようとしたが、やめることにした。

なぜなら、彼は裏切り者だからだ。してほしいことがあっても彼を当てにすることはできない。……例えば、先週彼は自分から提案した特製子牛肉料理を作っていたんだが、本当にすばらしい料理だ。まず子牛のルーラード［薄切りの肉で巻いたミートローフ］を作り、ハーブと一緒にプロシウット・ハム［香辛料のきいたイタリアハム］とヤギのチーズを巻き付けてソテーし、トマトソースをかけて出す。いい料理だ。彼のところにはほんの少し黒くなりかけた肉があった。子牛肉は日が経つと灰色っぽくなるが大丈夫だった。少しだけ灰色がかってきただけだった。僕はその肉で十分いけると思った。……彼は二皿分の料理を用意していた。だが僕が大型冷蔵庫の中に入って行ったら、あの古い豚肉が置いてあるじゃないか。……僕は彼を呼んで言った。「これは何なんだ。お前のお袋さんかだれかのために作るのか。早く持っていけよ。ここはレストランなんだからこれで十分なんだ」。彼は自分が引き受けたことをとやかく言われることに、極端なプライドがあった。……われわれはビジネスをしているんだという意識が彼にはない。調理を大きくてハッピーな取引と思っているだけだ。

（インタビュー、「ラ・ポーム・ド・テール」）

このコックは、彼なりの質の基準を――理論上は彼のヘッドシェフが同意している基準だが[10]――組織における生産の必要性の上に置き、交渉を嫌い、昇進の機会を逃してしまう。コックは感受性とサービス産業が認めるものとのバランスを取りながら、片目でガスレンジを、もう片目で市場を見ていなければならない。まずシェフとコックが交渉し、次に彼らの意思決定がどこまで通用するか、および品質と量

（例：出すホタテガイの数とか食材の鮮度が落ち始める時間）に対して彼らがどこまで介入できるかについて、シェフはマネージャーと交渉する。その間にも経済的命令が厨房スタッフの生産能力を伝える。

美的仕事の細分化

それぞれの職業はそこで生産されるものの外面的要素と関係があるが、出来上がりの比較分析は、この関係が絶対的なものではなく変わりうることを証明する。外見はさまざまな形式で表されるが、それが多かれ少なかれ作業の中心となる。労働者はなにより結果とパフォーマンスを重視する。さらに、質を決定するものは職業世界あるいは芸術世界においては絶対的ではない。単一の「美的」センスも一定の約束事も存在しない。画家は一人として同じようには描かないし、彼らは同じように描くべきだとは信じていない。作業は、仕事に対する姿勢とものを生み出すときの美的関心や感覚的関心がもつべき役割に影響を与える。さまざまな職業は社会的に細分化されている（Bucher 1962）。職業としての調理はいくつもの側面に細分化されている。このうち最も顕著な三つの側面は、レストランの地位、コックのキャリアを積む段階、そして作業である。そしてこれは組織、行為者、出来事のそれぞれの違いを反映している。

レストランの地位

コックにはそれぞれ異なった労働環境——彼らが調理をするレストランの種類——がある。フリーマンとハノン（1983）は組織エコロジーにおける市場ニッチの重要性を詳説しながら、特にレストラン産業に注目した。序で述べたように、レストランは細分化された環境の中にあって、競争の激しい小規模ビジネスである。この自由市場では製品の違いが鍵である。そのレストランが目指している市場ニッチとコックがそのニッチといかなる関係をもつか（彼あるいは彼女のハビトゥス、すなわちそのニッチ内での行動を生み出す性向）によって、レストランとコックの文化資本は変わりうる。[11] レストランもコックもかなりの量の文化的特殊化を生み出している（Bourdieu 1984）。コックとレストラン経営者がともに文化的な向上を目指さないのなら、コックはそのレストランのレベル「以上」あるいは「以下」の料理を作らなければならない。文化資本の提示には印象的操作が含まれる。

鋭い感覚的関心あるいは美的関心をコックに期待するマネージャーもいる。すなわち嗅覚、味覚、触覚、視覚の微妙な変化に気づき、料理に必要なこれらの感覚を自然に使えるコックということである。「ラ・ポム・ド・テール」のコックは独創性が期待されていたので、他のレストランのコックと比べてはるかに選択権があり、十分な自由が与えられていた。これらのコックはレシピどおりに調理をするのではなく、創作料理を作ったり、前の実績をもとに調理していた。だがホテルの厨房やステーキハウスのコックは、新しいものを作り出す決定権や料理の見かけや味に自信をもっていたが、美的品質をさほど意識していなかった。これらのレストランにおける時間と動機は、よそで出されたことのないオリジナル料理に生かされる（例：パン粉を払い落としたオニオン・リングなど）——彼らは上品な創造的生産のための時間と資源はもっていなかったのである。

レストランがもつみずからのイメージと市場ニッチは、従業員が彼らの製品の感覚的品質をどのように見るかということに影響を与える。「マクドナルド」も「ルテス」も仕事と結びつく美学をもっているが、「ルテス」のコックの方がはるかに自主性があり、彼らの美的決定はより巧みで尊大である。「マクドナルド」は彼らの料理の「デザイン」に対して、本社によって定められた美的基準があり（Leidner 1993）、従業員の「美学」はその場の生産ニーズにおける問題解決を含む。「マクドナルド」ではスタイル、配慮、効率について決められたルールに従い、毎日のように顧客の要求と取り組んでいる。

キャリアを積む段階

美的問題の関心は、コックのキャリアのさまざまな段階において多様な重要性をもつ。これらの段階はしばしば組織的立場と相関関係がある。コックは能力を発揮することによってレストラン内部の階級を上ってゆく。腕を磨き高い地位に達すると、彼らの仕事内容も変化する。各々のコックの価値観、目的、機会は、美的な好みがいかに生産決定に作用するかということに影響を与える。

新米コックは、美的選択によって定義されることはなく、決まり切った手仕事をこなすことが要求される。彼らはタマネギを刻んだり、ジャガイモの皮をむいたり、セロリの筋を取ったりするように言われる。少したつと彼らにはもっと責任が与えられ、責任とともに権限を知るようになる。それは実際に調理したり、さらにはいくつもの料理を創作することが許されるということである（Mukerji 1976）。そのコックが彼あるいは彼女の監督者に対して才能、能力、良心を示したときに、彼らは責任をもたされる。わたしは「ラ・ポム・ド・テール」のジュニアコックに、彼女が今までに創作料理を作ったことがあるか尋ねた。

ダイアン　今までは自由を許されていなかったけどこれからは（自由が）あると思うわ。

G・A・F　作ってみようと思っている料理があるかい。

ダイアン　ええ。（家で）ホウレン草とマッシュルームを詰めたニジマス料理を作ってみたのよ。刻んだホウレン草をクリームソースであえて、完全に骨を取り除いたマスの中に詰めるのよ。それからパフ・ペストリー［パイやタルト用の生地］で包んで、オーブンで焼いてから、ブール・ブラン［酢またはレモン汁を加えた魚用バターソース］か白ワインソースを添えて出す。本当にすばらしい料理よ。なぜなら魚の形をした小さなパフ・ペストリーができるんだから。ぜひやってみたい。

G・A・F　（シェフに）そのことを話したかい。

ダイアン　いいえ。待っているだけよ。

インタビュー、「ラ・ポム・ド・テール」

もっと経験のあるシェフとスーシェフは、日頃から創作料理を試したいと思っていた。コックが料理の目先を変えることが許されるときでさえ、彼らはたいてい監督者に許可を求める。わたしは「ラ・ポム・ド・テール」の昼間のヘッドシェフに、失敗作を尋ねた。「安全を期す」から、そう頻繁に失敗しないと彼は言った。もし失敗しそうになったら、（ヘッドシェフに）相談する」（フィールド・ノート、「ラ・ポム・ド・テール」）。経験の浅いシェフは自主性も少なく、不本意ながら上司の指図に従う。「ブルースは『アウルズ・ネスト』の夜勤のコックなのだが、ヘッドシェフからアスパラガスの調理法を押し付けられるので不平を言っている。『おれはアスパラガスにレモンを入れるのはごめんだ。……別に悪くないよ。でもおれの趣味じゃない。だがそれがポールのやり方なんだ。（調理中）彼はレモンの皮をまるまる一個分入れる。するとばらばらになってアスパラガスのあちこちにくっつくんだ』」（フィールド・ノート、「アウルズ・ネスト」）。地位と役割は美的な意思決定の場を管理し、製品は権限関係を強化する。職業の細分化は、全員が必ずしも美的選択に平等に参加する権利がないことを意味する。厨房内部では交渉は可能であり、少なくとも権威者に対して質問はできるが、客に何を出すかは権力機構が決める。

仕事

どんな職種でも仕事内容は異なる。ある仕事は他の仕事に比べて、生産における感覚的側面を大いに意識する。ポートレートの背景を描くのとその人物を描くのを比べると、両方ともなんらかの美的感受性は伴うが、前者の方が美的要求度は低い。ある外科手術は日課のように行なわれ、また別の外科手術は軽いタッチを必要とする。ビュフェと盛り合わせ料理は見かけに念入りな配慮が必要であるが、別の場合には事前の美的選択が仕事に影響を与える。あるホテルのコックは（順序どおりに調理する）流れ作業と、大宴会用の料理を作るときの創造性を区別した。「流れ作業には創造性なんて全くない。でも宴会の裏方のときは創造性をもつべきだと思う。料理に何か彩りを添えるとか料理をおいしそうに見せるとか、いつも何か独創的なものを考え出さなければいけないと思うんだ」（インタビュー、「ブレイクモア・ホテル」）。職務上の日課の中では、その仕事に対する配慮によって仕事は異なる。すなわち、皿の上に何が盛られることになり、どのように手筈が整えられるのかについて、コックがどの程度掌握しているかによって仕事は異なってくる。

多くのレストランでは、コックは交代可能な仕事をもっている。彼らはある仕事の専門家ではないので必要に応じて仕事を交換する。だが専門的な分野も存在する。特にペストリー製作では料理の見た目のよさが重要である。「ラ・ポム・ド・テール」のペストリーシェフは調理とペストリー製作の違いを、二つの芸術世界の違いになぞらえた。「ペストリー作りに没頭して、凝った飾り付けをたくさん作る人は画家のようなものだ。ほどよく焼いたり、皿の上にきれいに盛り付ける調理にはもっと総合芸術的なセンスが必要で、いわば写真みたいなものかもしれない」(インタビュー、「ラ・ポム・ド・テール」)。一九世紀における偉大なるフランス料理のシェフ、カレームはペストリー製作を五つのファイン・アートの一つである建築と結びつけた (Revel 1982, p. 68)。ペストリー製作は準備と計画にかなりの時間をかけられるので、流れ作業の調理よりも美的関心にかなりの注意を向けることができる。

製品の感覚的品質に対する関心は、職業によって変わりうる特徴である。美学は常に存在するが、その形式と卓越性は異なる。組織の地位と市場ニッチ、その人のキャリアの段階、完成しなければならない特別の仕事のそれぞれは、労働者が彼らの美的関心にどのように取り組むかに影響を与える。これらの選択は組織の要求にあわせて減らされることはなく、組織的、職業的特徴によって伝えられ、特殊化される。

厨房の背後に

製品と生産の感覚的質に対する関心は、レストランだけでなくすべての仕事に当てはまる。わたしたちが「質」という語で意味するものには感覚的および美的側面があり、ものやパフォーマンスは機能的必要性の範囲を越える。様式重視の要素を意識しないときでさえ、労働者はなお何をどのようにして生産するかに配慮する。ここでは、すべての仕事は芸術的努力という要素をもっている。ペンキ屋、肖像画家、抽象的表現主義の画家には美的感受性があるが、それは彼らが作品の感覚的特徴の重要性を信じているからであり、願わくば評価の基礎はグループ内部から出てくるべきだと信じているからでもある。

以上のことは制約の力を否定するものではない。構造的制約は美学の中心的役割を弱める。制約は労働者の地位、彼の客、生産力学、あるいは組織の資源ベースに由来するかもしれない。こうしてみると芸術は仕事のようであり、仕事は芸術のようでもある。

美的選択と制約を研究することは文化生産のモデルを広げる。生産決定は社会的に組織されるが、これらの決定はこの組織の機能「にすぎない」というわけではない。質に対する美的選択と美的決定は、ある意味では生産から独立している。細かい部分では異なるが、このことは他の職業にも共通である。ゆえにたいていの職業は客による管理、組織的能率、資源経営（マネージメント）、細分化という要求に直面している。

客による管理

現場の人々は、彼らの職業以外の人のために働いていることに気づいている（Hughes 1971, p. 321）。顧客は労働者に対してあからさまな要求をめったにしないが、客の不満とその時々の客のタイプが行動を制限する。弁護士は彼らの依頼人と同様に陪審員から審査される。法廷書記は美しい訴訟記録を書こうとするが、その記録が忙しい判事に読まれることはまれである（Riesman 1951）。歯を治療中の患者は、痛みを感じることなく仕上がりがきれいなら、上品な充塡材に対して歯科医がどのような基準をもっているかほとんど気にしない。ジャズミュージシャンは観客の無視をじっと我慢し、とどこおりなく演奏を続けなければならない（Becker 1963, pp. 91-95）。牧師は、神が彼らの説教を審査する唯一の存在ではないことに気づいている（Kleinman 1984）。これらの場合、明白な要求は労働者に直接伝えられるのではなく、メッセージはじわじわと伝わってゆく。生産が完了すると評価が始まる。あいまいで多様な基準をもつ観客の存在が活動を形作る。ある職種では、（調理、ヘアデザイン、服飾販売のように）従業員は豊かな専門知識をもち、客はその専門職をたえず批評し続ける。そして客の批評は彼らが再び来店するかということに影響を与える。また別の職種（配管工事、外科手術）では、もし結果とコストが妥当ならば、客は仕事の美学には無関心か無知である。

顧客は製品やパフォーマンスの感覚的魅力を考慮するときに判断を下し、その判断いかんでひいき客になるかを決める。これは、自動車修理のように何マイルも走ってから判断されるサービスとは逆に、調理のように直ちに完璧な情報を受け取るときに特に明らかである。美的選択が客にとって重要なら、労働者の決定は彼らの好みに合わせなければならない。だが客がそれを気にしないときは、これらの決定はコストと能率の拘束を受ける。「専門化」の究極目的は、評価の直接源は外的というより内的なものだということを確認し、さらに客がそれを認めているということを確認することである。[12]

組織的能率

仕事の条件、特に時間的条件は、どのくらい、そしてどのようなものが生産できるかということを決定する。流れ作業に従事する労働者は、ラインが動き続けていることに気づいている。一人の労働者が「正しく」それをするには制限時間がある。時間内にするためには、正しくそれをすることが犠牲にされることがある。作家には皮肉なルールがある。「正しくしようとするな、ただ書くにまかせるのだ」。最終弁論の日程と判事の限界は弁護士に制約を押し付ける。患者は多量の麻酔が効いている間は痛みをこらえることができるし、教区民は日曜の正餐に間に合うように教会を出なければならない。

客に忍耐力がないため、あるいは労働コストに制約があるために、仕事の微妙なニュアンスが犠牲になるかもしれない。時計は厳格な主人だが、本当の主人は時計の背後に立っている。さまざまな現場で働く人々は、仕事を終えるための時間を延長しようと交渉する。職種とそれぞれの部署の間に違いはあるが、時間は現象的現実でもあり、冷酷な現実でもある。

資源経営

材料のコストは生産を取り巻く細胞膜のようなものだ。食材と調理器具と環境ができうることを決定する。家具張り替え業者は布地に左右され、ヘアデザイナーはヘアダイの色に左右され、彫刻家は大理石の質に左右され、ドリル・プレスの操作技師は機械によって仕事を制限される。これらの資源の品質はしばしば労働者の手に負えないものだが、別の目標をもった人によって決められる。仕事は市場内部に組み込まれ、資源と組織的環境の適合性が美的選択を制限する。

職務の細分化

すべての職業は、すでに述べた制約が引き起こした難題と立ち向かわなければならないが、職業内部の部署の違いもまた仕事の内容に影響を与える。あなたが支払うものはあなたが得るものに貢献する。病院、修理店、設計事務所、大学では製品のスタイルは異なり、生産のための能力も異なる。会社や組織では新米もいれば、もっと自主性をもった人もいる。配慮する人もいれば、もっと意識的な世話が必要な人もいる。住宅用ペンキ屋は産業塗装工より、外科医は麻酔医より、そして騎手は厩舎員よりも仕事の感覚的効果に配慮する。職業は社会的に細分化されており、それぞれの部分は判断の異なった基準を当てにしている。

美的選択は仕事をする上で常識だが、絶対的なものではなく変化するものである。美的関心の重要性と豊かさは、人が仕事を続けること、やりやすい状況にすること、自尊心をくすぐり物質的な報酬を得ることと深い関係がある。それぞれの職業には領域があり、その中では表面的な選択が問題とされるが、このような配慮が全く欠けている職業も少しはある。これと反対に、機能より形式を重視する職業はひとつもないので、社会的制約というものは存在しない。工場労働には創造的要素がある（Bell 1984）。それはまるでファインアートの仕事が、うわべは「純粋な」創造的仕事の遂行に影響を与える市場の制約と制御システムを示しているのと同じことである。

生産の文化

仕事の質が重要だという点で、経営と労働は一致している。美的生産は組織の目的と矛盾してはならないし、その目的を破壊してはならない。だが、能率と品質保持を両立させると軋轢が生じるかもしれない。労働者は時間や同僚や資源がもっとあればよいと思っている。そうすれば彼らはせかされずにすむし束縛もされない。経営側も効率のよさを強調しがちである。よい仕事はある限度まで利潤を生み出し、この限度額は市場ニッチと価格の柔軟性と関係がある。経営にとっては利潤追求は直接の問題であるが、一方労働者にとっては間接的な関心事にすぎない。その結果、価値の合意が衝突や欲求不満に移行するかもしれない。

労働者は特定の仕事に対する方向性をもち、それが維持できる範囲まで生産決定における自由裁量の幅を広げることができる。労働者が官僚的な組織と結びつく範囲まで、経営者は規則や実践へと強化された選択をし、それを労働者が実行する。その職業のメンバーに権限を与える職能組織と、権威の階級制と公式手順に基づいて決定がなされる官僚組織の間には緊張が存在する。個々のものが単独で準備される職業は仕事に対する方向性を明確にするが、一貫性と能率を強調する仕事は官僚組織にみいだされる傾向にある (Stinchcombe 1959)。最大の利潤が期待できないにせよ、官僚組織の中でさえ、経営者は労働者の自由裁量を許し、さらにそれを奨励するかもしれない。すなわち、もし労働の不満を減らし、生産の流れが予測できるのなら、自由裁量は認める価値があるのだ（Burawoy 1979）。自由裁量の役割は、経営者がコックの時間外の休憩や持ち場の変更を許したり、再調理の決定をコックにまかせるといった経営側の好意によって示される。この効果はコックの気持ちにも反映し、彼らは快く残業や早朝勤務をし、欠勤者を埋め合わせ、重要な客のための特別料理を作るが、これらの仕事はいずれも彼らの任務を越えたものである。さらに、労働者と経営者の美学が一致するとき、材料と労働コストの柔軟性が「質」を保つ必要経費として客に認められ、客に提示される。

生産者、消費者、経営者はみな価格や精神的コストの限度内で「よい仕事」に価値をみいだし、このシステムが働くとそれぞれは重大局面に達する。経営者にとっての挑戦とは、あらかじめ食材には制約があるという経営者の見解を従業員に認めさせ、これらの制約内で働かせることである。これはきわめて「芸術的な」場所である「ラ・ポム・ド・テール」において明らかである。質とその価格の間には客の評価によって調停されたトレードオフがあるので、その選択は客観的な事実ではない。外面的要素を重視した生産の組織的成功は感動的な力を含む。すなわちおいしくて価格が手頃ならば、ターゲットとなった客が再び来店し、新しい客を連れてくるのだ。

芸術は一種の仕事であるというのは真実だが、どこで、いつ、どのように美的自主性と社会的制御が相互に浸透しあうか、そしてそれらがどのように交渉するのかという問題が生じる。どの状況下で、労働者は彼らの製品とサービスの感覚的質に関心を抱くのか、そしていつ彼らはこの質をコントロールさせるのか。その答は職場における交渉の明確化と市場の現実と典型によって形作られる。

第七章　厨房におけるディスコースの美学

栄養の哲学はあるのだろうか。

ニーチェ

会話は詩である。社会学の詩である。暗示的な意味をもつリズミカルな会話網が、社会構造の基盤内部をはねまわる。意味は共通理解をもつ共同体によって決まり、その中でいくつもの語彙的事項が解釈される。わたしたちが「事柄」について話すとき、思考の総体について直接言及するわけではないので、わたしたちの言語はどうしてもあいまいになり、いくつもの解釈が可能になる。知っていることの多くは、やむなく言われずにほってておかれる——そうなると完璧な解釈など不可能である（Garfinkel 1967; Poller 1987)。

しかし実際には、話者は互いに同じような感情を喚起しあう。わたしたちは「似通ったヴィジョン、すなわち似たような内容の経験を誘発」(Isenberg 1954, p. 138) しようと試みる。同じ経験をしていたから、同じように理解するように教えられてきたからこのような共通理解が生じるのだ。シンボルは周縁のみが明確である。この状況はプラグマティスト、ジョージ・ハーバート・ミード〔一八六三—一九三一、アメリカの社会心理学者〕によって、『精神・自我・社会』の中で明快に論じられている。「自分自身の心に起きていることを、他人の心にも起こそうとする表現を見つけることは、俳優だけでなく芸術家の仕事でもある。叙情詩人は、感動的な心の震えを伴う美の経験を詩として表現し、芸術家として、自分の感動の状態に応えるような、しかも自分が感じている状態を他人にも呼び覚ます、そのような言葉を探し求めている」(1934, pp. 147-48)。この種の発話や執筆は、美的言及のある会話形式にも特に応用される。すなわち、経験されたものや事柄に関する感覚的認識について表わそうとする会話形式にも応用される。こうしてみると、仕事における会話はこのカテゴリーに分類される。話者がものや出来事の感覚的、美的特徴を説明したいとき、その話者は役割を演じる能力と解釈に頼る(Mead 1938, p. 98)。

たとえ芸術世界であろうと、発話行為は華麗になる必要も「美的」になる必要もない。メタファー(AはBのようだとか、この関係は意味深いという主張)であふれていても、その言語は世俗的、日常的、そして平凡になりうる。実際に職業上のほとんどのコミュニケーションは、多くの人々が理解できるように、省略された野卑なイメージに頼っている。このような状況下の話者は、彼らの話題について意識することはめったにない。広範なる文化資本が入場資格にならない共同体では特にそういうことができる。エリート文化の生産者は自信満々に行動するが、会話の共同体は彼らのためだけにあるのではない。意味の創造はあらゆる種類の共同体にみいだされ、これらの共同体に見られる活動に組み込まれ表現される(Schudson 1989, p. 153)。

この章では、わたしは言語哲学(ラング)を提示するのではなく、言語のプラグマティクス、すなわち語用論(パロール)を明らかにするために、「美的」会話を理解しようと思う。これはすなわち、美的なものを日々作り出す労働者によって使われている会話のことである。共同体の基準——ここでは美的基準ということだが——を作るために使われる言語とはいかなるものなのか。社会学者は伝統的に美的判断を分析するのをためらってきた。おそらくわたしたちは、美的判断は「美的態度」(Shepard 1987, pp. 64-70) の機能であると述べたカント〔一七二四—一八〇四、ドイツの哲学者〕の哲学的立場に同意してきたのであろうが、これは個人的距離、個人的無関心、あるいは個人的視点に基づいた立場である。このような還元主義的、心理学的方法によって分類すると、美的判断は社会学的分析の領域外にあるように思われる。哲学者はこれらの選択の社会的構成要素を日常的に無視しているのだ。「味覚」を研究してきたガンス〔一九二七—　、ドイツ生まれのアメリカの都市社会学者〕(1974) やブルデュー (1984) のような社会学者は、文化的選択は階層や教育程度のような社会によって変わりうるものを仲介すると考えてきたが、評価はその中で習得され表現されるという相互作用については無視あるいは軽視してきた。

感覚的な判断は社会関係、差し向かいの交渉、社会構造と組織に基づいており (Mulkay and Chaplin 1982)、社会の至るところでみいだされる。これらの判断は信念に対する経験的陳述を表わす一方で、「感情」を表わしている。わたしはこの「感情」という言葉を、肉体的反応と情動的会話を結びつけるという意味で用いるつもりだ。この情動的会話は肉体の社会学と情動の社会学を通じて分析することができる。人が感じること (感じられた反応) は、どのようにしてこれらの感覚的状態についての内的認識に変化するのであろうか。

個人の反応は「ディスコースの世界」を作り上げるためには不十分である。「ディスコースの世界」という表現は意味深い。というのは話者と聞き手 (聴衆) が同じ「道徳的共同体」の中に埋め込まれているからである。会話を受け入れることとは、その会話が話者同士の共有財産という認識を強める。共同体における重要な指標のひとつは、言語には共有された制約が存在するということである（Searle 1969 ; Grimshaw 1981, pp. 267-73 ; Cicourel 1974）。制約は社会組織と社会化に基づくものであり、言語学的ルールと言語学的パターンの一般知識の存在によって決まる（Swidler 1986）。「感覚」について語るためには、話者は会話を始める前に、それぞれが話すかもしれないことや話せることについて十分な考えをもたなければならない。

感覚的経験の議論を表わす言語活動の一般的カテゴリーには、「暗黙の知識」が必要である（Polanyi 1958, p. 49）。「巧みなパフォーマンスの目的は一連のルールを遵守することによって達成されるが、それらのルールはそれに従う人にとってはルールとしては理解されていない」。人々は自分たちがしていることが何であるかを説明できずに、かなり的確に、正しいと「感じたこと」に従って毎日行動している（Sclafani 1979）。わたしたちは説明できないものがあることを知っている（例えばクラリネットの音色のような〔Wittgenstein 1968, p. 36, par. 78〕）。ルールを知らない人々に自分たちの活動を説明しなければならないとき――人々を社会化することは挑戦でもあり、障害となるのだが――説明できないこともあるのだということが物事を複雑にする。どんな評価方法と資源が美的に満足しうる製品を生み出すのかを表わすときには、言語はきわめて貧弱な指標である（Danto 1964）。わたしたちには説明も定義もできないことがしばしばあるが、哲学者ルートヴィヒ・ウィトゲンシュタイン〔一八八九－一九五一、ウィーン生まれのイギリスの哲学者〕はこう説明している。

「『赤』、『青』、『黒』、『白』が何を意味するか」と尋ねられたとき、もちろんわれわれはただちにそれらの色をしたものを指し示す。だが、これらの語を説明しろと言われてもわれわれの能力はそれで限界なのだ！

(ウィトゲンシュタイン 1978, p. 11, par. 68)

未知の証拠とは、微妙な眼差し、微妙なジェスチャー、微妙な調子を含む。わたしは本気に愛しているときの表情と、愛しているふりをするときの表情を区別するかもしれない……だが、その違いを説明することはきわめて難しいだろう。

(ウィトゲンシュタイン 1968, p. 228)

それならどのようにして意味が成立しうるのだろうか。その答えは、話者が参加している言語学的システムの中にはありえず、外的規準（社会システムのコンテキストと構造）と関連があるにちがいない (Wittgenstein 1968, p. 153, par. 580)。すなわちそれは「コンテキストの中で知る」能力であり、美的判断とその実証を認め、他人による判断を批評したり認めるという過去と現在のコンテキストを比較する能力である (Fine 1992a)。こうすることによって、「同族的類似」(Wittgenstein 1968, p. 32, par. 67) にもかかわらず、厳密な定義の存在に頼らなくても円滑な相互作用が可能になる。ともに分類されるものに共通点が一つもなくても、わたしたちはきわめて似ていると感じるので、それらは一緒に分類される (Rosch 1978)。

厨房環境における会話は、予期しないデータをわたしの議論に提供してくれる。というのはプロのコックは、自分たちが作り出し、そして給仕する料理について常に判断を下しているからである。調理とは公共消費に対して十分な食品を生産することを含むが、これらの料理はコックと客の双方にとって感覚的に優れたものでなくてはならない（Fine 1992b）。その結果、プロとして調理をするときには味覚への関心が重要になる。[1] レストランの厨房の従業員は結びつきの堅い小グループを構成しているので（Gross 1958；Whyte 1948）、彼らは忠告、助言、判断などを同僚に求める。それゆえ厨房での会話は、コックが仕事の責任を果たすときに不可欠な要素であり、才能と実力のある技術者だと認識させることによって彼らを満足させる。だが、たいていのコックは美的感受性を意識せずにその職業に就いている（Fine 1985）。すなわち彼らは美的センスを教え込まれていないのである。

コックよりもっと社会的地位が高い職業では、わたしたちは「芸術」のレトリックにしばしば出会う（Zukin 1991, Charpentier and Sparkes 1934；Caldwell 1986, p. 38；Herbodeau and Thalamas 1955, p. 4）。だが、厨房で働く多くの人々にとっては、調理は低賃金で高度の技術を必要としない仕事である。何人かのエリートコックでさえ彼らの「芸術的」地位を否定している（André Soltner in Burros 1986）。調理に伴うさまざまなイメージと構造的緊張のために、コックという職業は仲間内の美的会話がどのように生まれるかを調べるのに最適である。そこには食品に関して広く受け入れられた「理論」は存在せず、調理についての会話は特権階級の談話とは異なる。その結果、無知で疑い深い観客のために、コックはたえず厨房での意味を構成、再構成しなければならない。だが、どのような定義がなされていようと、すべての職業は「スタイルのある」ものとサービスをある程度まで生産しようとしている（Fine 1992b）。この理由のために、レストランの厨房における美的判断は他の仕事世界に一般化されうる。

食材についての会話

他のインド・ヨーロッパ語と同様に、英語には感覚的経験を記述する広範な語彙がない。だが実際には、五感はさまざまな独特の表現を用いて明確に表わされる。わたしたちの世界の視覚的側面はその時々においては安定していて動きも少ないが、最も大きなそして最も表現力に富んだ記述的語彙を用いて表わされる。わたしたちは皆、記述するものを同時に見ることができる。経験的に確かなものを述べるときに「百聞は一見にしかず」というように、わたしたちは視覚に頼る（Dundes 1972）。視覚はインド・ヨーロッパ語話者の間では文化的特権が与えられている。触覚と聴覚は中間の位置にあり、感じて聞くという共同社会によって測定可能であり、容易に共有される。

味と匂いの共通理解をもつことは、観客に対してさらに大きな挑戦をいどむ。挑戦的であるがゆえに、料理に関心がある人々とコックは、食材について語ることが難しいことに気づく。たとえ多くの食材が「考えるのにふさわしく」ても（例えばDouglas 1984）、これらの考えは必ずしも簡単には表現できない（Adams 1986, p. 26 ; Corbin 1986, pp. 6-7, III）。これまで科学者は味を判断し論じるための標準化された測定器を開発してはこなかった。その量と豊かさに匹敵するほど、味覚は広範には共有されない。その上、味わわれるものは消費されなければならず、体内に取り入れなければならないのである。

匂いは味の構成要素に含まれる。科学者たちは匂いの測定器を開発しようとしたが（Harper, Smith, and Land 1968 ; Burton 1976 ; Cain 1978 ; McCartney 1968）、わたしたちはいまだ適当な測定器をもたない。しばしばわたしたちは「専門家」に依頼し、匂いを分類するための基準を作ってもらう（Ackerman 1990)。だが、これらの分類は実験室を超えて実用に至るのはまれである。匂いも味もそれらと結びついた判断の細かい基準がないので、美学の社会学を発達させるには難しい問題を提起している。匂いと味を表わす言語の発達が難しいにもかかわらず、調香師やグルメは同好の士を理解できる。それはどうしてだろうか。特に感覚的な体験、すなわち嗅覚や味覚を示す言語コードが十分開発されていないのに、人々は意味の共有をどうして信じることができるのか。プロのコックの場合、調理世界の道具であるこの知識が使えるという確信を、実際どのようにしてもつようになるのか。

風味の「問題」

匂いと味の分類ができない理由がどうであれ、西欧文化はこれらの感覚に対して人々を社会化していない。アメリカの学校の中には料理を賞味するコースはないし、[2] レストランに行くのは美術館に行くのとは違う。匂いと味は二次的感覚として定義される。これらの感覚がすぐれていても尊敬の対象にならない。嗅覚と味覚は単に二次的どころか、視覚や聴覚よりも「低い」感覚だと考える人々もいる。これはアリストテレス、トマス・アクィナス、カント、ヘーゲルらによって論じられてきたことである。匂いと味は深く考えるような思考力の大きな部分を必要としていない、と彼らは主張する。この二つの感覚はそれ以上の広がりを見せないし、理論的洞察に導かれることもない。コルヴィン［一八四五―一九二七、イギリスの文芸・美術批評家］(1910, p. 357) は次のように述べている。「視覚と聴覚は知的であるがゆえに高次元な感覚である。われわれはこれらの感覚を通じて、われわれを取り巻くすべての知識とすべての概念に至る手段を得る。一方味覚と嗅覚は知的ではないので低次元な感覚であり、知識と概念の構築に助けとなる印象は、これらの感覚を通じてはほとんど得ることができない」。以上のことは社会的構造である。というのは、実際にどんな感覚も世界に対する窓となりうるのだ。味と匂いを通じて人が「見る」ことができる範囲は、文化によって決定される。料理の基準は普遍的ではない（Mennell 1985 ; Mintz 1985 ; Bates 1968 ; Curtin and Heldke 1992）。日本の茶道は人を感動させる美的行事であり、絵画と同じようにその観客にとって意味をもつ。同様に深皿に入れたブイヤベースに、マルセイユの漁師の経済環境、フランス人の感覚的生活に対する熱意、海と庭園の共生関係などの経済環境を発見することができる。概してわたしたちアメリカ人がこれらの思想を思いつかないというのは文化的な選択であって、感覚器官や料理に固有な選択ではない。だが、味覚や嗅覚を軽視する文化的な選択は、特に言語の発達に効力を発揮する。味と匂いを表わす純粋な言語は、食べ物の描写方法に劇的変化を求める。一九世紀の美食家ジャン＝アンテルム・ブリア＝サヴァラン（1825［1970］, p. 40）は次のように書いている。

限りないほどの数の基本的な風味が存在しているならば、すべての風味は無限の組み合わせによって変化しうるので、その結果として生まれたすべての効果を表現するために、新しい言語が必要となり、それらを定義するのに山のような書物が、さらにそれらを分類するのに信じがたいほどの数字が必要となってくる。さて、今まではどんな風味も科学的な正確さによって評価されるという環境が生じなかったので、われわれは「甘い」、「砂糖のように甘い」、「酸っぱい」、「苦い」というような限られたありきたりな言葉を使わざるをえなかった。これらの表現はすべて結局二つの言い回し、すなわち「好ましい味（おいしい）」か「好ましくない味（まずい）」に大別され、どんな食品でも、その味覚の特性を示すという実際的な目的のためにはそれで十分である。

同様の見解はジョン・ロック［一六三二—一七〇四、イギリスの哲学者］（1700［1975］, p. 122）の初期の文献にみいだされる。

匂いの種類は、世界中の生命体の種《しゅ》ほどはないにしても、ほぼ同じぐらいの数があると思われるが、それぞれ呼び名が必要である。「甘い」とか「臭い」という表現は、甘いとか臭いという概念に転じ、結局はそれらの表現を「喜ばしい」とか「不愉快」と呼ぶことにすぎない。だが、バラの香りとスミレの香りはいずれも甘い香りだが、確かに全く異なった概念である。味覚によってわれわれは「概念」を得るが、匂いと同様にさまざまな味もまたうまく呼び名をつけることができない。甘い、苦い、酸っぱい、どぎつい、塩辛いなどの味は、われわれが数限りない風味に命名しなければならない通称のようなものである。それらの名称はほとんどすべての生物だけでなく、同じ植物、同じ果物、同じ動物の異なった部分にもみいだされる。

ブリア＝サヴァランとジョン・ロックが記してから何世紀も経過しているが、ことはそれからほとんど変化していない。食物についての会話は語彙不足ゆえの制約があった。ジェイコブズ（1982, p. 8）はこのように書いている。「味覚の感動を表わす言葉のなんと不適切なことか、わずかばかりの適当な修飾語をなんと空しく乱用することか！」。だがこの語彙不足は、人々が食物についての意見とか態度を表現できないという意味ではない。というよりもむしろ、彼らは間接的で暗黙の了解事項に頼っているからである。

食物についての議論の多くがあいまいである。サーモン・ソルビスの味を説明しようとしたあるコックのことを考えてみよう。「上出来だと思った。成功作のひとつだったと思うね。魚の風味とうまく合ったんだ。最高だね。舌にぴりっとこなくて、滑らかなんだ」（フィールド・ノート、「アウルズ・ネスト」）。この料理を味わったことのない人は、この説明からではタマネギが主材料だということはほとんどわからない。同様に、別のコックは「本日のスープ」であるレンズ豆のスープについて次のようにコメントしている。「今日のスープは最悪だ。……レンズ豆は大嫌いなんだ。……食べたくもない。悪いところはないんだが、おれは嫌いだね」（フィールド・ノート、「アウルズ・ネスト」）。ある特定の料理を「おいしい」、「上出来」、「素晴らしい」、「むかつく」などと言うとき、わたしたちは了解事項を共有している。その評価に同意しなくても、「なぜ」その形容詞が使われたのか他の人も理解するだろう。意味の共同体が存在し、コックにとっては大嫌いな料理でも、それらの料理がすばらしいと思う人がいれば作らざるをえない。ある意味でこの曖昧さは、基本的には労働者階級出身のこれらの男女に、訓練と文化資本［個人や集団が社会的活動の場においてもつ文化知識や言語能力］が不足しているという結果かもしれない。ブルデュー［一九三〇―　、フランスの社会学者。「ハビトゥス」「文化資本」「象徴暴力」「場」「戦略」などの概念構成により独自の理論を展開］（1984, pp. 177-79）は、さまざまな経済的、社会的立場にいる人々が、自分たちの世界を理解したりアイデンティティを表現するための文化的カテゴリーを供給する際のハビトゥス［社会化の過程の中で習得され、ある一定の行動様式を生み出す性向］の役割を強調する。この公式はバーンスティン（1970）の、階級と関係ある巧妙で限定されたコードと比較することができるが、「厨房の知識」のモデルに頼っているこの説明は、階級制の至るところに存在する味覚の美学の解釈に反論するものではない。

食べ物の味を評価するのは難しい。この事実を認める手っ取り早い方法は、味を思い描いてみることだ。あなたの好みの食べ物を選び、「なぜ」あなたがそれを好きなのか説明してみよう。まず出てくる答えは、単純明快でよく使われる言葉だろう。あなたは「おいしいから」それが好きなのだ。そのような答えなら、もう一度自問自答してみよう。なぜそれがおいしいのか、と。どのようにしたらそれを味わったことのない人にその味を説明できるだろう。むりやり答えようとすると、甘い、塩辛い、酸っぱい、苦いというような基本語以外に、それを表わす専門用語を知らないことに気づくだろう。これらの基本語に「基本的」な意味があろうがなかろうが――ウィトゲンシュタインが疑っているように――、それらは「使用できる」比喩的な意味をもっている（Wittgenstein, 1968, p. 39, par. 116）。

幸いなことにコックたちは、わたしのような料理には門外漢の社会学者が尋ねる以外は、料理の評価というお門違いの仕事を言い付けられることはない。次に挙げる二つの代表的調査を考えてみよう。

G・A・F　本当に好きなものは何だ？

ダグ　詰め物をしたピーマンは本当にうまいよ。

G・A・F　なぜ好きなんだ？
ダグ　ピーマンの匂いだよ。
G・A・F　どんなふうだか説明してくれよ。ピーマンのどこが好きなんだ？
ダグ　新鮮な野菜が好きなんだよ。おれはピーマンが好きだ。
G・A・F　ピーマンを食べたことがない人にどうやって説明する？
ダグ　どうやって説明したらいいかわからない。魚か何かの方が説明しやすいよ。わからないね。

（インタビュー、「スタンズ・ステーキハウス」）

G・A・F　君が個人的に好きな食べ物は何だい？
ダナ　ピザ。
G・A・F　なぜ好きなのかい？
ダナ　本当にわからないわ。ただ味が好きなんだと思う。
G・A・F　ピザの何が好きなの？
ダナ　スパイシーだから。その質問に答えがあるかしら？　わからない。今までそんなこと考えたことなかった。

（インタビュー、「ブレイクモア・ホテル」）

大学の同僚にこの想像力テストを試してみたところ、反応はやはり不明瞭だが、もう少し洗練された言葉で表現してくれた。ある料理が好きな理由を言える人でさえ、たいてい他の感覚的様式から一般的な言葉とメタファーを借用する。ロブスターが好物だというあるコックは、その理由を「そのデリケートな味とよい風味が好きだ。本当に軽いんだ。圧倒される味とか威圧的な味というのではない」と言う（インタビュー、「アウルズ・ネスト」）。フランスパンが好きなコックは、「中はふわっとして外側はぱりっとしている。ちょっと塩味があって、塩気というのはフランスパンを食べる大きな理由のひとつだわ」と答えた（インタビュー、「ラ・ポム・ド・テール」）。わたしは当然と思われることについて、その理由を説明してくれるように何人かに尋ねた――なぜピザがおいしいと言われるかだれでも知っている。たとえその中にピザが嫌いな人がいても、「その文化に無知な人物」はその理由を聞かざるをえないのだ（Garfinkel 1967）。

料理について論じるとき、味や匂いや舌触りや見かけを説明するのに、人は隠喩や直喩を用いる（Mechling and Mechling 1983）。これらのイメージは他の食べ物にも食用以外のものにも当てはめて表現される。いわば隠喩や直喩が効果的に使われるとき、参加者の生活世界にあふれるすべてのものに当てはまる。（Schudson 1989, pp. 168-70）。食べ物についての直喩は、意外なものと比較されるときでさえきわめてわかりやすい説明となる。

ハウィはヘッドシェフのティムに、ティムが焼いたばかりのチーズ・パフについて言う。「すばらしい。まるでスフレみたいにふくらんだ」（フィールド・ノート、「ラ・ポム・ド・テール」）

ダイアンはうちのレストランでは子牛肉のスープストックをとても濃厚に、「まるで糖蜜のように」作るとわたしに言う。（フィールド・ノート、「ラ・ポム・ド・テール」）

これらの話し手は形容詞を用いてその料理を描写しており（すなわち、軽いとか濃厚な）、それらを同じように分類される他の食べ物に応用する。

隠喩と直喩は、二つの料理を比較する以上の意味の広がりをもつ。ある料理がもつシンボル的価値が、聞き手にその感覚的特徴を理解させるのを助けるのなら、その料理はいかなるものとでも比較できる。「ヘッドウェイターのトムがヘッドシェフのティムに、その夜のスペシャル料理についてお世辞を言う。『このホタテ貝は実にうまそうにみえる』。スーシェフのハウィが付け加える。『あのソースはまるでベルベット・サテンだ』」（フィールド・ノート、「ラ・ポム・ド・テール」）。そのソースの輝くばかりのなめらかさは、ベルベットとサテンのメタファーの基本となっている。「まろやかな（"mellow"）」とか「心休まる（"soothing"）」といった形容詞は、料理に対する最高の賛辞だが、これらの言葉は明らかに食べ物と関係ある意味をもつものではなく、料理以外の同じような特徴をもつものと結びつけられる。

意味を表わすために隠喩や直喩を使うことは、修辞的な意味を伝えるのによく使われる。コックは比喩的に失敗作を「汚物」にたとえることがある。これは侮辱をあらわす、アメリカ文化に固有な表現であり、頻繁に使われる。「ロンはわたしに新作料理サンタ・クルス風舌平目の切り身（フィレ）について言う。ホテルのお偉方が新しいメニューに加えたものだ。彼はこう言う。『舌平目はくそみたいだ。半分に切ったバナナを二個載せるなんて。おまけにソースなしだ。……最悪だぜ』」（フィールド・ノート、「ブレイクモア・ホテル」）。この料理には色合いと舌触りの点で、成功作としての高得点が得られなかった。次の説明はもっと極端なたとえである。

ハウィはレスリーが作っていたサーモン――グリーンソースをかけて薬味をそえたサーモン・ショー・フロア〔魚のソースやホワイトソースなどにゼラチンを加えて上にかけて冷やし固めた料理〕――について、彼女に向かって冗談を言う。「どうしたんだ。そこらじゅうに吐いたみたいじゃないか」。（フィールド・ノート、「ラ・ポム・ド・テール」）

ハウィは言う。「（トレンディーなレストランに行って）ナメタガレイを注文したんだ。よく調べてから行けばよかった。まるでプラスチックのヘルメットみたいな味がしたよ。魚に火が入り過ぎだった」。（フィールド・ノート、「ラ・ポム・ド・テール」）

ケイトはサンドイッチ用に、ストロベリー・クリームと名づけたピンク色のスプレッドを作っている。不愉快そうにそのスプレッドを見ているダンにケイトは言う。「一番の売り物にしたいの」。するとダンがコメントする。「まるで腸の中身だ。それに岩を食ってるみたいだぜ。味はいいけどたくさんは食えない」。（フィールド・ノート、「ブレイクモア・ホテル」）

厨房に働く人々が成功作に対していかなる期待をもっているかによって、これらの判断は決まる。成功作とは色合いの調和がとれており、あるいは口当たりが「軽く」新鮮であり、料理の文化概念にふさわしいという意味である。これらの期待は厨房における以前の体験と、客として食事をしたときの体験に由来する。以前の体験は比較判断の基礎となり、美的評価の基準あるいは前例としての役割を果たす(Lakoff and Johnson 1980)。コックはたえず学び続け、各々の判断は前に彼らが作って味わった料理をもとに修正される。実体験の前には厨房理論もかたなしである。「ラ・ポム・ド・テール」のスーシェフは、どのようにして食材の組み合わせを決めるのかを語る。「十中八九君たちはわからないと思うよ。当ててみろよ。君が優秀なコックなら正しく言い当てる。おれだって絶対に思いつかない組み合わせがあるんだ。例えばバジルとマスクメロン(カンタロープ)。バジルはスパイシーでコショウみたいだが、前にマスクメロンとピンク・ペパーコーン［コショウの実］のソルベを作ったら、それはかなりいけたよ」(インタビュー、「ラ・ポム・ド・テール」)。以前のマスクメロンとペパーコーンという組み合わせが、マスクメロンとバジルを合わせるための美的認可となっている。何と何がうまく合うかという確実性の程度を予測するルールはない。「よい」味の評価はその料理によって決まるのではなく、その社会構造に特有なものであり、味覚の共同体における審査員しだいで決まる。食材についてよく考慮した後に、なぜある食材が他の食材と相性がいいと定義されるかを確認することは難しい。とはいえ、その組み合わせを正当化する根拠を組み立てることはできる。結局、ある風味の好き嫌いは好みの問題であり、文化資本とその人がなじんできた風味と関係がある。だから「味がよい」ということは、味覚の正式な基準とも関係があると同時に、イメージに従ったその食材の味に対する期待度とも関係がある。料理に対する期待とこれらの期待からの逸脱は、コックによってしばしば取り上げられる。

ダイアンは、厨房スタッフが以前に作ったことのあるワイルド・マッシュルーム・タルトをどれほど気に入っているかわたしに話してくれる。「本当においしいの。……土の香りがして、そのままの味というところかしら。森を食べているみたいよ。だれかが料理の名前をあなたに言ったとするわね、思っていたのと違う味がしたときがっかりするでしょう。でもこれはまさしくそのままの味だわ」。

（フィールド・ノート、「ラ・ポム・ド・テール」）

わたしはルーに魚になぜパプリカを振りかけるのか尋ねた。彼はわたしの質問に驚いた様子でこう答える。「おいしく見せるための一つの手だよ。もし振りかけなかったら、真っ白だ。色がないんだ。（パプリカをかければ）全体が真っ白より食欲をそそるだろう」。

（フィールド・ノート、「スタンズ・ステーキハウス」）

料理はどうあるべきかという暗黙の知識は、調理の「意図」とか「こつ」を理解する要《かなめ》である。だが、調理法の知識は主観的であるというこの信念は、共通の基準を発達しにくくしている。コックは、自分たちの知識は調理の経験的側面と同僚から学んだものだということを認めないのかもしれない。

共同調理

大規模、中規模レストランの多くでは、何人かのコックが同時に作業をしており、職業上の共同体を形成している。コックはある調理を考案したり製作するときに個人的判断に頼る必要はなく、同僚にアドバイスを求めることができる。美的判断は合意のうえでなされることが多い。すなわち進行中のプロセスが存在し、それによって専門的評価が発達する。合意の上で生まれた判断は、その後に作られる料理の評価に影響を与える。

コックは毎日のように互いに料理を評価しあう。

ダイアンは「本日のスープ」として調理したアボカドとポテトのスープについて思い出している。「思いどおりの味にならなかった……。いつもみんなが期待しているのは、こういう味になるべきだという味なのよ。そういう味でないと、どんなによくできていてもまずいと言われる」。ハウィはコメントする。「アボカドとポテトみたいな味がするじゃないか」。ダイアンは答える。「わたしにはポテトの味はしないのよ」。

（フィールド・ノート、「ラ・ポム・ド・テール」）

ダイアンはサーモン・ショ・フロワ（冷製サーモン）について話している。「いいサーモンだわ。組み合わせもいいし」。だがティムは反対する。「そのサーモンは最悪だよ、薬味はいいがね」。

（フィールド・ノート、「ラ・ポム・ド・テール」）

結論に導かれるような料理の特徴について実際に触れなくとも、簡潔かつ率直に意見交換することによってコックたちは他人の評価に耳を傾ける。いくつもの判断を総合して、彼らは少しずつ学んでゆく。

これらの論点のほかに、コックは実践の場では協力して調理法を決める。彼らは特に調理に自主性がまかされているとき、最終的にどのような料理を作るのか話し合う。スープは相談して決める場合が多いが、急を要する料理は相談できないことがある。創作料理を試す権限をもつコックのいるレストランでは、ある料理の企画と下ごしらえは話し合いで決めるが、特に問題がなければ、その後の調理過程は自由に行なうことが多い。完成した料理は調理スタッフの労働力の結集によるものだ。

ヘッドシェフのティムとスーシェフのハウィは、燻製ガチョウにそえるストロベリーソースの調合について話し合っている。ハウィはそのソースでいいと思うが、ティムはもっとスパイスを効かせたハーブ料理にしたいと言う。ティムはソースにミントを加えるべきだと言いながらミントの葉をソースに浸し、味わってから、まだ物足りないと言う。ハウィのコメント——「燻製ガチョウにミント味なんて、君、どうなるか考えろよ」。ティムはそのソースに赤ワインを入れる。彼はこれで十分だと思ったが、思い直してさらに粉末マスタードと赤ワインを加える。「まだだめだ」。あとでわたしはそのソースの何がいけないのかとハウィに聞いてみた。「どこも悪くはないさ。彼にとってぐっとくるものがなかったってことだよ」。

（フィールドノート、「ラ・ポム・ド・テール」）

階級組織によくあるように、交渉の結果は尊敬しあっている当事者二人の意見によって、そして構造的な力によって形作られる。だが決定権は一人だけにある。組織の美的基準は最終的には序列によって決まる。ヘッドシェフが不在のときにもその力関係は明らかであり、彼らはヘッドシェフの言い付けを守る。「ハウィは魚のテリーヌを仕上げてダイアンに言う。『テリーヌの味見をしてくれ。（赤ピーマン入りの）ソースとあうかな』。ハウィ、ダイアン、デニーの三人は試食してみる。ハウィのコメント――『味が強すぎる』。デニーが付け加える。『熱くしたほうがいい』。ハウィが決める。『ティムが冷たいソースをと言ったんだ……おれたちはそのことを守らなくちゃ』」（フィールド・ノート、「ラ・ポム・ド・テール」）。同様にコックは、彼らの判断が個人個人の姿勢と一致しないときでも、これから作る料理について相談する。彼らは料理の分析を学ばなければならない。それは身分の違いからくる彼らの美的基準が専門的判断の妨げにならないようにするためである。このことは、関係者すべてに嫌われたタルタルステーキについての会話に表れている。


昼間のヘッドシェフ、メルのコメント「うるさい連中が大勢くるよ」。

ヘッドシェフ、ポールが言う「おれは食えない」。

メルが付け加える「中に入っているケーパー［フウチョウボクの蕾の酢漬け］がいやだね」。

メーテル・ド・テルのエディがソースについて冗談を言う「スターノ［カン入り固形アルコール］でも入れてみたら？　何か足りないよ」。

ポール「肉が必要なんだよ」。

エディはポールにタバスコとピクルスを入れるように指示し、いい味になったと一同納得した。

（フィールド・ノート、「アウルズ・ネスト」）

この会話は料理がスタッフの協議の結果によって作られることを示しており、よい料理とはいかなるものなのかという感覚を作る助けとなる。このような理解はあからさまではなく主に暗黙の了解によるが、ある特定の料理の調理法について、コックたちは同僚から学ぶことによって社会性が培われることを認めている。同僚は調理基準を作ることはできても、その料理がよくない見本として使われることもある。「ブルースは他のコックたちが作るクレープについて形容する『あいつらのクレープは形が悪い。完璧なクレープにお目にかかりたいよ。（「アウルズ・ネスト」の）クレープはこの街で最高だと客が言うのを聞きたいね。そういうことを聞けば、クレープにもっと誇りがもてるさ』」（フィールド・ノート、「アウルズ・ネスト」）。専門家としての連帯のため、そしておそらくお互いを適性があると認めるために、否定的なコメントは少ない。

美的理論について

究極的に美的判断はそれぞれの料理の評価と経験に基づいているが、コックの中には厨房理論を打ち立てようとするものもいる。これらの「理論」は古典的で科学的な意味での理論ではなく、民間理論のような広範なメタファーであり、食品について幅広くコックたちに考えさせる。厨房の従業員は自分たちを知的階級とは定義せず、労働者階級出身であることを強調する。だが「ラ・ポム・ド・テール」には不完全ながら厨房理論があることは明らかであった。このレストランはオート・キュイジーヌとしての地位を表明することに熱心であり、従業員は自己イメージを正当化するために、芸術論を打ち立てる必要を感じていた（Wolfe 1976）。厨房の格付けという明らかな言語による理論は、知的資格と時間があり、真価のわかる観客をもつコックの自負である。

味を決めたり、どの食材の組み合わせが「うまくゆくか」を前もって知ることが難しいため、コックはメタファーから意味を作り出す。これらの厨房理論は料理の「詩学」に相当する（Brown 1977）。コックたちは具体例を挙げなくても、メタファーを用いることによって、しようと思っていることを伝えることができる。例えばあるコックは料理の風味を「明るくする」ことについて話しているかもしれない。また、ある料理に「活力」が欠けていると批判されることもある。

「ラ・ポム・ド・テール」のヘッドシェフはさらに高度なメタファーを用い、既に認められた文化理論を借用しながら、味覚は機能的には音楽のオクターブに匹敵すると言った。ある意味で彼は、指揮者が交響曲を生み出すような方法で料理を作ると述べたのである。「(僕のスーシェフが) スープを作っていた。彼は仕上げのときに味見をしてくれと僕を呼んだ。味わってから考えたんだ。とても洗練された味 ("high-end taste") とは言えない、つまり風味がないんだ。スパーク (生気) が欠けている。そのとき突然ぱっと僕の頭にひらめいた。そう、それは音楽のオクターブのようなものだって……。僕に言わせれば、食材と調味料を用意するための基本的な連想だった」(インタビュー、「ラ・ポム・ド・テール」)。後に彼はこのメタファーを拡大している。「一つの料理は『一オクターブ』のようだとティムは言っている。つまりその料理に調和とバランスを与えるために、一オクターブのすべての部分の要素を必要とするということなのだ。彼はスイートブレッド〔子羊、子牛の胸腺、膵臓〕の調理法をどうやって変えたかについて説明している。前に彼はスイートブレッドを粒マスタードを入れたマデイラソースでからめて出したことがある。だが彼は春向きに『軽く仕上げ』たいと思った。そこで椎茸を加えればその料理に森の香りが加えられると考えた。彼は椎茸と相性がいい食材をさらに加えることによって『軽く』仕上げられると感じ、結局彼はリンゴを入れることにした」（フィールド・ノート、「ラ・ポム・ド・テール」）。明らかにこのコックにとっては有効な連想が働いたのだが、彼以外のコックにとっては何が悪いのか、またはそれをどのように修正すべきなのか、既に知識がなければ何の助けにもならない。彼らは暗黙のモデルに気づかないときでも、このメタファー構造の重要性を共有しなければならない。人々はしばしば芸術理論を自分のものにせずにただ美的作業を「する」（Sclafani 1979）。正式で複雑な芸術理論はプロの美学者のもてる自負である。「ラ・ポム・ド・テール」のヘッドシェフの言う「洗練された（"high-end"）」という言葉に「スパーク」を含んでいるという示唆は重要だ。だがこのスパークの内容は暗黙のままであり、そのコックが調理台で実践しなければならない了解済みの知識である。そのスパークはコショウ、チリ、オレンジ、チョコレート、シナモン、バジル、オレガノなどの香辛料によって与えられるかもしれないが、その「スパーク」が食材のもつ未知の味を変えることもありうる。この「スパーク」がどのようなものであるべきかということはコックの共有体験によって理解される。彼らはともに問題を解決してきているのだ（Becker and Geer 1960 ; Becker 1982）。

料理の美的理論は交響曲に使われるような明白なメタファーを必要としない。メタファーが広範に使われないときでさえ、別のイメージが別の状況でみいだされる。

ペストリーシェフのバーバラは、「デコレーションケーキ」が好きではない。花とつる草で飾り立てた伝統的なウェディングケーキのデザインのことだ。「大嫌いというわけではないけど。だってまずそうだもの。「ターゲット」（全米に店舗をもつスーパーマーケット・チェーン）で買ってくるものとそっくり」と彼女は言う。あとで彼女は言い足した。「ごてごてした花がたくさんついているのがいやなのよ。……シンプルが一番だわ」。

（フィールド・ノート、「ラ・ポム・ド・テール」）

チャールズはアルに言う。「アル、マッシュルームにちょっと飾りを入れてくれないか」。アルは答える。「もうやったよ」。アルはソテーしたマッシュルームにバターとコショウを加える。

（フィールド・ノート、「スタンズ・ステーキハウス」）

フルーツ皿のどこに果物を置くかをどうやって決めるのかとわたしはハーブに尋ねた。彼は答える。「まず色の濃い果物、その次に中間色、それから明るい色のもの。それがおれのやり方だ。いつも色のバランスを考えているんだ」。

（フィールド・ノート、「ブレイクモア・ホテル」）

これらの例は、食材と料理の厨房内部における判断の背後には、食材はどうあるべきかというイデオロギーとかヴィジョンについてコック仲間の暗黙の了解があることを示している。彼らは他の美的領域にみいだされるシンプルさ、装飾、バランスのような文化的価値を利用しているのだ。以上のことは筋道を立てようとする試みだが、客にはコックの自由裁量に聞こえる。これらのイメージは、コックの仲間内での話し合いと交渉が結びつけられたとき、各々のコックを越えて広がり、厨房の他の人々に影響を与え、職業的可動性を通してあらゆる場所の同僚に影響を与えるかもしれない。

厨房会話の限界

厨房という民族誌学的状況下のディスコースよりももっと豊かで巧妙なディスコースを期待する人にとっては、コックが美的関心をもったり、美的問題について話し合うという指摘は奇妙に思えるもしれない。シェフの発言はどこか論理性が乏しく聞こえる。だがこれらのデータから、そしてコックを観察したり一緒に働いたことのある人々の意見から、たいていの厨房では美的ディスコースは詳しくは述べられないということが明らかである。確かにこれは哲学者のディスコースと比べれば当然であるが、厨房シーンの高級な領域にいるヘッドシェフや料理評論家のディスコースと比べても、コックのそれは詳しく述べられることはない。ある意味では、これらのコックは食材の感覚的領域に関心があっても、エリートが定義するように「調理法」について話しているのではない。ニューヨーク（Zukin 1993）、ニューオーリンズ、サンフランシスコ、パリ、リヨンの主要レストラン街にある「やや高級な」レストランのシェフの間では、さらに込み入った芸術論が交わされることを認める学者もいる。多くの職業と同じように、調理作業は明確に区分されている（Bucher 1962）。ディスコースは、コミュニティの関心とコックが受けた訓練に敏感に反応する。

ツインシティーズの調理世界は十分に発達した「芸術世界」（Becker 1982）とは言いがたい。それゆえわたしの観察は、「オート・キュイジーヌの経済基盤（インフラストラクチャー）」が欠けている料理共同体と一般化が可能である。食事をする人はたいてい食材「について考える」というよりおいしく食べたいと思う。(3) これに対し、料理の作り手であるコックは自分たちが芸術品の製作に携わっているとは考えず、職業的な意味での美学に関心があるのだ。それゆえ彼らは、他の職業と同様に製品の感覚的特徴とサービスを重視する。十分に発達した芸術世界には三つの特徴が欠かせない。それは社会との活発なネットワーク、認知された美的理論、そして製作される芸術の公的適性である。ツインシティーズではこれらの特徴の一つも存在せず、そのことがコックが使えるレトリックとイメージの精巧さを制限している現実であった。

社会とのネットワーク

わたしはツインシティーズのコックの間では、サブカルチャー的な芸術世界を知るのに必要な社会的ネットワークがほとんどないことに気づいた。コックは前の職場を訪ねる以外は、他のレストランの厨房を訪れることはない。コックやシェフはレストランで食事をするが、それは客としてであり、職業的役割を担ったまま食事をするわけではない。他のレストランに行っても、彼らは厨房を訪れることはないし、特別のサービスを求めるわけでもない。さらに、気に入りのレストランを聞かれたときは、認知された「最高の」レストランではなく中流のレストランの名前を挙げる。

「ラ・ポム・ド・テール」のヘッドシェフは、自分は「並の食通」だと言いながら、「リラックスできて庶民的」なので「スタンズ・ステーキハウス」が好きだと言う。この腕ききのシェフにとって、食べるということはアイデンティティを示すためではないのだ。同様に「ブレイクモア・ホテル」のシェフも、評判のよいホテルレストランの名前を挙げて次のように弁解している。「何年も行っていないが……行くとすれば僕のためじゃない。僕が食事を楽しむために行くのではなくて、人を連れて行ってすごいと思わせたいからなんだ。客を楽しませるためなんだよ。僕だったら『マクドナルド』に行っただけでうれしくなってしまう」(インタビュー)。ツインシティーズのコックもシェフも、コックの仕事について話し合うネットワークにふれた人はいなかった。わたしが記したように、ツインシティーズの中西部シェフ協会という職業組織は、もともとはビジネス教育と調理師教育に携わる団体で構成されている。調査対象の四つのレストランのコックの中で、このグループの会合に参加したのは一人だけだった。彼は専門学校出身者であり、当時のグループの会長がその学校の講師だったから参加したのだ。

正式な団体にしろ、仲間内の会合にしろ、そのような組織がないことは個々のレストランという枠を超えて「食品の詩学」という集団による豊かで発展的な討論の場ができる可能性を遅らせ、コックたちをひとつのグループとして意識的に定義づけることも妨げた。結局は、彼らの職業的地位に対する意識の欠如が、公式であれ非公式であれ会合をもつことを妨げている。

美的理論

コックには独自の美的基準があり、彼らはこの基準について話し合う。だが彼らにはこれらの基準に対して知的な基礎知識がないので、部外者にとっては彼らのディスコースはあいまいに聞こえるかもしれない。それは過去の経験によって意味が成り立っているからだ。ベッカー（1982）が記しているように、一つの活動が芸術になるには、慣例の認識と芸術に対する共通理解が発達しなければならない。ツインシティーズの中では、集団によるそのような認可は一つもなかった。料理の質についての話し合いは、広範な調理の理想を作り出そうとする際に生じるのではなく、特定の料理の文脈において生じるのが普通だ。「アウルズ・ネスト」のヘッドシェフに料理哲学を尋ねたところ、「基本的なよい料理」をめざしたいと答えた。彼は自分のレストランを「本物の水準に達した場所」にしたいと言った。これはインスタント食品を使うのではなく、原材料から作るという意味である。

このようなコックの態度は、哲学を伝えうる「専門教育」がないことによって強められる。ツインシティーズのたいていのコックは「グルメ」ではなく、専門学校出身者か、レストランで修業をしながら調理を学んだ。哲学的な源はない。食品理論についてのコースもなく、コック志願者が読んで啓発される、調理作業におけるこれらの要素を力説するような文献もない。

たいていの芸術世界では、理論は芸術家によって生み出されるのではなく、彼らを取り巻く人々によって生み出されるのである。批評家と研究者は知的基盤を準備し、それによって仕事は芸術に変化し、さらに文化的位置付けが与えられる。調理世界ではそのような批評家はきわめて少ない。レストランの料理紹介記事が掲載されても、批評家は文化の後見人ではなく、消費者のガイドである。コックの世界と味の芸術家の世界を結びつけるものは存在しない。この研究中、レストラン批評家の連載記事のある新聞はセント・ポールにはひとつもないという事実から、レストラン批評が一般的にも認められていないことは明らかだった。ミネアポリスの新聞には一週おきに記事を書く非常勤批評家がいたが、彼女が執筆を降りたとき、数カ月も穴があいたままだった。視覚芸術、演劇、映画、テレビ欄に穴があくなどということは考えられない。すぐ代わりの批評家が担当するだろう。

今までのことをまとめると、共同体、理論、公的サポートの不在は、コックたちがおもに労働者階級出身という背景と専門学校における教育とあいまって、仕事中の美的会話に限界があることを示している。コックとしての共有経験と客に喜ばれる料理を効果的に作る必要から、コックは経験に基づいた実際的な言語——「社会言語」——を発達させてきた。この言語は彼らの目的を遂行するのに役立ち、「戦略的語彙」を求め、効果的な仕事を可能にする。だがこれは、フード・ライターや上昇志向の客や本格的なグルメにとっては陳腐でたよりなく、詩的要素が欠けているものなのである。

厨房の哲学者

確固たる美的信念をもち、定義づけの明確な芸術家的イデオロギーを指標としているコックに会うことがとりわけ有益というわけではないが、こういうコックたちは美というものに敏感だ。料理は技術上の製品としてだけでなく、美的で感覚的な製品として判断される。製品には手段と表現が合体した特徴があるという認識は、料理を超えたあらゆるものにあてはまる。すべての製品には、それらが道具を用いて作られ、製法によって評価されるという意味では共通点がある（Fine 1992b）。キャセロール料理で真実なことはキャビネットや車でも真実である。どちらの場合も判断が下されるが、それらの判断には限界があり、センス、言語、従業員のハビトゥス、組織の要求や客の要求と関係がある。

有能な従業員として、コックはスムーズに手際よく仕事をやり遂げるための言語を必要とする。この戦略的語彙は、感覚的経験が内的なものだという現実を克服しなければならず、食品生産を導く外的指標——正確かつメタファーによる——でなければならない。内的経験は個人的だが、われわれは会話、身振り、行動を通じて、これらの感情と判断を「外面化」する。それ自体の規範、価値、期待、カテゴリー化をもつこれらの指標は、調理の実践と従業員の階級制に基づいている。用語の同族的類似は集団行動や集団経験を通じて知れ渡る。

さらに、従業員は共同体のメンバーとしてみずからを定義するための言語を必要とする。コックの言語は、少なくともわたしが調査した場面では、芸術というマントの着用を正当化するほど十分に発達していないが、技術に誇りと満足感を与えるように彼らを導くには十分こと足りる（Fine 1992b）。

感覚は体得されるものであり、これらの感情とそれを表現する社会的基盤がなんであれ、感覚は他人では得ることができないものだ。だがこの単純な認識は不十分である。わたしたちは他人が人前で見せる表情を信じるゆえに、他人の感情のいくばくかを知ることができる。わたしたちは行動から他人の個性を読み取る。これらの表情は言葉として、身振りとして、あるいは行動として、常に他人に認められる形態で一般化されうる。問題は、表情につきものの自己表現の必要を認めながら、この個人的経験を集団的表現に変えるということである。プレッツェルを食べながら、あなたの塩味に対する感じがわたしのそれと同じかどうかは決めることはできない。わたしたちが知っているのは同じ刺激に反応するということだ。そして感覚の効果について話しながら、二人してそのプレッツェルを前に食べたことのある別の食べ物になぞらえ、食べた後に水を飲み、塩味を取り去り、あるいはもっともらしく「塩辛い」という表情をすることによって、感覚の効果に言及しつつ、相互に主観的な確信を得る。経験した出来事の共有された意味は、いくぶん不確かなまま――特にそれが劇的ではなく微妙なときに――残るに違いない。個人的体験の一般化は長いこと哲学的な問題だったが、それ以上のものである。この問題は社会状況は理論と実践の中でどのように理解されるか、そして相互作用が厨房、病院、刑務所、家庭内でどのように進行するかということと関係がある。

言語は理解の壁を作り出す。西欧の言語は美的判断を下すときにそれほど巧妙でも複雑でも豊かでもないので、一連の複雑な文化的意味を伝えることが難しい。西欧の言語の不確かさとメタファーは、美的会話が共有経験に基づくことを気づかせる。会話の問題点は、いかに感覚を共有するかということと結びつけられ、行動のための基礎を与える。集団行動は、参加者が社会的状況の視点を受け入れ、意思決定の主導権を決める権威システムに同意し、あるいは彼らが交渉のメタルールを受け入れるときにのみ想定される (Kleinman 1982)。

食べ物を理解するとき、コックはメタファーの範囲を決める。これらのメタファーは一人の話し手に限られるだけでなく、厨房という共同体内部に広がり、職業的可動性のために他のレストランにも広がる。経験のメタファーは共有可能である。美的評価に力があることはそのような状況で明らかだが、この評価は職業を越えて伝播する。わたしたちが社会化について語るときには、いかなるレベルであれ、わたしたちは技術的な事柄の指導だけでなく、ものと行動の道徳的評価について言及する。その評価は感覚的判断と容易に交ざりあう。

定義の難しさは言語につきものである。正確な定義はできないが、似たような言葉を使って定義することでわたしたちは満足しなければならない。社会的シーンとしての調理は、それ自体を表わすだけでなく他の状況も表わしている。そこでは慎重な行為者たちが内的判断と主観的感情に基づいた場面に取り組んでいる。美的秩序は社会秩序の領域である。

第八章　組織と、厨房生活の美学

文明の進歩は調理の進歩によって達成されてきた。

ファニー・ファーマー［一八五七―一九一五、アメリカの料理研究家］

組織内の相互作用は、構造関係と文化関係の複雑な組み合わせの中に埋め込まれている。厨房も組織から切り離されてはおらず、分業、組織エコロジー、政治経済の中に、さらには世界システムの中に統合されている。わたしは組織的管理と美的生産について述べることによって、対人相互作用と意味の力を強調する視点（象徴的相互作用を基礎とした解釈的社会学）は、社会秩序という、より構造的・マクロ社会学的見解と関係づけることができる（Manning 1992）ことを示そうとしてきたのだ。文化は自主的な領域ではないという見解（Sewell 1992）は、しばしばミクロ文化的分析の弱点となりうる。社会科学の雑多な味の材料を混ぜ合わせるとおいしいシチューができるように、異なったパースペクティブを組み合わせることによって組織分析は豊かなものになる。職場は行動の場所であり、その中でわたしたちは組織、相互作用、時間、感情、共同体、経済、美学のようなコアとなる概念を調べることができる。

この結論の章では、この論文で述べてきたこれらの中心的構築物の意味について探りたいと思う。わたしは各章ではこれらの中心概念について述べてきたが、ここでは厨房の壁の内側と外側の意味について述べるつもりだ。

組織

組織は人間行動を理解するときの中心概念である。初めの五つの章は相互作用と人間について研究し、組織としてのレストランがいかに機能し、相互的組織分野および経済というより大きな分野の中にどのように組み込まれているかを調べた。その結果、これらのシステムは個人を理解する上で、さらに人々が他人と相互作用をするときの傾向と内容を理解する上で関係があることがわかった。組織的領域は相互作用をつうじて、意味の創造という現実に敏感である（例えばMaines 1977；Denzin 1977, Faulkner 1983）。この傾向はポスト構造主義理論と異なり、ひとつの世界があることを前提としている。その世界は認知可能な上に人々に影響を及ぼし、そこでは「人間」が重要な構成員である。組織構造も人間も絶対的なものとはとらえられないが、それぞれの現実が相手の成立を助ける。

伝統的に、組織を理解することはマクロ社会学の領域だったが、新進の制度主義の学者はこのパースペクティブに意義を唱えている。彼らはミクロ社会学とマクロ社会学、「文化」と「構造」、合理性と感情的表現の間にある境界が誤解されているとして反論するのだ。彼らの視点では、組織は「実際行動」を通じて維持され、組織内のグループは無秩序か不完全にみえる方法でゆるやかに結び合わされていると考える。その組織の構造は相互関係と文化イメージによって成立する。社会世界は分析によってレベル分けされておらず、それぞれの「レベル」は互いに依存しあっている。ミクロ分析とマクロ分析の違いは、もともとは労働の学際的分割におけるひとつの機能であったが、この分割はしばしば対立や争議のもととなった。ミクロ社会学の仮定はマクロ社会学を解く鍵となるが（Collins 1981）、その逆もまたありうる（Fine 1991）。

　わたしのデータは、厨房における決定と社会組織は意思決定者の認識と価値を通過した、行為者と組織の要求によって伝えられることを示唆している。行為者たちは楽しくて波風の立たない勤務時間を作り出そうと望み、組織はきわめて競争の激しい市場環境の中で管理運営しようとする。組織内部を運営する力と権威の関係は、その関係が破られると深刻な事態を招くが、この関係は相互システムと切り離されては成立しない。何組もの行為者が環境の「認識」に基づいて交渉を行なうが、これらの認識は、不完全ではあるがコントロールできない力（例えば、客の流れや組織拡張のための資金の有用性など）と直接的な関係をもつ。認識は決して自主的なものではなく、外部の強力な力から生じたものである。行為者も外部からの力も制約を作り上げ、その中で相互作用は弱体化させられる。仕事の条件、技術的能力、正当な時間の使い方、経営者との関係などは、すべて個人的満足感と組織存続のための欲求と結びついている。結局、仕事上のこれらの構成要素は個人の評価次第であるが、これらの評価は影響を与える環境の認識に基づいている。わたしたちは個人と小グループの関係の中で定められた個人的選択の力を認めなければならないが、これらの問題が話し合われる場所は、現実的で強力な経済構造に、そして産業的生産の動向に基づいている。

　選択は現実のものだが、これらの選択の効果は意思決定の環境を変化させながら他の選択に影響を与える。コックの決定は給仕人、顧客、経営者に影響を与える。状況は自由に定義できるが、その定義の効果は必ずしも個人によってなされたものではない（Fine 1992a）。意味ある相互作用主義的パースペクティヴの基礎を組織構造に置くなら、「状況の定義は現実を変える力をもつ」というW・I・トーマスの有名な金言名句は、書かれているときは正しいが読まれるときには往々にして誤りとなる（Goffman 1974）。この金言は定義する側に絶大な力を与える。

わたしにとっての経験的世界であるレストランは、別のタイプの組織と類似点もあれば相違点もある。厨房という場を他のシステムと比較するためには、統計による、あるいは歴史的な分析と結びついたさらなる民族誌学的調査が必要となる。特に、（ひとつの小部屋からなる）小グループであるこれらの経済組織が、より大規模でその網状組織がより大きい他の組織に匹敵するかを認めることは難しい（Gerlach and Hine 1970）。より大きな組織の場合は研究の中心はさらに広範で複雑な領域にまで広げられるので、研究にはさらなる努力を要する。これに加えて、将来的にはひとつの職業に焦点を当てるのではなく、いくつかの職業を比較することによって、幅広い研究がなされるべきである。わたしは第一の関心をコックに限定しながら、皿洗い、マネージャー、給仕人、顧客などの組織内における立場について簡潔に述べてきたが、多様なグループの存在が組織分業に大きな貢献をすることについては見過ごしてきた。さらに、これらの組織――ひとつの組織が外的抵抗を受ける場所――に隣接する場所や職業について調査することが望ましいと思う。基本的にわたしの研究は組織エコロジーの民族誌学を必要とする。それは分業の関連性を調べることである。インプットとアウトプットの境界に焦点を当てると、経済と社会システムがいかに結びついているかという説明が必要になる。

相互作用

レストランは組織であると同時に相互作用の場でもある。一章では料理が作られるときの行動の中心的位置について示した――このパースペクティヴは、厨房内での職務グループにおける関係を研究した三章に引き継がれる。レストランの従業員同士の関係は彼らの雇用経験とアイデンティティの意識に影響を及ぼす。すなわち職場において自分がだれなのか、あるいは自分たちの仕事は何なのかということである。

仕事の条件は満足度に影響を与えるが、友人関係もまた毎日の仕事の質を決定するのに役立つ。これらのレストランではほんものの友人関係が見られるのが特徴であり、従業員同士の親密さが彼らを組織につなぎ止め、効果的な職務パフォーマンスを可能にする。仲間意識という現実は喜んで互いに助けあうということを意味し、相互依存を助長するだけでなく、組織にも同様の影響を与える。従業員と組織のつながりが経営目的を強化する。組織内でのいさかいの後には、「アウルズ・ネスト」でみられたようにけんかを収める処置がとられる。それは相互作用の断絶が、厨房での生産活動に悪影響を及ぼさないようにするためである。相互作用は個々の従業員に重要だが、システムにも同様の影響を与える。組織を一つのチームにたとえる研究者は、状況の変化に対応しながら、円滑な相互作用と柔軟性のある分業を作り出す従業員の能力に焦点を当てる。

シンボリック相互作用主義者のパースペクティヴは、仕事の達成には相互作用領域が重要だと強調する。これはアンセルム・シュトラウス、アーヴィング・ゴフマン、ハワード・ベッカー、エヴェレット

・ヒューズ、ハーバート・ブルーマー〔一九〇〇－八七、アメリカの社会学者〕らの著作に共通することだが、彼らはいずれも社会生活において仕事が中心であるということを認めている。本研究における職場すなわち厨房は、しばしば会話によって意味が生み出される舞台となるが、これらの意味は漠然とした空間に漂うだけではなく、関係と行動パターンに影響を与える。会話と行動は職場の構成要素となる。その結果、意味のある職場の構造は組織における成果を形作る。

相互作用パターンを生み出す組織の効果もまた同様に現実である。わたしが強調したように、相互作用パターンは、個々の行為者がほとんどコントロールできない力によって変化させられる。例えば、（二章で論じたように）相互作用のパターンを生み出す仕事のペースは、経営者の力か外部から与えられた力によって制約を受ける。それらの制約とは、経営者によって与えられた資源の有用性（物理面と人材）、（経営者によって用意されたが、しばしば組合や従業員個人との交渉によって決められた）従業員の仕事の割り当て、そして（挫折した経営者はほとんどコントロールできない）客の流れなどである。一〇〇人の客の食事を用意する八人の厨房従業員のいるレストランは、一人ないし三人の従業員のいるレストランとは全く異なった相互作用パターンが生じるだろう。電子レンジで調理する加工食品や大量生産された食品に頼っているレストランは、素材を用いて一から調理することにこだわるレストランとは異なったルールで運営される。忙しい夜や混雑する季節は、暇なときに比べて、異なった行動の可能性がある。

他の組織環境のように、レストランにおける相互作用は自主的に行なわれる領域ではなく、構造的権力に付随して生じる。職場はマクロ経済の秩序における道具的性格と立場ゆえに、この制約があることを明らかに示している。

組織を論じたときに指摘したように、機能的小グループにおける組織の選択は、大組織の相互作用パターンの複雑さが表面化しないことが多い。レストラン内では、フィードバック回路の速い単一の相互作用システムが見られる。だが工場（Dalton 1959）のような他の組織では数多くの半自主的相互作用システムが働くが、それらのシステムが互いに作用しあったり直接に影響を及ぼしあうことはまれである。フロントオフィス（顧客係）は相互作用システムをもち、しばしば店舗フロアに大きな影響を与えるが、その一方で単独で働く場合もある。かなりの力をもつ場所とそうでない場所をつなぐ瞬間には、相互作用の通常パターンを変える力がある。従業員をクビにしたり組み立てラインの割合を増やす決定は、満足レベルと生産結果に影響を及ぼすだけでなく、適切な相互作用システムにおける参加者同士の相互作用のパターンに影響を与える。複雑な網状組織を形成するこれらの相互作用システムを研究することは、正面から相互作用を取り上げる組織的分析にとって重要な指針となる。

時間

時間は構造的変数であると同時に行為者の生活経験における重要な要素でもある。二章で説明したように、経験している時間は労働生活から切り離すことができない。組織はそれぞれ特徴となる時間パターンをもっている。大学のような場所での従業員（教授）は、時間の使い方が任意の「自由時間」が十分にある。教授は週六時間あまりを教室で授業に費やすだけだという事実は論議の的にもなるが、もちろんこの自由は、残りの時間は何もしないということを意味するのではない。教授は時間を自由に使うことができ、みずからの選択による一時的なニッチを作り出す能力がある。経営者の要求に直面して、すすんで自分たちの「時間」を切り詰める典型的な工場労働者とは対照的である（Bell 1984；Roy 1959–1960）。

調理のように、多くの職業にはさまざまな時間的プレッシャーがある。前に論じたように、日中あるいは特定の日には、労働は管理不可能である。厨房が忙しいときは、労働役割のパフォーマンスに時間的要求の劇的な影響が及ぼされることが示される。ありがたいことに、厨房はいつもあわただしいわけではない。忙しくないときは急を要する仕事はわずかであり、コックはそれ以後の仕事の準備をいかにうまくするか、自由に決めることができる。

時間も相互作用と同じく自主的ではない。関係は外部からの時間的要求、仕事の遂行、従業員がいかに彼らの仕事を経験するかという状況の中に存在する。情動は時間的要求によって生まれる――短時間に仕事量が多すぎると腹が立ち、仕事が少ないとやる気を失う。すなわち、「流れ」は時間と注意の間を調整した結果である。仕事と時間の関係をコントロールすることによって、組織当局は行為と経験を結びつける。厨房が忙しいときは特に劇的な瞬間だが、すべての組織は、従業員の気分を通じて伝達されたその場その場の感情的反応を生み出しながら、「時間」を伝える。流れ作業の従業員や精神分析医の倦怠、救急医療室の医師や航空管制官のストレス、兵士やフットボール選手にみられる極度の疲労によるハイな気分は結果に影響を与える。これらの反応は、スポンサーとなっている組織と個々の従業員がいかに時間を構成しているかに起因している。

わたしの論点は、組織環境からの要求がいかに仕事の時間パターンと従業員の情動的反応に影響を与えるか、さらに仕事の結果にいかに影響を与えるかということである。このプロセスを示すことは組織と仕事のタイプによって変化するが、時間的要求、時間パターン、仕事の経験の関係は社会学的真実である。

時間は仕事を実際にやり遂げて経験するときにはきわめて重要であり、権威、自主性、美学、アイデンティティという構成要素と関係がある。プレッシャーがあるにもかかわらず、コック（とすべての従業員）が最大限に実力を発揮できるという事実は、わたしたちが道具の生き物というだけではなく、時間の生き物であることを示している。

情動

組織研究者は最近、職場は道具的な場所というだけではなく表現豊かな場所（Fineman 1993）であることを認めるようになってきた。時間の議論で述べたように、情動は仕事の遂行には重要である。客との接触が多い職業では、その情動がプロとしての社交辞令と思われようと（Smith and Kleinman 1989）、親しみやすさと思われようと（Leidner 1993）、脅威的と思われようと（Sutton 1991）、（情動ルールに従って）公の場所で情動を表わすことが重要である（例えばHochschild 1983）。これらの情動は最初は演じられたディスプレイ行動にみえるが、仕事経験の方法にしばしば影響を与えるようになる。

給仕人や公の場所における演技者と異なり、たいていのコックは裏方である。彼らの情動反応は客を印象づける必要に迫られることは少ない。だが、だれでも一般的な意味において、愉快で協力的な情動的反応を同僚に伝えたいと思ったり、ストレスに結びつく不快な感情から逃れたいと思うこともある。この情動表現は典型的に「プロとしての姿勢」の基準と関係がある。舞台裏の従業員は互いに協力して組織の情動的性質を支え、個人的な満足が得られるようにつとめる。ディスプレイルールは内なる観客に対して示される。プレッシャーは肯定的情動を表わすためにあるという現実は、肯定的情動は必ず現れるということを意味しているのではない。厨房は乱暴で騒々しい場所だとよくいわれる。時間のプレッシャーは確かにこういった情動的状況を生み出すが、それだけが騒々しいことの唯一の原因ではない。軋轢の最大の源は、三章で示したように職務グループ内の多様な責任にある。それぞれの職務グループにはグループ独自の必要性と特権がある。別の行為者の行動がこの必要を満たすのを邪魔してこの特権をやめさせるとき、敵意が生じる。同じ職業の行為者の間にも、職種が違えば敵意が生じることがあるが、少なくともこの状況では、彼らは同僚の特権について気づくべきである。そうすれば仕事の領域について熟知しているために、話し合いによる解決はもっとスムーズになるだろう。

一つの職業における従業員の情動は、その仕事を「うまく」やり遂げたという満足感とも関係してくる。六章で言及したように、「うまく」仕事をするという意味は単純な問題ではなく、資源を利用することによって実現した質の感覚と結びついている。喜びや欲求不満のような多くの情動は、仕事の結果がどのように評価されるかによって決まる。従業員は彼らが生産するか演じたものを評価するとき、彼ら自身と彼らの組織によるサポートを評価する。彼らの行動や彼らが受けるサポートが期待どおりでなく、その失敗の言い訳をする手段がないとき、欲求不満が生じる。失敗の言い訳や正当化をするときに行なわれるこの情動作業は、七章で述べたように、他のコックに向けられたコメントに示されている。

一般的に表舞台でパフォーマンスがなされるいくつかの職業では、自己評価がいかに介在するかについてさらなる研究がなされるべきである。（人前でパフォーマンスをする講師や俳優などのように）人が容易には彼らの隠れた空間に近づけないとき、その場にふさわしい表情を維持するために隠された不満や喜びはどのようなものであろうか。感情を隠すというこのプロセスは、不適当な情動をどの程度まで排出し中和するか、またその情動はどの程度まで他の場所に、あるいは他の形式となって現れるか。接近可能な舞台裏がない職業では、情動変化のプロセスはどのように行なわれるのか。この問題を調べることによって、わたしたちは情動のディスプレイルールと感じられた情動の関連をみることができる。前者は組織的構造によって生み出され、後者は組織的要求によって制限された個人的経験である。それらの関係は構造と生活世界の間に仲介があることを表わしている。

共同体

労働者は選択の余地なくひとつの共同体に属している。ひとつの場所を共有するには、彼らは他人の存在を認めなくてはならない。空間を共有するということは、各々の人が相手を認識し配慮しなければならないということである。だからといって、彼らが必ずしも互いに好意をもち、支え合わなくてはならないという意味ではない。悪口を言い合う関係はどこの職場にもみられる。だが、労働者は彼らの同僚を無視することはできない。

すべての共同体は参加者同士の関係を作ろうとする日常的な期待、すなわち規範と価値を発達させる。これに加えて共同体は、意思決定と交渉のためのルールをどのように作るかを決める階級構造を発達させる（Levy 1982；Kleinman 1982）。共同体の参加者は、たとえ彼らが既存のルールを受け入れなくても、秩序ある生活のいくつかのルールの必要を認める。階級制は、労働者が労働義務や立場を気持ちよく効果的に遂行でき、労働者としてのアイデンティティに過度な負担を与えないという条件で、通常は受け入れられる。

仕事は経営者と職業的役割によって割り当てられるが、ひとつの共同体に属しているという認識は、その仕事を手伝ってほしいという同僚からの頼みをきくときにも役に立つ。分業にもかかわらず、柔軟に行動したいという欲求は、強力な共同体と文化の発展を正当化し、それを促進する。

四章で述べたように、組織は共同体の信頼をかちえることによって多少なりとも成功することができる。あるレストランでは（「われわれは一つの幸せな大家族と同じだ」というように）共同社会の特性を高く意識しているが、別のレストランはもっと個人主義的、独立独歩であり、集団的レトリックに対しては冷淡だ。組織は調和の場であると同時に論争の場とみなすこともできる。それぞれの職場の「意味」は身近な特徴——すべての小グループが作り上げる独特な文化にみられるグループとしてのアイデンティティ——から作り出される必要がある。

厨房の文化的「血族的関係」は、遂行される、あるいは遂行されるべきこれらの行動形態と結びつく。これらの形態は、適切であると定義された形態と同様に、そのグループにとって重要なものである。仕事の共同体は文化的共同体であり、ルール、手順、伝統が確立する（Becker 1986）のは、「一緒に物事をする」というプロセスを通じて行なわれる。仕事組織においては参加の度合いが制限されているが、このように職場は、家族を含む他の相互作用の場と同様の役割を果たす。文化はその共同体の構成員すべてにとって現実となる。

この現実は、仕事組織（職場）の共同生活が、従業員の職業的アイデンティティにどのように貢献するかを理解するのに役立つ。確かに、従業員は彼ら自身の職業的社会化からアイデンティティの感覚を発達させるが、ふつうこの社会化は一つの組織的場の中から生じ、その中でいくつかの職業は結束して一つの仕事文化を作り上げる。これらの相互作用は、みずからのアイデンティティを定義する個人的可能性の感覚を従業員にもたらす。職場は、それぞれの従業員が集団としての立場を作り上げる場所である。

結局、小さな共同体はより大きな共同体に組み込まれる。きちんと組織された「エコロジーシステム」となる組織共同体もあるが、レストラン産業のような共同体はそうではない。レストランどうしの競争の激しさは、厨房の時間的構造と職場訓練イデオロギーの欠如とあいまって、緊密な共同体としての機構をいくぶん危うくしている。イデオロギーは一つの職業グループ全体を取り込みつつ他の機構を超えた視点を強化するが、厨房にこのような強力に発達したイデオロギーがないことは、集団組織を作り上げようという明確な必要性が不用なのかもしれない。一つの機構の問題が他の機構の問題と関連性をもつような職業と比較すると、それぞれのレストラン共同体は独自に問題に対処する。レストランは活気のあるミクロ文化をもっているが、他の仕事世界と比べると、そのサブカルチャーは比較的弱い。

経済

本書を通じてわたしは、たとえ個人と相互作用に焦点を当てても、職業と仕事組織はそれらがコントロールできない世界、すなわち経済秩序と必然的に結びついていることを常に念頭に置いてきた。ある意味で経済秩序は、相互作用のさまざまなパターン、反応、実践が、その組織が属するさらに大きな組織分野にどのように適合し参加しうるかということに影響を与えているが、組織内部におけるこれらのパターン、情動反応、文化的実践にも同様に影響を与えている。

組織とは成功するものもあれば失敗するものもあるという分野に属する（おそらく類語反復的に、適者生存を反映する市場と言うことができる）。だがわたしの分析は、複数の民族誌学的な場を必要とする、大規模な経済分野を研究してきた結果ではない。対照的にわたしの目的は、厨房の相互作用と象徴的世界が、組織の境界を超えた激励や制約にいかに影響されるかを調査することだった。わたしの一次データは厨房内で得られたものだが、外の冷たい世界に照らして研究したものだ。組織は生き残りをかけて、客の数と客がレストランを訪れるたびに得られる利潤を最大にしながら、最低限の固定価格、労働価格、料理価格を要求する構造環境と取り組まなければならない。これらの目的を達成することは、厨房での生活がどのように経験されるかということと、組織の製品に直接の効果を与える。能率はえてして毎日の生活を不快にし、過度な要求を増やす。だから組織は、一時的ニッチと特典のような「恩恵」がなくても、従業員に価値観と満足感を与える方法を開発しなければならない。

労働を相互作用的に理解することは、経済と市場の位置を強調する姿勢と一致する。「そこに」世界が存在するのだ。この世界はその集合表象を通じて知ることができるが、あたかも集合的現実のようであり、実際、この世界は個人とシンボルによって構成されている。そしてこの集合表象は現実ととらえられ、組織を創造するのにかなりの力が与えられる。個人は十分に賢明であり、制御不可能な力から逃れられないことを認める。若干の社会科学者だけが、明らかな事実を否定し、インフォーマントが真実だと知っていることを否定しようとしている。

美学

調理は芸術の世界と親疎関係に、そしてしばしばかけはなれた関係にあった。食事をする人はみな、出される料理の感覚的特徴は結果と大いに関係があることに同意する。六章で説明したように、この意味でコックは彼らのキャリアの不可欠な部分として美学のセンスをもっている。彼らに美的センスがあることは認められても、調理の世界は、その定義がだれもに認められるような芸術世界とは違うこともまた明らかである。その結果、コックは交渉の際に美的関心を考慮に入れることが期待されるが、それと同時に、彼らは産業的雇用者であることも認識しなければならない。さらに、クビになりたくないのなら、客と経営者の両方に利益をもたらし、彼らを満足させる料理を作ることが究極目的だと認識して交渉に臨まなければならない。このことは自主と管理、技術と労働という問題を含む微妙なバランスである。

異なる原動力がそれぞれの職業に影響を与えるが、どの職業もある程度は、仕事の美的側面と道具的側面の関係に直面せざるをえない。コックは職業的秩序における厨房作業の位置、顧客の要求、調理時間、材料の価格から派生するこれらの制約に対処しなければならない。この問題は五章で取り上げ、市場におけるレストランの位置を考慮して分析している。

感覚的な話題、とくに嗅覚と味覚については言語的なあいまいさがあるが、わたしは七章で、コックは彼らの経験と判断について、互いにどのように効果的にコミュニケーションをはかるのか、そして集団による美的活動を可能にするのかを述べた。ディスコースの可能性を理解すると同時に会話の限界を理解することは、知識の美的領域において社会的に意味を構成するときの中心の要素である。感覚的経験、特に内的印象に関する経験を十分に共有することは難しく、おそらく不可能であるので、コックは共通の表現に頼らなければならず、職業の秩序に基づく意味の詩学を発達させなければならない。

これらの問題はいくつかの方向に広げる必要がある。一つの職業の職業的制約と組織的制約を考慮しても、そこから一般理論を導くには十分な基礎とならない。「芸術」と考えられる職業の制約について多くの研究がなされているが、芸術というラベル付けをされていない職業の美的要素は十分に発達していない。だが、それぞれの職業は感覚的そして表現的関心となんらかの関係がある。どの職業もそれぞれに異なる制約をうまく処理しており、これらの制約を記述することが、われわれが「芸術世界」の概念を広げるのに役立つ。複数の組織的制約の存在は、おそらくあらゆる産業的要素を含みながら、労働者は芸術家になろうと努力しているのにどうしてなれないのかを明らかにしている。それは相互作用的な力と構造的な力があるためである。あらゆる美学的立場には限界があるのだ。

芸術的会話についての解説では、会話の社会的構成についてさらに詳細な配慮がなされるべきである。

わたしの研究意図は従来のようなコックの会話分析をすることではないが、このような詳細にわたる分析をすることによって、美的会話のパフォーマンスと言葉による同意の発達について、かなりの部分が確実に解明されるだろう。言われなかったこと、そして直接は言いにくいことを理解するための意味を、労働者は実際にどのように作り出したのか。ここに組織社会学と言語学は、つい最近研究されるようになったインターフェイス(共通事項)という関係(Boden 1994)を必要とする。だがこの関係は、職業的生活の構造的側面は相互に関係をもちたいという従業員の欲求によって形成される、というわたしの主張から生まれたものである。組織はある意味では会話によって構成される。生産の表現的側面の社会学的処理はおおかた未開発のままである。ただ一つのケースが他のケースのアウトラインを与えるだけである。とくにわたしたちは特定の場所の特定の美的選択に留意しなければならない。労働者は何が正しくて価値があるかをどのように学ぶのであろうか。道具的で表現に富むどのような側面が、生産の質を決めるのであろうか。「文化資本」は仕事の中でどのように生み出されるのであろうか。どのような状況で上品な簡潔性は評価されるのか。美しいものの自意識的創造はいつ重要になるのか。パフォーマンスの美学と製品の美学の問題は区別される必要がある。結局、無数の職業の比較研究をすることによって、ひとつの場面の記述という特異性を避けることができる。

美的選択の表現とその比較的特徴は仕事の環境、従業員の立場、特別の作業によって決まる。生産の表現的側面に対する労働者の志向は、慣例、自主性、共同体のような核となる社会学的概念に基づいている。経営側の限界も同様に社会学的であり、道具的要求に由来するコントロールと能率に基づいている。仕事は表現的形態と道具的機能の間のメヌエットである。このダンスの中では他のダンスでも同様に、笛吹きに金を払う人が結局は好きな曲を所望することができる。

結論

本研究全体を通じて、わたしはある特定の職業世界の記述的描写を提示しようとした。しかしわたしは、雇用者という限定された集団は日常的な雑用に直面している、という身近な問題以上のことについて読者に学んでほしいと思う。コックは職業的、相互作用的、経済的、組織的、そして文化的な網の中に捕まえられたが、この網は彼らが作ったものではなく、彼らがみずからの反応を形成するのを助ける網なのである。ゆえに、たとえ世界が偉大で強力な現実であり、彼らが注意しなければならないものであっても、彼らは社会的に構築された世界と仕事の伝統と規範の活発な作り手である。

その世界は構造的で重要であることを認めながら、わたしは組織のマクロ的、そしてミクロ的視野の理論的集合に民族誌学的要素を付け加えようとしてきた。組織研究は経験的観察に基づかなければならない。そしてそれは、研究者たちが幅広い理論的アプローチの可能性を決定する「そこにある世界」を使って作る関係である。組織分析は、社会秩序の理解に不可欠な分析を結びつけるために有望な分野である。レストランとはいくつかのグループが物理的で文化的なものを生産するために機能する組織のことであるが、これは複数の——そして関連のある——解釈を必要とする社会システムである。ただひとつ言えることは、レストランは思考のための食べ物を供給する場だということである。

補遺　厨房の民族誌学

目的と事例

アフリカはわたしの五感に襲いかかった。わたしは民族誌学上の事物の匂いを嗅ぎ、それらを味わった。わたしは匂い、風味、光景、音などの新しいスペクトルに反発し、また同時に魅了された。

ポール・ストーラー〔文化人類学者。ペンシルヴァニア州ウエスト・チェスター大学教授〕『民族誌学上の事物の味わい』

どんな状況にも特異性、トリック、驚きがある。それは研究者にとって調査意欲をかきたてられる目標であり、また楽しみでもある。非西欧文化をある程度研究した経験豊かな人類学者ならこのことがよくわかる。ある調査現場で成果をあげても、それが次の機会にモデルとして役に立つことはごくまれである。マーガレット・ミード〔一九〇一―七八、アメリカの人類学者〕の調査対象のサモア人たちは、彼女のこの後のパプア・ニューギニアのマヌス島人の調査に貢献することがほとんどなかった。わたしのように、たいして挑戦的な仕事とはいえないが、アメリカの中産階級を調査対象にすることは、少なくとも文化の共有が参考になるという慰めがある。

厨房を研究することには二つの顕著なテーマが挙げられる。すなわち、調査は組織のなかで行なわれること、そして、調理を対象としていることである。前者のテーマはわたしより前に既に試みた者があるが、後者に関してはまだ手付かずといえるテーマであり、新しい問題を提起している。

仕事の観察

仕事の組織を観察する者は、労働者がどんなにその仕事が気に入っていても、全くの自由意志で参加しているわけではないということを認識しなければならない。雇用主は従業員が一定の時間と決まったスケジュールに従って働くものと予想している。さらに労働者は、なんらかの事情のもとでは、その契約の終了を決定できるヒエラルキー的な組織に属している。

厨房という空間が公的な領域ではないため、そこへのアクセスは経営者を通して行なわれる。その結果、調査者は最も望ましい条件のもとでさえも、信頼という重荷を克服しなければならない（Burawoy 1979）。つまり、わたしたちは労働者と経営者のどちらの味方なのか（Becker 1976）ということである。結局、わたしがどちらを実際に代表していたのかが問題であったが、わたしが経過を経営者に報告していないことが明らかになると不問にされた。

このような感情が最も直接的に表に出されたのは「ブレイクモア」の厨房だった。ここは外部からの直接の企業支配により運営されているホテルチェーンの一部であった。調査を始めてまもないある日、わたしがまだ会っていなかった厨房スタッフの一人が、始終メモをとるわたしの様子をみて勤務時間の調査をしているのかと尋ねた。

わたしの存在はしばしば冗談やからかいの種にされたが、それは常に人々の第一の関心事だった。

給仕人のデイヴィスがわたしに冗談をいう。「本当はだれのために働いているんだい。どこのホテルチェーンで働いているのさ?」。コックの一人、ダイアンはわたしのことを『ナショナル・インクワィヤラー』紙の記者だと言い張っている。

(フィールド・ノート、「ラ・ポム・ド・テール」)

ヘッドシェフのポールはわたしがスパイだと冗談を言い、こう付け加える。「彼はおれたちが仕事をしっかりやるように見張ってるのさ」。

(フィールド・ノート、「アウルズ・ネスト」)

このことは、わたしが仕事中のちょっとした逸脱行為を観察しているとき、とりわけ地位の低いスタッフの間で顕著だった。彼らは自分たちの職歴にわたしが影響力を及ぼすことを心配していたのだ。「パントリー係のフェリシアはローストビーフの切れ端を食べていたが、わたしに見られているのに気づくとクスクス笑う。そして笑いながら心配そうに『これをメモに書くつもりなの』と言う。そのあと皿洗いのリーがビーフを持ってきてわたしに冗談を言う。『今日はどのへんをくすねてやろうか』。わたしは彼らの逸脱行為を正当と認めるよう、さらにはわたしもそれに加わるよう期待されている」(フィールド・ノート、「ブレイクモア・ホテル」)。こういう従業員たちは、限られた範囲にせよ、わたしが彼らの集団の本当のメンバーとしてその裏面も認めつつ、彼らの側に立つだろうと信じている。これは、コックがバーからビールをもらっている「スタンズ」でとくに顕著だった。わたしがビールのことを書きとめている、とウェイトレスから教えられたコックはこう言った。「彼はおれたちの味方だよ。厨房のスキャンダルを世間に知らせてくれるんだ」（フィールド・ノート、「スタンズ・ステーキハウス」）。わたしが彼らを受け入れる態度を示すと、彼らも好意で報いてくれた。

二回だけわたしは観察を断られたが、それは観察を始めてまもなくだった。「スタンズ」が地元のテレビ番組の特集で取り上げられ、視聴者はその週末特別割引のステーキが食べられると報じられた時である。マネージャーはレストランが混みすぎて観察できないだろうと考えた。だが、後日わたしは同じくらい混雑している晩に観察を許された。「アウルズ・ネスト」では一日休んでくれと言われた。それは新しい給仕人が厨房で見学しながら訓練を受けるためだった。だが、調査の後半に別の給仕人が訓練を受けることになった時は、わたしの観察が許可された。

わたしは特定の従業員についての情報や、厨房をどう改善するかということさえもシェフやマネージャーに言わないように気をつけたが、彼の方からすすんでわたしに話をしたがったり、わたしの一般的な反応を知りたがったりした。従業員はわたしが知っていることや、わたしが言ったかもしれないことをとりわけ気にしていたようだ。わたしは自分の意見が、個々の従業員や厨房の組織がすぐに変わるような影響を及ぼすことはないと確信していたが、わたしの存在や間接的な意見がマネージャーやシェフの関心を引いていたかもしれない。

自己反省と拒絶――狂気を共有するというファインの法則

インフォーマントは自分自身と仕事についてのイメージをもっている。これらの自己イメージには疑念が含まれていて、それは外部の者から観察されたとき増幅される。調査者が抱いているかもしれない批判的な見方に対して自分自身を守ろうと、インフォーマントは例外なく「役割距離」(Goffman 1961b)を広げ、少なくとも理論上では、その行為がもたらすかもしれない否定的な意味から逃れようとする。彼らは自分たちの深遠な文化を完全に正当化する必要はないのだ。

リトルリーグのコーチやファンタジーのゲームをする者、ディベートの方法を教える教師、キノコ取りの名人などの中でわたしが気づいたように、インフォーマントは、自分がその活動を行なっているときは「狂気じみた」状態にあるはずだと示唆していた。この役割距離には基本的な規則性があるようだ。「狂気を共有するというファインの法則」は遊び心をこめて、次のように提案する。すなわちいかなる成人についての調査状況であれ、インフォーマントは自分の行動が「不合理」だと説明する。どの厨房のスタッフも同様の意見を述べている。

ハウィがわたしに言う。「コックになるのは頭がおかしい奴に違いないってことをみんなが知っている」。(フィールド・ノート、「ラ・ポム・ド・テール」)

昼の当番コックのメルが冗談を言う。「厨房で働きたくないわけがあんたもわかったかい」。二、三週間後、経営者の息子でレストランのマネージャーであるダンがわたしに冗談まじりで言う。

「何を覚えたかい。飲食業界には絶対入るまいということかい」。
（フィールド・ノート、「アウルズ・ネスト」）

あるとても忙しい晩、ウェイトレスの一人のキャンディがわたしの観察のことで冗談をいう。「異常行動をチェックしているの？　ここなら必ず見つかるわよ。あなたはまさにもってこいの場所にいるのよ」。
（フィールド・ノート、「スタンズ・ステーキハウス」）

前に勤めていたコックのアイリーンが、現在のコックのキースにわたしのことを尋ね、冗談を言う。「彼に自叙伝でも書いてもらってるの」。キースが答える。「おれは彼と話せる唯一の人間さ。タイトルは『あるコックの肖像』とでもするか。おれの名前が知れ渡るようになるよ。映画が完成したら精神病院で上映されるだろうよ」。
（フィールド・ノート、「ブレイクモア・ホテル」）

この同じテーマは、わたしのことを「〔彼らは〕狂っているのか、それとも正常なのか」を判断する「心理学者」か「精神分析学者」だとみなしていたインフォーマントの間で顕著に見受けられた（フィールド・ノート、「ブレイクモア・ホテル」）。民族誌学を通して、とりわけ中産階級の現場では、インフォーマントは「わたしたちはどのくらい良いのか」、「わたしたちはどんな具合なのか」、「わたしたちは合格なのか」を知りたがる（フィールド・ノート、「アウルズ・ネスト」）。

なかには冗談半分で、民族誌学的な仕事を真似ようとする者もいて、本を書くことを話題にする。(1)「ゴードンはキャルとダナに言う。『いつかおれは本を書くつもりだ。その時にはおまえたちを主人公にしてやるよ』」(フィールド・ノート、「ブレイクモア・ホテル」)。あるいは彼らはわたしを観察する。「メルとダンがわたしに冗談を言う。『さあ、君に質問するよ。君の仕事でいちばんおもしろいことは何だい』。彼らは調査者の仕事をするつもりだとわたしをからかう」(フィールド・ノート、「アウルズ・ネスト」)。これはひとつにはわたしの調査のやり方のせいである。すなわち、わたしは自分の厨房での存在を大っぴらにし、みんなの前でメモを取ったりしていたが、それは自分の存在が人目を引くのも最初のうちだけだと思っていたからだ。連日の調査によって親近感がかもしだされ、記憶の誤りが最小限ですむため、大っぴらな態度はお互いの職業倫理にかなったものとなり、より正確なデータの結果を導きだす。だが、この戦略は、形勢を逆転させたいという当然の望みへと向かう。

プリンプトン効果

わたしが自分の曖昧な存在の処理に成功した方法は、たえず冗談を飛ばしながら、自分を調査者から労働者へ、観察者から全面的な参加者へと変えたことだった(Adler and Adler 1987)。これはジョージ・プリンプトン効果と呼ばれ、短期間プロフットボール・チーム、デトロイト・ライオンズの選手としての経験を著したジャーナリスト兼エッセイスト、ジョージ・プリンプトン〔一九二六―　、『パリス・レビュー』誌編集長〕の名にちなむ。わたしは二、三回自分からすすんで雑用を引き受けた。例えば、ジャガイモの皮をむいたり豆の筋をとる、スープをかきまぜる、戸棚や冷蔵庫から食材をとり出すなどといったことである。

「ラ・ポム・ド・テール」のコックのデニーは真顔でこう勧めている。「あんたのここでの最後の日には、なにか料理してもらおう。ジョージ・プリンプトンみたいにね」。

（フィールド・ノート、「ラ・ポム・ド・テール」）

わたしの調査が終わる日が近づくと、ヘッドシェフのポールはわたしに今夜はウィンドウのなかで仕事をしないかときく。「たっぷり見学しただろう」。彼は映画の『ペーパー・ライオン』〔プリンプトンの著書に基づくコメディタッチの映画。一九六八年〕を観ており、わたしにジョージ・プリンプトンの役割をやらせたがっていた。わたしはその気になったが、それが冗談かどうかはっきりしなかったので、この話は立ち消えになった。

（フィールド・ノート、「アウルズ・ネスト」）

わたしを仲間に入れるという試みはしばしばおふざけであり、彼らにとってのわたしの近さと遠さの両方を示していた。これらの意見は各レストランでのものである。

経営者が夕方帰るときわたしに冗談を言う。「来週はとことんしぼってやるからな。しばらくここにいる者はだれでも仕事をさせられるんだ」。

（フィールド・ノート、「ラ・ポム・ド・テール」）

エヴァンがわたしに冗談を言う。「この仕事に変わったらどうだ。訓練も受けたことだし」。

（フィールド・ノート、「スタンズ・ステーキハウス」）

貯蔵室のマネージャーのウィリーが料理兼飲み物担当マネージャーのサンジェイに冗談を言う。「〔もし〕彼がしばらくここにいるのなら、彼に働いてもらおう」。

（フィールド・ノート、「ブレイクモア・ホテル」）

ポールが肉を切りながらわたしに冗談を言う。「もう十分おれのやるのを見ていたんだから、今度はあんたがやってみな」。

（フィールド・ノート、「アウルズ・ネスト」）

仕事上の逸脱行為に調査者を引きこみたいという欲求と同じように、調査にとって有益な、観察者をすべての場に参加させたい、あるいは参加して欲しいという強い意欲がある。それはひとつには、その体験をありのまま見せることに協力したいという欲求からであり、またひとつには、調査者があたりをうろついて「何もせずに」仕事を見ていることから生じる、自分たちのいらだちを解消したいという欲求からである。

従業員が調査者の忠誠心を獲得しようと試みるひとつの方法は、組織による役得を与えること、すなわち、楽しい小さな賄賂を送ることである。これはインフォーマントが提供する情報という「贈り物」の延長線上にある。贈り物を受けることは、お返しをしないかぎりその人は贈り主に束縛されるという意味である。コックたちはこれを品物で行なう。それは実際には彼らのものではなく、彼らのボスのもの、つまり食べ物である。わたしは終始これらの食べ物を押しつけられた。そして自分でも信じられないのだが、めったに断らなかった。厨房でひと月観察を行なうとわたしの体重は約一〇ポンド増えた。次の観察までの二カ月の間にわたしはそれを必死で減らそうとした。もしわたしが料理を勧められて断ったとしても、友人たちは自分の製品（料理）をわたしが味見してくれると期待しており、それは時には有益な体験だった。わたしに料理を食べるように最も強く勧めたのは、評判のよいレストランである「ラ・ポム・ド・テール」と「アウルズ・ネスト」だった。ステーキの値段が高いことと、調理の手順が決まっているせいなのか、「スタンズ」ではそれほど食べられなかったが、フライド・ポテトとオニオン・リングは出してくれた。ステーキがレストランから戻されてくると、みんなで分けた。「ブレイクモア」では、料理はもっと注意深く監視されていて、おいしい料理はオープン・キッチンで調理された。だが、ここでもわたしはコーヒーや酒類を飲ませてもらったし、ときには料理も「ほんの一口」食べさせてもらった。

「ラ・ポム・ド・テール」のスタッフはとりわけ気前がよかった。わたしは最初の晩、マダイのプロヴァンス風、スパイス入りのソーセージ、レモンバウムのシャーベット、エルダーベリーのシャーベット、チョコレートケーキを食べさせてもらった。数日後、給仕長のデイヴィスがわたしに大きな一切れのチーズケーキをもってきてくれた。これにはわたしも少し困惑したが、彼はわたしに家族がいるのかたずねた。わたしがいると答えると、それを持って帰るように、さもなければ捨ててしまうのだからといった。彼らは気前がよかったが、基本にある考えは、もしわたしがその食べ物や彼らを嫌いなら、断わればよいというだけのことだった。

「アウルズ・ネスト」では状況はもっと複雑だった。ここでは料理は値段がつけられるものということになっていて、スタッフも自分たちの食事にお金を払うものと思われていた。わたしが食べ物をもらうと、しばしばウィンクが交わされ、わたしから料金をとるというからかい半分の会話が交わされた。

ポールはわたしにディナーのサーモンをくれて、付け加えてこう言う。「そこらへんに立っていたから腹がへったろう」。そしてさらにこう言う。「あんたとおれと柱だけ」。これはわたしが彼の気前のよさについてふれないようにという意味である。

（フィールド・ノート、「アウルズ・ネスト」）

ブルースがわたしにサーモンのソルビスを出してくれると、ポールが冗談を言う。「一〇ドルいただきます」。あとでまたこう言う。「二度とハッシュブラウンを盗むなよ」。

（フィールド・ノート、「アウルズ・ネスト」）

これらの言葉はわたしたちの緊張関係を反映している。これらの言葉は調査者が使い、インフォーマントによって使われている、民族誌学には共通のものである。このコックたちはわたしに好意を抱いており、わたしはある程度そのグループの一員になった。しかし同時にわたしは、彼らの生活と評判に影響を与える可能性のある部外者だったし、またそうあろうとしていた。わたしに賄賂を与え、彼らの生活について話すことにより、彼らはわたしの支持を得たいと願っていた。彼らは自分たちが完全に主導権をにぎることのできない場所で働いており、わたしが彼らを支配している人々と接触があるため、彼らはわたしの言いなりだった。逆にわたしは、彼らの一人として短期間に、また、周辺で活動することを認められているかぎり、彼らの言いなりだった。

民族誌学的な感覚

人類学者のポール・ストーラー（1989）が確信をこめて記しているように、今日の西欧思想は、とりわけ学究的な記述においては視覚に訴える方法を強調している（だが、Corbin を参照）。遠隔の文化を探索する者にとっては、別種の感覚を体験することが重要になる。「裸の子供たちが都市の下水に通じる溝に排尿している。好い匂いの煙がおいしそうな羊肉を焼いている肉屋の店頭から立ち上っている。通りにはネズミが群がる腐ったゴミの山が放置されている。すりつぶしたジンジャーの強烈な香りが微風にのってくる。痩せ細ったハンセン病患者が人々の前にこぶのようになった手を突き出している」(Stoller 1989, p. 3)。読者は社会構造を読みとるだけでなく、それを聞き、触れて、匂いをかぎ、味わう。

しかし、これまでに受けてきた西欧式の訓練のせいで、わたしたちはこれらを理解する術をいとも容易に取り違えてしまっていることに気づく。わたしたちはただ見ることだけを教えられ、暗黙のうちに、感じてはいけないのだと教えられている。ストーラーは以下のように述懐している。

ところが、わたしの感覚の解放はほんのつかの間だった。たちまちのうちにわたしの感覚は、無神経な消費と一体化したこれらの悲惨な搾取の光景に対して鈍感になってしまった。蓋のない下水の鼻をつくような悪臭は、焼肉の香りに圧倒され、病気の子供の嘆きは健康な子供の陽気な笑い声にかき消された。わたしは経験に鍛えられたアフリカの専門家になってしまった。アフリカのニジェールにおけるわたしの体験は結局、距離のあるもの、知的なものとなり、感覚の領域からはずれてしまった。民族誌学的な世界はその感覚を喪失した。

わたしたちは、現実の世界をそのまま受け入れているので、経験するということを学習するほどであり、また経験している世界に注目することを忘れているほどなのだ。この調査のために、感覚という問題に敏感であろうとするわたしの試みは重要だった。ニジェールの下水ほど劇的効果はないにせよ、ミネソタの厨房もそれなりに独自の匂い、感じ、音、味わいなどを有していた。わたしの試みようとした問題は、あるコックの言葉によれば、「厨房が語ってくれる」という感覚によって習得された。調理のタイミングを扱った第二章で記したように、これらの感覚が調理の仕事を上手に処理するために重要なのだ。完成した料理は、焦げたときや生焼けのときとは違った匂いがする。これらの匂いが民族誌学者の手がかりなのだ。

感覚の民族誌学の二番めの要素は、自分の好みをインフォーマントに押しつけるのを避けることである。「特定の」食物を拒絶するのは、外部の人間と内部の人間を区別するひとつの方法となる。クレイグ・クレイボーンの母親は、ミシシッピ州のインディアノーラで下宿屋を経営していた。たまたまそこに、名著『南部都市の制度と階級』(*Caste and Class in a Southern Town*, 1949) のための調査中だった心理学者、ジョン・ドラードが滞在した。クレイボーンはドラードの好みを回想して、「最初、〔ドラード博士は〕母が野菜を調理することに批判的で、ビタミンがたくさん失われてしまうと文句を言っていた。彼の発言に悪意はなかったが、他の下宿人が味方をしてくれたので、南部出身の母は生まれてはじめて客に意地悪をした。ドラード博士はテーブルクロスをかけたブリッジゲーム用のテーブルに座らせられ、その前には銀食器が置かれていた。皿には調理していない野菜が山のように盛りつけてあったが、彼は怒りもせず、平然とそれを平らげた」。北部出身の好みが災いして、彼は調査対象に選んだ社会をあやうく理解しそこなうところだった。食物にこだわらないわたしは、ドラードのような問題は起こさなかったが、ときおり料理を勧められることがあった。コックたちが自分と同じようにわたしが判断するか知りたがったからである。厨房の人々は料理の質をみきわめるのに確信があるが、わたしはそれが成功なのか失敗なのか判断にとまどうことがよくあった。とくに印象に残っているのは、「ラ・ポム・ド・テール」のひどくスパイスのきいたソーセージ、これは「独特な」というほめ言葉しかないのだが、それにいまだに口のなかにその味が残っているバジルとマスクメロンのシャーベット、無残な失敗と決めつけられた、ハーブ入りのトマトソースであえたビート味のフェトチーネなどである。観察者はあらゆるものを好きでなければならないということはないが、自分が研究している人々と同じような味覚を養う必要はある。

コックとはなにか

コックとはなにか。コックとはだれか。この点に関して、わたしは厨房で働いている人々の特徴、または特定のレストランそれ自体の特徴は取り上げずに、厨房の構造と相互作用を調査した。まずわたしは厨房の働き手を記述し（コックの仕事への姿勢と彼らの新規採用、社会化についての論はFine 1987bも参照）、次にわたしが観察した四軒のレストランの詳細に移った。

わたしのサンプルは手あたり次第のものでも、代表的なものでもない。多くの点でそれは便宜上のサンプルであり、ツインシティーズ地域の上等な部類に属するレストランのうちの四軒である。だが、コックのサンプルの特質を検証することは、少なくともひとつのあいまいな社会への窓を開くことになる。

ジェンダー

国勢調査のデータを調べて驚くことは、コックの総数のうち五七・二％が女性だということである(Bureau of the Census 1984, p. 11)。だが、女性が優勢だというレストラン関係の分野には、料理学校、簡易食堂、カフェ等が含まれていることを考慮にいれると、この数字はまやかしである。ツインシティーズの中心部に関する人口調査では、一九八〇年には、簡単な料理のコックを除いて約一万四〇〇〇人のコックがおり、男女の割合はほとんど半々だった（男性五一％、女性四九％）。しかしながら、わたしが調査した高級なランクのレストランでは男性が優勢だった。インタビューした三〇人のコックのうち、女性は四人だけだった（一三％）。これらの女性のうち役職についている者はだれもいなかった。過去一〇年間に大きな変化が起きたが、レストラン業界でも高級なランクの店では男性が優勢である。女性は時々採用されるが（Fine 1987a）、少数派であり、部外者にとどまっている。女性は、家族のために調理するという重要な責任を担っているのに、制度的な空間（すなわち厨房）や穏健な社会では創造性や手厚いサービスを要求される調理については、あるいは格の高い店ではこの仕事は男性のものと定義されている。

年　齢

一九八〇年の人口調査は、あらゆる職業の中で調理は平均年齢の最も若い職業のひとつであることを示している。ツインシティーズ首都圏のコックの平均年齢は一九・二歳であり、全コックのうち約八分の一が三〇歳以上である。親は子供のために料理するが、レストランではこの関係が逆転している。この中には見習い程度の者や、ファーストフード店の厨房スタッフも含まれている。わたしのサンプルはこれより若干年上だが、それでもかなり若い。平均年齢は二四・五歳を四捨五入して二五歳だった。サンプルの中では一人だけ四〇歳以上のコックがいた（彼は四三歳）。わたしはある若いコックに世間がいちばん意外に思うことは何だろうと尋ねると、彼は「料理している人たちがとても若いことだろうね」（インタビュー、「スタンズ・ステーキハウス」）と即答した。「スタンズ」のコックたちは明らかに他のレストランより若く、飲酒が許可される年齢より下だった。調理は、最も良い条件のところでも安い賃金の労働者が求められる。調理を安定した長期の仕事とみなす者がごくまれでも驚くには値しない。厨房の仕事は若者にとって「本当の」仕事を決めるまでの一時的な職業である。経営者になる者もいるが（数名のコックにとっては自分のキャリアの目標である）、他の者たちは調理を一時的な仕事とみなし、他の仕事に移っていく。

教育と家庭の背景

インタビューしたコックのうち、三人（一〇%）だけが大卒であり、八人（二七%）は中退。サンプルの性質が明らかにこの数字にかなりの影響を与えている。レストランの仕事がより威光のあるものとなっているので、コックやシェフの教育程度は次第に上がっているようだという証拠がいくつか存在する（Zukin 1990）。コックのイメージが向上するにつれて、少なくとも都市の中心部の高級レストランでは、中産階級出のコックをより多く採用している。これらのコックの多くは自分たちを芸術家集団の一員とみなしていて、自分の店を持つことを夢みている（Zukin 1990）。わたしのささやかなサンプルにはさまざまな階級出身のコックが含まれ、親たちの職業は、トラック運転手、郵便局員、消防士、銀行員、公認会計士などである。全体として、階級の背景は下層中産階級か上層労働者階級になるが、きわめて多様性に富んでいるため、一般化するには細心の注意が必要である。

レストランの現場とデータの源泉

あるテーマを民族誌学的に理解するためには、一カ所以上の現場を選ばなければならない。普遍化することが重要なのだ。この調査を始める前に、わたしは現在市立技術専門大学（City Technical College）と呼ばれている市立職業訓練所（市立TVI）の、ホテルとレストランの調理コースを観察した。また、受ける衝撃はそれほど強くないが、「比較」民族誌学の現場そのものである郊外職業訓練所（Suburban Technical Vocational Institute）にも行った。わたしは労働者階級の学生が、美的生産（Fine 1985）に従事するため、いかに「文化資本」を身につけるかを理解したかった。また美的知識を実用に生かすことに取り組んでみたかった。

レストラン産業のさらに完全な姿をつかむために、とりわけ学生たちが、どのように彼らの「理想」を、現実社会の組織の要求に応じて変えざるを得ないかということについて、わたしは四軒のレストランを選んで調査を続けることにした。市立TVIでのコースは長年行なわれていて、四人の教師がそれぞれ一〇年ずつ教えていた。わたしはこのコースに通ったヘッドシェフ――一人は、マネージャーだが――を採用したレストランを選んだ。

市立TVIと関係のあるレストランを選ぶことに加えて、わたしはコックの人数が同じくらいのレストランを観察したかった。また、小規模の厨房スタッフの店が望ましかった。レストランによっては、大人数のスタッフをかかえているところもあれば、コックがたった二、三人のところもある。わたしが選んだレストランは、約八名くらいのコックがいて、そのうちの三、四人がいつも勤務についていた。

最後にわたしが望んだことは、四軒がそれぞれ異なる様式の料理をだすレストランであるということだった。わたしの目標は、ツインシティーズで最高のレストランや、最も技術の優れたシェフのいるレストランを選ぶことではなかった。わたしはほとんどの厨房で出会うありふれた会話を集め、芸術的な表現は取り上げなかった。

サンプルとして選んだのは、オート・キュイジーヌのレストラン（「ラ・ポム・ド・テール」）、ヨーロッパ風のレストラン（「アウルズ・ネスト」）、ステーキハウス（「スタンズ・ステーキハウス」）、ホテルの厨房（「ブレイクモア・ホテル」）である。これら四軒のレストランは調理のための環境としてほどよい範囲にあった。わたしはこれら四軒が、地元のすべてのレストランの代表的なサンプルを反映していると主張するつもりはない。そうでないことは明らかだ。これらの店は格の点からいえば、ミネソタ州のレストランの中で上位に入る。これらは「エスニック」レストランではなく、ファミリーレストランやファーストフードのレストランでもなく、近所の店でもない。またニューヨークやニューオーリンズにあるようなオート・キュイジーヌの輝かしい殿堂でもない。

わたしはそれぞれのレストランにいる市立TVIで訓練を受けた人物に連絡をとった。「スタンズ」では、マネージャー（経営者の息子）だったが、他の三軒はヘッドシェフだった(2)。わたしはミネソタ大学の教授としてこれまで関連する調査を行ない、市立TVIでの観察を終えたばかりだと説明した。そしてTVIの教師の名前を挙げて、コックの直面する仕事の問題を理解することに関心をもっていると強調した。多くの労働者同様、コックは自分たちが著しく過小評価されていると感じているので、部外者の大学教授が、自分たちの仕事に関心をもつということを喜んだ。多くの民族誌学のインフォーマント同様、彼らもわたしが何をみいだすか多少不安に思っていたようだったが、どの厨房でもわたしが一カ月間入ることに同意した。ただし彼らは、一時的または永久に調査をやめるようわたしに要求する権利を保持していた。最終的にはわたしは彼らの一人一人と友人になった。

調査の許可をもらうと、わたしはマネージャーか経営者との面会の手筈をととのえた(3)。わたしはシェフの同意をとりつけたことを強調し、店自体に対しても、自分の出版物の中でもレストランの評価をするつもりはないと説明した。わたしは厨房では静かにし、見学したり、教えてもらったりしたいと述べた。また、もしわたしの存在が仕事の妨げになるようだったら、彼らがわたしに出て行ってくれと言って欲しいということも説明した。「ラ・ポム・ド・テール」の経営者は即座に同意した。「アウルズ・ネスト」のマネージャー（経営者の息子）も同様だった。「ブレイクモア」の料理兼飲み物担当マネージャーは、わたしの調査の目的を記した正式な書類を要求した。わたしがそれを提出すると、彼は快く承諾してくれた。

マネージャーの同意を得ると、わたしは調査開始日を決めることにした。わたしは店が忙しくない日にしたかった。そうすれば、コック一人一人に会ってわたしの調査の目的を説明できるからだ。わたしは彼らに対し、嫌だったら協力する必要はないと言っておいたが、拒否した者は一人もなかった。わたしがインタビューしたいと頼んだ全員が同意してくれた。ヘッドシェフと同じように、彼らは「重要な」だれかが自分たちの生活に関心をもってくれたことを喜んでいた(4)。

わたしは週に六日レストランにいるようにし（三軒は週七日間営業していた）、観察の時間をずらすようにした。そうすれば一日のそれぞれの時間の厨房が見られるからだった。またわたしは、特別な催

表1　調査パラメーター

	ラ・ポム	アウルズ・ネスト	スタンズ	ブレイクモア
観察日数	26	22	28	29
観察時間数	71	83	47	54
インタビュー人数	7	7	7	9
観察した月	9・10月	5・6月	1・2月	3・4月

しや特に忙しい夜にも立ち合うようにした。どの厨房でも、わたしは人々の行き来の邪魔にならず、よく見渡せる場所を見つけた。わたしは厨房の仕事をひんぱんに手伝ったわけではないが、頼まれるとちょっとした仕事もすることがあった。通常の調理の日常業務を把握するため、一年のうちで特に忙しい時期（一二月または一二月）や、とりわけ暇な時期（七月または八月）は避けた。

わたしは各レストランの厨房での観察に一カ月を費やし、その後常勤のコック全員に対し通算三〇回の徹底的なインタビューを行なった。インタビューは一回につき一時間から三時間行なわれ、コックの背景、調理の仕事への就職のいきさつ、仕事と店への姿勢、調理の美的センスなどを網羅した。ほとんどのインタビューは回答者の自宅で行なわれたが、数回はレストランやその他仕事場の静かな場所で行なわれた。調査の詳細は表1を参照。

どのレストランも特色がある。これらのレストランは互いに生産の形態や社会的な地位は異なっているが、わたしはその特異な形態は無視し、それらを個別に扱うことを避けた。わたしは単一のケーススタディの有効性には疑問を抱いているからだ。「スタンズ」と「ラ・ポム・ド・テール」が違うのは料理の違いという問題をはるかに越えたところにある。「典型的な」グルメ相手のレストランを「典型的な」ステーキハウスと比較するのは誤った方向に人を導くことになるだろう。同様の事例は、ステーキハウスとグルメ向きレストラン、あるいは、ついでにいえば、ホテルの厨房と独立採算のレストランの間の意義深い比較にも求められる。わたしの関心は、これらの特異なレストランがいかに特異な組織を運営しているか、ということではなく、すべてのレストランに共通する社会のプロセスにあるのだ。それぞれのレストランを使って、レストランの「典型」を代表させることにわたしは慎重を期したが、関心をもつ読者のためにそれぞれのレストランの説明をしておこう。

「ラ・ポム・ド・テール」

「ラ・ポム・ド・テール」はツインシティーズで最もすばらしく、最も創造的なオート・キュイジーヌレストランのひとつだという評判を得ている。レストラン評論家の中には、おそらく地元の熱烈な支持にあおられたのだろうが、「ラ・ポム・ド・テール」はシカゴとカリフォルニアの間で最高のレストランだと公言する者もいる。たぶんそうかもしれない。ツインシティーズの他のレストランのひいき客は、「ラ・ポム・ド・テール」がこの地域で最高のレストランであるということに異論を唱えるかもしれないが、わたしが調査を実施した時期のこの店はうらやむほどの評判を勝ち得ていた。この店は毎晩二種類の魚料理のスペシャルと、ときには肉料理のスペシャル、二種類のスープ、それに数種類のシャーベットとデザートを出していた。これらのスペシャル料理のなかには、天然のマッシュルームを添えたビーフ・ウェリントン、アンコウのブールブラン［酢またはレモン汁を加えた魚用バターソース］、クミン風味のラムソーセージ、舌平目のチュルバン［リング状に盛り付けた料理］などがあった。このレストランは値段が高いことで知られていた。もっとも東海岸と西海岸のレストランほど高いということは決してなかったが。一九八〇年代半ば、「ラ・ポム・ド・テール」では一人四〇ドル以下で十分だった。

ヘッドシェフのティムは、サウスダコタ州のスーフォールズ近くの出身で、中西部の家系の中産階級の子弟だった。一五歳で地元のトラック運転手のドライブインに雇われ、皿洗いから始めやがて調理を担当した。高校卒業後の仕事の可能性を考え、彼はツインシティーズに移り、市立TVIで調理を習った。TVIを終えると、「ホームスタイル」のレストラン、数軒のカントリー・クラブ、中華レストランなどで働いたのち「ラ・ポム・ド・テール」のコック見習いの仕事をもらった。それまでの経歴は、シェフとして勤める上で役に立っていなかったが、彼はグルメ・シェフになろうと決意してやってきた。彼は仕事熱心で創造力があり、「ラ・ポム」の厨房で長時間、ヨーロッパで修業してきたヘッドシェフからできることは何でも教えてもらった。数年後、そのシェフが性格的な問題から経営者と意見があわず辞めてしまった。そしてティムが厨房の責任者になるよう要請された。自分が低賃金の労働力だったせいもあると彼は主張している。これは二〇代半ばの無名のシェフにとっては大きな挑戦だった。ティムは新しい地位で成功をおさめ、レストランは評判を高めた。

この店自体は、のちに分譲マンションになったしゃれたアパートの建物の地階にあった。レストランに入るにはロビーを通らなければならない。ロビーはにぎやかだが、ディナーの時間帯にはひと気がないことがよくある。風変わりな場所であること、それに諸経費が安いこともあいまってこの店は生き残っている。混みあう夜の客数は一〇〇人弱、空いているときには二四〜二五人程度である。週日はランチとディナー、土曜はディナーのみ、日曜はブランチを出していたが、このブランチは結局やめになった。

厨房は、とくに他の二軒の独立採算のレストランと比較すると、かなりの広さがある。コックたちは大きな、明るい、風通しのよい長方形の部屋で働いていた。この部屋は動きやすいスペースがあり、ペストリーとサラダを作るための場所が別に設けられていた。ウェイターと皿洗いはこの大きな部屋の反対側で働いていて、コックたちからほとんど干渉されずにすんだ。ダイニングルームは控えめなグレイとクリーム色で内装がほどこされ、装飾は少なめで趣味がよかった。

「ラ・ポム・ド・テール」はある夫婦が所有し、経営していた。夫は一九七〇年代末にレストラン・ビジネス参入を決意するまで、大企業のマーケティング部門の副社長だった。わたしが調査中に、彼は別のレストランをツインシティーズに開店するプランをたてていた。「ラ・ポム・ド・テール」はツインシティーズの最高級の文化的な環境の地域、すなわち、芸術家、ヤッピー、ゲイなどの集まる地域から歩いてすぐの場所に位置していた。

このレストランの大きな弱点のひとつは、ウィスキーのような蒸留酒を出せる免許をもっていなかったことである。特にカリフォルニアのビンテージものがよく保存されている、すばらしいワイン・セラーはもっていたが、この弱点のためにビジネスマンの客をいくらか失った。

ヘッドシェフに加えて、「ラ・ポム」にはスーシェフ、昼間担当のシェフ、ペストリー担当のシェフがいた。他の三人のシェフはサラダ、スープを作り、また必要に応じてオーブンやグリルを担当した。この七人中二人が女性だった。そのうち一人は完全に受け入れられていたが（Fine 1987a 参照）、もう一人は厨房の共同体では相手にされていなかった。彼女はコックとしての正式な訓練を受けたことがなく、前歴は学校教師で転職したのだった。ティムは彼女の料理の知識と熱意を見込んで採用することに決めたのだが、たちまちその決定を後悔することになった。ティムによれば、彼女はプロのコックとしての技術がどうしても習得できず、限界があった。

「ラ・ポム」のコックは、たぶん当然なのだろうが、他のレストランのコックたちより、芸術としての料理に大きな関心があり、また食材を美的に表現することに熱心だった。ティムは、印象的な履歴書をもってくる者より、創造力に富み仕事熱心な者のほうを重視すると主張した。そして、そういう者たちは成功に対して意欲的だと彼は感じていた。わたしが観察した数年後、この店の少なくとも二人のコックがツインシティーズの重要なレストランのシェフとなり、ペストリーシェフはその注目すべき作品によってツインシティーズで有名になった。

給仕人は、一人を除いて全員男性だった。給仕人は――またコックもある程度はそうだが――他のレストランのスタッフより教養があった。全体として、スタッフは仲良く働き、大混雑の週末の夜が終わるとみんなで飲みに行くこともあった。

「アウルズ・ネスト」

「ラ・ポム・ド・テール」と同様、「アウルズ・ネスト」もその立地条件のために好運だった時もあり不運な時もあった。一九六四年に開店したこのレストランは、ミネアポリスとセントポールをつなぐ幹線道路に面していて、その通りには、駐車場、さびれつつある個人商店、二階建のショッピングセンター、ポルノショップ、アジア系の食料品店、その他さまざまな小さな役所などがあった。店は州議事堂から約五分、セントポール市の繁華街から一〇分の場所にあり、一九六〇年代の優雅な雰囲気のおかげと、諸経費を安くあげているために成功していた。「アウルズ・ネスト」は、旧大陸（ヨーロッパ）料理を売り物にしており、その言葉の響きが中西部の多くのアメリカ人にとって「贅沢なディナー」を意味していた時代から営業していた。ヘッドシェフは以前大きなホテルの厨房で働いていた男だったが、わたしが観察に行く前にメニューを一新した。時代遅れになりつつあった牛肉に代えて魚料理を増やしたのだった。ヘッドシェフのポールは注文の七〇％は魚介料理だと語った。値段はかなり高めだった。この店は裕福なビジネスマン階級を相手にしていて、彼らの食事代は交際費で落とされることが多かったからである。月曜から土曜までの夜しか営業していなかったが、ランチョンは最も利益のあがる食事だった。「アウルズ・ネスト」で最も有名な料理は、男性の給仕長がテーブルの脇で作ってくれるシーザーサラダ、ロンドン・ブロイル、それにスズキの香草風味や、ホタテ貝のムニエル風ソテーなどの新鮮な魚介料理だった。店には料理にふさわしいワインのリストがあり、またバーもあった。

「アウルズ・ネスト」は二〇年間同じ一家が経営しており、長年にわたってツインシティーズの最も洗練されたレストランとして一、二を争う地位にあった。わたしが調査を行なっていた頃、この店のかつてのライバル店は客が減ったため閉鎖していた。このレストランの豪華で暗いクラブ風の内装は、明るく開放的なポストモダンのブリコラージュ［手に入る物を何でも利用して作る芸術の手法］と対照的だった。だが、その目標に照らしてみると「アウルズ・ネスト」は十分尊重されていた。常連客はこの州の政財界のエリートたちであり、店の入口には何度もホリデー・アウォードを受賞したことを示す表彰状が掲げられていた。この店は芸術家や文化人が好む場所ではなかった。彼らは「ラ・ポム・ド・テール」や地元のビストロの方を贔屓にしていた。このような人々の批判にもかかわらず、かつては洒落た店だった「アウルズ・ネスト」は、味のよい料理によって中流の上の階級の顧客たちの要求を充たしていた。

ヘッドシェフのポールはセントポールの中産階級の家庭の出身だった。高校卒業後、彼は兄が教師だった市立TVIへ入学した。彼は、もしコックにならなくても食物を扱う仕事はおもしろそうだと思ったのでレストランのコースを受講した。彼の経歴はほとんどがホテルの厨房で、そのホテルは「ブレイクモア」と同系列だった。彼はそこでスーシェフまで出世したが、経営者から昇給なしで管理職のシェフに昇進させると言われたとき、辞める決心をした。彼は一度はその申し出を受けしばらく働いていたが楽しくはなかった。「アウルズ・ネスト」の経営者から電話をもらったとき、彼は高給でその申し出を受けた。わたしが観察を行なったとき、彼はこの店に来て約一八カ月だった。

ポールのスタッフは六人のコックと二人の常勤のパントリー係だった。職業訓練の必要を信じていたポールは市立TVIで訓練を受け、コックのうち五人がこのようなコースを修了していた。コックはすべて男性だったが、パントリー係の一人は女性だった。デザートはレストランでは作っていなかったので、業者から買い入れていた。

わたしの観察している間に摩擦はあったが、全般的にスタッフは友好的だった。摩擦の原因は、あるコックの短気と、厨房が狭すぎること、組織の責任の所在がはっきりしていないことなどだった。結局ポールが問題を徹底的に話し合うため会議を開き、これによって当面はよい結果が生まれた。レンジがお互いに接近しているため、コックはごく狭いスペースで仕事をしなければならない。窓側で働いているコックはグリルを使っているが、レンジを使っているコックと下拵えをしているコックに始終ぶつかったりする。皿洗いとパントリー係が、この同じ狭いスペースで作業していることが事態をさらに複雑にしていた。スペースがないため、店が暇なとき以外、給仕人はどんな用事があっても厨房に入ってこられなかった。ほとんどの場合、連絡はダイニングルーム側にある小さな窓を通じて行なわれていた。給仕長は男性だったが、給仕人は女性が大部分を占めていた。

経営者と、レストランを任されていたその息子はよく店に顔を出した。ヘッドシェフもかなり権限を与えられていたが、経営者がよく現れることは目立った特徴だった。息子はコックたちと仲がよく、ときどき彼らを釣りに誘っていた。

「スタンズ」

神よ、われわれにお与えくださる祝福に感謝いたします
われわれが当然と思っているもの、
お祈りのときお礼を言い忘れているものに感謝いたします

神よ、ここに来てともにテーブルにつく人々に感謝いたします
われわれが食事を提供する機会を与えてくれる人々、
われわれがいかに彼らを大事に思っているかを
示せる人々に感謝いたします

――「スタンズ・ステーキハウス」のメニューに印刷されている言葉

一九八〇年代の料理革命の間、ステーキハウスは必ずしもトレンディーではなかった。特に、風変わりなテーマパークにならず、単純な、心からの喜びを与えてくれることだけをモットーとする、「スタンズ」のような店は流行らなかった。このレストランは西部風でもなく、極端なマッチョ風でも、懐古趣味的でもなかった。自意識過剰な解説の必要ない、質素で居心地のよいレストランだったし、現在もそうである。混雑している晩には、「スタンズ」のウサギ小屋のような混みあった店で、六〇〇人を越す客が食事をとった。客の多くは中年の中流下層階級の人々であり、「スタンズ」の周辺の庶民的な地域に住んでいた。「スタンズ」は、地元の他のステーキハウスほど洒落てはいないが、とてもおいしくて、手ごろな値段で、肉の品質では何度も賞をもらったこともあって、ツインシティーズ中によく知られていた。わたしの調査中、この店は地元のテレビの娯楽番組の特集で紹介され、視聴者は店の名前を言えば、特別に用意されたステーキが食べられることになった。次の週、店には人々が殺到した。

「スタンズ」の居心地のよさは、そのすっきりした内装、細長いバー、若い人も年配者もいるウェイトレスたちのグループ（男性の給仕人はいない）、常連客たちなどが醸し出している雰囲気による。月曜から金曜まではランチとディナーを出すが、土曜はディナーのみである。日曜の午後の「ディナー」（午後三時から一〇時まで）は「心臓病の人々向き」の特色あるものだった。老人たちはここで特別な午後の食事をとるため、わざわざ出かけてくるのだった。日曜日のステーキの注文はチキンや魚にはるかに及ばなかった。ビーフの切り身の料理には、ニューヨーク・ストリップ、サーロイン、子牛のバック・リブ、ハンバーガー、バタフライカット・ステーキなどがあった。追加用の料理として、フライド・チキン、ホタテ貝、サーモンステーキ、フライドポテト、オニオンリングなどがあった。一九八〇年代の初期から半ばまで、ほとんどの主要な料理は一〇ドル以下の値段だった。

「スタンズ」は一九四〇年代に開店し、二〇年近く同じ家族によって経営されてきた。経営者は積極的にレストラン経営に携わり、そのせいで「スタンズ」は「ラ・ポム」や「アウルズ・ネスト」と全く異なる店になった。日常業務は、経営者の息子で、TVIの卒業生がマネージャーとして管理していた。この組織構造のせいで、「正式」にはヘッドシェフの肩書きが「コック長」となっていたが、ダグは自分を「シェフ」と呼んでいた。ダグは、経営者の息子のチャールズと料理の注文の責任を分担していた。メニューと値段を決めるのはチャールズとその父親だった。

ダグのレストランでの経歴は、州の見本市を除けば、「スタンズ」だけだった。彼はコックの助手として採用され、皿洗いやバスボーイもしながら一五年間近く「スタンズ」で働いてきた。祖母が「スタンズ」で働いていたので彼もここに入ったのだった。彼は調理についての夢は抱いていなかったが、こう言っている。「おれはこの仕事がかなり気にいっていることに気づいたんだ。それに自分にも向いていると思ったし」(インタビュー、「スタンズ・ステーキハウス」)。ダグは「スタンズ」を辞める予定はない。正式な調理の訓練を受けていないし、これから受ける予定もないからだ。他のコックたちは一人の年配女性を除いて、全員若い男性だった。この女性は長くこの店に勤めていて、ランチタイムのときダグの手伝いをしていた。

週末と夜の担当のコックたちは仲がよく、ほとんどが一〇代後半か二〇代の初めだった。彼らはときおりウェイトレスや皿洗いと一緒にパーティを開いていた。この若者たちの中にはTVIで訓練を受けている者もいたが、コックを天職と考えている者はほとんどいなかった。厨房は、二〜三人が常時働けるような構造にしてあり、一人が揚げ物、二人目がグリル、三人目はオーブンを受け持つようになっていた。グリルの仕事はほかのふたつより人気があった。他のレストランと異なり、「スタンズ」のコックは皿洗いや雑用係として採用され、給料のより高いコックの職に空きができると、気軽にそちらに替わる。また、職種によって男女が分かれていることを除けば、スタッフの間にはっきりした区別がないのも、他のレストランと異なる点である。女性は給仕人、男性はコック、バスボーイ、皿洗い、バーの酒類の給仕の仕事についていた。(5) ここでは便利な交換関係が成立していて、コックたちはときどきビールをもらい、お返しに半端もののステーキを渡していた。

厨房の中心部は、真ん中に大きな金属のテーブルが置かれた長方形の領域だった。コックと給仕人は部屋の両側で仕事をしていた。出来上がった料理の皿はテーブルの上の棚に置かれる。客の人数が多いことと、レストランの中で向きを変える必要があること、給仕人とコックの距離が近すぎることなどが組み合わさって、時折摩擦が起こった。例えば、給仕人がコックに自分の注文を早く仕上げるよう要求したり、策略を使ったりすると、コックたちはよいチップをもらっているウェイトレスと自分たちを比べて、オーバーワークで給料が安いと感じるからだった。「スタンズ」の厨房は揚げ物とグリルのせいで、最も「匂いが強く」、油だらけだった。わたしが観察したのはミネソタの冬の最中だったが、夏の厨房は耐え難いほどだと聞かされた。

「ブレイクモア」

ホテルの厨房というのはそれほど尊重されていない。これは「ブレイクモア・ホテル」の場合に確かに当てはまる。ツインシティーズのホテルチェーンのひとつである「ブレイクモア」のレストランは、ホテルの基準に照らしても、この町で第一級の店とは言いがたい。ホテルは町の中心部に位置し、比較的新しくて、主にビジネスの旅行者が客筋である。場所は成功するのに好都合とは言いがたい。数ブロック以内に他のホテルが数軒あり、なかには同じチェーンのもう一軒のホテルもあるからだ。「ブレイクモア」はこのホテルより小さく、格も下だった。

「ブレイクモア」にはコーヒーショップ、オープンキッチンのあるレストラン、宴会場、ルームサービスがあった。コーヒーショップでは、一週間通じて朝食とランチを出した。レストランは日曜を除く月曜から土曜までランチとディナーを食べさせたが、イースターや母の日などの祝日の日曜日には、レストランはブランチのために営業した。レストランはホテルの人々の往来から遮断され、ロビーから離れた所にある花の飾られた広い空間だった。ここには客を楽しませるために、注文された料理を実演してみせるオープンキッチンがあった。料理はほとんどがホテルの典型的な食事であり、一九四〇年代のミネアポリスでウィリアム・フート・ホワイト（1948）が調理中のところを観察したホテルの料理を新しく変えたようなものだった。例をあげれば、子牛肉のマルサラ風、スタッフド・トラウト、シュリンプのプロバンス風、子羊のすじ肉などである。値段は「アウルズ・ネスト」におおむね匹敵し、ほとんどの主要な料理は一〇～一五ドルだった。わたしの観察中、コーヒーショップとレストランの売り上げはひどく落ち込み、一晩に客が三六人を下回ることもあった。人気のあったスーシェフも含めて、厨房のスタッフは、その人数が縮小された。コーヒーショップの朝食のほか、売り上げの中心は宴会場だった。ほとんどの夜、厨房では三〇〇人までの宴会を少なくとも一回は引き受けていた。ホテルは、ベイクトチキン、ブロッコリ、ベイクトポテトといった伝統的な宴会料理を出していた。デザートは大部分外注していた。他のレストランと違い、「ブレイクモア」はムースミックス、インスタントマッシュポテト、調理済みのキエフ風チキンなど既成の食品に頼ることがよくあった。

ホテルの組織は他のレストランより官僚的だった。権威の縦割り構造は明確で、ホテルのマネージャーから料理兼飲み物担当マネージャーへ、それから管理職のシェフへと線が引かれていた。貯蔵庫の管理には別の社員が当たり、食材を持ち出すときにはコスト制限のため、サインが必要だった。従業員にはタイムカードがあり、正式に認められなければ残業代は支払われなかったが、予算削減の折から正式に認められることなどめったになかった。コック、給仕人、皿洗いの間に交流はあまりなかった。それぞれのグループが自分たちの小社会を作っていた。給仕人は女性で、皿洗いとコックは主に男性だった。(6)「アウルズ・ネスト」と「スタンズ」のように「ブレイクモア」の従業員も組合を作っていたが、ここほど厨房のスタッフと経営者の間の緊張感があるところはほかになかった。大部分の従業員が仕事から疎外され、組織への忠誠心はほとんどもちあわせていなかった。さらに、個人的な友情はスタッフの間に存在したが、共同体レベルでは「ブレイクモア」の交流は、他の三軒のレストランにはるかに劣るものだった。

「ブレイクモア」の厨房はきわめて大きく、使われていないスペースが多くあった。この広すぎる空間のせいで、従業員たちはお互いに切り離され、コミュニケーションが少なかった。この空間は贅沢で、宴会の準備の調理には適当かもしれないが、厨房の機能としては心身に有害な影響しかない。

管理職のシェフ、デンヴァーはツインシティーズで育ち、ミネソタ大学に二年間通って準文学士号を得た。大学で不満を感じていたので、TVIに行ってみることにした。彼は職種ははっきり決めていなかったが、調理コースの勉強が気に入っている友人と出会い、自分も入学した。わたしが彼と会ったとき、彼はホテルの厨房、仕出し、カントリークラブなどで一〇年間のプロとしての経験があった。仕事についた動機はこのようなものであり、この時彼は二〇代初めのシェフだった。彼は新しい機会に恵まれるたびに地位を変えてきた。彼は最近モーテルの管理職シェフを辞めたばかりだった。その仕事をしているとき、「ブレイクモア」から誘いがあったからだった。

他の三軒のレストランのシェフと異なり、デンヴァーはスタッフから好かれていないし、尊敬もされていない。コックのうち数人は彼が採用される前から勤めていて、彼らは最近解雇されたスーシェフのほうに好意をもっていた。彼の部下の八人のスタッフの根本的な不満は、デンヴァーが必要なときにその場にいないということであり、そのため自分たちの期待しているほど、彼が助けてくれないということだった。彼の言い分は、自分は管理職のシェフとして雇われたので、調理作業の責任はないというのだった。彼はいくぶん手伝いはしたが、スタッフの信頼を勝ち得ることができるほどではなかった。スタッフのうち数人は彼の「怠惰」に厳しい見方をしていた。「ブレイクモア」は楽しい厨房ではない。デンヴァーは自分の上司をあまり好きではないし、ここにずっととどまるか、あるいはとどまるのを認められるか、彼自身確信がないからだ。コックたちは仕事の重荷に嫌気がさしていた。経営者は経費削減にもかかわらず、収支が五分五分になるかならないかというレストランの業績に落胆していた。このちまもなく、新しいシェフが採用され、またその後すぐにこのチェーンが、「ブレイクモア」を別のチェーンに売却したのは驚くことではない。

原注

序論

（1）これまでにも、階級、民族性、ジェンダーの構造も含めて、イデオロギー構造と食事がいかに結びついているかに関する重要な文献がある（Turner 1982; Levenstein 1988; Fiddes 1991）。

（2）このような研究を行なってきたのは私だけではない。Mines（1988）は相互作用理論には組織的な核が常にあったと論じている（例 Blumer 1990）。これによって、相互作用論文の重要さや相互作用理論の野心的仕事が伝統的な社会学にまで広がる一方、Roy（1952, 1954）や Dalton（1959）の論文以降、組織の社会的生命を調査したり、組織生命がより大きな環境にいかに適合するかに関して常に興味をもたれてきたことは事実である。

（3）患者を扱う技術の曖昧さや不明瞭さゆえに、この設定が、分析を進めるうえで特に適していることがわかった。ここではいくつかのイデオロギーが互いに競っている。結果の確実性を判断するのが困難であるがゆえに、心臓病患者の病棟より精神病患者の病棟における交渉の方がわかりやすいが、とはいえ前者においても交渉は起こっている。

（4）De Vault（1991）は、家庭内では「世話をすること」が女性の責任の一部であるので、女性が食事を出す役割をしているのだ、と説得力をもって記している。

（5）知るかぎりでは、タイユヴァンの調理本 *Le Viandier* の出版が現在の調理の起源である、とみなす者もいる。

（6） 居酒屋やコーヒーハウスの歴史も関連する主題である。飲み物を出す一方、そうした店は、グループが集まることのできる公的スペースを提供することによって同様の機能を果たしていた。食事を出す店におけるのと同様、飲み物を出す店は階級によってはっきりと階層化されていた。男性の領域である居酒屋は、ジェンダーによる社会構造を反映し、ジェンダーに基づく連帯を強めていった（Brennan 1988, p. 8）。

（7） Hughes（1971, p. 298）は、ある仕事に産業の名称をつけることは、その仕事場にステータスをもうける試みであると指摘している。彼は廃品回収業者が自らを「廃品業」と名付けたことに言及している。

（8） 主要幹線道路沿いのレストランでは逆の証拠が提供されるように思えるが、ここで扱う問題は、運転手がいつ食事をしたいかである。その点で、彼らは最も近くにある適当な店を選ぶことになろう。

（9） これは明らかに、自ら進んで文化的発信をしようとするレストランの方に当てはまるであろう。他のレストランの目的はもっとつつましいもの、すなわち地元の客に食事を出して利益を得ることである。

（10） 同じ原動力が働いて、「ラ・ポム・ド・テール」（わたしの民俗誌学的研究対象のひとつ）の経営者もレストランを開く決意をした。彼は地元企業の重役であったが、ツインシティーズで取る食事のひどさに幻滅し、自分ならもっと質の良い店を出せると思ったのだ。彼はコックではなかったが、自分をグルメだとみなしていた。

第一章　厨房の生活

（1） 本書では、ウェイターとかウェイトレスと呼ばれる人たちを指すのに「給仕人（サーヴァー）」という語を用いる。サーヴィススタッフは男性だけ、あるいは女性だけのレストランがほとんどである。どちらの性別にも使える、ウェイトロンとかウェイトパーソンという語は弱々しくしっくりしないようにわたしには思えるのだ。

（2）「ステーキを平鍋に並べる」とは、平鍋で焼くという意味である。

（3）クレイグ・クレイボーンは、彼の友人であり協力者であるPierre Franeyについてこう述べている。「何年にもわたって数えきれないほどのシェフに会いインタビューをしてきたが、ピエール・フレイニーほど厨房で仕事中に即席で作り調える並外れた能力をもったシェフを知らない。悲惨な状況の料理を天才の技に変えてしまう方法を正確に知っていて、失敗したソースをすばらしい味に変えることにかけては、彼はまぎれもない魔術師だ。分離したオランディ・ソース［卵黄・バター、レモン汁などで作るマヨネーズに似たソース］をなめらかな味わいの傑作に変えたり、少量の冷水で泡立ててマヨネーズを新しいものに作りかえるように、見たところ簡単なことに思えるかもしれないが」(Claiborne 1982, p. 215)。

（4）オープン・キッチンで仕事をするコックは、調理をしながらコックの役を演じるという難解なゴフマン的仕事をこなしている。結果として、彼らは、ドアの裏側で調理している同僚よりもはるかに効率が悪く、ドアの裏側にいるコックたちの助けを借りることも多い。

（5）ヘルシーフードを出すレストランのヘッドシェフをしていたコックは、反対の例を挙げた。「ぼくは肝がすわってるから……。事実、料理に髪の毛が一本入っていたと怒る客のもとへかけつけるとき、まったくもってひねくれた喜びを感じるんだ。そういった場合にはそつなくふるまおうとするけれど、心の中では髪の毛一本で腹を立てるなんてと笑っているのさ」（インタビュー、ミネアポリス）。

（6）アメリカ人コックはヨーロッパ人コックよりも唾液などの体液についてやかましいのか、刃物類をつばで拭いたり、洗っていない皿をまた使うようなことはしない。だがアメリカのレストランでは、汚れた給仕ナプキンを使ったり、指で料理に触ったりすることは普通に行なわれている。

（7）「細かい切れ目を入れる」とは、ステーキをグリルにのせて焼き目をつけるテクニックのことを指す。焼き目をつけたあとで焼く方が調理しやすいのである。

(8) こうした協調的なチームワークはヨーロッパの大きな厨房では重要視されていないという逸話のような証拠がいくつかある。あるドイツ人シェフはアメリカで働いていたときのことをこう語っている。「アメリカでたくさんのことを学んだよ。特に人との付き合い方をね。一緒に働く者に敬意を払うことを教わった。ヨーロッパでは、アメリカ人がチームワークと呼ぶものはほとんど理解されていないんだ」(Wechsberg 1980, p. 36)。

(9) 調理という職業も、他の職業同様内部で区分され、業界内の各区分がさまざまに評価されている(Bucher and Stelling 1977)。人を社会化する目標のひとつは、その業界の「適切な」区分に「適切な」学生を割り当て、これから出会う大衆の反応に何らかの方向付けをすることである(Manning and Hearn 1969)。これは、職業内部にあるヒエラルキーによって取り決められるような「社会的再生産」の諸理論と結びつく。調理界のエリートはつねに高いステータスをもっていたので、シェフに対するこの高い評価が、特に街の中心部の発展にともない、文化的中心にいるヤッピーや上流階級の人々によって広められていくのだろう(Zukin 1990, p. 1)。コックたちがみな、評価が変わったとみているわけではない。例えばここで取り上げているツインシティーズの労働者階級の男性の場合、友人や親戚には料理は「女子の」職業とみなされている。ほとんどの労働者階級、中流階級の家庭では、妻が調理し、夫は食べていたのだから。

(10) 社会的価値や経済的必要性と相関して、この年齢範囲は変わることがある。一九世紀のフランスでは、一〇歳くらいの子どもたちが厨房で雇われていた(Charpentier and Sparkes 1934, p. 16)。

(11) コックが給仕人になる例も二、三あり、また「ラ・ポム・ド・テール」では給仕人がコックになる例も見られたが、この場合は以前に厨房で訓練を受けたことのある者にしか当てはまらなかった。作法を身に付け自己呈示できる者ならだれでも給仕人になれる。もっぱら給仕人になる(Zukin 1990)というわけではないが(Wygan 1981, p. 23)、さまざまなパフォーミング・アートの分野からレストランの仕事に転職している証拠もある。

(12) この点については、専門学校の学生が、夜間や週末にレストランで働いていたとか、学校に入る前に「現実世界」の訓練を受けたことがある、という事実があれば修正されよう。

第二章　コックの時間

(1) 社会学的な時間構造への関心は、過去にもいくつかの研究がみられるが、ここ二〇年間で大きく発展した (Sorokin and Merton 1937 ; Hawley 1950 ; Gurvitch 1964)。

(2) 「時間のニッチ」という表現で、わたしは、労働者個人や労働者のグループが自主的に使うことのできる、仕事から切り離された断片的な時間のことを言っている。

(3) 例外として、コックははっきりと告げられるか、あるいは、いついつに料理を仕上げてほしいと注文票に書かれたメモをもらう。たとえば、「アウルズ・ネスト」では、できるだけ早く料理を作ってほしいとき、給仕人は注文票に「ダウンタウン (大至急)」と書く。それ以外は、注文票を渡されてから二〇分後に料理を出せばいいと、コックはみなしていた。

(4) まったく予測がつかない仕事というのはない。緊急救命室の医者は、火曜日の朝より土曜日の夜の方が忙しいと予測している。

(5) 「アイヴォリー」とはアイヴォリー・サーモンのこと。「ダウンタウン」は「大至急」、「トップ」は最上のサーロイン肉を指す。エビを焼き、ステーキをミディアムに焼くという意味である。

(6) 例えば、「スタンズ・ステーキハウス」では、ラッシュの時間帯にほどよく焼かれたポテトグラタンが出されるのに対し、もっと空いている時間帯にはそうでなかったりするのだ。

(7) コックたちがもうこれ以上我慢できないと感じるとき、彼らは何かをつかんで投げつけることがある。

G・A・F　部外者が最も仰天することは何かな。

ジーン　コックの振るまいかもね。毒づいたり。いらいらすると壁にものをぶつけるの。ものをひっつかんで投げるのよ。

G・A・F　何を投げるんだい。

ジーン　ステーキとかポテトとか……あらゆるものよ。ステーキを焼きすぎたときアルがそうするのを見て、わたしもやったわ。皿やらなにやらゴミ箱に放り投げるの。毒づいて、怒鳴り散らして、わめきたてる。あとでつまみ出して皿洗い機に入れるんだけどね。まさにきれた状態よ。　（インタビュー、「スタンズ・ステーキハウス」）

（8）魚料理はステーキよりもっと時間の幅が狭く、数分で変化してしまう。一方スープの調理時間は味に影響を与えることなく数時間の幅がある。

（9）顧客や組織によって感情的な作業（Hochschild 1983 ; Leidner 1993）を要求されることから、問題がいっそう大きくなる職業もある。客室乗務員、給仕人、売春婦、家庭医のような顧客と向き合う職業は、コック、作家、夜警といった表に出ない職業よりも、感情的な印象を操作する必要が大きい（Hood 1988)。

第三章　厨房——場と空間

（1）レストランの厨房に初めて足を踏み入れた者は、設備の並はずれた大きさに驚くかも知れない。わたしはホテルの厨房の設備にとりわけ目を奪われた。そこでは巨大なヤカンがスープを作るために用いられていた。

（2）「スタンズ・ステーキハウス」だけは、コックたちがレストランのナイフを使っていた。

(3) コックたちはときおり、床で滑ったり、重い物を運んだりして怪我をする恐れがあると言った。

(4) これらのレストランにはまた、支配人頭(house managers)、給仕長(captains)、ウェイター助手、駐車係、バーテンダーがいたが、今回の調査では彼らについては扱わない。

(5)「スタンズ・ステーキハウス」には「シェフ」と呼ばれるスタッフはおらず、これに該当するのは「コック長」だった。彼は毎日の厨房管理の責任を負っていたが、経営者(とその息子)が厨房の管理に関わる度合が他のレストランより大きかった。「ブレイクモア・ホテル」でもシェフの責任はいくぶん軽くされていて、ホテルの支配人頭(house captain)に報告すればよかった。しかし、上からの管理が多少きつくなったとはいえ、ホテル・チェーンの経営者から料理メニューの頻繁な変更があることを除けば、このシェフは他のレストランのシェフと同様に責任を担っていた。

(6) コックとシェフの区別は、ヨーロッパのレストランのほうが厳しく分けられているようで、これは、ヨーロッパに確固として存在する階級差と平行している。ヨーロッパのオート・キュイジーヌのレストランに勤めたことのあるアメリカ人のシェフはこう言っている。「わたしは自分でも腕のいいプロのコックだと思っているが、シェフではない。偉大なシェフたちと働いたあとでもね」。彼は、傑出したシェフであるDidier Oudillが、ある調理セミナーでポール・ボキューズの助手を務めたときのことを語ってくれた。ある若い女性が自分はナパ・バレーのレストランのシェフだと自己紹介すると、ディディエは部屋の向こう側のボキューズを手振りで示しながら、「わたしはコックで、彼がシェフです」と言った(Bates 1984, p. 32)。この話は「アウルズ・ネスト」のコックがわたしに語ったことと対照的である。「ブルースはこういうんだよ。自分の実際の肩書きははっきりしないが、自分自身は『副シェフだと』思っているって。それからこうも言ってるね。『あるいはソテー担当のコックかも知れないな。おれたちはみんな何かしらの形で、自分をシェフだと考えたがっているんだ……おれはすべての責任を負ってディックの位置につくまでは、自分を本当のシェフだと思わない』」(フィールドノート、「アウルズ・ネスト」)。コックとシェフの区分は常にはっきりしているわけではない。だが、多くのアメリカ人のコックたちは、それに伴うステータスも含めて「シェフ」とみなされたがっている。そして同時に彼らは、より大きな創造性や専門技術の発揮よりは、責任がより重くなることにコックとシェフの差があることを認めている。

(7) この分業の拡大は、ある程度まで最高のフランス料理のレストランに維持されている。ニューヨークのあるトップ・シェフが述べている。「ジェラールを例にとってみよう。彼は厨房の一七人のスタッフと、ひと晩六五人分の料理を作る。アメリカでは、六人から八人のスタッフでひと晩七五人分を作るのだ」("Great French-American Chef's Debate" 1984, p. 19)。週末の夜に六五人〜七五人分のディナーを出す「ラ・ポム・ド・テール」では、たった四人のコックがこれに携わる。ここの経営者はある時、自分の店がアメリカの「最高の」レストランと違う点は、ディナーを真にすばらしいものにするちょっとした飾りである「タッチ」を与えられる人手がないことだと説明した。

(8) ある日、「ブレイクモア」のシェフがパントリーの部署を手伝っていた。次のような愉快な会話が交わされた。このユーモアは表出された極端な役割交換に基づいている。

メリッサ (ふざけてシェフのデンヴァーに) スペシャルをもうひとつ作って。
デンヴァー はい、わかりました。
メリッサ 今度はきちんと作ってね。
バーニス (デンヴァーがレインボー・ゼリーを作ると) なかなか上手ね。
デンヴァー (ふざけて) おれは最高のブルーチーズ・ドレッシングを作るんだよ。
メリッサ あなたのツナ・サラダみたいにね。

(フィールドノート、「ブレイクモア・ホテル」)

デンヴァーとコックの数人は折り合いが悪かったが、パントリー係はそれほど彼に期待していなかったせいで、コックたちより不満は少なかった。

(9) 「スタンズ」の皿洗いのほとんどが若者で、彼らは学費稼ぎの臨時仕事としてレストランで働いていた。

(10) あるコックが言った。「感謝してもらえない仕事なんだ……ときどき缶ジュースでも買ってやろうと思うんだよ。レイをちょっとほめてやると、最高にご機嫌になるんだ」(フィールドノート、「アウルズ・ネスト」)。ちょっとほめてやるとかジュースをおごることは、応援していることを示すのに十分意味がある。そしておそらくこれはかなり正当な評価といえる。

(11) この分析は「スタンズ」には実際にあてはまらない。ここではコック、ボーイ、皿洗いの間にもっと平等な関係があった。「スタンズ」では、若者が皿洗いから始めてバスボーイ、コックとなっていくのが普通だった。

(12) 給仕スタッフの性別はレストランごとに異なっている。全般的に、レストランの格が上がれば上がるほど、男性の給仕人(およびコックと皿洗い)が増える。——この法則は多くの職業の性別構成にとって普遍化できる。「スタンズ」と「ブレイクモア」では、給仕人は女性だった。「ラ・ポム・ド・テール」では女性が一人で残りは全て男性。「アウルズ・ネスト」は給仕人の約四分の三が女性。ほとんどの給仕人は若い成人だが、「スタンズ」と「ブレイクモア」では年配の女性も働いていた。給仕人の学歴は様々だが、「ラ・ポム・ド・テール」の給仕人たちが最も高かった。給仕人にはホモが多いという世間の通説とは対照的に、同性愛者と思われている者は二人きりだった(男性と女性一人ずつ)。しかし、ツインシティーズの他のレストランでは同性愛者の給仕人の割合がもっと高いという報告がある。

(13) マースとニコッド(1984, pp. 45-47)はこの緊張が格の下のレストランに見つかりやすいと示唆しているが、わたしのデータからはその仮説に判断を下しにくい。ただし、手元にある情報をもとにすればこの説は肯定できそうだ。というのは、「スタンズ」より「ラ・ポム・ド・テール」のほうが、コックと給仕人の間の緊張が少なかったからだ。

(14) このようなもっと料理をサービスしたいという希望は、一般的なものではない。事実、「ラ・ポム・ド・テール」のようなレストランでは、ほどほどの分量のほうが適当だと考えられているようだ。一方、ステーキハウスやファミリーレストランでは概して多めがよいとされている。

(15) コックのうちかなりの人々が、給仕人はチップの何割かを分配するべきだと思っているが、必ずしも全員がそう感じているわけではない。あるコックはこう言った。「チップはウェイトレスの給料の一部だとおれは思う。他人の給料をもらう気にはならないね」(インタビュー、「スタンズ」)。

(16) 「ラ・ポム・ド・テール」では、給仕人全員にチップをプールさせることで、個人の収入の不安定や従業員同士の摩擦を少なくする試みが行われていた。さもないと、テーブル数が少なく、客一人当りの支払い額が高いこのレストランでは、客の人数の違いが給仕人のもらうチップの額に跳ね返ってしまうことになる。給仕人の中には仕事をさぼる者も出るが、チップをプールするのはこれを避けるためである。

第四章 料理の共同体

(1) フランス人は、他の人々ならエロチックな感情を刺激されないと思うような状況で、このような振舞いに及ぶことで知られている。「ピエールがパリから恋人のオリンペを連れてきた。『彼女はおれたちが働いたことのあるレストランのウェイトレスだったんだ』と彼はひそひそ声でいった。『おれたちは冷蔵室の牛の胴体肉の間でセックスしてた。ある日、シェフがドアをあけたが、『あっ、悪かった』と言うなりまたピシャリと閉めた。いいシェフだったよ』」(De Groot 1972, p. 244)。

(2) モルスタッドは醸造所の労働者についての調査(1986. pp. 230-31)の中で、次のように述べている。労働者たちは退屈しのぎとして、酒ビンを投げその割れる音を聞いて楽しんでいた。

(3) いたずらと実際的な冗談は格の高いレストランでも記録されている。世界的なクラスに属するリヨンのレストランがその一例である。「アンドレが空のアルミケーキ型を山のように積み上げて運んでいた。獣肉部門のピエールが足をパッと出して、アンドレをつまずかせた。耳をつんざくような金属音に厨房中が大笑いした」(De Groot 1972, p. 246)。

(4) このようなエピソードはまた、他の仕事の分野にもみいだせる。これは、常に典型的なこととは限らないが、麻酔をかけられている患者が、幸せな気分で目覚める直前に多くおきることである。

(5) フランス系スイス人の緊密なネットワークの例を参考にしてほしい。「ジラルドは『トロワグロ』での驚くべき体験についてあまり多くを語らなかったが、彼がそこで光明を見た、あるいは雷に打たれたのは確かだった。彼は『クリシー』へ車で戻ると、洗練されていて『シンプルな』新しい、絶妙な調理法を試みることを決意した。苦しい試行錯誤の数年後、彼はついに成功した。現在、『トロワグロ』の第三世代がジラルドの厨房のペストリー係として働いている」(Wechsberg 1977, p. 25)。

(6) エリートのネットワークはそうでない人々のものより強力だ。それはより大きな個人同士の連絡があるからである。これはまた、トロントのマケドニア人社会のようなエスニック・レストランにもその事例がある。「経営者が移転したレストランを探したり、新規開店のための適当な場所を探すときに、マケドニア人は他のマケドニア人との個人的な関係を大いに利用する。仕事を終えたあとの友人や親戚との集まりで、日々の出来事についての情報が交換される。だれかの職場の近くにおきた変化が報告され、その中には新しい、または古いレストランについての情報も混じっていることが多い」(Herman 1978, p. 36)。社会のネットワークが密になりその透明度が大きくなればなるほど、そのネットワークは一層仕事の流動性に役立つことになる。

第五章　経済とコック

（1）　ほとんどの独立採算のレストランは、意欲満々のグルメが経営しているのではない。それらは組織も調理も単純で、中産階級の市民が経営し、自分と同じ階級の客を相手にしている。いかに定義されようと、グルメ・レストランは、目立っているかも知れないが、市場のわずかな部分にすぎないのだ。

（2）　ドゥセン（1979, p. 60）はこれらの不平について、多国籍企業との関連を評価しながら次のように記している。CIA［キュリナリー・インスティチュート・オブ・アメリカ］の方法に批判があるのは、この学校が「マリオット」、「ITTシェラトン」、「ヒルトン」などといった業界のトップクラスと繋がりが強すぎるせいではないか。これは理解できるし、また当然のことだ。というのは、巨大チェーンは業界の仕事の大部分を供給しているし、また助成金や寄付として資金提供も行なっているからである。

（3）　レストラン産業のなかにある客への嫌悪はその根が深い。あるオート・キュイジーヌの共同経営者は述懐した。「泌尿器科の医者からブルドーザーの運転手までが料理についてあれこれ言う。わたしはこれを聞かなきゃならない。一一年コックをやってるが、君たち一般人はまったく進歩していない。わたしはかつて、だれがみてもうまく調理してある料理を食べている客は、それがわかっているのだと思っていた。だが、時々ダイニング・ルームを回って歩くと、幻滅するよ。わたしたちがカンヅメを開けるくらいのことしかしてないと思っている客もいるんだ。人工的な味付けに慣らされすぎて、本当の料理を出されても区別がつかないのさ。新鮮なホイップクリームさえ疑いの目で見るんだ」（McPhee 1979, p. 90）。

（4）　ホテルはそれほど常連客を当てにしておらず、わたしはこの調査中、厨房で特別扱いを受けている客は目にしなかった。もしこのチェーンの役員が、ここのレストランで食事をしたなら間違いなく特別待遇を受けただろう。

（5）　コックと客のおおっぴらな喧嘩は、まれではあるが、起きていた。「ラ・ポム・ド・テール」の前のシェフは短気で、不作法な客と時々喧嘩になった（フィールドノート、「ラ・ポム・ド・テール」）。ちょうどプロのスポーツ選手が、「ファン」ともめるのと同じようなことである。

（6）マンハッタンの管理職シェフやペストリー・シェフの年俸は、最高一〇万ドル位だが（Zukin 1990, p. 12）、同業者中最高のこの給料でさえ、他の「芸術的」または「専門的」な職業のトップの人々――学者は別として――よりはるかに安い。

（7）対照的に、「ラ・ポム・ド・テール」の経営者は、スタッフに好かれていたが、時々出すその「ばかげたアイディア」は批判されていた。あるコックがわたしに語った。「彼（経営者）は厨房で働いたことがないんだ。それなのに、おれたちがどう働いたらいいかというアイディアを思いつくんだ。彼にはわからないんだろうよ」（インタビュー、「ラ・ポム・ド・テール」）。

（8）経営者兼マネージャーが厨房で行使する職務上の支配力の大きさは、レストランによって異なっていた。支配の権限は（「ブレイクモア」）ホテルと（「スタンズ」）ステーキハウスが最大だった。ホテルでは、厨房を見回り、決定を下す権限を持つマネージャーたちの指揮系統があった。それは料理兼飲み物マネージャーから、ホテルの経営に関する種々のレベルまで繋がっていた。「スタンズ」では、調理の訓練を受けた、経営者の息子のチャールズが実質的にレストランの肉の注文をしていた。また彼は他の店だったら、シェフの権限に任されるような多くの重要な決定を検討した。

（9）わたしはこれは葛藤の特殊な原因だときかされた。あるコックがわたしに話してくれた。「経営者が厨房のことに口を出すんだ。彼らは何を命令すべきか知らないし、命令を出しすぎる……あのチャールズは、下から電話してきてダグの知らないことをスタッフに命令するんだ。おれはチャールズとダグの摩擦をたくさん見てきたよ。ダグは何も言わないよ。厨房のヘッド・シェフにすべて任せるべきだと、おれは思うね」（インタビュー、「スタンズ」）。

（1）美学研究には矛盾した仮説や見解が当然のこととしてまかり通っており、美的決定は日常生活の混乱した現実の中でなされるという状況について、哲学者たちは探求しようとしなかった。その上彼らは、美的判断は美的なものの生産とその社会的な性質を超えると示唆している（例 Diffey 1984 ; Hincks 1984)。人は美的経験をもっていた（Wolff 1983 ; Shepard 1987）という認識を生み出す精神の質（Aldrich 1966 ; Stolnitz 1960)、あるいはものの質（Beardsley 1958）を重視したこれらの説明は、美的評価の相互作用的、制度的側面（Dickie 1974 ; Danto 1981）に対する社会学的関心を軽視している。

（2）これらの選択がどのように制約を受け、利用されているかを調べたかったので、わたしは美的選択の起源についてはこのさい考慮しない。わたしの関心は、それによって特定の判断が「美的」にみえるというダイナミクスを研究することではなく、労働者のグループによって受け入れられてきた美的判断だけを調査することである。またわたしはものの質にも関心がない。Griswold（1986）は、美学は反応を起こすのに品のよさと美の両方を必要とすると論じている。わたしはものの特性に焦点を当てるためにグリスウォルドの分類を使うが、わたしの分類は行為者とものの関係を強調している。

（3）美学の比較調査に関心をもつ社会学者はふたつの基本的前提に直面する。すなわち
(1)すべての職業には美的要素があり、感覚的問題はすべての仕事の一部分でもある。
(2)職業は、仕事内容に対してこれらの美的問題がどのように意識され、どれほど中心を占めるかによって変化する。わたしの研究は一種類の職業におけるケース・スタディなので、わたしはこれらの主張の正当性を示唆する程度にとどめる。

（4）「職業上の勝利感」は労働者が仕事の限界まで働いたと感じるとき、すなわち「限界に挑んだ」ときに得られるものである。規則に従って働きながら、彼らは心の中では「単なる」労働者ではなく、少なくとも「本当の芸術家」「本当のプロ」だということを表明しながら、それらの規則を超越してきた。

彼らはものを生産してきたのではなく、一連の制約と決められた手順のもとで、彼らのすばらしさを他人に思い知らせることができるという記憶を生み出してきたのだ。

（5） 味覚に対する自由な判断というカントの概念はきわめて実際的な美的世界には当てはまらない、というのがわたしの論拠である。というよりむしろ、美的判断は相関的特徴をもつ。わたしたちは他のものとの関係とか比較によって物事を判断する。ある段階では、わたしたちはあるものが「よい」かどうかを決めるのではなく、その種類の中で「よい」かどうかを決める（Kant 1952 ; Shepard 1987）。

（6） 他の業種との比較研究によれば、コックが不出来な料理を出さざるをえないということは特異ではないことを示している。例えばWalker と Guest（1951, p. 60）は自動車製造業者にみられる同様の態度を論じている。

（7） 市場ニッチは、ある意味で観客を獲得するためのマネージャーとシェフによる意識的決定の機能を果たす。彼らは、来る可能性のある客が満足する経験を与えるような場所（レストラン）を作る。あるニッチはその場所を発見する客によって開拓される。そうするとマネージャーは、これらの客の欲求を満たし続けることを保証しなければならない。

（8） これは客に対する芸術的自主性を放棄した肖像画家が直面する問題である。客は自分そっくりに描かれているか決める権利をもっと感じる。

（9） 「ラ・ポム・ド・テール」で出されていた舌平目は基本的にはロシア風シャルロットであり、これは円形の型の外側に薄切りにした舌平目を層のように並べ、その中に魚のムースを詰めて固めた料理である。

（10） この話にセンチメンタルな要素を付け加えてほしい人のために言っておくと、数年以内にこの若いコックはツインシティーズのとびきり意欲的なレストランのヘッドシェフになった。そのときまでに彼は雇い主が想定する価格をコントロールするすべを学んだ。

（11） ピエール・ブルデュー（1984）は、食事をする人々の文化資本を示す指標としてフランスにおける食品消費を用いている。だが食べ物の生産はコックの文化資本になるということも真実である。わたしたちは食べるものによって知られるが、料理するものによっても知られ得る。コックは洗練されればされるほど――すなわち熟練し、より「洗練された」家庭に育ち、または彼らのレストランの目標達成に向かって精進するなら――「オート・キュイジーヌ」を代表する料理に順応しやすく、文化資本の存在を表明することができる。

(12) わたしたちは職人芸(crafts)に匹敵する用語をもたないが、工芸家/職人にみられる職業上の自主性には同様の問題点がある。

第七章 厨房におけるディスコースの美学

(1) 風味(flavor)という語によって、わたしは味と匂いの組合わさったものを意味する。

(2) 最近のニュースによれば、料理の賞味コースはフランスの学校で実施されてきたという。そこの教師たちは、生徒達は風味に対する鑑賞力を失ってしまったと考えているからだ。

(3) ある読者はこの章を読んで、最高の環境におかれていてもコックは美的地位のために戦わなければならないと述べた。フランスにおける「調理(Cuisine)」とは、ふつう「芸術」というより「職人芸」に分類される。調理理論は、『ル・モンド』紙のル・レニエのように主要なメディアに記事を書いている少数の有名料理批評家が生み出したものであろう。この読者は、いかにしたらミネソタのレストラン業界が「芸術世界」になりうるかということについて、興味深い提案をしてくれた。それは、賞は十分に与えられているか、州の補助金はあるか、調理理論は大学での授業に組み込まれているか、レストランに評議委員会を設けたらどうか、などである。

補遺　厨房の民族誌学

（1）「ラ・ポム・ド・テール」のヘッドシェフのティムはとりわけ、わたしの調査に興味を抱いていた。というのは、彼が本を書くことを真剣に考えていたからなのだ。彼は自伝的な料理の本を書く計画を以前から立てていた。それで出版社の仕事やわたしの本の読者のことを知りたがっていたのだ。

（2）「スタンズ」はわたしが連絡をとった二軒目のステーキハウスだった。わたしはまず、別のステーキハウスのシェフをしていたTVIの卒業生に電話して、彼と会った。彼はわたしの調査を承諾してくれたが、その件はマネージャーにも確認しなくてはならない、たぶん何も問題はないだろうが、と言った。ところが、その後わたしが彼に電話すると、マネージャーがわたしの存在は混乱のもとになるのではないかと心配していると言うのだった。この一件は、調査者は自分の事例を決して他人に任せてはいけないということを強調している。

（3）「スタンズ」で、わたしは真っ先にマネージャーの合意をとりつけ、次に「コック長」と話した。彼は他のレストランのシェフほど権限を与えられていない。彼はわたしの申し込みを拒否する権限はあったが、マネージャーがわたしを強く押したため、彼が拒否することはありそうもなかった。その代わり、わたしは彼と良好な関係を築こうと気を配り、その甲斐あってか、わたしがマネージャーの手先だとみなされることはなかった。

（4）民族誌学者は労働者階級の人々と一緒にいると、自分の社会的地位を忘れてしまうことがある。わたしを驚かせたできごとがあった。それは、わたしが会って話したパントリー係のひとりが「大学教授」と話したことに大感激し、仕事が終わった午前一時に、やはりレストランで働いている親友に電話でそれを伝えた、ということである。わたしの社会的地位が、従業員（特にパントリー係や皿洗い）の中に学歴の低い者や、知的障害者もいるという現実の裏付けになったことは明らかだ。

（5）「スタンズ」の給仕人はサラダも作っていた。デザートは外部の業者から買っていた。

（6）「ブレイクモア」のコックのうち二人は女性だった。彼女たちは優秀なコックの中に入っていたが、それと同時にコックの中で最も不満を抱いていた。二人のどちらもホテルの厨房では出世のチャンスがなかったからだ。二人ともホテルとマネージャーたちが、それとなく、あるいは大っぴらに女性差別をしていると感じていたからだ。

訳者あとがき

本書は *Kitchens : The Culture of Restaurant Work*（University of California Press, 一九九五）の全訳である。著者はシカゴのノースウェスタン大学社会学科教授であるゲイリー・アラン・ファイン。彼は、いままで社会学的に調査研究されることがほとんどなかったレストランの厨房に注目し、とくに裏方として働くコックを調査対象とし、交渉によってもたらされる組織内部の秩序を研究しようとした。彼によれば組織における「交渉の枠組み」の中ではふたつの大きな問題が重要になってくるという。それは組織、経済、環境の制約が労働者の日常業務における行動にどのように影響するかということと、すべての職業が「良質の製品」を作ることにどれほど関心があり、それぞれの仕事の美的基準が実際にどのように話し合われ取り決められるかということである。

ファインは、調査当時（一九八〇年代後半）に助教授を務めていたミネソタ大学があるミネソタ州ツインシティーズのタイプの異なる四軒のレストラン、オート・キュイジーヌの「ラ・ポム・ド・テール」、ヨーロッパ風の「アウルズ・ネスト」、ステーキハウス「スタンズ」、ビジネスマンがその主な宿泊客であるホテル・チェーン「ブレイクモア・ホテル」のレストランをサンプルとして選んだ。これらのレストランは実際に存在する（した）が、本書では仮名が用いられている。ミシシッピ川をはさんで位置する二都市ミネアポリスとセント・ポールは、無数の湖に囲まれたその地形が似ていることからツインシティーズと名付けられたが、もともとスカンジナビアやアイルランドからの移民が住み着いた土地だという。総人口は二都市合わせて約六〇万人余、政治的にはリベラルでアメリカ中西部の平均的な地方都市と言えるだろう。彼によれば、これらの四軒のレストランはエスニックレストランでもファミリーレストランでもなく、どちらかといえばミネソタ州のレストランの中では上位に入るが、地元レストランの代表的サンプルではないという。「スタンズ」と「ラ・ポム」は今でも営業しているが、「アウルズ・ネスト」と「ブレイクモア」はすでに閉店しているということだ。またファインがこの調査開始以前に観察した市立職業訓練所（City TVI）とサバーバン職業訓練所（Suburban TVI）も実際の名前は伏せてある。

ファインは各レストランの厨房の観察に一ヵ月ずつ費やし、その後常勤のコック全員に対して、通算三〇回にわたって面接調査した。面接は一回につき一時間から三時間要し、彼らの背景、コックになったいきさつ、仕事と店（雇い主、上司、同僚、客）に対する姿勢、調理の美的センスなどについての質疑応答の形をとった。このような調査を成功させるには被験者との信頼関係を築くことが重要な鍵となるが、ファインは週に六日レストランの厨房に入り、コックたちの邪魔にならないように観察し、頼まれると下ごしらえなどを手伝った。彼が経過や結果を経営者に報告していないことがわかるとコックたちは仲間として扱ってくれたという。

第一章では、コックに課せられた要求、厨房内の分業を決めるための交渉も含めて、コックの行動における交渉を検討している。第二章では、厨房内の時間の使い方と、勤務日の時間的構造から生じるプレッシャーを論じている。第三章では厨房の構造的現実（厨房設備、空間など）に焦点を当てている。第四章では、従業員にとってレストランという共同体は何を意味するのかを解説している。第五章では、レストランとコックの仕事を経済構造の中に位置付けることを試みている。第六章では、コックに課せられた美的制約の形態を調査している。第七章では、厨房における美的ディスコースの発展とその限界について述べている。第八章の結論では、組織、相互作用、時間、感情、経済学、美学という核となる社会学的概念に照らして、民族誌学的結論を導き出している。

ファインは序論でレストランと調理の発展について簡単に述べているが、アメリカにおいて料理が注目されるようになり、その作り手であるコックの仕事、特にコック長たるシェフの地位が認められるようになったのは一九世紀後半のことである。食通として知られるトマス・ジェファソンは一八〇一年に大統領に就任したとき、ホワイトハウスにフランス人のシェフ、ジュリアンを雇ったという話は有名だが、ニューヨークに「デルモニコズ」が創業したのはそれから三〇年後の一八三一年のことだった。チャールズ・ラノファーは三四年にわたってシェフをつとめ、「デルモニコズ」の名前を世界中に知らしめた。一八九六年にはボストン・クッキングスクールの校長ファニー・メリット・ファーマーが著した料理の本が、当時で四〇〇万部売れる大ベストセラーになった。

二〇世紀に入ると、フランスのリッツ・ホテルのシェフ、エスコフィエが、一九一〇年にニューヨークのリッツ・カールトン・ホテルに「オーバル・ルーム」を開店させ、カレームによって確立されたグラン・キュイジーヌを上流階級の厨房からアメリカのホテルレストランに導入した。一九三九年のニューヨーク万博のフランス館にあったレストランが好評だったことから、一九四一年ニューヨークにフレンチレストラン「ル・パヴィロン」が誕生、以後アメリカ各地にフレンチレストランが開店し、フランス料理が広まった。ちなみに「マクドナルド・ハンバーガー・スタンド」がカリフォルニア州サンバーナーディーノにオープンしたのは一九四〇年のことである。「マクドナルド」は七〇年代にレストラン産業として大成長し、現在では世界一一六カ国に店舗もつ。一九四六年、アメリカ初の調理専門学校「キュリナリー・インスティチュート・オブ・アメリカ」(CIA)が創立された。二万人以上におよぶ卒業生はアメリカの調理界をリードするシェフとなっている。一九五七年、『ニューヨーク・タイムズ』紙のフードエディター、クレイグ・クレイボーンがレストランの紹介をしたり料理の批評をし、料理評論家の地位を築く。料理本の著者としても有名なクレイボーンは八〇歳を過ぎた現在も活躍を続けている。一九五九年にはレストラン起業家であるジョセフ・バウムがニューヨークに「フォーシーズンズ」を開店させた。

六〇年代に入ると、科学とテクノロジーの発達とともにファーストフード・レストランが流行しはじめ、アメリカ料理が均一化する。フランス料理はまだ勢力を保っていたが、健康食品、自然食品、有機野菜への関心が高まり始めたのもこのころである。一九六三年、テレビの料理番組『ザ・フレンチ・シェフ』でジュリア・チャイルドがホステス役をつとめる。

カリフォルニア大学バークレー校を卒業後フランスに留学、フランス文化に親しんだアリス・ウォータースがバークレーに「シェ・パニーズ」を開店させたのは一九七一年のことである。彼女は食材の新鮮さと季節感を強調、このレストランで修業したシェフたちがアメリカ全土でウォータースの調理理念を広める。一九七二年にニューヨークのウォルドフアストリア・ホテルに女性シェフが誕生したときは新聞の種になった。ファインが料理革命と呼ぶ七、八〇年代には、多様なレストランがアメリカ各地に誕生するとともにシェフの地位が認められ、有名シェフが『ボナペティ』や『フード・アンド・ワイン』のような雑誌に登場するようになった。九〇年代に入ると健康食品が見直されたりエスニックフードが流行し、多様なアメリカ文化を反映するレストランが次々と誕生する。そして現在脚光を浴びているのが、日本で生まれ日本で修業したノブユキ・マツヒサである。彼は一九八七年にロサンゼルスに新日本料理店「マツヒサ」を、つづいて一九九四年にはニューヨークに「ノブ」を開店させ話題になった。

ヨーロッパでシェフになるには、十代でレストランに下働きとして入り、野菜の下処理などをするコック見習いから料理を任されるコックへと修業を積み、さらに独立してシェフになるのが一般的であり、これは料亭や割烹の追い回し（使い走り）から板前へと修業を積む日本料理界と似ている。アメリカではヨーロッパのレストランで調理を学ぶか、レストランに勤めて観察により調理を学ぶこともあるが、たいていはＣＩＡのような料理専門学校で調理を学んだのちにコックとしてレストランに勤める。ファインによれば、おおかたは家族の縁故、社会のネットワーク、（ウェイターやバーテンなどの）関連職業からの昇格によってコックになるという。本論中ファインは厨房従業員の格付けに触れているが、レストランの厨房における一般的職業についてまとめてみたい。その呼称はレストランの種類と規模によって多少異なる。

鍋を洗うポットマンと皿を洗うディッシュウォッシャーは食器洗いだけでなく床掃除、倉庫の整理や掃除、ごみ出し、配達、食材の下処理などを行う。彼らは厨房の中でも最下位の職業と考えられ、ファインによればアメリカでは移民や不法労働者がこの職に就くことが多く、彼らの中からコックが育つことはないという。プレップコックの仕事は、経験のあるコックが仕事をしやすいよう野菜の皮をむいたり、それを切ったり、もっぱら食材の下処理を行なう。厨房では重要な役割である。またペストリーアシスタントはペストリーシェフの助手を務め、彼らにはスピードと器用さが要求される。ガールマンジェ（冷製料理担当）はオードブルやサラダ、デザートなどを担当する。大規模レストランではコックもその役割によって別の名前で呼ばれる。ホットラインとはアントレーのいためものや焼き物を扱う。彼らは肉や魚を焼く温度に注意し、焼き過ぎたり焦がしたりしないように配慮する。ソテー専門のソテーコック、焼き物専門のグリルコック、揚げ物専門のフライコックという職種もある。グリルコックは付け合わせも作る。ベジタブルコックは野菜の付け合わせを調理し、ラウンドコックはコックが欠勤したときにその埋め合わせをする。彼らはどんな仕事でもこなさなければならない。コックの上に立つのがスーシェフであり、厨房を走り回ってシェフの助手をする。シェフがレストランの経営者やマネージャーを兼ねている場合は、スーシェフがシェフの代わりに厨房を取り仕切る。一般的には高級食材を扱ったり肉や魚を切り分ける。また食材の注文、従業員の教育、厨房の管理をしたり客の質問に答えたり、諸命令を出したり味見をするのはスーシェフの役割である。最も長時間厨房にいるのは彼らであり、病気やけがのコックの埋め合わせもする。シェフは雇用・解雇権をもち、調理と衛生面に目を光らせ、厨房がうまく機能するよう管理する。メニューを書き、厨房の雰囲気を整え、調理はもとより広報も担当する。最近注目されているのがペストリーシェフである。彼らの仕事は調理ラインとは切り離されており、パン、ケーキ、アイスクリーム、ソルベ、チョコレートなどのキャンデー類の製作まで幅広い。厨房と客の間を取り次ぐ食堂の従業員のうち、バスボーイ（下働き）には十代の若者が就き、ウェイターの見習いをする。皿洗いからコックになることはめったにないが、バスボーイは修業次第でコックになれるという。レストランの表舞台にはウェイター、ウェイトレスの他に給仕人、ハウスキャプテン（給仕長）、メーテル・ド・テル（接客主任）などがいる。

訳出にあたっては、「日本語版によせて」、「序」、第三、四、五章および「補遺」を藤澤が、「序論」と第一、二章を小池が、第六、七、八章を谷林が担当した。訳者はいずれも英米文学を専門としているため、組織社会学などの専門分野については、翻訳当初から著者ファインに質問・確認しながら訳出を進めた。一九九九年の暮れに谷林がシカゴを訪れた際には、ファインはクリスマス休暇で帰省していた長男タッドとともに快く面会に応じてくれ、日本語版出版のための最終的なチェックをすることができた。ファインにとって『キッチン』は後掲の『うわさの心理学』以来二冊目の邦訳である。現在、ハーヴァード大学で日本語を副専攻としているタッドにまず読んでもらいたい、とファインは語っていた。

なお、ファインの主要著書は以下の通りである。

Ralph L. Rosnow and Gary Alan Fine. *Rumor and Gossip : The Social Psychology of Hearsay*. New York : Elsevier, 1976.〔R・L・ロスノウ、G・A・ファイン『うわさの心理学——流言からゴシップまで』南博訳、岩波現代選書七四、一九八二、絶版〕

Gary Alan Fine. *Shared Fantasy : Role-Playing Games as Social Worlds*. Chicago : University of Chicago Press, 1983.

——. *Talking Sociology*. Boston : Allyn & Bacon, 1985, 1990, 1993, 1996.

——. *With the Boys : Little League Baseball and Preadolescent Culture*. Chicago : University of Chicago Press, 1987.

—— (ed.). *Meaningful Play, Playful Meaning*. Champaign, IL : Human Kinetics Press, 1987.

Gary Alan Fine and Kent Sandstrom. *Knowing Children : Participant Observation Among Minors*. Newbury Park, California : Sage, 1988.

Gary Alan Fine, Harvey A. Farberman, and John Johnson (eds.). *Sociological Slices : Introductory Readings From the Interactionist Perspective*. Greenwich, CT : JAI Press, 1992.

Harvey A. Farberman, Gary Alan Fine, and John Johnson (eds.). *Social Psychological Foundations : Readings From the Interactionist Perspective*. Greenwich, CT : JAI Press, 1992.

John M. Johnson, Harvey Farberman, and Gary Alan Fine (eds.). *The Cutting Edge : Advanced Interactionist Theory*. Greenwich, CT : JAI Press, 1992.

Gary Alan Fine. *Manufacturing Tales : Sex and Money in Contemporary Legends*. Knoxville : University of Tennessee Press, 1992.

Karen Cook, Gary Alan Fine, and James S. House (eds.). *Sociological Perspectives on Social Psychology*. Boston : Allyn and Bacon, 1995.

Gary Alan Fine (ed.). *A Second Chicago School ? : The Development of a Postwar American Sociology*. Chicago : University of Chicago Press, 1995.

——. *Kitchens : The Culture of Restaurant Work*. Berkeley : University of California Press, 1996.〔本書〕

——. *Morel Tales : The Culture of Mushrooming*. Cambridge : Harvard University Press, 1998.

——. *Difficult Reputations : Collective Memories of the Evil, Inept and Controversial*. Chicago : University of Chicago Press, in press.

最後になりましたが、『キッチン』の翻訳を勧めてくださった東京都立大学教授伊藤誓先生と、編集の労をおとりくださった法政大学出版局の秋田公士氏に心からお礼を申し上げます。

二〇〇〇年　六月

谷林　眞理子

索引

あ　行

「アウルズ・ネスト」(Owl's Nest)　22, 92, 409-12
味（Taste of food）　121-22, 239-44, 260, 340-42
アジア料理 レストラン（Asian restaurants）　34
軋轢（Friction）　171-76, 180-84, 219-25, 252-55, 331, 376
アーノルド，サーモンド（Arnold, Thurmond）　194
油／油脂（Grease）　133
アルコールの消費（Alcohol consumption）　214-19
アンリII世（Henry II）　7

怒り（anger）　112, 220-25
イギリス料理レストラン（English restaurants）　7
イソモルフィズム／同型性（Isomorphism）　233-34
イタリア料理レストラン（Italian restaurants）　7, 12
いたずら（Pranks）　199, 205-12
位置付け（Situatedness）　184-85, 222-25, 296-97, 301
逸脱（Deviance）　212-219, 392-93
移入（Migration）　8
違反のあいまいな領域（Penumbra of enforcement）　213
意味（Meaning）　17-18
移民（Immigrants）　29, 157
鋳物工場（Foundaries）　133

イングランド（England） 8
隠語（Jargon） 195
印象操作テクニック（Impression-management techniques） 173, 276, 322
インスタント食品（Convenience foods） 43-46, 270
インフォーマント（Informant） 389-96
隠喩 →メタファー

ヴァルデマール，カーラ（Waldemar, Carla） 85
ウィトゲンシュタイン，ルートヴィヒ（Wittgenstein, Ludwig） 336-37
ウィネガー，カリン（Winegar, Karin） 261
ウィラン，アン（Willan, Anne） 84
ヴェトナム料理レストラン（Vietnamese restaurants） 8
ウォーターズ，アリス（Waters, Alice） 10, 11, 187, 195
裏仕事（Underside of work） 34-35, 213, 388
ウルフ，アラン（Wolfe, Alan） 2

衛生（Hygiene/Sanitation） 51, 53, 55-56
衛生監督官（Health inspectors） 54-55
エコロジー（Ecology） 238-39, 240
エスコフィエ，オーギュスト（Escoffier, Auguste） 38, 249
エスニック料理レストラン（Ethnic restaurants） 12
エスノグラフィー →民族誌学
宴会（Banquet） 57-58, 265

オーウェル，ジョージ（Orwell, George） 30, 49, 51, 87, 112, 118, 122
音（Sound） 125-26
オート・キュイジーヌ（Haute cuisine） 9, 10, 15, 238, 273, 317, 355
オムレツ（Omelettes） 46
卸売り屋／問屋（Wholesalers） 277

か 行

階級（Class） 236, 335, 343-44
会社／企業／法人（Corporations） 236, 293-96
解釈社会学（Interpretive sociology） 2
価格付け（Pricing） 238-44, 263-67
価格の柔軟性（Price elasticity） 263-65, 318, 331
確立された環境（Built environment） 133
カダシン，チャールズ（Kadushin, Charles） 234
カプラン，マックス（Kaplan, Max） 194

料理の押し付け　96, 248
求人（Recruitment）　71-79
牛肉（Beef）　263, 281
キュリナリー・インスティチュート・オブ・アメリカ（Culinary Institute of America）　82, 238
教育（Education）　250, 262, 401
教授（Professors）　373-74
強制　→制約
共通理解（Shared understandings）　333, 363-65
共同作業（Collaboration）　141-42
共同体（Community）　333-365, 377-79
協調（Cooperation）　59-60, 61
ギリシア文明（Greek civilization）　7
切り身（Cuts）　137-39
銀行家（Bankers）　267
禁酒法（Prohibition）　13
近似（Approximations）　35, 36-41
緊張（Tension）　60-61, 161-64, 168-71, 173-76, 177-79, 219-20, 286-88
金融／融資（Financing）　235-38

組合（Unions）　290-92
グラヴラクス（Gravlax）　40
グラノヴェッター，マーク（Granovetter, Mark）　73
グラン・キュイジーヌ（Grande cuisine）　9
グリーン，ゲイル（Greene, Gael）　260
グレイザー，ミルトン（Glaser, Milton）　260
クレイボーン，クレイグ（Claiborne, Craig）　10, 260, 262, 398-99
クレープ（Crepes）　38

経営／経営者（Management）　29, 42, 91-95, 103, 135-36, 150, 172, 184-85, 188-90, 202-204, 218-25, 239, 268, 236-66, 269-70, 274, 284-97, 304, 331, 386, 402-406, 408, 412, 413, 414
経済，アメリカの（Economy, U. S.）　12-18, 156-57, 233-97
経済的秩序（Economic order）　233-97, 368, 380-81
「ゲイジ・アンド・トルナー」(Gage & Tollner, N. Y.)　182
芸術（Art）　327, 332, 338, 361-62
芸術世界（Art world）　359, 381-82
怪我（Injuries）　137-141
煙（Smoke）　133
幻影／幻想（Illusion）　276-77

臨時収入／チップ　168-71, 182-84
ユーモア　202-205, 283
汚れ　49-56
固定費用（Fixed costs）　267-69
ゴフマン，アーヴィング（Goffman, Erving）　4, 108, 371
コミュニケーション（Communication）　177-79
コミュニティ　→共同体
コミュニティ文化（Community culture）　187-231, 251, 283-96
ゴール，アンリ（Gault, Henri）　260
コルヴィン，シドニー（Colvin, Sidney）　340

さ　行

細分化（Segmentaion）　321-26, 330, 358
再利用（Reusing）　280-81
最良の日（Optimal days）　114-17
魚（Fish）　123, 243
削減（Reducing）　281-83
雑用係［ポットマン］（Potmen）　130, 145, 156, 157, 204
サード・プレース［社交の場］（Third Place）　192
サービス産業（Service industries）　29, 42, 47, 90-91, 247-48
サブカルチャーの知識（Subcultural knowledge）　35, 46-49, 80, 104, 177-79, 225, 285
サボタージュ／仕事放棄（Sabotage）　140-41, 255-57
サーモン・ソルビス（Salmon sorbise）　343
サモア（Samoa）　385
皿洗い（Dishwashers）　130, 132, 145, 156-60
サラリー　→給料
サルディ，ヴィンセント（Sardi, Vincent）　143
参加観察（Participant observation）　386-96
参照事項（Reference points）　195-96, 205-206

詩／社会学の詩（Poetry/Sociological poetry）　333
「シェ・パニーズ」（Chez Panisse）　10, 11, 275
シェフ（Chef）
価格評価　263-65, 275, 283, 317
――が管理する時間　94, 100
経営者的責任　144-51, 154, 276, 286-88, 309, 315, 407-408, 411, 414, 417-18
コックとの比較　30, 130, 142-151
指導する　85-86

　──の領域力学　179-81
　美的生産　299-301, 308, 321
　美的側面と道具的側面　381-83
　──への参加観察研究　386-96
仕事場（Workplace）　187-88, 202-203, 220, 230-31, 375, 377-79
自己満足（Self-satisfaction）　363
自 主 性／自 立（Autonomy）　29, 30, 38, 89, 161, 164, 168-71, 177-81, 184-85, 250, 284-97, 304, 311, 323-24, 332, 352-53
市場ニッチ（Market niche）　243, 245-46, 257, 261, 300, 317, 322, 331
四川料理レストラン（Szechuan restaurants）　260
質（Quality）　299, 314, 327, 331-32
実績（Accomplishment）　301
芝居（Theater）　96
シーフード（Seafood）　119, 243, 279
資本主義（Capitalism）　12-16, 56, 87, 194, 288
地元の利点（Home field advantage）　246
シモンズ，ジョン（Simmons, John）　182
社会化（Socialization）　47, 71-86
社会学（Sociology）　299, 335
社会主義（Socialism）　13
社会的監督／抑制（Social control）　94, 184-85, 187-88, 283-97
社会的ネットワーク（Social networks）　73-75, 226-30
就職（Job placement）　71-79, 226-230
修辞学　→レトリック
シュトラウス，アンセルム（Strauss, Anselm）　3, 5, 371
紹介記事（Reviews）　257-262
情動（Emotion）　60, 106, 112, 126, 128, 219-24, 230-23, 374-75, 375-77
食材　→食べ物
職場　→仕事場
昇進（Promotions）　75
象徴的相互作用（Symbolic interactionism）　188, 239
情報保持（Information preserves）　177-79
常連客（Regular customers）　245-46, 250-51
職業学校　→専門学校
職業的制約（Occupational constraints）　28-30
触感（Touch）　123-125
食券　→注文票
職業訓練所（Technical Vocational Institute, TVI）　82, 83, 402, 403, 407, 411
職種間の緊張状態（Interoccupational tension）　161-64, 168-71, 180
職務の焦点（Occupational focus）　161-64

職務領域（Occupational domains） 179-81
食物 →食べ物
新制度主義者（New institutionalists） 2,188
身体障害者（Physically challenged） 157
新マルクス主義（Neo-Marxism） 188
信用（Trust） 207-208,247-49,388,394-396

スコット，W. リチャード（Scott, W. Richard） 141
スターン，ジェーン，マイケル（Stern, Jane and Michael） 10
「スタンズ・ステーキハウス」（Stan's Steakhouse） 22,23,92,243-44,268,
413,414-415
ステーキ（Steak） 247,255-56,263
ステレオタイプ（Stereotypes） 161,213-14
ストック（Stock） 38-39
ストーラー，ポール（Stoller, Paul） 385,396
ストリート，ジュリアン（Street, Julian） 13
スナイダー，ジェローム（Snyder, Jerome） 260
スープ（Soup） 38,39
スムーズ／順調なこと／滑らかさ（Smoothness） 106,115-116,166,184-85,
230-31

西欧文化（Western culture） 339-41,396
生産の限界（Output boundary） 90,95,238
『精神・自我・社会』（ミード著） （*Mind, Self & Society*, Mead） 333
製造業（Manufacturing industry） 29
生態 →エコロジー
制度（Institution） 59,202
制約（Constraints）
空間的—— 130-32,179-81,268,408,410,411,415,416-18
時間的—— 87-128
職務上の—— 28-30,131-32,268,407,411,416-18
美的—— 16,19-20,31-32,274,299,311-16,329-30
接客産業（Hospitality industry） 72,230-31
接客主任 →メーテル・ド・テル
セント・ポール（St. Paul, Minn.） 261,361
全米レストラン協会（National Restaurant Association） 14
専門学校（Trade school） 23,73,74,82,228,361-62
専門職意識 →プロフェッショナリズム
専門領域（Domains） 179-81
相互作用的パースペクティヴ（Interactional perspective） 3,17,21,24,188,

た　行

特別料理（Specials） 263-265, 280
特有文化（Idiocultures） 194, 230
徒弟制度（Apprenticeship） 83
ドノヴァン，フランセス（Donovan, Frances） 162
トマス・アクィナス，聖（Thomas Aquinas, Saint） 340
トマス，W. I.（W. I. Thomas） 370
ドラッグ （Drug）［ラッシュのたとえとして］ 105-106
ドラード，ジョン（Dollard, John） 398
トリック（Trick of the trade） 35, 46-49
トリリン，カルヴァン（Trillin, Calvin） 1

な 行

ナイフ（Knives） 134-35
流れ（Flow） 107, 108, 116, 126
縄張り争い（Turf wars） 161-64, 168-71

匂い（Smell） 121-122, 340-42
ニコッド，ミッシェル（Nicod, Michael） 182
日常の活動（Routine activities） 25-28, 96-102, 108-117, 126-127, 269
ニーチェ，フリードリヒ（Nietzsche, Friedrich） 333
ニューオーリンズ（New Orleans） 358
ニューヨーク（New York） 9, 10, 23, 236, 273
『ニューヨーク』誌（*New York* magazine） 260
『ニューヨーク・タイムズ』紙（*New York Times*） 259, 262

盗み（Stealing） 213-14
ヌーベル・キュイジーヌ（Nouvelle cuisine） 10, 242, 260, 312

『ネゴシエーション』（ストラウス著）（*Negotiations*, Strauss） 3

能率（Efficiency） 313-16, 326
能力（Competence） 153-54, 284, 286

は 行

バウム，ジョー（Baum, Joe） 6
バークレー（Berkeley） 10, 11
場所／立地（Location） 267-68
バスボーイ［下働き］（Busboys） 130

発話行為（Speech acts） 334
パーティ／集団（Parties） 241, 266
バーテンダー（Bartenders） 142, 182, 216, 280
ハノン，マイケル（Hannon, Michael） 321
パプア・ニューギニア（Papua New Guinea） 385
パリ（Paris, France） 8, 9, 226
『パリ・ロンドン放浪記』（オーウェル著）（*Down and Out in Paris and London*, Orwell） 30-31, 87
判断（Judgement） 337, 340-54
パントリー係（Pantry workers） 135, 145, 154-56

美学［の定義］（Aesthetics, definition of） 301, 303
ビストロ（Bistros） 236
美的ディスコース（Aesthetic discourses） 333-365
皮肉（Sarcasm） 295
批評家（Critics） 260-62, 361-62
備品 →器具
暇な日（Slow days） 113-114
ヒューズ，エヴェレット（Hughes, Everett） 49, 51, 142, 156, 197, 328, 371
評判（Reputations） 257-59

ファイン，ゲイリー・アラン（Fine, Gary Alan） 299-301, 386-396
　「狂気の共有」というファインの法則（Fine's Law of Shared Madness） 389
ファーストフード・チェーン（Fast-food chains） 250
ファーマー，ファニー（Farmer, Fannie） 367
フィッシャー，M. F. K.（Fisher, M. F. K.） 216
ブイヤベース（Bouillabaisse） 303, 341
風味（Flavor） 340-350
フランス（France） 16, 83
フランス革命（French Revolution） 8, 9, 269
フランス料理レストラン（French restaurants） 7, 8, 13, 15, 22, 226, 236, 241
ブリア＝サヴァラン，ジャン＝アンテルム（Brillat-Savarin, Jean-Anthelme） 233, 235, 341, 342
フリーマン，ジョン（Freeman, John） 321
プリンプトン，ジョージ（Plimpton, George） 391-92
プルースト，マルセル（Proust, Marcel） 1
ブルデュー，ピエール（Bourdieu, Pierre） 23, 335, 343
ブルーマー，ハーバート（Blumer, Herbert） 372
「ブレイクモア・ホテル」（Blakemore Hotel） 22, 92, 235-238, 267, 415-418

フロスト，ロバート（Frost, Robert） 184-85
プロフェッショナリズム（Professionalism） 40, 49, 79-86, 137, 155, 158
文化（Culture） 187-88, 230-31, 241-243, 267-68, 296-97, 299-300
文化産業（Cultural industries） 233-234
文化生産（Cultural production） 299-301, 327
分業（Division of labor） 17, 56-61, 101, 129, 141, 161, 168-71, 173-76, 181, 367
分析のメソレベル（Meso analysis） 239
文明社会（Civilized society） 6

ベイルズ，ロバート・フリード（Bales, Robert Freed） 194
ヘーゲル，ゲオルグ・ウィルヘルム・フリードリヒ（Hegel, Georg Wilhelm Friedrich） 340
ベッカー，ハワード（Becker, Howard） 3, 361, 371
ベルクソン，アンリ（Bergson, Henri） 18, 88, 104
ペレストロイカ（Perestroika） 13

報復（Revenge） 209-12, 255-57, 259
ポスト構造主義（Poststructuralism） 368
ポットマン →雑用係
ホテルのレストラン（Hotel restaurants） 237-38
ホフスチャイルド，アーリー（Hochschild, Arlie） 176
ホワイト，ウィリアム・フート（Whyte, William Foote） 151-52
ホワイトタワーズ（White Towers franchise） 12

ま 行

「マクドナルド」（McDonald's） 322-23, 360
マクフィー，ジョン（McPhee, John） 104, 213, 277
マクロ社会学（Macrosociology） 368
マクロ相互作用システム（Macrointeraction system） 238
マーズ，ジェラルド（Mars, Gerald） 182
満足感 →自己満足

ミクロ社会学（Microsociology） 368
ミス（Errors） 40-41, 48
見た目（Appearance） 122-23
ミード，ジョージ・ハーバート（Mead, George Herbert） 333-34
ミード，マーガレット（Mead, Margaret） 385
ミネアポリス（Minneapolis, Minn.） 261, 362, 409, 416

『ミネアポリス・トリビューン』紙（Minneapolis Tribune） 258
ミネソタ州（Minnesota） 82, 226
ミネソタ大学（Minnesota Univ.） 403, 417
ミシュランの星（Michelin stars） 259
ミロー，クリスチャン（Millau, Christian） 260
民族誌学（Ethnography） 385-99, 399-406
『民族誌学上の事物の味わい』（ストーラー著）（*Taste of Ethnographic Things, The,* Stoller） 385

ムーア，ウィルバート（Moore, Wilbert） 82

メキシコ料理レストラン（Mexican restaurants） 12, 14
メタネゴシエーション（Metanegotiation） 223
メタファー（Metaphor） 346, 356-57, 364-65
メディアとの関係（Media relations） 257-62
メディシス，カトリーヌ・ド（Medici, Catherine de） 7
メーテル・ド・テル（Maîres d'hotel） 145, 246
メニュー（menus） 34, 177-78, 263-65, 278-79

モスクワ（Moscow） 13

や 行

役割距離（Role Distancing） 53, 108, 109, 138-39, 224, 389, 392
火傷（Burns） 139
ヤッピー（Yuppies） 242, 262

ユーゴー，ヴィクトール（Hugo, Victor） 133
融通性（Flexibility） 59-60, 99, 173
ユーモア（Humor） 138, 171, 197-219, 282, 391-93
ユナイテッド・フルーツ社（United Fruit company） 275

汚れ（Dirt） 49
汚れ仕事（Dirty work） 49-56, 152, 157, 160
予約（Reservations） 239-240

ら 行

ラウア，ロバート（Lauer, Robert） 88, 126
ラッシュ［混雑する］時間（Rush periods） 103-108, 126, 129, 171-73, 202

比較［家族との――］ 188-93, 222-23
美的性格 19-20
評判 321-22
文化的意義 17
――文化の中心であるアルコール 217-18
メディアとの関係 257-62
予約 239-42
ラッシュ［混雑する］時間 103-105, 173-74
歴史 6-9
レストラン産業（Restaurant industry） 9-12, 157, 225-30, 230-31, 235-36, 238-45, 358-59
レトリック（Rhetoric） 59, 188-91, 310
レベルダウン（Downgrading） 277-80
連続性（Sequence） 88, 89, 98-101, 104, 126, 127-128

ロイ，ドナルド（Roy, Donald） 3
労働安全衛生［管理］局（Occupational Safety and Health Administration, OSHA） 137
労働コスト（Labor costs） 238-240, 269-275, 293
労働者階級（Working class） 362, 401
ロック，ジョン（Rocke, John） 342
ロブスター（Lobster） 279, 281
ローマ文明（Roman civilization） 7
ローン［銀行などの］（Debt service） 267-69
ロンドン（London） 9

わ 行

悪ふざけ（Horseplay） 200-201

参考文献

Abbott, Andrew.
1988. *The System of Professions.* Chicago: University of Chicago Press.

Ackerman, Diane.
1990. *A Natural History of the Senses.* New York: Random House.

Adams, Robert M.
1986. "The Nose Knows." *The New York Review of Books* (November 20): 24–26.

Adler, Patricia and Peter Adler.
1987. *Membership Roles in Field Research.* Newbury Park, Calif.: Sage.

———.
1990. *Backboards and Blackboards: College Athletes and Role Engulfment.* New York: Columbia University Press.

Adler, Peter.
1978. *Momentum.* Beverly Hills: Sage.

Aldrich, Howard, B. Rosen, and W. Woodward.
1986. "The Impact of Social Networks on Business Foundings and Profit: A Longitudinal Study." *Frontiers of Entrepreneurial Research* 3: 154–68.

Aldrich, Virgil.
1966. *Philosophy of Art.* Englewood Cliffs, N.J.: Prentice-Hall.

Alhusen, Dorothy.
1927. *A Book of Scents and Dishes.* London: Williams and Norgate.

Anderson, E.N. and M.L. Anderson.
1988. *The Food of China.* New Haven: Yale University Press.

Archer, Margaret.
1988. *Culture and Agency.* Cambridge: Cambridge University Press.

Arian, Edward.
1971. *Bach, Beethoven, and Bureaucracy.* University, Ala.: University of Alabama Press.
Arnold, Thurmond.
1937. *The Folklore of Capitalism.* New Haven: Yale University Press.
Aron, Jean-Paul.
1975. *The Art of Eating in France.* New York: Harper and Row.
Baldamus, Wilhelm.
1961. *Efficiency and Effort.* London: Tavistock.
Bales, Robert Freed.
1970. *Personality and Interpersonal Relations.* New York: Holt, Rinehart and Winston.
Barber, Bernard.
1965. "The Sociology of the Professions." Pp. 15–34 in Kenneth S. Lyon, ed., *The Professions in America.* Boston: Houghton Mifflin.
Bates, Carolyn.
1984. "Spécialités de la Maison: California." *Gourmet* (December): 30–40, 187–189.
Bates, Marston.
1968. *Gluttons and Libertines.* New York: Random House.
Beardsley, M.C.
1958. *Aesthetics: Problems in the Philosophy of Criticism.* New York: Harcourt Brace.
Becker, Howard S.
1960. "Notes on the Concept of Commitment." *American Journal of Sociology* 66: 32–40.
———.
1963. *Outsiders.* New York: Free Press.
———.
1967. "Whose Side Are We On?" *Social Problems* 14: 239–47.
———.
1970. "The Nature of a Profession." Pp. 87–103 in *Sociological Work: Method and Substance.* Chicago: Aldine.
———.
1974. "Art as Collective Action." *American Sociological Review* 39: 767–76.
———.
1976. "Art Worlds and Social Types." *American Behavioral Scientist* 19: 703–18.
———.
1982. *Art Worlds.* Berkeley: University of California Press.
———.
1986. *Doing Things Together.* Evanston, Ill.: Northwestern University Press.
Becker, Howard S. and James Carper.
1956. "The Elements of Identification with an Occupation." *American Sociological Review* 21: 341–48.

Becker, Howard S. and Blanche Geer.
1960. "Latent Culture: A Research Note." *Administration Science Quarterly* 5: 304–13.
Becker, Howard S., Blanche Geer, Everett C. Hughes, and Anselm L. Strauss.
1961. *Boys in White: Student Culture in Medical School.* Chicago: University of Chicago Press.
Belasco, Warren J.
1989. *Appetite for Change: How the Counterculture Took on the Food Industry, 1966–1988.* New York: Pantheon Books.
Bell, Michael.
1976. "Tending Bar at Brown's: Occupational Role as Artistic Performance." *Western Folklore* 35: 93–107.
———.
1984. "Making Art Work." *Western Folklore* 43: 211–21.
Bennett, Bev.
1982. "Editor's Eyes Open to Trends in the Food Industry." *Chicago Sun-Times* (May 21): 2.
Bergson, Henri.
1910. *Time and Free Will.* London: George Allen and Unwin.
Bernstein, Basil.
1971. *Class, Codes and Control.* London: Routledge.
Bernstein, Stan.
1972. "Getting It Done: Notes on Student Fritters." *Urban Life and Culture* 1: 275–92.
Berry, Naomi.
1979. "Young Chefs of Paris." *Gourmet* (November): 35–39, 150, 158.
Bigus, Otis E.
1972. "The Milkman and His Customer: A Cultivated Relationship." *Urban Life and Culture* 1: 131–65.
Bishop, James M.
1979. "Institutional and Operational Knowledge in Work: A Sensitizing Framework." *Sociology of Work and Occupations* 6: 328–52.
Blau, Judith.
1984. *Architects and Firms.* Cambridge: MIT Press.
Blumer, Herbert.
1969. *Symbolic Interactionism.* Englewood Cliffs, N.J.: Prentice-Hall.
———.
1990. *Industrialization as an Agent of Social Change.* New York: Aldine de Gruyter.
Boden, Deirdre.
1994. *The Business of Talk.* Cambridge, Eng.: Polity Press.
Borman, Kathryn.
1991. *The First 'Real' Job: A Study of Young Workers.* Albany: SUNY Press.
Bosk, Charles.
1979. *Forgive and Remember.* Chicago: University of Chicago Press.

Bourdieu, Pierre.
1984. *Distinction: A Social Critique of the Judgment of Taste.* Cambridge: Harvard University Press.
Bowden, Gregory Houston.
1975. *British Gastronomy: The Rise of Great Restaurants.* London: Chatto and Windus.
Bowman, John.
1983. "Making Work Play." In Gary Alan Fine, ed., *Meaningful Play, Playful Meaning.* Champaign, Ill.: Human Kinetics Press.
Braude, Lee.
1975. *Work and Workers: A Sociological Analysis.* New York: Praeger.
Brennan, Thomas.
1988. *Public Drinking and Popular Culture in Eighteenth-Century Paris.* Princeton: Princeton University Press.
Brillat-Savarin, Jean-Anthelme.
1970 [1825]. *The Philosopher in the Kitchen.* London: Penguin.
Brown, Richard H.
1977. *A Poetic for Sociology.* Cambridge: Cambridge University Press.
Bryant, Carol A., Anita Courtney, Barbara A. Markesbery, and Kathleen M. DeWalt.
1985. *The Cultural Feast: An Introduction to Food and Society.* St. Paul: West Publishing.
Bryant, Clifton D. and Kenneth B. Perkins.
1982. "Containing Work Disaffection: The Poultry Processing Worker." Pp. 199–213 in Phyllis L. Stewart and Muriel G. Cantor, eds., *Varieties of Work.* Beverly Hills: Sage.
Bucher, Rue.
1962. "Pathology: A Study of Social Movements within a Profession." *Social Problems* 10: 40–51.
Bucher, Rue and Joan Stelling.
1977. *Becoming Professional.* Beverly Hills: Sage.
Buckley, Peter.
1982. "Food for Thought." *Republic Scene* (May): 42–49, 92.
Burawoy, Michael.
1979. *Manufacturing Consent.* Chicago: University of Chicago Press.
Bureau of the Census.
1984. *1982 Census of Retail Trade: United States.* Washington, D.C.: U.S. Department of Commerce.
Burros, Marian.
1986. "What Makes André Soltner Tick? His Restaurant, Lutèce." *New York Times* (October 29): 23, 25.
Burton, Robert.
1976. *The Language of Smell.* London: Routledge.
Busch, Lawrence.
1980. "Structure and Renegotiation in the Agricultural Sciences." *Rural Sociology* 45: 26–48.

Busch, Lawrence.
1982. "History, Negotiation, and Structure in Agricultural Research." *Urban Life* 11: 368–84.
Butler, Suellen R. and James K. Skipper, Jr.
1980. "Waitressing, Vulnerability, and Job Autonomy: The Case of the Risky Tip." *Sociology of Work and Occupations* 7: 487–502.
Butler, Suellen R. and William E. Snizek.
1976. "The Waitress-Diner Relationship: A Multimethod Approach to the Study of Subordinate Influence." *Sociology of Work and Occupations* 3: 209–22.
Cain, William S.
1978. "History of Research on Smell." Pp. 197–229 in Edward C. Carterette and Morton P. Friedman, eds., *Handbook of Perception,* vol. 6A. New York: Academic Press.
Caldwell, Mary.
1986. "Food Imitates Art." *Cook's Magazine* (May-June): 38–48, 80.
Carr-Saunders, A. P. and P. A. Wilson.
1933. *The Professions.* Oxford: Oxford University Press.
Chang, Kwang-chih, ed.
1977. *Food in Chinese Culture: Anthropological and Historical Perspectives.* New Haven: Yale University Press.
Charpentier, Henri and Boyden Sparkes.
1934. *Life à la Henri.* New York: Simon and Schuster.
Christopherson, Richard.
1974. "Making Art with Machines: Photography's Institutional Inadequacies." *Urban Life and Culture* 3: 3–34.
Cicourel, Aaron.
1974. *Cognitive Sociology.* Cambridge: Cambridge University Press.
Claiborne, Craig.
1982. *A Feast Made for Laughter: A Memoir with Recipes.* New York: Holt, Rinehart and Winston.
Clark, Burton R.
1972. "The Organizational Saga in Higher Education." *Administrative Science Quarterly* 17: 178–84.
Clark, Priscilla.
1975. "Thoughts for Food, I: French Cuisine and French Culture." *The French Review* 49: 32–41.
———.
1975. "Thoughts for Food, II: Culinary Culture in Contemporary France." *The French Review* 49: 198–205.
Clark, Robert, ed.
1990. *Our Sustainable Table.* San Francisco: North Point Press.
Collins, Randall.
1981. "On the Microfoundations of Macrosociology." *American Journal of Sociology* 86: 984–1014.

Colomy, Paul and J. David Brown.
1995. "Progress in the Second Chicago School." In Gary Alan Fine, ed. *A Second Chicago School?* Chicago: University of Chicago Press.
Colvin, S.
1910. "Fine Arts." Pp. 355–75 in *Encyclopaedia Britannica,* 11th ed., vol. 10. Cambridge, Eng.: University Press.
"The Cook's Interview: Anne Willan."
1985. *Cook's Magazine* (September-October): 18–19.
"The Cook's Interview: Richard Olney."
1986. *Cook's Magazine* (May-June): 21–22.
Corbin, Alain.
1986. *The Foul and the Fragrant.* Cambridge: Harvard University Press.
Corbin, Juliet and Anselm L. Strauss.
1993. "The Articulation of Work through Interaction." *The Sociological Quarterly* 34: 71–83.
Coser, Lewis, Charles Kadushin, and Walter W. Powell.
1982. *Books.* New York: Basic.
Cosman, Madeleine Pelner.
1976. *Fabulous Feasts: Medieval Cookery and Ceremony.* New York: Braziller.
Cottrell, W.F.
1939. "Of Time and the Railroader." *American Sociological Review* 4: 190–98.
Crocker, E.C.
1945. *Flavor.* New York: McGraw-Hill.
Csikszentmihalyi, Michael.
1975. *Beyond Boredom and Anxiety.* San Francisco: Jossey-Bass.
Curtin, Deane W. and Lisa M. Heldke, eds.
1992. *Cooking, Eating, Thinking: Transformative Philosophies of Food.* Bloomington: Indiana University Press.
Dalton, Melville.
1948. "The Industrial Ratebuster." *Applied Anthropology* 7: 5–18.
———.
1959. *Men Who Manage.* New York: Wiley.
Danto, Arthur C.
1964. "The Artworld." *Journal of Philosophy* 61: 571–84.
———.
1981. *The Transfiguration of the Commonplace.* Cambridge: Harvard University Press.
Davis, Fred.
1959. "The Cabdriver and His Fare." *American Journal of Sociology* 63: 158–65.
Dawe, Alan.
1978. "Theories of Social Action." Pp. 362–417 in Tom Bottomore and Robert Nisbet, eds. *A History of Sociological Analysis.* New York: Basic.

Deal, T.E. and A. Kennedy.
1982. *Corporate Cultures: The Rites and Rituals of Corporate Life.* Reading, Mass.: Addison-Wesley.
De Groot, Roy.
1972. "Have I Found the Greatest Restaurant in the World?" *Playboy* (April): 107, 116, 244–49.
Demerest, Michael.
1980. "A Virtual Victory for the U.S." *Time* (November 17): 87.
Denzin, Norman K.
1977. "Notes on the Criminogenic Hypothesis: A Case Study of the American Liquor Industry." *American Sociological Review* 42: 905–20.
———.
1984. *On Understanding Emotion.* San Francisco: Jossey-Bass.
Desens, Carl.
1979. "A Look inside the CIA: A Toque-and-Dacquoise Story." *International Review of Food and Wine* (May): 19–20, 60.
DeVault, Marjorie.
1991. *Feeding the Family: The Social Organization of Caring as Gendered Work.* Chicago: University of Chicago Press.
Dickie, George.
1974. *Art and the Aesthetic: An Institutional Analysis.* Ithaca: Cornell University Press.
Dickinson, Hilary and Michael Erben.
1984. " 'Moral Positioning' and Occupational Socialization in the Training of Hairdressers, Secretaries and Caterers." *Journal of Moral Education* 13: 49–55.
Diffey, T.J.
1984. "The Sociological Challenge to Aesthetics." *British Journal of Aesthetics* 24: 168–71.
Dimaggio, Paul.
1977. "Market Structure, the Creative Process, and Popular Culture." *Journal of Popular Culture* 11: 436–52.
Dimaggio, Paul and Walter W. Powell.
1983. "The Iron Cage Revisited: Institutional Isomorphism and Collective Rationality in Organizational Fields." *American Sociological Review* 48: 147–60.
———.
1991. Introduction. Pp. 1–38 in Walter W. Powell and Paul Dimaggio, eds., *The New Institutionalism in Organizational Analysis.* Chicago: University of Chicago Press.
Ditton, Jason.
1979. "Baking Time." *Sociological Review* 27: 157–67.
Dollard, John.
1949. *Caste and Class in a Southern Town.* New York: Harper.
Donovan, Frances.
1920. *The Woman Who Waits.* Boston: R. G. Badger.

Douglas, Mary.
1966. *Purity and Danger: An Analysis of the Concepts of Pollution and Taboo.* London: Routledge.
Douglas, Mary.
1974. "Food as an Art Form." *Studio International* (September): 83–88.
———.
1984. *Food in the Social Order: Studies of Food and Festivities in Three American Communities.* New York: Russell Sage Foundation.
Dundes, Alan.
1972. "Seeing Is Believing." *Natural History* (May): 8–12, 86–87.
Elias, Norbert.
1978. *The History of Manners.* New York: Urizen.
Engel-Frisch, Gladys.
1943. "Some Neglected Temporal Aspects of Human Ecology." *Social Forces* 22: 43–47.
Enloe, Cynthia.
1989. *Bananas, Beaches and Bases.* Berkeley: University of California Press.
Epstein, Jason.
1993. "A Taste of Success." *The New Yorker* (April 19): 50–56.
Etzioni, Amitai, ed.
1969. *The Semi-Professions and Their Organization.* New York: Free Press.
Fantasia, Rick.
1988. *Cultures of Solidarity.* Berkeley: University of California Press.
Farberman, Harvey.
1975. "A Criminogenic Market Structure: The Automobile Industry." *Sociological Quarterly* 16: 438–57.
Faulkner, Robert.
1971. *Hollywood Studio Musicians.* Chicago: Aldine.
———.
1974. "Coming of Age in Organizations: A Comparative Study of Career Contingencies and Adult Socialization." *Sociology of Work and Occupations* 1: 131–73.
———.
1983. *Music on Demand: Composers and Careers in the Hollywood Film Industry.* New Brunswick, N.J.: Transaction.
Fiddes, Nick.
1991. *Meat: A Natural Symbol.* London: Routledge.
Fine, Gary Alan.
1979. "Small Groups and Cultural Creation: The Idioculture of Little League Baseball Teams." *American Sociological Review* 44: 733–45.
———.
1982. "The Manson Family as a Folk Group: Small Groups and Folklore." *Journal of the Folklore Institute* 19: 47–60.

———.
1983. *Shared Fantasy: Role-Playing Games as Social Worlds.* Chicago: University of Chicago Press.

———.
1984. "Negotiated Orders and Organizational Cultures." *Annual Review of Sociology* 10: 239–62.

———.
1985. "Occupational Aesthetics: How Trade School Students Learn to Cook." *Urban Life* 14: 3–31.

———.
1986. "Friendships in the Workplace." Pp. 185–206 in Val Derlaga and Barbara Winstead, eds., *Friendship and Social Interaction.* New York: Springer-Verlag.

———.
1987a. "One of the Boys: Women in Male-Dominated Settings." Pp. 131–147 in Michael S. Kimmel, ed., *Changing Men: New Directions in Research on Men and Masculinity.* Newbury Park, Calif.: Sage.

———.
1987b. "Working Cooks: The Dynamics of Professional Kitchens." *Current Research on Occupations and Professions* 4: 141–58.

———.
1987c. *With the Boys: Little League Baseball and Preadolescent Culture.* Chicago: University of Chicago Press.

———.
1990. "Organizational Time: The Temporal Experience of Restaurant Kitchens." *Social Forces* 69: 95–114.

———.
1991. "On the Microfoundations of Macrosociology: Constraint and the Exterior Reality of Structure." *Sociological Quarterly* 32: 161–77.

———.
1992a. "Agency, Structure, and Comparative Contexts: Toward a Synthetic Interactionism." *Symbolic Interaction* 15: 87–107.

———.
1992b. "The Culture of Production: Aesthetic Choices and Constraints in Culinary Work." *American Journal of Sociology* 97: 1268–94.

———.
1992c. "Wild Life: Authenticity and the Human Experience of 'Natural' Places." Pp. 156–75 in Carolyn Ellis and Michael G. Flaherty, eds., *Investigating Subjectivity.* Newbury Park, Calif.: Sage.

Fine, Gary Alan and Nora L. Ross.
1984. "Symbolic Meaning and Cultural Organization." Pp. 237–56 in Samuel Bachrach and Edward Lawler, eds., *Perspectives in Organizational Sociology,* vol. 4. Greenwich, Conn.: JAI Press.

Fineman, Stephen.
1993. Introduction. Pp. 9–35 in Stephen Fineman, ed., *Emotion in Organization*. London: Sage.

Finkelstein, Joanne.
1986. "Dining Out: The Self in Search of Civility." In Norman K. Denzin, ed., *Studies in Symbolic Interaction*, vol. 6. Greenwich, Conn.: JAI Press.

———.
1989. *Dining Out: A Sociology of Modern Manners*. New York: New York University Press.

Finlay, William.
1988. *Work on the Waterfront*. Philadelphia: Temple University Press.

Fisher, M.F.K.
1976. "The Gastronomical Me." Pp. 351–572 in *The Art of Cookery*. New York: Vintage.

Flaherty, Michael.
1987. "Multiple Realities and the Experience of Duration." *The Sociological Quarterly* 28: 313–26.

Forrest, John.
1988. *Lord, I'm Coming Home: Everyday Aesthetics in Tidewater, North Carolina*. Ithaca: Cornell University Press.

Freeman, John and Michael Hannon.
1983. "Niche Width and the Dynamics of Organizational Populations." *American Journal of Sociology* 88: 1116–45.

Friedson, Eliot.
1970. *Professional Dominance: The Social Structure of Medical Care*. New York: Atherton.

Fuchs, Victor R.
1968. *The Service Economy*. New York: National Bureau of Economic Research.

Gans, Herbert J.
1974. *Popular Culture and High Culture*. New York: Basic.

Garfinkel, Harold.
1967. *Studies in Ethnomethodology*. Englewood Cliffs, N.J.: Prentice-Hall.

Garnier, Maurice.
1973. "Power and Ideological Conformity: A Case Study." *American Journal of Sociology* 79: 343–63.

Gerlach, Luther and Virginia Hine.
1970. *People, Power, Change: Movements of Social Transformation*. Indianapolis: Bobbs-Merrill.

Giddens, Anthony.
1984. *The Constitution of Society*. Berkeley: University of California Press.

Gillon, John.
1981. *Le Menu Gastronomique: An Interpretation of Nouvelle Cuisine*. Edinburgh: Macdonald.

Glaser, Barney and Anselm L. Strauss.
1967. *The Discovery of Grounded Theory*. Chicago: Aldine.
Goffman, Erving.
1961a. *Asylums*. Garden City, N.Y.: Anchor Books.
———.
1961b. *Encounters*. Indianapolis: Bobbs-Merrill.
———.
1963. *Behavior in Public Places*. New York: Free Press.
———.
1974. *Frame Analysis*. Cambridge: Harvard University Press.
———.
1981. *Forms of Talk*. Philadelphia: University of Pennsylvania Press.
Gonos, George.
1977. " 'Situation' versus 'Frame': The 'Interactionist' and the 'Structuralist' Analyses of Everyday Life." *American Sociological Review* 42: 854–67.
Gopnik, Adam.
1992. "Just Desserts." *The New Yorker* (October 19): 128.
Gordon, Steven.
1981. "The Sociology of Sentiments and Emotion." Pp. 562–92 in Morris Rosenberg and Ralph H. Turner, eds., *Social Psychology: Sociological Perspectives*. New York: Basic.
Gouldner, Alvin.
1954. *Wildcat Strike*. Yellow Springs, Ohio: Antioch Press.
Granovetter, Mark.
1974. *Getting a Job*. Cambridge: Harvard University Press.
"The Great French-American Chef's Debate."
1984. *Cook's Magazine* (September-October): 18–19.
Greenwood, Ernest.
1957. "The Attributes of a Profession." *Social Work* 2: 44–55.
Grimshaw, Allen D.
1981. *Language as Social Resource*. Stanford: Stanford University Press.
———.
1989. *Collegial Discourse: Professional Conversation among Peers*. Norwood, N.J.: Ablex Publishing.
Griswold, Wendy.
1986. *Renaissance Revivals*. Chicago: University of Chicago Press.
Gross, Edward.
1958. *Work and Society*. New York: Crowell.
Grzyb, Gerard J.
1990. "Deskilling, Decollectivization, and Diesels." *Journal of Contemporary Ethnography* 19: 163–87.
Guilbaut, Serge.
1984. *How New York Stole the Idea of Modern Art*. Chicago: University of Chicago Press.

Gurvitch, Georges.
1964. *The Spectrum of Social Ties.* Dordrecht, Neth.: D. Reidel.
Haas, Jack.
1972. "Binging: Educational Control among High-Steel Ironworkers." *American Behavioral Scientist* 16: 27–34.
———.
1974. "The Stages of the High-Steel Ironworker Apprentice Career." *Sociological Quarterly* 15: 93–108.
Haas, Jack and William Shaffir.
1982. "Ritual Evaluation of Competence: The Hidden Curriculum of Professionalization in an Innovative Medical School Program." *Work and Occupations* 9: 131–54.
Hall, Trish.
1985. "Who Matters Most to Any Restaurant? Hint: Not the Chef." *Wall Street Journal* (April 10): 1, 23.
Hanke, Robert.
1988. "Mass Media and Lifestyle Differentiation: An Analysis of Changes in the Public Discourse about Food." Unpublished manuscript.
Hannon, Michael and John Freeman.
1989. *Organizational Ecology.* Cambridge: Harvard University Press.
Harper, R., E.C. Bate Smith, and D.G. Land.
1968. *Odour Description and Odour Classification: A Multi-Disciplinary Examination.* New York: American Elsevier Publishing.
Hawley, Amos.
1950. *Human Ecology.* New York: Ronald Press.
Hayano, David.
1982. *Poker Faces.* Berkeley: University of California Press.
Herbodeau, Eugene and Paul Thalamas.
1955. *George Auguste Escoffier.* London: Practical Press.
Herman, Harry V.
1978. *Men in White Aprons.* Toronto: Peter Martin.
Hewitt, John and Randall Stokes.
1975. "Disclaimers." *American Sociological Review* 40: 1–11.
Herzfeld, Michael.
1992. *The Social Production of Indifference: Exploring the Symbolic Roots of Western Bureaucracy.* Chicago: University of Chicago Press.
Hincks, Tony.
1984. "Aesthetics and the Sociology of Art." *British Journal of Aesthetics* 24: 341–54.
Hirsch, Paul.
1972. "Processing Fads and Fashions: An Organization-Set Analysis of Cultural Work." *American Journal of Sociology* 77: 639–59.
Hirshorn, Paul and Steven Izenour.
1979. *White Towers.* Cambridge: MIT Press.

Hochschild, Arlie.
1983. *The Managed Heart.* Berkeley: University of California Press.
Hodson, Randy.
1991. "The Active Worker: Compliance and Autonomy at the Workplace." *Journal of Contemporary Ethnography* 20: 47–78.
Hollander, Edwin P.
1958. "Conformity, Status, and Idiosyncrasy Credit." *Psychological Review* 65: 117–27.
Hollingshead, August.
1939. "Behavior Systems as a Field for Research." *American Sociological Review* 4: 816–22.
Hood, Jane.
1988. "From Night to Day: Timing and the Management of Custodial Work." *Journal of Contemporary Ethnography* 17: 96–116.
Hosticka, C.J.
1979. "We Don't Care about What Happened, We Only Care about What Is Going to Happen: Lawyer-Client Negotiations of Reality." *Social Problems* 26: 599–610.
Howe, Louise Kapp.
1977. *Pink Collar Workers.* New York: Avon.
Hughes, Everett C.
1971. *The Sociological Eye.* Boston: Little, Brown.
Hutter, Mark.
1969. "Summertime Servants: The Schlockhaus Waiter." Pp. 203–25 in Glenn Jacobs, ed., *The Participant Observer.* New York: Braziller.
Isenberg, Arnold.
1954. "Critical Communication." Pp. 131–46 in William Elton, ed., *Aesthetics and Language.* Oxford: Basil Blackwell.
Jacobs, Jay.
1980. *Winning the Restaurant Game.* New York: McGraw-Hill.
———.
1982. "Spécialités de la Maison: New York." *Gourmet* (December): 4, 6, 8.
Jefferson, Gail.
1979. "A Technique for Inviting Laughter and Its Subsequent Acceptance/Declination." Pp. 79–96 in George Psathas, ed., *Everyday Language: Studies in Ethnomethodology.* New York: Irvington.
Julian, Sheryl.
1986. "New England Schools for Chefs-to-Be." *Boston Globe* (October 22): 37, 41, 42.
Kamens, D.H.
1977. "Legitimating Myths and Educational Organization: The Relationship between Organizational Ideology and Formal Structure." *American Sociological Review* 42: 208–19.

Kant, Immanuel.
1952. *Critique of Aesthetic Judgment.* Oxford: Oxford University Press.
Kaplan, Max.
1960. *Leisure in America: A Social Inquiry.* New York: Wiley.
Karen, Robert L.
1962. "Some Factors Affecting Tipping Behavior." *Sociology and Social Research* 47: 68–74.
Kealy, Edward R.
1979. "From Craft to Art: The Case of Sound Mixers and Popular Music." *Sociology of Work and Occupations* 6: 3–29.
Kimball, Christopher.
1985. "The Cook's Interview: Jeremiah Tower." *Cook's Magazine* (January-February): 18–19.
Kleinfield, N.R.
1991. "The Countdown in One Kitchen." *New York Times* (January 11): C1, C24.
Kleinman, Sherryl.
1982. "Actors' Conflicting Theories of Negotiation: The Case of a Holistic Health Center." *Urban Life* 11: 312–27.
———.
1984. *Equals before God.* Chicago: University of Chicago Press.
Koenig, Rhoda.
1980. "Of Temperamental Waiters and Volatile Chefs: How to Handle the Staff." *New York* (February 18): 46.
Kraft Foodservice Division.
n.d. *Hail to the Chief!* Chicago: EBO Productions.
Lakoff, George and Mark Johnson.
1980. *Metaphors We Live By.* Chicago: University of Chicago Press.
Lamont, Michèlle.
1989. "The Power-Culture Link in a Comparative Perspective." Pp. 131–50 in Craig Calhoun, ed., *Comparative Social Research,* vol. 11. Greenwich, Conn.: JAI Press.
Lauer, Robert.
1981. *Temporal Man.* New York: Praeger.
Leidner, Robin.
1993. *Fast Food, Fast Talk: Service Work and the Routinization of Everyday Life.* Berkeley: University of California Press.
Levenstein, Harvey.
1988. *Revolution at the Table: The Transformation of the American Diet.* New York: Oxford University Press.
———.
1993. *Paradox of Plenty: A Social History of Eating in Modern America.* New York: Oxford University Press.
Levy, Judith.
1982. "The Staging of Negotiations between Hospice and Medical Institutions." *Urban Life* 11: 293–311.

Liebling, A.J.
1986. *Between Meals: An Appetite for Paris*. San Francisco: North Point Press.
Lloyd, Timothy and Patrick Mullen.
1987. "In Your Blood: Traditions of Commercial Fishermen." Unpublished manuscript.
Locke, John.
1700 [1975]. *An Essay Concerning Human Understanding*. Oxford: Clarendon Press.
Lohof, Bruce.
1979. "Hamburger Stand: Industrialization and the American Fast-Food Phenomenon." *Journal of American Culture* 2: 515–33.
Lyman, Stanford and Marvin Scott.
1970. *The Sociology of the Absurd*. Pacific Palisades, Calif.: Goodyear.
Lynxwiler, John, Neal Shover, and Donald Clelland.
1983. "The Organization and Impact of Inspector Discretion in a Regulatory Bureaucracy." *Social Problems* 30: 425–36.
MacClancy, Jeremy.
1992. *Consuming Culture: Why You Eat What You Eat*. New York: Henry Holt.
Maines, David.
1977. "Social Organization and Social Structure in Symbolic Interactionist Thought." *Annual Review of Sociology* 3: 235–59.
———.
1982. "In Search of Mesostructure: Studies in the Negotiated Order." *Urban Life* 11: 267–79.
———.
1987. "The Significance of Temporality for the Development of Sociological Theory." *The Sociological Quarterly* 28: 303–11.
———.
1988. "Myth, Text, and Interactionist Complicity in the Neglect of Blumer's Macrosociology." *Symbolic Interaction* 11: 43–58.
Manfredi, John.
1982. *The Social Limits of Art*. Amherst: University of Massachusetts Press.
Manning, Peter K.
1992. *Organizational Communication*. New York: Aldine de Gruyter.
Manning, Peter K. and H.L. Hearn.
1969. "Student Actresses and Their Artistry: Vicissitudes of Learning a Creative Trade." *Social Forces* 48: 202–13.
Mars, Gerald and Michael Nicod.
1984. *The World of Waiters*. London: George Allen and Unwin.
Marshall, Gordon.
1986. "The Workplace Culture of a Licensed Restaurant." *Theory, Culture, and Society* 3: 33–47.

Martin, Joanne.
1992. *Cultures in Organizations: Three Perspectives.* New York: Oxford University Press.
Martorella, Roseanne.
1982. *The Sociology of Opera.* South Hadley, Mass.: Bergin.
Mast, Sharon.
1983. "Working for Television: The Social Organization of TV Drama." *Symbolic Interaction* 6: 71–83.
Matza, David.
1964. *Delinquency and Drift.* New York: Wiley.
McCartney, William.
1968. *Olfaction and Odours: An Osphresiological Essay.* Berlin: Springer-Verlag.
McPhee, John.
1979. "Profiles: Brigade de Cuisine." *The New Yorker* (February 19): 49–99.
Mead, George Herbert.
1934. *Mind, Self, and Society.* Chicago: University of Chicago Press.
———.
1938. *The Philosophy of the Act.* Chicago: University of Chicago Press.
Meara, Hannah.
1974. "Honor in Dirty Work: The Case of American Meat Cutters and Turkish Butchers." *Sociology of Work and Occupations* 1: 259–83.
Mechling, Elizabeth W. and Jay Mechling.
1983. "Sweet Talk: The Moral Rhetoric against Sugar." *Central States Speech Journal* 34: 19–32.
Melbin, Murray.
1987. *Night as Frontier: Colonizing the World after Dark.* New York: Free Press.
Mennell, Stephen.
1985. *All Manners of Food: Eating and Taste in England and France from the Middle Ages to the Present.* Oxford: Basil Blackwell.
Mennell, Stephen, Anne Murcott, and Anneke H. van Otterloo.
1992. *The Sociology of Food: Eating, Diet, and Culture.* London: Sage.
Mesler, Mark.
1989. "Negotiated Order and the Clinical Pharmacist: The Ongoing Process of Structure." *Symbolic Interaction* 12: 139–57.
Miller, Daniel.
1978. *Starting a Small Restaurant.* Harvard, Mass.: Harvard Common Press.
Mintz, Sidney W.
1985. *Sweetness and Power: The Place of Sugar in Modern History.* New York: Viking.

Mitchell, Timothy J.
1986. "Bullfighting: The Ritual Origin of Scholarly Myths." *Journal of American Folklore* 99: 394–414.
Moir, H.C.
1936. "Some Observations on the Appreciation of Flavour in Foodstuffs." *Chemistry and Industry* 55: 145–48.
Molstad, Clark.
1986. "Choosing and Coping with Boring Work." *Urban Life* 15: 215–36.
Moore, Wilbert.
1963. *Man, Time, and Society*. New York: Wiley.
Morrisroe, Patricia.
1984. "Restaurant Madness." *New York* (November 26): 46–49.
Mukerji, Chandra.
1976. "Having the Authority to Know." *Sociology of Work and Occupations* 3: 63–87.
———.
1978. "Distinguishing Machines: Stratification and Definitions of Technology in Film School." *Sociology of Work and Occupations* 5: 113–38.
Mulkay, Michael and Elizabeth Chaplin.
1982. "Aesthetics and the Artistic Career: A Study of Anomie in Fine-Art Painting." *The Sociological Quarterly* 23: 117–38.
Nathan, John and Elizabeth Sahatgian.
1984. "Whither the Great American Food Fad?" *Cuisine* 13: 56–60, 90–99.
Neapolitan, Jerry.
1986. "Art, Craft, and Art/Craft Segments among Craft Media Workers," *Work and Occupations* 13: 203–16.
Nilson, Linda B.
1979. "An Application of the Occupational 'Uncertainty Principle' to the Professions." *Social Problems* 26: 570–81.
Nisbett, R.E., C. Caputo, P. Legant, and J. Marecek.
1973. "Behavior as Seen by the Actor and as Seen by the Observer." *Journal of Personality and Social Psychology* 27: 154–64.
Oldenberg, Ray.
1988. *The Great Good Place*. New York: Praeger.
Olesen, Virginia.
1992. "The Sociology of Hospitality." Paper presented to the SSSI/Stone Symposium, February, Las Vegas, Nevada.
Orwell, George.
1933. *Down and Out in Paris and London*. New York: Harcourt Brace.
Ouchi, William G.
1981. *Theory Z*. Reading, Mass.: Addison-Wesley.

Ouchi, William G. and Alan L. Wilkens.
1985. "Organizational Culture." *Annual Review of Sociology* 11: 457–83.
Overington, Michael A.
1977. "Kenneth Burke as Social Theorist." *Sociological Inquiry* 47: 133–41.
Paget, Marianne.
1988. *The Unity of Mistakes: A Phenomenological Interpretation of Medical Work*. Philadelphia: Temple University Press.
Palmer, C. Eddie.
1983. " 'Trauma Junkies' and Street Work." *Urban Life* 12: 162–83.
Pangborn, R.M.
1960. "Taste Interrelationships." *Food Research* 25: 245–56.
Parkin, Wendy.
1993. "The Public and the Private: Gender, Sexuality and Emotion." Pp. 167–89 in Stephen Fineman, ed., *Emotion in Organizations*. London: Sage.
Parsons, Talcott.
1939. "The Professions and Social Structure." *Social Forces* 17: 457–67.
Patnode, Randall.
1983. "Food for Nought." *The Bloomsbury Review* (November): 17–18.
Paules, Greta Foff.
1991. *Dishing It Out: Power and Resistance among Waitresses in a New Jersey Restaurant*. Philadelphia: Temple University Press.
Paz, Octavio.
1972. "Eroticism and Gastrosophy." *Daedalus* 101: 67–85.
Peters, Thomas J. and R. H. Waterman, Jr.
1982. *In Search of Excellence*. New York: Harper and Row.
Peterson, Richard A.
1979. "Revitalizing the Culture Concept." *Annual Review of Sociology* 5: 137–66.
Pettigrew, Andrew.
1979. "On Studying Organizational Culture." *Administrative Science Quarterly* 24: 570–81.
Pfeffer, Jeffrey and Gerald R. Salancik.
1978. *The External Control of Organizations: A Resource Dependence Perspective*. New York: Harper and Row.
Phizacklea, Annie.
1990. *Unpacking the Fashion Industry*. London: Routledge.
Pillsbury, Richard.
1990. *From Boarding House to Bistro: The American Restaurant, Then and Now*. Boston: Unwin Hyman.
Polanyi, Michael.
1958. *Personal Knowledge*. Chicago: University of Chicago Press.
Pollner, Melvin.
1987. *Mundane Reason*. Cambridge: Cambridge University Press.

Prendergast, Christopher and J. David Knottnerus.
1990. "The New Studies in Social Organization: Overcoming the Astructural Bias." Pp. 158–85 in Larry T. Reynolds, ed., *Interactionism: Exposition and Critique,* 3d ed. Dix Hills, N.Y.: General Hall.

Prus, Robert.
1987. "Developing Loyalty: Fostering Purchasing Relationships in the Marketplace." *Urban Life* 15: 331–66.

———.
1989. *Pursuing Customers: An Ethnography of Marketing Activities.* Newbury Park, Calif.: Sage.

Prus, Robert and Styllianoss Irini.
1980. *Hookers, Rounders, and Desk Clerks.* Toronto: Gage.

Putnam, Linda L. and Dennis K. Mumby.
1993. "Organizations, Emotion, and the Myth of Rationality." Pp. 36–57 in Stephen Fineman, ed., *Emotion in Organizations.* London: Sage.

Revel, Jean-Francois.
1982. *Culture and Cuisine: A Journey through the History of Food.* Garden City, N.Y.: Doubleday.

Riesman, David.
1951. "Toward an Anthropological Science of Law and the Legal Profession." *American Journal of Sociology* 57: 121–35.

Ritzer, George.
1993. *The McDonaldization of Society.* Thousand Oaks, Calif.: Pine Forge.

Robbins, Maria P.
1984. *The Cook's Quotation Book.* New York: Penguin.

Roethlisberger, F.J. and W.J. Dickson.
1939. *Management and the Worker.* Cambridge: Cambridge University Press.

Root, Waverly and Richard de Rochemont.
1976. *Eating in America: A History.* New York: Morrow.

Rosch, Elizabeth.
1978. "Principles of Categorization." Pp. 27–48 in Elizabeth Rosch and B.B. Lloyd, eds., *Cognition and Categorization.* Potomac, Md.: Erlbaum.

Roth, Julius.
1974. "Professionalism: The Sociologist's Decoy." *Sociology of Work and Occupations* 1: 6–51.

Roy, Donald.
1952. "Quota Restriction and Goldbricking in a Machine Shop." *American Journal of Sociology* 57: 427–42.

———.
1954. "Efficiency and the Fix: Informal Intergroup Relations in a Piecework Machine Shop." *American Journal of Sociology* 60: 255–66.

———.
1959–1960. "Banana Time: Job Satisfaction and Informal Interaction." *Human Organization* 18: 156–68.

Rubinstein, Jonathan.
1973. *City Police.* New York: Farrar, Straus, and Giroux.

Sacks, Harvey.
1974. "An Analysis of a Joke's Telling in Conversation." Pp. 37–53 in Richard Bauman and Joel Sherzer, eds., *Explorations in the Ethnography of Speaking.* Cambridge: Cambridge University Press.

Sanger, Marjory Bartlett.
1980. *Escoffier: Master Chef.* New York: Farrar, Straus, and Giroux.

Sardi, Vincent and Richard Gehman.
1953. *Sardi's: The Story of a Famous Restaurant.* New York: Henry Holt.

Sass, Lorna J.
1977. "Serve It Forth: Food and Feasting in Late Medieval England." Pp. 22–26 in Jessica Kuper, ed., *The Anthropologists' Cookbook.* New York: Universe Books.

Schiller, Barry Myron.
1972. "Prestige Markets and Status Conventions: The Case of Select American Restaurants." Ph.D. diss., University of Southern California.

Schmelzer, Claire D. and James R. Lang.
1991. "Networking and Information Sources of Independent Restauranteurs." *Hospitality Research Journal* 14: 327–39.

Schroedl, Alan.
1972. "The Dish Ran Away with the Spoon: Ethnography of Kitchen Culture." Pp. 177–89 in James P. Spradley and David M. McCurdy, eds., *The Cultural Experience.* Chicago: Science Research Associates.

Schudson, Michael.
1989. "How Culture Works: Perspectives from Media Studies on the Efficiency of Symbols." *Theory and Society* 18: 153–80.

Schwartz, Barry.
1975. *Queuing and Waiting.* Chicago: University of Chicago Press.

———.
1983. "The Whig Conception of Heroic Leadership." *American Sociological Review* 48: 18–33.

Schwartzman, Helen.
1987. *Transformations.* New York: Plenum.

Sclafani, Richard J.
1979. "Artworks, Art Theory, and the Artworld." *Theoria* 39: 18–34.

Scott, Marvin and Stanford Lyman.
1968. "Accounts." *American Sociological Review* 33: 46–62.

Scott, W. Richard.
1992. *Organizations: Rational, Natural and Open Systems.* 3d ed. Englewood Cliffs, N.J.: Prentice-Hall.

Searle, John.
1969. *Speech Acts.* Cambridge: Cambridge University Press.

Seckman, Mark A. and Carl J. Couch.
1989. "Jocularity, Sarcasm, and Relationships: An Empirical Study." *Journal of Contemporary Ethnography* 18: 327–44.

Sewell, William.
1992. "A Theory of Structure: Duality, Agency, and Transformation." *American Journal of Sociology* 98: 1–29.

Shelton, Allen.
1990. "A Theater for Eating, Looking, and Thinking: The Restaurant as Symbolic Space." *Sociological Spectrum* 10: 507–26.

Shepard, Anne.
1987. *Aesthetics.* Oxford: Oxford University Press.

Smircich, Linda
1983. "Concepts of Culture and Organizational Analysis." *Administrative Science Quarterly* 28: 339–58.

Smith, Allen C., III and Sherryl Kleinman.
1989. "Managing Emotions in Medical School: Students' Contacts with the Living and the Dead." *Social Psychology Quarterly* 52: 56–69.

Smith, Solomon X.
1984. "A Bell Unrung." *City Pages* (May 30): 13.

Smith, Vicki.
1991. *Managing in the Corporate Interest: Control and Resistance in an American Bank.* Berkeley: University of California Press.

Snow, David and Leon Anderson.
1987. "Identity Work among the Homeless: The Verbal Construction and Avowal of Personal Identities." *American Journal of Sociology* 92: 1336–71.

Sorokin, Pitirim and Robert Merton.
1937. "Social Time: A Methodological and Functional Analysis." *American Journal of Sociology* 42: 615–29.

Statistical Abstracts 1990.
1990. Washington, D.C.: Department of Commerce.

Stearns, Peter N.
1987. "The Problem of Change in Emotions Research: New Standards for Anger in Twentieth-Century American Childrearing." *Symbolic Interaction* 10: 85–99.

Stebbins, Robert A.
1970. "On Misunderstanding the Concept of Commitment: A Theoretical Clarification." *Social Forces* 48: 526–29.

———.
1979. *Amateurs.* Beverly Hills: Sage.

Stenross, Barbara and Sherryl Kleinman.
1989. "The Highs and Lows of Emotional Labor: Detectives' Encounters with Criminals and Victims." *Journal of Contemporary Ethnography* 17: 435–52.

Stern, Jane and Michael Stern.
1991. *American Gourmet.* New York: HarperCollins.

Stewart, Doug.
1988. "For a Portraitist, Making Faces Is a Hard Day's Fight." *Smithsonian* (July): 43–50.

Stinchcombe, Arthur.
1959. "Bureaucratic and Craft Administration of Production: A Comparative Study." *Administrative Science Quarterly* 4: 168–87.

Stoller, Paul.
1989. *The Taste of Ethnographic Things.* Philadelphia: University of Pennsylvania Press.

Stolnitz, Jerome.
1960. *Aesthetics and Philosophy of Art Criticism.* Boston: Houghton Mifflin.

Strauss, Anselm L.
1978. *Negotiations.* San Francisco: Jossey-Bass.

———.
1991. *Creating Sociological Awareness: Collective Images and Symbolic Representations.* New Brunswick, N.J.: Transaction.

Strauss, Anselm L., Leonard Schatzman, Rue Bucher, Danuta Ehrlich, and Melvin Sabshin.
1964. *Psychiatric Ideologies and Institutions.* Glance, Ill.: Free Press.

Strauss, Anselm L., Leonard Schatzman, Danuta Ehrlich, Rue Bucher, and Melvin Sabshin.
1963. "The Hospital and Its Negotiated Order." Pp. 147–69 in Eliot Freidson, ed., *The Hospital in Modern Society.* New York: Free Press.

Sutton, Robert I.
1991. "Maintaining Norms about Expressed Emotions: The Case of Bill Collectors." *Administrative Science Quarterly* 36: 245–68.

Sutton, Robert I. and Anat Rafaeli.
1988. "Untangling the Relationship between Displayed Emotions and Organizational Sales: The Case of Convenience Stores." *Academy of Management Journal* 31: 461–87.

Swidler, Ann.
1986. "Culture in Action." *American Sociological Review* 51: 273–86.

Sykes, A.J.M.
1966. "Joking Relationships in an Industrial Setting." *American Anthropologist* 68: 188–93.

Symons, Michael.
1983. "An 'Abominable' Cuisine." *Petits Propos Culinaires* 15: 34–39.

Tharp, Paul.
1980. "So You Want to Open a Restaurant." *New York* (February 18): 37–48.

Thompson, E.P.
1967. "Time, Work-Discipline, and Industrial Capitalism." *Past and Present* 38: 56–97.

Tiger, Lionel.
1985. *China's Food.* New York: Friendly Press.

Tolbert, Frank X.
1983. *A Bowl of Red.* Garden City, N.Y.: Dolphin Books.

Tomlinson, Graham.
1986. "Thought for Food: A Study of Written Instructions." *Symbolic Interaction* 9: 201–16.

Turner, Bryan.
1982. "The Government of the Body: Medical Regimens and the Rationalization of Diet." *British Journal of Sociology* 33: 254–69.

Van Maanen, John and Edgar Schien.
1979. "Toward a Theory of Organizational Socialization." Pp. 209–64 in B. M. Staw, ed., *Research in Organizational Behavior,* vol. 1. Greenwich, Conn.: JAI Press.

Vickers, Zeta M. and Stanley S. Wasserman.
1980. "Sensory Qualities of Food Sounds Based on Individual Perceptions." *Journal of Texture Studies* 10: 319–32.

Waldemar, Carla.
1985. "Hail to the Homegrown Chef." *Mpls-St. Paul* (October): 151–54.

Walker, Charles R. and Robert H. Guest.
1951. *The Man on the Assembly Line.* Cambridge: Harvard University Press.

Waters, Alice.
1990. "The Farm-Restaurant Connection." Pp. 113–22 in Robert Clark, ed., *Our Sustainable Table.* Berkeley: North Point Press.

Wechsberg, Joseph.
1975. "Profiles: La Nature des Choses." *The New Yorker* (July 28): 34–48.

———.
1977. "Giradet of Switzerland." *Gourmet* (December): 24–26, 128.

———.
1980. "Three Chefs in Germany." *Gourmet* (January): 24–37.

———.
1985. *Blue Trout and Black Truffles.* Chicago: Academy Chicago Publishers.

Wheaton, Barbara Ketcham.
1983. *Savoring the Past: The French Kitchen and Table from 1300 to 1789.* Philadelphia: University of Pennsylvania Press.

Whyte, William Foote.
1946. "When Workers and Customers Meet." In William Foote Whyte, ed., *Industry and Society.* New York: McGraw-Hill.
———.
1948. *Human Relations in the Restaurant Industry.* New York: McGraw-Hill.
———.
1949. "The Social Structure of the Restaurant." *American Journal of Sociology* 54: 302–10.
Wilensky, Harold.
1964. "The Professionalization of Everyone." *American Journal of Sociology* 70: 137–58.
Willan, Anne.
1977. *Great Chefs and Their Recipes.* New York: McGraw-Hill.
Winegar, Karin.
1982. "Edible Art." *Mpls-St. Paul* (November): 171–72.
———.
1985. "The Burning Desire to Eat Spicy Food." *Minneapolis Star and Tribune Sunday Magazine* (January 20): 13–15, 18.
Wisely, Nancy.
1992. "Making Faces: A Sociological Analysis of Portraiture." Ph.D. diss., University of Minnesota.
Wittgenstein, Ludwig.
1968. *Philosophical Investigations.* Translated by G.E.M. Anscombe. New York: Macmillan.
———.
1978. *Remarks on Colour.* Edited by G. E. M. Anscombe and translated by Linda L. McAlister and Margarete Schattle. Berkeley: University of California Press.
Wolfe, Alan, ed.
1991. *America at Century's End.* Berkeley: University of California Press.
Wolfe, Tom.
1976. *The Painted Word.* New York: Bantam.
Wolff, Janet.
1983. *Aesthetics and the Sociology of Art.* Boston: Allen and Unwin.
Woodward, Joan.
1965. *Industrial Organization: Theory and Practice.* London: Oxford University Press.
Wygan, Camilla.
1981. "Thanks to the Culinary Institute . . ." *Taste* 10: 20–32.
Yoels, William C. and Jeffrey Michael Clair.
1994. "Never Enough Time: How Medical Residents Manage a Scarce Resource." *Journal of Contemporary Ethnography* 23: 185–213.
Zelinsky, Wilbur.
1985. "The Roving Palate: North America's Ethnic Restaurant Cuisines." *Geoforum* 16: 51–72.

Zerubavel, Eviatar.
1979. *Patterns of Time in Hospital Life: A Sociological Perspective.* Chicago: University of Chicago Press.

Zukin, Sharon.
1989. *Loft Living: Culture and Capital in Urban Change.* New Brunswick, N.J.: Rutgers University Press.

———.
1990. "New Cusine as a Landscape of Cultural Consumption." Unpublished Manuscript.

———.
1991. *Landscapes of Power.* Berkeley: University of California Press.

キッチン――レストランの文化誌

発行　2000年7月25日　初版第1刷

著者　ゲイリー・アラン・ファイン
訳者　藤澤美枝子／小池久恵／谷林眞理子
発行所　財団法人　法政大学出版局
〒102-0073 東京都千代田区九段北3-2-7
電話03(5214)5540／振替00160-6-95814
製版，印刷　三和印刷
鈴木製本所

ISBN4-588-67202-9
Printed in Japan

著　者

ゲイリー・アラン・ファイン
(Gary Alan Fine)

1950年，アメリカ，ニューヨークに生まれる．ペンシルヴァニア大学で心理学を学ぶ．小グループと文化の関わりを研究し，ハーヴァード大学で社会心理学の博士号を取得．ボストン大学講師，ミネソタ大学助教授，ジョージタウン大学教授を経て，1997年よりシカゴのノースウェスタン大学教授．著書に『うわさの心理学』（共著・1976．邦訳：岩波書店，1982），『共有された幻想』（1983），『社会学を語る』（1985），『第二シカゴ学派？』（編著・1995）ほか多数がある．シカゴ在住．

訳　者

藤澤美枝子（ふじさわ みえこ）

中央大学非常勤講師．主要論文に「*Beowulf* における Geatas と Sweon の戦いの挿話についての一考察」（『日本女子大学英米文学研究』第13号），「*The Wanderer* と *The Seafarer* における ‘exile’ のイメージ」（同，第18号），共訳にオキーフ『盗まれた稲妻——呪術の社会学』（法政大学出版局）がある．

小池　久恵（こいけ ひさえ）

いわき明星大学助教授．共訳にガードナー『文学と宗教』（彩流社），『盗まれた稲妻——呪術の社会学』（法政大学出版局），翻訳・編集協力に『岩波＝ケンブリッジ世界人名辞典』がある．

谷林眞理子（たにばやし まりこ）

川村学園女子大学教授．共著に『ルイザ・メイ・オルコット——「若草物語」への道』，『アメリカ映像文学における愛と死』（北星堂），共訳に『盗まれた稲妻——呪術の社会学』（法政大学出版局）がある．

りぶらりあ選書

魔女と魔女裁判〈集団妄想の歴史〉	K.バッシュビッツ／川端, 坂井訳	¥3800
科学論〈その哲学的諸問題〉	カール・マルクス大学哲学研究集団／岩崎允胤訳	¥2500
先史時代の社会	クラーク, ピゴット／田辺, 梅原訳	¥1500
人類の起原	レシェトフ／金光不二夫訳	¥3000
非政治的人間の政治論	H.リード／増野, 山内訳	¥ 850
マルクス主義と民主主義の伝統	A.ランディー／藤野渉訳	¥1200
労働の歴史〈棍棒からオートメーションへ〉	J.クチンスキー, 良知, 小川共著	¥1900
ヒュマニズムと芸術の哲学	T.E.ヒューム／長谷川鉱平訳	¥2200
人類社会の形成（上・下）	セミョーノフ／中島, 中村, 井上訳	上 品切 下 ¥2800
認識の分析	E.マッハ／広松, 加藤編訳	¥1900
国家・経済・文学〈マルクス主義の原理と新しい論点〉	J.クチンスキー／宇佐美誠次郎訳	¥ 850
ホワイトヘッド教育論	久保田信之訳	¥1800
現代世界と精神〈ヴァレリィの文明批評〉	P.ルーラン／江口幹訳	¥980
葛藤としての病〈精神身体医学的考察〉	A.ミッチャーリヒ／中野, 白滝訳	¥1500
心身症〈葛藤としての病2〉	A.ミッチャーリヒ／中野, 大西, 奥村訳	¥1500
資本論成立史（全4分冊）	R.ロスドルスキー／時永, 平林, 安田他訳	(1)¥1200 (2)¥1200 (3)¥1200 (4)¥1400
アメリカ神話への挑戦（I・II）	T.クリストフェル他編／宇野, 玉野井他訳	I ¥1600 II ¥1800
ユダヤ人と資本主義	A.レオン／波田節夫訳	¥2800
スペイン精神史序説	M.ピダル／佐々木孝訳	¥2200
マルクスの生涯と思想	J.ルイス／玉井, 堀場, 松井訳	¥2000
美学入門	E.スリヨ／古田, 池部訳	¥1800
デーモン考	R.M.=シュテルンベルク／木戸三良訳	¥1800
政治的人間〈人間の政治学への序論〉	E.モラン／古田幸男訳	¥1200
戦争論〈われわれの内にひそむ女神ベローナ〉	R.カイヨワ／秋枝茂夫訳	¥2900
新しい芸術精神〈空間と光と時間の力学〉	N.シェフェール／渡辺淳訳	¥1200
カリフォルニア日記〈ひとつの文化革命〉	E.モラン／林瑞枝訳	¥2400
論理学の哲学	H.パットナム／米盛, 藤川訳	¥1300
労働運動の理論	S.パールマン／松井七郎訳	¥2400
哲学の中心問題	A.J.エイヤー／竹尾治一郎訳	¥3500
共産党宣言小史	H.J.ラスキ／山村喬訳	¥980
自己批評〈スターリニズムと知識人〉	E.モラン／宇波彰訳	¥2000
スター	E.モラン／渡辺, 山崎訳	¥1800
革命と哲学〈フランス革命とフィヒテの本源的哲学〉	M.ブール／藤野, 小栗, 福吉訳	¥1300
フランス革命の哲学	B.グレトゥイゼン／井上尭裕訳	¥2400
意志と偶然〈ドリエージュとの対話〉	P.ブーレーズ／店村新次訳	¥2500
現代哲学の主潮流（全5分冊）	W.シュテークミュラー／中埜, 竹尾監修	(1)¥4300 (2)¥4200 (3)¥6000 (4)¥3300 (5)¥7300
現代アラビア〈石油王国とその周辺〉	F.ハリデー／岩永, 菊地, 伏見訳	¥2800
マックス・ウェーバーの社会科学論	W.G.ランシマン／湯川新訳	¥1600
フロイトの美学〈芸術と精神分析〉	J.J.スペクター／秋山, 小山, 西川訳	¥2400
サラリーマン〈ワイマル共和国の黄昏〉	S.クラカウアー／神崎巌訳	¥1700
攻撃する人間	A.ミッチャーリヒ／竹内豊治訳	¥ 900
宗教と宗教批判	L.セーヴ他／大津, 石田訳	¥2500
キリスト教の悲惨	J.カール／高尾利数訳	¥1600
時代精神（I・II）	E.モラン／宇波彰訳	I 品切 II ¥2500
囚人組合の出現	M.フィッツジェラルド／長谷川健三郎訳	¥2000

スミス，マルクスおよび現代	R.L.ミーク／時永淑訳	¥3500
愛と真実〈現象学的精神療法への道〉	P.ローマス／鈴木二郎訳	¥1600
弁証法的唯物論と医学	ゲ・ツァレゴロドツェフ／木下，仲本訳	¥3800
イラン〈独裁と経済発展〉	F.ハリデー／岩永，菊地，伏見訳	¥2800
競争と集中〈経済・環境・科学〉	T.プラーガー／島田稔夫訳	¥2500
抽象芸術と不条理文学	L.コフラー／石井扶桑雄訳	¥2400
プルードンの社会学	P.アンサール／斉藤悦則訳	¥2500
ウィトゲンシュタイン	A.ケニー／野本和幸訳	¥3200
ヘーゲルとプロイセン国家	R.ホッチェヴァール／寿福真美訳	¥2500
労働の社会心理	M.アージル／白水，奥山訳	¥1900
マルクスのマルクス主義	J.ルイス／玉井，渡辺，堀場訳	¥2900
人間の復権をもとめて	M.デュフレンヌ／山縣熙訳	¥2800
映画の言語	R.ホイッタカー／池田，横川訳	¥1600
食料獲得の技術誌	W.H.オズワルド／加藤，禿訳	¥2500
モーツァルトとフリーメーソン	K.トムソン／湯川，田口訳	¥3000
音楽と中産階級〈演奏会の社会史〉	W.ウェーバー／城戸朋子訳	¥3300
書物の哲学	P.クローデル／三嶋睦子訳	¥1600
ベルリンのヘーゲル	J.ドント／花田圭介監訳，杉山吉弘訳	¥2900
福祉国家への歩み	M.ブルース／秋田成就訳	¥4800
ロボット症人間	L.ヤブロンスキー／北川，樋口訳	¥1800
合理的思考のすすめ	P.T.ギーチ／西勝忠男訳	¥2000
カフカ=コロキウム	C.ダヴィッド編／円子修平，他訳	¥2500
図形と文化	D.ペドウ／磯田浩訳	¥2800
映画と現実	R.アーメス／瓜生忠夫，他訳／清水晶監修	¥3000
資本論と現代資本主義（I・II）	A.カトラー，他／岡崎，塩谷，時永訳	I 品切 II ¥3500
資本論体系成立史	W.シュヴァルツ／時永，大山訳	¥4500
ソ連の本質〈全体主義的複合体と新たな帝国〉	E.モラン／田中正人訳	¥2400
ブレヒトの思い出	ベンヤミン他／中村，神崎，越部，大島訳	¥2800
ジラールと悪の問題	ドゥギー，デュピュイ編／古田，秋枝，小池訳	¥3800
ジェノサイド〈20世紀におけるその現実〉	L.クーパー／高尾利数訳	¥2900
シングル・レンズ〈単式顕微鏡の歴史〉	B.J.フォード／伊藤智夫訳	¥2400
希望の心理学〈そのパラドキシカルアプローチ〉	P.ワツラウィック／長谷川啓三訳	¥1600
フロイト	R.ジャカール／福本修訳	¥1400
社会学思想の系譜	J.H.アブラハム／安江，小林，樋口訳	¥2000
生物学における ランダムウォーク	H.C.バーグ／寺本，佐藤訳	¥1600
フランス文学とスポーツ〈1870〜1970〉	P.シャールトン／三好郁朗訳	¥2800
アイロニーの効用〈『資本論』の文学的構造〉	R.P.ウルフ／竹田茂夫訳	¥1600
社会の労働者階級の状態	J.バートン／真実一男訳	¥2000
資本論を理解する〈マルクスの経済理論〉	D.K.フォーリー／竹田，原訳	¥2800
買い物の社会史	M.ハリスン／工藤政司訳	¥2000
中世社会の構造	C.ブルック／松田隆美訳	¥1800
ジャズ〈熱い混血の音楽〉	W.サージェント／湯川新訳	¥2800
地球の誕生	D.E.フィッシャー／中島竜三訳	¥2900
トプカプ宮殿の光と影	N.M.ペンザー／岩永博訳	¥3800
テレビ視聴の構造〈多メディア時代の「受け手」像〉	P.バーワイズ他／田中，伊藤，小林訳	¥3300
夫婦関係の精神分析	J.ヴィリィ／中野，奥村訳	¥3300
夫婦関係の治療	J.ヴィリィ／奥村満佐子訳	¥4000
ラディカル・ユートピア〈価値をめぐる議論の思想と方法〉	A.ヘラー／小箕俊介訳	¥2400

十九世紀パリの売春	パラン=デュシャトレ／A.コルバン編 小杉隆芳訳	¥2500
スレイマン大帝とその時代	A.クロー／濱田正美訳	¥4300
変化の原理〈問題の形成と解決〉	P.ワツラウィック他／長谷川啓三訳	¥2200
デザイン論〈ミッシャ・ブラックの世界〉	A.ブレイク編／中山修一訳	¥2900
時間の文化史〈時間と空間の文化／上巻〉	S.カーン／浅野敏夫訳	¥2300
空間の文化史〈時間と空間の文化／下巻〉	S.カーン／浅野，久郷訳	¥3400
小独裁者たち〈両大戦間期の東欧における民主主義体制の崩壊〉	A.ポロンスキ／羽場久浘子監訳	¥2900
狼狽する資本主義	A.コッタ／斉藤日出治訳	¥1400
バベルの塔〈ドイツ民主共和国の思い出〉	H.マイヤー／宇京早苗訳	¥2700
音楽祭の社会史〈ザルツブルク・フェスティヴァル〉	S.ギャラップ／城戸朋子，小木曾俊夫訳	¥3800
時間 その性質	G.J.ウィットロウ／柳瀬睦男，熊倉功二訳	¥1900
差異の文化のために	L.イリガライ／浜名優美訳	¥1600
よいは悪い	P.ワツラウィック／佐藤愛監修，小岡礼子訳	¥1600
チャーチル	R.ペイン／佐藤亮一訳	¥2900
シュミットとシュトラウス	H.マイアー／栗原，滝口訳	¥2000
結社の時代〈19世紀アメリカの秘密儀礼〉	M.C.カーンズ／野﨑嘉信訳	¥3800
数奇なる奴隷の半生	F.ダグラス／岡田誠一訳	¥1900
チャーティストたちの肖像	G.D.H.コール／古賀，岡本，増島訳	¥5800
カンザス・シティ・ジャズ〈ビバップの由来〉	R.ラッセル／湯川新訳	¥4700
台所の文化史	M.ハリスン／小林祐子訳	¥2900
コペルニクスも変えなかったこと	H.ラボリ／川中子，並木訳	¥2000
祖父チャーチルと私〈若き冒険の日々〉	W.S.チャーチル／佐藤佐智子訳	¥3800
エロスと精気《エネルギー》〈性愛術指南〉	J.N.パウエル／浅野敏夫訳	¥1900
有閑階級の女性たち	B.G.スミス／井上，飯泉訳	¥3500
秘境アラビア探検史（上・下）	R.H.キールナン／岩永博訳	上¥2800 下¥2900
動物への配慮	J.ターナー／斎藤九一訳	¥2900
年齢意識の社会学	H.P.チュダコフ／工藤，藤田訳	¥3400
観光のまなざし	J.アーリ／加太宏邦訳	¥3200
同性愛の百年間〈ギリシア的愛について〉	D.M.ハルプリン／石塚浩司訳	¥3800
古代エジプトの遊びとスポーツ	W.デッカー／津山拓也訳	¥2700
エイジズム〈優遇と偏見・差別〉	E.B.パルモア／奥山，秋葉，片多，松村訳	¥3200
人生の意味〈価値の創造〉	I.シンガー／工藤政司訳	¥1700
愛の知恵	A.フィンケルクロート／磯本，中嶋訳	¥1800
魔女・産婆・看護婦	B.エーレンライク，他／長瀬久子訳	¥2200
子どもの描画心理学	G.V.トーマス，A.M.J.シルク／中川作一監訳	¥2400
中国との再会〈1954—1994年の経験〉	H.マイヤー／青木隆嘉訳	¥1500
初期のジャズ〈その根源と音楽的発展〉	G.シューラー／湯川新訳	¥5800
歴史を変えた病	F.F.カートライト／倉俣，小林訳	¥2900
オリエント漂泊〈ヘスター・スタノップの生涯〉	J.ハズリップ／田隅恒生訳	¥3800
明治日本とイギリス	O.チェックランド／杉山・玉置訳	¥4300
母の刻印〈イオカステーの子供たち〉	C.オリヴィエ／大谷尚文訳	¥2700
ホモセクシュアルとは	L.ベルサーニ／船倉正憲訳	¥2300
自己意識とイロニー	M.ヴァルザー／洲崎惠三訳	¥2800
アルコール中毒の歴史	J.-C.スールニア／本多文彦監訳	¥3800
音楽と病	J.オシエー／菅野弘久訳	¥3400
中世のカリスマたち	N.F.キャンター／藤田永祐訳	¥2900
幻想の起源	J.ラプランシュ，J.-B.ポンタリス／福本修訳	¥1300
人種差別	A.メンミ／菊地，白井訳	¥2300

りぶらりあ選書

ヴァイキング・サガ	R.プェルトナー／木村寿夫訳	¥3300
肉体の文化史〈体構造と宿命〉	S.カーン／喜多迅鷹・喜多元子訳	¥2900
サウジアラビア王朝史	J.B.フィルビー／岩永，冨塚訳	¥5700
愛の探究〈生の意味の創造〉	I.シンガー／工藤政司訳	¥2200
自由意志について〈全体論的な観点から〉	M.ホワイト／橋本昌夫訳	¥2000
政治の病理学	C.J.フリードリヒ／宇治琢美訳	¥3300
書くことがすべてだった	A.ケイジン／石塚浩司訳	¥2000
宗教の共生	J.コスタ=ラスクー／林瑞枝訳	¥1800
数の人類学	T.クランプ／髙島直昭訳	¥3300
ヨーロッパのサロン	ハイデン=リンシュ／石丸昭二訳	¥3000
エルサレム〈鏡の都市〉	A.エロン／村田靖子訳	¥4200
メソポタミア〈文字・理性・神々〉	J.ボテロ／松島英子訳	¥4700
メフメト二世〈トルコの征服王〉	A.クロー／岩永，井上，佐藤，新川訳	¥3900
遍歴のアラビア〈ベドウィン揺籃の地を訪ねて〉	A.ブラント／田隅恒生訳	¥3900
シェイクスピアは誰だったか	R.F.ウェイレン／磯山，坂口，大島訳	¥2700
戦争の機械	D.ピック／小澤正人訳	¥4700
住む　まどろむ　嘘をつく	B.シュトラウス／日中鎮朗訳	¥2600
精神分析の方法 I	W.R.ビオン／福本修訳	¥3500
考える／分類する	G.ペレック／阪上脩訳	¥1800
バビロンとバイブル	J.ボテロ／松島英子訳	¥3000
初期アルファベットの歴史	J.ナヴェー／津村，竹内，稲垣訳	¥3500
数学史のなかの女性たち	L.M.オーセン／吉村，牛島訳	¥1700

（表示価格は本書刊行時のものです．表示価格は，重版に際して変わる場合もありますのでご了承願います．なお表示価格に消費税は含まれておりません．）